ORIENS CHRISTIANUS

Hefte für die Kunde des christlichen Orients

Band 65

ORIENS CHRISTIANUS

Hefte für
die Kunde des christlichen Orients

Im Auftrag der Görres-Gesellschaft unter Mitwirkung

von Hubert Kaufhold herausgegeben von Julius Aßfalg

Band 65 · 1981

Vierte Serie - Neunundzwanzigster Band

OTTO HARRASSOWITZ · WIESBADEN

Manuskripte, Besprechungsexemplare und Sonderdrucke werden erbeten an :
Prof. Dr. Julius Aßfalg, Kaulbachstr. 95, 8000 München 40

Gedruckt mit Unterstützung der Görres-Gesellschaft
und der Deutschen Forschungsgemeinschaft
Gesamtherstellung: Imprimerie Orientaliste, Leuven. Printed in Belgium

ISBN 3-447-02212-4

INHALT

Besprechungen :

ANSCHRIFTEN DER MITARBEITER

Prof. Dr. JULIUS ASSFALG, Kaulbachstr. 95/IV, 8000 München 40.

P. Dr. EDMUND BECK OSB, Abtei, 8354 Metten.

Prof. Dr.Dr. MICHEL BREYDY, Käulchensweg 38, 5000 Köln 91.

Prof. P.Dr. WINFRID CRAMER, Beverstrang 37, 4410 Warendorf 4.

Dr. GETATCHEW HAILE, Monastic Manuscript Microfilm Library, Saint John's University, Collegeville, Minnesota 56321.

Dr.Dr. HUBERT KAUFHOLD, Brucknerstr. 15, 8000 München 80.

Dr. MANFRED KROPP, Freiherr-vom-Stein-Straße 30, 6836 Oftersheim.

Dr. GUSTAV KÜHNEL, 64/35 Ben Zakai-Str., Jerusalem, Israel.

Dr. OTTO F.A. MEINARDUS, Cockerillstr. 5, 5190 Stolberg.

Prof. P.Dr. SAMIR KHALIL, Istituto Pontificio Orientale, I-00185 Roma.

Prof. Lic.Dr. KLAUS WESSEL, Nadistr. 18/V, 8000 München 40.

Prof. Dr. GABRIELE WINKLER, School of Theology, Saint John's University, Collegeville, Minnesota 56321.

ABKÜRZUNGEN

AnBoll	=	Analecta Bollandiana
ANTT	=	Arbeiten zur neutestamentlichen Textforschung
AT	=	Altes Testament
Bardenhewer	=	O. Bardenhewer, Geschichte der altkirchlichen Literatur, Freiburg i.B., I² 1913, II² 1914, III³ 1923, IV 1924, V 1932.
Baumstark	=	A. Baumstark, Geschichte der syrischen Literatur mit Ausschluß der christlich-palästinensischen Texte (Bonn 1922)
BGL	=	Bibliothek der griechischen Literatur
BHG	=	Bibliotheca Hagiographica Graeca
BHO	=	Bibliotheca Hagiographica Orientalis
BKV²	=	Bibliothek der Kirchenväter, 2. Auflage
BSOAS	=	Bulletin of the School of Oriental and African Studies
BullSocArchCopt	=	Bulletin de la Société d'Archéologie Copte
ByZ	=	Byzantinische Zeitschrift
CCL	=	Corpus Christianorum, Series Latina, Turnhout 1953 ff.
ChrOst	=	Der christliche Osten
CSCO	=	Corpus Scriptorum Christianorum Orientalium
CSEL	=	Corpus Scriptorum Ecclesiasticorum Latinorum
DACL	=	Dictionnaire d'archéologie chrétienne et de liturgie
DHGE	=	Dictionnaire d'histoire et de géographie ecclésiastiques
DThC	=	Dictionnaire de théologie catholique
EI²	=	The Encyclopaedia of Islam. New Edition
GAL	=	C. Brockelmann, Geschichte der arabischen Literatur I-II (Leiden ²1943-49)
GALS	=	C. Brockelmann, Geschichte der arabischen Literatur—Supplementbände I-III (Leiden 1937-42)
GCS	=	Die griechischen christlichen Schriftsteller
Graf	=	G. Graf, Geschichte der christlichen arabischen Literatur I-V = Studi e testi 118 (Città del Vaticano 1944), 132 (1947), 146 (1949), 147 (1951) und 172 (1953).
HarvThRv	=	Harvard Theological Review

HO	=	B. Spuler (Hrsg.), Handbuch der Orientalistik
JBL	=	Journal of Biblical Literature
JSSt	=	Journal of Semitic Studies
JThSt	=	Journal of Theological Studies
LQF	=	Liturgiegeschichtliche Quellen und Forschungen
LThK	=	Lexikon für Theologie und Kirche (²1957ff.)
MUSJ	=	Mélanges de l'Université Saint-Joseph (Beyrouth)
NT	=	Neues Testament
NTS	=	New Testament Studies
OLZ	=	Orientalistische Literaturzeitung
OrChr	=	Oriens Christianus
OrChrAn	=	Orientalia Christiana Analecta
OrChrP	=	Orientalia Christiana Periodica
OrSyr	=	L'Orient Syrien
OstkSt	=	Ostkirchliche Studien
Pauly-Wissowa	=	Paulys Realencyklopädie der klassischen Altertums-wissenschaft, neu bearbeitet von G. Wissowa und W. Kroll (mit K. Mittelhaus) (Stuttgart 1893f.)
PG	=	P. Migne, Patrologia Graeca
PL	=	P. Migne, Patrologia Latina
POr	=	Patrologia Orientalis
PrOrChr	=	Proche-Orient Chrétien
PTS	=	Patristische Texte und Studien (Berlin)
RAC	=	Reallexikon für Antike und Christentum
RE	=	Realencyklopädie für protestantische Theologie und Kirche (Leipzig ³1896-1913)
REA	=	Revue des Études Arméniennes
RGG	=	Die Religion in Geschichte und Gegenwart (³ 1957ff.)
ROC	=	Revue de l'Orient Chrétien
RömQuartschr	=	Römische Quartalschrift für christliche Altertums-kunde und für Kirchengeschichte
RRAL	=	Rendiconti della Reale Accademia dei Lincei
RvBén	=	Revue Bénédictine
SC	=	Sources Chrétiennes, Paris 1947ff.
ThLZ	=	Theologische Literaturzeitung
ThWb	=	G. Kittel † — G. Friedrich (Hrsg.), Theologisches Wörterbuch zum Neuen Testament
TU	=	Texte und Untersuchungen zur Geschichte der alt-christlichen Literatur
VigChr	=	Vigiliae Christianae
ZA	=	Zeitschrift für Assyriologie

ZAW   = Zeitschrift für die alttestamentliche Wissenschaft
ZDMG   = Zeitschrift der Deutschen Morgenländischen Gesell-
             schaft
ZKG   = Zeitschrift für Kirchengeschichte
ZNW   = Zeitschrift für die neutestamentliche Wissenschaft
             und die Kunde der älteren Kirche
ZSem   = Zeitschrift für Semitistik und verwandte Gebiete

Das Bild vom Weg mit Meilensteinen und Herbergen bei Ephräm

von

E̲dmund B̲eck

Das Bild vom Weg ist von vornherein auch bei Ephräm zu erwarten aufgrund der Schrift des Alten wie des Neuen Testaments. Da ist gleich aus dem Beginn der synoptischen Evangelien (Marc. 1,3; Matth. 3,3; Luc. 3,4) jenes Isaiaszitat anzuführen: parate viam Domini, rectas facite semitas eius, wo dem gr. *hodos Kyriū* syr. (Peš u. VS) ein (ʾ)*urḥâ d-Mâryâ* entspricht und dem *triboi* (semitae) syr. *šbīlē*. Die beiden synonymen syrischen Wörter (*urḥâ* und *šbīlâ*) werden uns auch bei Ephräm begegnen und zwar wird *urḥâ* weitaus häufiger erscheinen als das offenbar weniger übliche *šbīlâ*. Ich werde in meinen Übersetzungen immer das *urḥâ* mit »Weg« und das *šbīlâ* mit »Pfad« wiedergegeben.

Aus dem Neuen Testament seien darüber hinaus noch kurz folgende Stellen angeführt mit Wendungen, die fast alle bei Ephräm wiederkehren werden. So steht in Matth. 7,13 neben dem breiten Weg, der ins Verderben führt, der schmale Weg, der zum Leben führt, syr.: *alīṣâ* (VS *qaṭīnâ*) *urḥâ d-mawblâ l-ḥayyē*. Der letztere wird in Hebr. 10,20 in der Form der Peš zum *urḥâ d-ḥayyē*, zum Weg des Lebens, den Christus durch sein Fleisch (Blut) neu erschlossen hat. Und neben dem Weg Gottes, den Jesus nach Matth. 22,16 in Wahrheit lehrt (*urḥâ d-alâhâ b-quštâ*) steht in 2 Petr. 2,2 ein *urḥâ da-šrârâ* (via veritatis)[1], der wegen der Ausschweifungen der Irrlehrer gelästert wird. Hier hat man schon den Weg = (christliche) Lehre (Religion), der bekanntlich auch in der Apostelgeschichte erscheint, und zwar als *urḥâ d-alâhâ* in cap. 19,9 u. 23, sonst absolut (ohne qualifizierenden Genitiv) in cap. 9,2; 22,4 u. 24,22. Zuletzt sind vor allem noch die Worte Christi bei Johannes (14,4-6) anzuführen: (Et quo vado scitis et viam scitis) ... ego sum via et veritas et vita, syr.: *enâ (e)nâ urḥâ wa-šrârâ w-ḥayyē* (Peš u. VS).

---

[1] Statt des via veritatis (*hodos alētheias*) von Ps. 118,30 hat Peš abweichend ein *urḥâ d-haymânūtâ*. In Sap. 5,6: erravimus a via veritatis (gr. *hodos alētheias*) bietet die Mossuler Bibel: *urḥâ d-quštâ*. Es wäre noch als neutestamentliche Wendung der »Weg der Gerechtigkeit« (*hodos tēs dikaiosynēs* = *urḥâ d-kēnūtâ*) von Matth. 21,32 und 2 Petr. 2,21 anzuführen, der aber bei Ephräm nicht erscheint.

Für das Bild vom Weg in der frühchristlichen Literatur sei auf die (jüdische) Lehre von den zwei Wegen verwiesen. In der Didache finden sich dabei zu Beginn (I,1) die Termini: Ὁδοὶ δύο εἰσί, μία τῆς ζωῆς καὶ μία τοῦ θανάτου. Beide Wege sind rein ethisch gefaßt und bestehen aus einer Aufzählung von Geboten und Lastern. Bei Clemens Alexandrinus erscheint im Hymnus, der den Schluß des Paedagogus bildet nach ἴχνια Χριστοῦ ein ὁδὸς οὐρανία. Im Zusammenhang mit Erklärungen zu dem engen Weg von Matth. 7,13 fällt in Strom. IV,2 (Ed. Stählin II 250,12) die Wendung: ἡ βασιλικὴ ὁδός, »königlich« weil: βιαστῶν ἐστιν ἡ βασιλεία τοῦ θεοῦ. Und in Strom. VI,1 (St. II 423,11) ist von denen die Rede, die διὰ στενῆς καὶ τεθλιμμένης τῆς κυριακῆς ὄντως ὁδοῦ zur ewigen und seligen *sōtēria* geleitet werden. Die folgende Stelle aus dem Paedagogus (St. I 284,9) sei im Zusammenhang angeführt, weil sie die sittliche Art dieses Weges beleuchtet: ταύτας καλὰς ἐντολὰς ὑποθήσομαι δι᾽ ὧν ἀφίξῃ πρὸς σωτηρίαν· ἄγω δέ σε τὴν ὁδὸν τὴν σωτήριον. ἀπόστα τῶν τῆς πλάνης ὁδῶν. Doch steht neben dieser sittlichen Fassung des Weges auch eine andre, für die Strom. II,1 (St. II 114,30) angeführt sei, wo ὁδὸς τῆς ἀληθείας mit dem Sätzchen erklärt wird: ὁδὸς δὲ ἡ πίστις. Diese Deutung des Weges wird uns genau so auch in einer Stelle bei Ephräm begegnen.

Bei Origenes hat man im Johanneskommentar ein ὁδὸς Ἰησοῦ (Ed. Preuschen IV,430,24), ein ὁδὸς σωτηρίας καταγγελλομένης (IV,409,18) und ein ὁδὸς εὐαγγελίου (IV,425,2). Wichtig ist hier aus dem gleichen Werk auch noch IV,437,6ff., weil dabei die Taufe erscheint: ἵνα νιψάμενοι καὶ καθηράμενοι καὶ ἐκμαξάμενοι ὑπὸ τῶν χριστοῦ χειρῶν ἐπιβῆναι δυνηθῶσιν τῆς ἁγίας ὁδοῦ καὶ ὁδεύειν τὸν εἰπόντα τὸ »Ἐγώ εἰμι ἡ ὁδός«. μόνος γὰρ καὶ πᾶς ὁ νιψάμενος τοὺς πόδας ἀπὸ τοῦ Ἰησοῦ ὁδεύει τὴν ὁδὸν ταύτην τὴν ζῶσαν καὶ φέρουσαν πρὸς τὸν πατέρα. Für den Weg zum Vater sei dazu noch De principiis I,1 (Koetschau S. 32,2) angeführt: via factum est verbum dei ac sapientia. Quae via idcirco dicitur, quod ad patrem ducit eos, qui incedunt per eam.

Bei Ephräm wird, wie wir noch sehen werden, das Bild vom Weg häufig erweitert durch die Hereinnahme der am Weg sich befindenden Meilensteine und Herbergen. Daß darin etwas Ephräm Eigentümliches liegt, zeigt schon eine kurze Untersuchung der einschlägigen griechischen Wörter. Für »Herberge« würde man an erster Stelle das *pandocheion* von Luc. 10,34 erwarten, das Peš und VS mit dem entsprechenden syrischen Fremdwort *putqâ* wiedergeben, und das im Orient bis heute im arabischen *funduq* noch lebendig ist. Das syr. *putqâ* ist mir bei Ephräm nicht begegnet. Er zitiert in Hy. de eccl. 33,3 Luc. 10,34 mit Umgebung, übergeht aber dabei das *pandocheion*. Das Gleiche gilt vom Kommentar des Diatessaron. Das *pandocheion*, eingegliedert in das Bild vom Weg, erscheint einmal bei Clemens Alexandrinus in einer Stelle, die im Folgenden zitiert wird.

Ein zweites griechisches Wort, das für »Herberge« noch in Frage käme, ist μονή. Doch ist dieses Wort im Gegensatz zu *pandocheion* vieldeutig. G. W. H. Lampe (A Patristic Greek Lexicon) unterscheidet hier : a) abode, lodging esp. of heaven; b) apartment; c) hostel; stopping place marking end of a day's journey; d) hence frequ. : distance between two stops, stage met. in progress; e) dwelling, monastery. Für uns kommt, wie man sieht, nur c) und d) in Frage. Für das ganz konkrete »Gasthaus« am Ende einer Tagereise sei aus der Vita Antonii des Athanasius cap. 86 (MG 26.964B) zitiert : εἰς τὴν πρώτην μονὴν Ἀλεξανδρείας τὴν λεγομένην Χαιρίου ἐξῆλθεν. Die übertragene Bedeutung »Stufe« (stage) spielt bei Clemens Alexandrinus eine Rolle. Er bezeichnet damit vor allem den Aufstieg von der Stufe des Glaubens zu der Stufe der Gnosis, wie in Strom. VI,14 (St. II 486,24f.) : διὰ πολλῆς τοίνυν τῆς παιδείας ἀπεκδυσάμενος τὰ πάθη ὁ πιστὸς ἡμῖν μέτεισιν ἐπὶ τὴν βελτίονα τῆς προτέρας μονῆς. Dabei stellt Strom. V,6 (St. II 353,14ff.) die *monē* des nur Glaubenden der höheren des *gnōstikos* mit folgenden, ganz platonischen Wendungen gegenüber : αὐτὸν διακρίνοντα τὰ νοητὰ τῶν αἰσθητῶν, κατ' ἀνάβασιν ... σπεύδοντα ἐπὶ τὴν τοῦ νοητοῦ δίοδον ... καὶ τὴν πολιτείαν ἐπ' ἄκρον ... αὐξήσας ... ἐμπίμπλαται τῆς ἀκορέστου θεωρίας. Damit kommen wir zu der bleibenden *monē* des Himmels, wo dann das Wort die Bedeutung von »Wohnung« (*aulē*) gewinnt. So in Strom. VII,10 (St. III 42,14) : μετὰ γοῦν τὴν ἐν σαρκὶ τελευταίαν ὑπεροχὴν ἀεὶ κατὰ τὸ προσῆκον ἐπὶ τὸ κρεῖττον μεταβάλλων εἰς τὴν πατρῴαν αὐλὴν ἐπὶ τὴν κυριακὴν ὄντως ... ἐπείγεται μονήν.

Vom Weg, der zu dieser heimatlichen himmlischen Wohnung über die vorangehenden Stufen hinaufführt, war dabei nicht die Rede. Das holt aber Strom. IV,26 (St. II 322,2ff.) nach, wo nicht *monai* an diesem aufsteigenden Weg erscheinen, wohl aber *pandocheia*, die sehr bezeichnend nichts mit Stufen und Strecken des Weges zu tun haben, sondern bildlich für die körperlichen Bedürfnisse der aus dieser Welt auswandernden Christen stehen, eine Deutung, die bei Ephräm völlig fehlen wird. Die Stelle (Strom. IV,26) spricht davon, daß der Gnostiker von den dritten Gütern der Peripatetiker Gebrauch macht ἀλλὰ καὶ τῷ σώματι (χρῆται) ὥς τις μακρὰν στελλόμενος ἀποδημίαν, πανδοχείοις καὶ ταῖς παρ' ὁδὸν οἰκή- σεσιν ... ἀπολείπων δὲ τὴν οἴκησιν καὶ τὴν κτῆσιν καθάπερ καὶ τὴν χρῆσιν ἀπροσπαθῶς ... εὐχαριστήσας μὲν ἐπὶ τῇ παροικίᾳ εὐλογῶν δὲ ἐπὶ τῇ ἐξόδῳ τὴν μονὴν ἀσπαζόμενος τὴν ἐν οὐρανῷ. Für diese »Wohnung im Himmel« wird anschließend die οἰκοδομὴ ἐκ θεοῦ und die οἰκία ἀχειροποίητος αἰώνιος ἐν τοῖς οὐρανοῖς von 2 Cor. 5,1 zitiert.

Damit sind wir bei der *monē* angelangt, von der pluralisch in Jo. 14,2 die Rede ist, in dem Wort des Herrn: »Im Hause meines Vaters sind viele Wohnungen: gr. *monai*, syr. *awânē* (Peš; VS hier *atrwâtâ*).« Dazu gehört auch noch Jo. 14,23: »Wir werden zu ihm kommen καὶ μονὴν παρ᾽ αὐτῷ ποιησόμεθα syr.: *w-awânâ lwâteh ᾿âbdīn-nan* (Peš u. VS).«

Dieses *awânâ* findet sich bei Ephräm in der Verwertung der beiden Johannesstellen natürlich im gleichen Sinn von »Wohnung«. Doch in der häufigen Verbindung des gleichen *awânâ* mit dem Weg hat es ebenso klar die Bedeutung »Herberge« wie schon der Umstand zeigt, daß es dabei zumeist zusammen mit *mīlē* = Meilensteine erscheint.

Zu diesen Meilensteinen hier als Einleitung zu ihrer Verwendung durch Ephräm Folgendes! Das von den Griechen aus dem lat. milia gebildete μίλιον (syr.: *mīlâ*) steht in seiner engeren Bedeutung von «Meile» im NT in dem bekannten Herrenwort (Matth. 5,41) von dem, der einen zwingt eine Meile weit mit ihm zu gehen: μίλιον ἕν, syr.: *mīlâ ḥad* (Peš; VS nur: *mīl*). Für die auf »Meilenstein« erweiterte Bedeutung, wo im Lat. zumeist lapis allein steht, sei zuerst ein syrischer Beleg angeführt, in dem beide Bedeutungen nebeneinander erscheinen. Er findet sich im Syrisch-römischen Rechtsbuch aus dem 5. Jahrhundert, wo es im § 119 der Ed. Bruns-Sachau (Leipzig 1880) heißt: *wa-mtaḥ(ū) urḥâtâ men mdī(n)tâ la-mdī(n)tâ w-ašwīw enēn ba-mšūḥtâ d-mīlē wa-qbaʿ(ū) mīlē b-urḥâtâ* = und man zog Straßen von Stadt zu Stadt und teilte sie in gleiche Teile durch das Maß der Meilen und man stellte Meilen(steine) auf an den Straßen.«

Aus rein griechischen Quellen sei auf die von G. H. W. Lampe zitierte Stelle aus Didymos in Prov. I,1 (MG 39. 1621 B) verwiesen, wo es heißt, daß anfänglich die Wege *asēmoi* gewesen und daß dann Zeichen (*sēmeia*) gesetzt worden seien, die jetzt bei den Römern *milia* genannt werden. Für eine bildhafte Verwendung dieser Meilensteine, die zu einem Vergleich mit Ephräm in Frage käme, gibt Lampe nur eine einzige Stelle — und ich habe darüber hinaus aus anderen Vokabularen keine weiteren gefunden — nämlich Macarius Aeg. hom. 27,23 (MG 34. 709 C). Hier lautet das letzte (23.) Kapitel: »Das ist die Grundlage des Weges zu Gott, in vieler Geduld, in Hoffnung, in Demut, in Armut des Geistes, in Sanftmut den Weg des Lebens zu gehen (διοδεύειν τὴν ὁδὸν τῆς ζωῆς). Und durch diese (Dinge) kann einer die Gerechtigkeit in sich erwerben. Wir aber nennen »Gerechtigkeit« den Herrn selber. Αὗται γὰρ ἐντολαὶ οὕτως προστάσσουσαι ὥσπερ μίλιά εἰσι στήκοντα καὶ σημεῖα τῆς βασιλικῆς ὁδοῦ ἀναγούσης εἰς τὴν ἐπουράνιον πόλιν τοὺς διοδεύοντας. Denn der Herr sagt: »Selig die Armen im Geiste, selig die Sanftmütigen, selig die Barmherzigen, selig die Friedensstifter.« Das nannte er Christentum. Εἰ δέ τις ταύτῃ τῇ ὁδῷ οὐ διοδεύει, ἀνοδίᾳ πεπλάνηται, κακῷ θεμελίῳ κέχρηται. Zunächst erinnert das Bild vom Weg dieser Stelle an das Bild von den zwei Wegen, für das oben kurz die Didache angeführt wurde. Denn nicht nur die Bezeichnung des guten Weges als Weg des Lebens ist beiden gemeinsam, sondern darüber hinaus die rein ethische Deutung. Das der Stelle Eigentümliche und in der griechisch-patristischen Literatur anscheinend ganz Vereinzelte liegt in der Erweiterung des Bildes durch die Meilensteine, die zu Symbolen der sittlichen Forderungen Christi und damit des vollen Christentums werden. Vom Glauben an Christus, von der Kirche und ihren Sakramenten ist nicht die Rede. Und darin liegt, wie wir sehen werden, der große Unterschied zur Verwendung des Bildes von den Meilensteinen am »königlichen Weg« bei Ephräm.

Und nun zu Ephräm selber. Zuerst seien einige Stellen angeführt für »Weg« allein, die mehr nur vorbereitender Art sind. So spricht Hy. de ecclesia 47,1 von dem Weg aller Menschen zum Grab mit den Worten:

»Meine Brüder, Kinder Evas,   *   laßt uns die Erzählung vernehmen
von unsrer alten Mutter,   *   die vorüberging durch Maria.
Sie hat den verschlossenen Mund   *   des Todes geöffnet
und hat die zugesperrte Tür   *   der Scheol geöffnet
und hat den neuen Weg   *   zum Grab gebahnt.«[2]

Die für uns wichtige letzte Zeile lautet syrisch: *w-urḥâ ḥdattâ l-qabrâ deršat.* Der Weg zum Tod, zur Scheol, zum Grab ist der Weg aller lebenden Menschen, neu verursacht durch Eva (und Adam), für die, hätten sie nicht gesündigt, der Weg zum Baum des Lebens, zu einem Leben ohne Tod (*ḥayyē d-lâ mawtâ*; vgl. Hy. de parad. 12,15 u. 17) bestimmt war.

Daß es durch die Stammeltern der Weg aller Menschen geworden ist, das spricht Hy. de Juliano Saba 18,11 (nicht ganz sichrer Authentizität) mit den Worten aus: »Die ganze Erde (d.h. alle Erd-Staubgebornen), so hat Jesus gezeigt, geht auf diesem Weg zum Grab.«[3] Sicher echt ist hingegen Carm. Nisib. 73,4, wo auf eine ähnliche Aussage der für Ephräm wichtige Satz folgt, daß die Wege der Guten und Bösen nicht schon im Tod sich trennen, sondern erst bei der Auferweckung: »(Nur) einer ist der Weg für uns alle, meine Brüder, von der Geburt zum Tod und vom Tod zur Auferweckung. Doch von da an sind es zwei Wege: der eine zum Feuer, der andre nach Eden.«[4] Die Erweiterung des gleichen Weges aller Menschen über den Tod hinaus bis zum Gericht ist für unseren Zusammenhang von keiner Bedeutung. Denn sie ändert nichts an der zentralen religiös-christlichen

---

[2] CSCO vol. 198/syr. 84, S. 120.
[3] CSCO vol. 322/syr. 140, S. 68.
[4] CSCO vol. 240/syr. 102, S. 190.

Auffassung, daß die Gleichheit des physischen [5] Lebensweges der Menschen
zu einer Äußerlichkeit wird, die die geistige, unsichtbare Realität der schon
in diesem Leben sich vollziehenden Trennung der Lebenswege verdeckt,
eine Trennung, welche die eschatologische vorwegnimmt. Das geschieht
durch das Eingreifen des Heilswillens Gottes in der Person des Sohnes, des
Schöpfers und Erlösers. Das gilt schon, wie wir noch sehen werden, für die
Menschen vor der Geburt des Herrn und vor allem für die Glieder des in
der Kirche fortlebenden Christus. So hat schon die Taufe »uns den Weg des
Lebens gebahnt hin zum (Himmel)reich« (*urḥâ d-ḥayyē deršat lan maʿmōdītâ
l-malkūtâ*), wie es in dem allerdings kaum ephrämischen Hy. de epiphania
13,8 heißt [6]. Und in Hy. de nativ. 9,13 wird das Christuskind: *dâreš urḥâ
d-bēt malkūtâ* »Wegbereiter zum Himmelreich« genannt [7]. Wir sind damit
bei Christus, dem Weg, angekommen. Hier spielt Hy. de nativ. 3,14 auf
Jo. 4,6 an, auf den Herrn, der ermüdet sich am Brunnen niederläßt, und
fordert dazu auf: »Laßt uns anbeten jenen, der sich setzte und ausruhte,
der auf dem Weg ging und (selber) der Weg auf dem Weg war, und die
Tür für die Eintretenden, die durch ihn ins Reich eingegangen sind.« [8]

Der Weg Christi im Prosasermo de Domino Nostro [9]

An erster Stelle sei hier angeführt, was der Prosasermo de Domino Nostro
zu Beginn über den Weg Christi ausführt. Das Besondere liegt dabei darin,
daß der Weg Christi der Weg ist, den Christus selber ging und dadurch die
Möglichkeit schuf, daß auf dem von ihm so gebahnten Weg die Menschen
ihm nachfolgen können, daß also sein Weg unser Weg werde. Hier erscheinen
auch schon die *awânē*, aber noch nicht zusammen mit *mīlē* im Sinn von
Herbergen, sondern in dem weiten des griechischen *monē*. Der Sermo beginnt
nach einem allgemein gehaltenen einleitenden Satz: »Dir (Christus) sei Lob,
der aufbrach und sich niederließ von einer Wohnung zur andren (*men
awân l-awân*), um zu kommen (und) uns zu einer Wohnung (*awânâ*) für

---

[5] Auch Ephräm kann von der »Natur« (*kyânâ*) des Menschen sprechen, wobei aber der
Unterschied zur griechisch-philosophischen *physis* nicht zu übersehen ist: *kyânâ* ist bei ihm
nicht eine von Gott unabhängige, in und aus sich selber gegebne Ordnung, das gleiche Wort
kyânâ bedeutet bei ihm auch »Schöpfung«, die immer vom Schöpfer abhängig bleibt und
deren Sterblichkeit auf das Strafurteil Gottes zurückgeht, das durch die Sünde »neu« heraus-
gefordert wurde.

[6] CSCO vol. 186/syr. 82, S. 190.

[7] Im gleichen, in Anm. 6 zitierten Band, S. 66.

[8] L.c. S. 23. Dafür daß bei Ephräm diese Vorwegnahme auch noch für den Weg vom
Grab bis zur Auferweckung gilt, sei der Anfang von Carm. Nis. 47,13 zitiert: »Der Tote, in
dem das unsichtbare Leben verborgen ist, lebt für Gott (schon) vor der Auferweckung.«

[9] Ediert in CSCO vol. 270/syr. 116 (Text) u. syr. 117 (Übersetzung). Ich zitiere den Text
nach Seite u. Zeile der Ausgabe; die Kapitel finden sich im Text wie in der Übersetzung.

seinen Entsender zu machen.« Sicher liegt hier Jo. 14,23 zugrunde, auch wenn dort vom Vater und Sohn zugleich gesagt wird, wie schon zitiert wurde : si quis diligit me ... ad eum veniemus *w-awânâ lwâteh âbdîn-nan* = et mansionem apud eum faciemus. Am Schluß dieses Sermo wird in einem andren Zusammenhang diese Johannesstelle direkt zitiert. Hier sagt Ephräm in dem kleinen Schlußkapitel (S. 53,21 ff.) : »An allen diesen *awânē* ging (Christus) vorüber, (er) der kam, um unsre Körper zu *awânē* für seine Ruhe(stätte) (*l-mašryeh*) zu machen.« Hier hat das erste *awânē* mehr die Bedeutung von (Weg)etappen; denn es faßt die im Vorangehenden er-wähnten Stationen seines irdischen Lebens zusammen, wie die Begegnung mit dem Priester Simeon im Tempel und seine Taufe im Jordan durch Johannes, in denen die Gnadengaben des Alten Testaments wie Priestertum, Prophetie und Königtum zu ihm, dem Geber, zurückkehrten. Das zweite *awânē* stammt eindeutig aus Jo. 14,23. Denn anschließend heißt es : »So werde also jeder von uns zu einer Wohnung (*bēt mašryâ*)! 'Wer mich liebt, zu dem werden wir kommen und Wohnung (*awânâ*) bei ihm nehmen', sagt die Gottheit. Denn ohne daß alle Geschöpfe ihm verloren gehen, umfaßt ihn der kleine, niedrige (menschliche) Geist.«

Doch zurück zum Anfang des Sermo! Der auf den zitierten ersten Satz folgende zweite beginnt wieder mit dem Aufbruch des Sohnes, nennt aber dabei konkret den Ausgangspunkt und die *awânē* mit den Worten : »Der Eingeborne brach auf von der Seite der Gottheit [10] und ließ sich nieder in der Jungfrau, damit er, der Eingeborne, durch die Geburt (aus Maria) Bruder für viele werde. Und er brach auf aus der Scheol und ließ sich nieder im (Himmel)reich, um den Weg zu bahnen (*d-nedroš urhâ*) aus der Scheol, die alle (Eintretenden) mißhandelt, zum (Himmel)reich, das allen (Eintretenden mit Gutem) vergilt.« Als *awânē* = Stationen des Weges Christi werden also hier genannt : Der Eingeborene beim Vater, im Schoß der Jungfrau, in der Scheol und zurück wieder im Reich beim Vater. Daß dabei erst die Geburt aus der Jungfrau die Möglichkeit schuf, über den Kreuzestod in die Scheol zu gelangen, wird später im 3. Kapitel (S. 3,12f.) mit den Worten nachgetragen : »Er kam zu der Jungfrau, damit von da aus das Reittier (d.h. der menschliche Körper) ihn zur Scheol führe.« Dazu hieß es ferner schon im 2. Kapitel (S. 2,2f.) : »Auf dem Weg der (vom Weib) Geborenen (*b-urhâ d-īlīdē*) kam er zu uns von seinem Vater und auf dem Weg der Sterblichen (*b-urhâ d-mâyōtē*) ging er hinaus (aus dem Leben = starb er), um zu seinem Vater wegzugehen.« Christus hat also den »neuen

---

[10] Syr. : *men lwât alâhūtâ*. Dabei hat das Abstractum (*alâhūtâ*) wie öfters im Syrischen konkrete, persönliche Bedeutung und steht für die Person des Vaters. Das *lwât* stammt aus Jo., 1,1, wo Peš u. VS *lwât* für das gr. *pros* (*ton theon*) haben.

Weg«, den Eva gebahnt hat, zu seinem eignen Weg gemacht, um dessen
Abschluß, den Tod, zu überwinden, d.h. aus der Scheol den Weg zurück
ins Reich, für Ephräm mit dem Paradies identisch, neu zu bahnen. Zunächst
für sich, dann aber auch als neue Möglichkeit für die Sterblichen, was im
1. Kapitel im Anschluß an das schon Zitierte so ausgedrückt wird: »(Er
brach auf aus der Scheol ... um den Weg zum Reich zu bahnen); es gab
nämlich unser Herr den Sterblichen ein Unterpfand (*râhbōnâ* = gr. *arrhabōn*),
daß er sie wegreisen lasse aus der Scheol, welche die Gestorbenen aufnimmt
ohne Unterschied, zum (Himmel)reich, das unterscheidend die Geladenen
einführt.« Dabei liegt im Schlußsatz ein Hinweis darauf, daß den von
Christus aus der Scheol zurück ins Paradies gebahnten Weg nicht alle
Sterblichen gehen werden, daß vielmehr daneben auch noch der andre Weg
existiert, von dem schon Carm. Nis. 73,4 sprach, der Weg zum Feuer der
Gehenna.

Das Bild vom Weg im 6. Sermo de fide[11]

Die sechs Sermones de fide sind rhythmisch in der »ephrämischen« Art
von Zeilen zu 7 + 7 Silben abgefaßt. Sie bekämpfen zwar auch schon den
Arianismus, aber lange noch nicht so ausschließlich wie die edessenischen
Hymnen de fide. Die Schilderung der Persergefahr weist sie eindeutig der
nisibenischen Zeit zu. Das Bild vom Weg taucht hier erst im letzten Sermo
auf. Dabei hat das *urḥâ* im Abschnitt von Zeile 345ff. deutlich den Sinn des
hodos der Acta, also gleich »Lehre, Religion«. Denn Ephräm sieht hier im
arianischen Streit die Ursache dafür, daß die Perser in ihrem Kampf gegen
Nisibis erfolgreich wurden und drückt das in Z. 349ff. so aus: »(Gott)
verlieh Erfolg dem Weg der irrenden (Heiden), weil die gelehrten (Theologen)[12] den Weg (Christi) krümmten. Die Irrenden (Heiden) verwüsteten
das Heiligtum, weil wir Lüge zur Wahrheit hinzufügten.« Und nach Z. 379f.
ist die Lehre der Arianer eine Verachtung »unseres Weges«, d.h. unsrer
christlichen Religion, die in der Person Christi ihren Mittelpunkt hat, welche
die Arianer zu einem Geschöpf degradierten und offenbar auf diese Weise
»den Weg« verachteten. Die Strafe dafür sieht Ephräm in dem Spott der
siegreichen Heiden: »Weil wir unseren Weg verachtet und ihn in große
Schmach gebracht haben, hat (Gott) uns zu (einem Gegenstand) der
Schmähung für unsre Nachbarn gemacht ... Siehe die irrenden (Heiden)

---

[11] Die Sermones de fide sind ediert in CSCO vol. 212/syr. 88. Zitiert wird nach Sermo
und Sermozeile dieser Ausgabe.

[12] Syr.: *yâdō̔ē*. Dafür, daß damit die arianischen Theologen gemeint sind, vergleiche Z.164
u. 166 des gleichen Sermo, die im Folgenden angeführt werden und wo ein *yâdō̔â* parallel
zu *dârōšâ* = der Disputierer, steht, ein Ausdruck, der eindeutig auf die Arianer geht.

bedrängen uns (mit der Frage): Wo bleibt die Macht der Wahrheit? Die Macht, die alle Mächte besiegt, wird jetzt in uns geschmäht.«

Die zweite Stelle, die aus dem 6. Sermo de fide für uns in Frage kommt, ist der Abschnitt Z. 163-186. Auch hier ist der Weg die christliche Lehre; denn *urḥâ* steht dabei synonym zu einem vorangehenden *kârōzūteh da-šrârâ* = Verkündigung der (christlichen) Wahrheit, die in der Schrift schlicht und einfach gegeben ist und die die arianischen Theologen verwirren: »Laß dich nicht verwirren, o Hörer, wenn der *yâdō´â* Verkehrtes (lehrt)! Werde nicht krank, o Schüler, wenn der *dârōšâ* in die Irre geht! Wenn dein Meister abbiegt, geh weg und gewinne Einsicht durch die Schriften! ... Nicht Menschenwort trägt die Verkündigung. Menschenwort wird abgehauen und es stürzt alles, was daran hängt. Am Wort Gottes hängt die Verkündigung der Wahrheit. An diesem Wort, das das All trägt, hängt deine Lehre, o Lernender. Jeder, der den Weg verwirrt, ist selber verwirrt (und irrt ab) von ihm, weil er nicht weiß, wie er eilt; denn der Weg verlor sich vor ihm. Jener Weg aber ist für die Klugen gebaut mit Meilensteinen und Herbergen (*štîlâ b-mîlē w-awânē*).« Daß hier durch die Gleichstellung des *yâdō´â* mit dem *dârōšâ* zum Ausdruck kommt, daß damit die arianischen Theologen gemeint sind, wurde schon oben angemerkt. Darüber hinaus tritt auch die Bedeutung des Weges als die christliche Lehre klar zu Tage. Dagegen bleibt der Sinn des Bildes der Meilensteine und der Herbergen an diesem Weg, das hier zum erstenmal erscheint, auch in der Fortsetzung dieser Stelle ohne jede Erklärung. Sie sind anscheinend für Ephräm so eng mit dem Begriff Weg verbunden, daß er sie als reine Zugaben auch ohne eigne Deutung belassen kann. Am Schluß werden wir darauf in einem Überblick über die sehr wechselnde Behandlung dieser zwei Zusätze zurückkommen.

Hier muß noch eine dritte Stelle aus dem 6. Sermo de fide besprochen werden mit einer ganz eigenartigen Verwendung des Bildes vom Weg. In Z. 213ff. wird nämlich der Arianismus als eine Rückkehr vom Ende des Weges zu seinem Anfang hingestellt: »Jetzt, da wir den Weg zurückgelegt haben, haben wir uns umgekehrt, um seinen Anfang zu suchen. Zum Ende des Wegs (*l-šullâmâh d-urḥâ*) sind wir gekommen und haben (noch) nicht erfaßt, was sein Anfang (*rēšâ* = principium) ist. Unser Lauf (nähert sich) seinem Ende und unser Suchen gilt seinem Anfang (*šurrâyâh*).« Das »wir« dieser Stelle umschließt, wie es sich noch klarer zeigen wird, an der ersten Stelle alle Christen, deren Weg sich dem Ende nähert, weil Ephräm aus dem arianischen Streit und aus dem Umsichgreifen des Manichäismus[13]

---

[13] Für die Arianer vgl. hier gleich im Folgenden Z. 133f. unseres Sermo und vor allem auch Hy. de ecclesia 45,32. Für die Manichäer sei auf Pr. Ref. I 125,14 verwiesen: »Diese (schlimmste) Irrlehre quoll hervor *b-ḥarteh d-´âlmâ* = am Ende der Welt(zeit).«

den Eindruck gewann, das zweite Kommen des Herrn und damit die »Auf-
hebung« und Sublimierung seiner Kirche stehe bevor. Damit ist auch schon
ein Hinweis auf den Anfang des Weges gegeben : es ist das erste Kommen
des Herrn, das nicht nur Glauben und Zustimmung ausgelöst hat, sondern
auch Zweifel und Ablehnung auf seiten der Schriftgelehrten und Juden. Die
Ähnlichkeit des Endes des Weges mit seinem Anfang sieht nun Ephräm
darin, daß die Sophistik der Arianer ihn an die zweifelnden Fragen der
Schriftgelehrten und Juden erinnert. Demnach ist das zweite »wir« des
Ausgangzitates in dem Satz : »wir haben nicht erfaßt, was sein Anfang ist«,
d.h. was und wer der Erlöser sei, auf »viele von uns«, d.h. auf die Arianer,
einzuengen. Diese Deutung sprechen klar zwei vorausgehende Stellen aus.
Dabei geht die erste von dem Beispiel der Magier aus, das als Vorbild für
das rechte Verhalten der orthodoxen Christen den Arianern gegenüber
hingestellt wird, indem in Z. 115ff. nach der Erwähnung der Sicherheit,
mit der die Magier zu dem neugebornen König zogen, gesagt wird : »Auch
ihr, o Schüler, erschreckt nicht darüber, daß eure Lehrer (die arianischen
Theologen) noch auf der Suche sind nach der Wahrheit! (Denn) wie sie in
Bethlehem von den Magiern gefunden wurde, die nach ihr forschten, so ist
sie (auch) in der wahren Kirche zu finden für den, der sie mit Festigkeit
sucht.« Das Gegenbeispiel für die Arianer erscheint in Z. 133ff. : »Es gleicht
jenes Kommen des Sohnes, in dem er kam, jenem, in dem er kommen wird.
Denn verwirrt waren die Fragen der (Schrift)gelehrten (*yâdōʿē*) in jener
seiner (ersten) Ankunft. Ebenso verwirrt sind jetzt die Fragen vor seinem
Kommen.«[14]

Der Weg, von dem hier die Rede war, ist also der Weg der Kirche von
ihrer Gründung durch den menschgewordenen Sohn Gottes an bis zu
seiner Wiederkunft. Das ist aber nur ein Teil des Heilsweges. Es geht ihm
das Heilswirken Gottes in der Periode der Menschheit von Adam an bis
zu der Geburt des Herrn voraus. Davon schwiegen auch die aus dem Sermo
de Domino Nostro zitierten Stellen. Die Hymnen contra haereses werden
das nachtragen. Hier seien anhangsweise zwei Strophen aus den Hymnen
de nativitate angeführt, wo wenigstens ein Teil des vorangehenden Weges,
der in der Geschichte des auserwählten Volkes liegt, angefügt wird. Hy. de
nativ. 22,20 spricht zunächst, wie ein Hymnus auf die Geburt des Herrn
erwarten läßt, wieder so, als ob diese Geburt der Anfang des Heilsweges

---

[14] Als Beispiel folgt der Einzug Jesu in Jerusalem, wo sehr gewaltsam die »Heiden«
(Ephräm sagt nach der VS von Jo. 12,20 »die Aramäer«) allein mit denen, die Jesu zujubelten,
gleichgesetzt und den Beschnittenen drinnen in der Stadt gegenübergestellt werden, welche die
Heiden fragen : »Wer ist dieser, der da kommt?« Diese Gegenüberstellung führt zu einer
Verschiebung des Themas : die christlich gewordenen Heidenvölker können die Juden über
ihre eignen Bücher belehren.

wäre mit den Worten: »Denn nicht nahm es der Barmherzige hin, daß man den Weg versperrt hatte. Indem er zum Mutterschoß herabstieg, hat er rasch den Weg (wieder) geöffnet. Indem er in der Geburt (daraus) hervorging, hat er ihn gebahnt und Meilensteine daran befestigt. Gepriesen sei der Friede deines Weges!«[15] Die Erwähnung der Meilensteine bleibt ohne Erklärung. Sie erinnert an das ähnlich isolierte Auftauchen der Meilensteine und Herbergen im Sermo de fide 6,185f. Doch wird hier durch die nachfolgende Strophe indirekt eine eigne Deutung nahe gelegt.

Der Weg Christi mit seinem Frieden ist der Weg der Kirche. Ihm stellt nun ganz unvermittelt die folgende Strophe (22,21) den Weg des auserwählten Volkes voran und gegenüber mit den Worten: »Die Propheten hat(te) er auserwählt: sie entfernten die Steine aus dem Weg[16] für das Volk. Die Apostel hat er ausgesandt: sie reinigten[17] den Pfad für die Völker. Zuschanden wurden die Steine des Anstoßes des Bösen; denn Schwache haben sie entfernt.« Eine noch zu besprechende Stelle aus den späten edessenischen Hymnen de fide, nämlich 65,1, wird die Meilensteine auf die Propheten deuten und die Herbergen auf die Apostel. Das schafft eine Verbindung zwischen unseren beiden Strophen, wobei aber, da hier die Herbergen unerwähnt bleiben, Apostel und Propheten mit den Meilensteinen allein gleichgesetzt würden.

Das Bild vom Weg in den Hymnen contra haereses

Am breitesten wird das Bild vom Weg in den Hymnen contra haereses verwendet und ausgeführt in der Polemik gegen die drei Ketzer Markion, Bardaisan und Mani, deren Bekämfung das Hauptanliegen dieser Hymnensammlung ist. Das Bild taucht zum erstenmal in der 8. Strophe des 22. Hymnus auf. Diese Strophe fällt aus der alphabetischen Reihenfolge der übrigen Strophen dieses Hymnus; sie sollte mit *zayn* beginnen und beginnt mit *šīn*. Das ist wohl auch der Grund dafür, daß hier das Bild vom Weg auf diese eine Strophe beschränkt bleibt. Es ist offenbar erst nachträglich eingeschoben worden vor dem Bild des Prägestempels und der Münzfälschung der anschließenden zwei Strophen. Die Strophe lautet: »Glatt ist der Weg für die Schlichten, jener (Weg), welcher der Glaube ist, welcher Herbergen und Meilensteine zog (syr. meṭḥat = sich erstrecken ließ) vom Paradies zum Paradies. In Adam (erfolgte) der Auszug aus dem Paradies und im (rechten) Schächer die Rückkehr.«

---

[15] Zum Text vgl. Anm. 6.
[16] Zu dem syr.: *nqal(ū) urḥâ* vgl. Brockelmann, Lex. unter *nql*.
[17] Syr.: *šappī* (planavit), offenbar gleichbedeutend mit dem vorangehenden *nqal*.

Die Gleichsetzung des Weges (des Heils) mit dem Glauben fand sich, wie schon angeführt, auch bei Clemens Alexandrinus. Sie wird im Folgenden am Beispiel des rechten Schächers ihre Erklärung finden. Im übrigen erscheint hier zum erstenmal der ganze Weg, indem indirekt zu den bisher erwähnten zwei Teilstrecken der Kirche und des auserwählten Volkes hinzu auch die dritte, die Zeit von Adam bis auf Abraham bzw. Moses, in dem Weg vom Paradies zum Paradies miteingeschlossen ist. Offen wird sie in den folgenden Zitaten erscheinen.

Der Heilsweg beginnt mit der Verstoßung Adams aus dem Paradies, von Gott her gesehen, in seinem Suchen und Bemühen um das verlorene Schaf. Für das Ende des Weges, für die Rückkehr ins Paradies — der Himmel der Seligen ist nach Ephräm mit dem Paradies des Anfangs identisch —, die nach der schon erwähnten Anschauung Ephräms von der Gleichheit des Weges aller Menschen bis zur Auferweckung erst nach dieser erfolgen kann, nennt Ephräm als Gegenstück zu dem aus dem Paradies verwiesenen Adam, dem Anfang des Weges, den rechten Schächer, zu dem der Herr am Kreuze sprach: »Heute noch wirst du bei mir im Paradiese sein« (Luc. 23,43). Die Schwierigkeit, die dieses Wort Ephräm bei seiner Auffassung des Paradieses sowie seiner eben erwähnten eschatologischen Anschauung bereiten mußte, bringt er offen selber im 8. Hymnus de paradiso[18] vor zusammen mit seiner Notlösung: der Schächer ist noch nicht in das Innere des Paradieses eingetreten; aber seine Seele wartet in der lieblichen Wohnung an der Umzäunung des Paradieses auf die Erweckung seines Leibes. Von dieser Distinktion kann Ephräm absehen und an unsrer Stelle sprechen, als ob der Schächer schon voll das Ende des Weges erreicht habe. Er tut das auch in einer andren Stelle, die hier eine wertvolle Ergänzung liefert, indem in gleicher Weise Schächer und Adam in Verbindung miteinander gebracht werden, in Hy. de fide 84,1 (= Hy. de margarita 4,1)[19]. Die Strophe lautet: »Es gewann der Schächer den Glauben, jenen (Glauben), der ihn gewann und ihn einführte und hineinstellte in das Paradies. Er sah im Kreuz den Lebensbaum. Sie (die *haymânūtâ* = der Glaube) wurde zur Frucht und er aß gleichsam, anstelle Adams, (die Frucht).« Diese Strophe gibt uns also die Erklärung, wie zu Beginn unsrer Ausgangsstelle (Hy.c. haer. 22,8) ganz unvermittelt der Weg mit dem Glauben gleichgesetzt werden konnte. Im Glauben an den Erlöser geht man den Weg des Heils. Auf diese Weise wird der Glaube selber zum Weg des Heils. Die Herbergen und Meilensteine dieses Weges werden auch hier, in Hy. c. haer. 22,8, nur kurz erwähnt ohne jede Erklärung. Das ändert sich erst in den Hy. c. haer. 25-27, wo das Bild vom Weg im Mittelpunkt der Polemik gegen die Häretiker steht.

---

[18] CSCO vol. 174/syr. 78.
[19] CSCO vol. 154/syr. 73.

Hymnus contra haereses[20] *XXVII*

Ich beginne mit dem 27. Hymnus, dem kürzesten, in dem die Meilensteine ein klare Deutung finden, doch nur sie allein, ohne die Herbergen, die hier merkwürdigerweise nicht erwähnt werden. Str. 1 geht vom Bild des Falschmünzers aus, das, wie schon erwähnt, in Hy. 22 auf die 8. Str. mit dem Bild vom Weg folgt, läßt es aber schon gegen Ende der Strophe fallen und geht zum Bild der Meilensteine über, das dann in den folgenden Strophen breit ausgeführt wird. Die Strophe lautet: »Wie gleichen doch die Leugner (= die Häretiker) jenen, die den königlichen Münzstempel verstohlen (angefertigt) und damit insgeheim eine falsche (Münze) geprägt haben. Doch da sie in die Hände von Verständigen fiel, haben diese dort das geprägte königliche Bild gesehen und (zugleich) auch den listigen Betrug des Künstlers. Der Betrüger konnte nicht (erreichen), daß das (gefälschte) Prägbild ganz fremd (= unerkennbar) würde. Die (Irr)lehren, die den Weg fremd gemacht haben, (konnten) nicht (auch) die königlichen Meilensteine fremd (= unerkennbar) machen.« Damit ist das Thema der Meilensteine gestellt, das Str. 2 und 3 ausführen: (Str. 2) »Und solange die Meilensteine stehen, ist auch der Weg nicht fremd. Denn wer ein gesundes Gedächtnis hat, erkennt, wenn er die Meilensteine betrachtet, was sie sind und auch woher sie sind und wohin (sie weisen). Meilensteine von dem Weg in die Wüste zu entfernen, wer das tut, erwirbt sich zweifachen Tadel (Strafe)[21], dafür daß er den Weg beschädigt und die Meilensteine gestohlen hat. (Str. 3) Kommt laßt uns den Weg untersuchen, jenen (Irr)weg, den die Leugner in der Wüste gebahnt haben, an dem die Meilensteine (des Weges) unseres wahren Königs gestohlen, aufgestellt und gereiht sind! Siehe, (da sind) die Namen des Vaters und des Sohnes und des Heiligen Geistes, siehe das Zeichen des Myron und der Taufe, das Brechen des Brotes und der Kelch des Heiles und die (heiligen) Schriften gestohlen bei ihnen. Gepriesen sei der König: die Meilensteine seines Weges sind Berge, die man nicht verdecken (kann).« Damit ist eine klare Deutung des Bildes der Meilensteine gegeben: es sind fundamentale Punkte der orthodoxen christlichen Lehre und Kirche, die trinitarischen Namen des Bekenntnisses, die drei altchristlichen Sakramente der Taufe, des Myron und der Eucharistie sowie die Schriften des Alten und Neuen Testaments. Diese finden sich vielfach auch gestohlen und, so

---

[20] CSCO 169/syr. 76. Zitiert wird nach Hymnus und Strophe dieser Ausgabe.

[21] Ob hier die von Brockelmann zu *ku(')ârâ* auch angeführte Bedeutung *poena (epitimia)* anzusetzen ist, wäre sachlich zu entscheiden, durch die Anführung einer entsprechenden Strafbestimmung aus dem römischen Recht. Die eingangs zitierte Stelle aus dem syrisch-römischen Rechtsbuch sprach davon nicht. Klarer ist die Lage bei dem vorangehenden Beispiel des Falschmünzers, wo Ephräm selber in Hy. c. haer. 22,9 sagt, daß seine Strafe der Tod durch Verbrennung oder Zerstückelung sei.

kann man ergänzen, entstellt an den Irrwegen der Häretiker, und sie zeigen
weithin wie Berge, »was sie sind und woher sie sind«. Strophe 4 spricht
anschließend zunächst von dem nutzlosen Bemühen der Häretiker, diese
Berge zu verstecken mit den Worten: »Kommt, staunt über die Schwachen,
die sich abmühen, mit Felsstücken der Wahrheit riesige Berge zuzudecken,
Berge, die nicht heimlich entwendet noch verborgen gehalten werden
(können).« Es folgt gesondert ein polemischer Hieb gegen die Markioniten:
»Und obwohl sie wußten, daß es Meilensteine sind, die nicht zu verstecken
sind, benannten sie sie nach dem Namen eines anderen Königs, der (gar)
nicht existiert.« Der anschließende Satz unterscheidet bei den Häretikern
zwei Gruppen: »einer irrte und glaubte (doch noch) an sie (d.h. an die
Meilensteine), ein andrer hingegen verschmähte sie und wies sie ab«.
Für die an zweiter Stelle genannte Gruppe drängt sich der Gedanke an die
Messallianer auf, die Ephräm in seiner Ketzerliste von Hy. c. haer. 22,4 an
letzter Stelle genannt hat. Denn Johannes Damascenus nennt in De haer.
80 (MG 94. 729) als vierten Punkt ihrer Lehre: οὐδὲ τὸ βάπτισμα τελειοῖ
τὸν ἄνθρωπον οὔτε ἡ τῶν θείων μυστηρίων μετάληψις καθαρίζει τὴν
ψυχὴν ἀλλὰ μόνη ... ἡ εὐχή.

Unsere 4. Strophe schließt, wie die vorangehenden, mit einer Art Respon-
sorium. Dieses geht von den Meilensteinen zu den Sternen über und bereitet
so das Thema der fünften und letzten Strophe vor: »Gepriesen sei, der auf
Erden die Meilensteine und an den Himmel die Sterne gesetzt hat!« Darauf
folgt die 5. Str.: »Und wie einer nicht das Leuchten der Sterne verbergen
kann, so kann er auch nicht die Wahrheit der (heiligen) Schriften verbergen.«
Die »Schriften« wurden in der 3. Strophe zu den Meilensteinen gerechnet.
Hier werden sie mit den Sternen verglichen, die ebensowenig wie die
Meilensteine zu verbergen sind. Die Fortsetzung und damit der Schluß der
Strophe und des Hymnus läßt Weg und Meilensteine fallen und führt für
die Sterne und die Schriften einen eignen, neuen Vergleichspunkt an: »Es
gibt viele, die durch die Sterne in Irrtum geraten, und viele, die durch die
Schriften in die Irre gehen. In den Sternen gewannen sie Steine des
Anstoßes und durch die reinen Schriften Befleckung. Gepriesen sei, der
durch das Licht uns erleuchtet und durch die Wahrheit uns das Leben
schenkt!« Man sieht, wie Ephräm von einem Bild in ein andres abgleiten
kann.

Hymnus contra haereses XXVI

Nach der klaren Deutung, die im 27. Hy. die Meilensteine des Weges
gefunden haben, würde man eine gleiche oder ähnliche auch für die Herbergen erwarten. Man wird aber enttäuscht. Denn die zwei vorangehenden
Hymnen, in denen das gleiche Bild des Weges im Mittelpunkt steht,

erwähnen zwar beide je einmal die Meilensteine und Herbergen zusammen mit dem Weg; aber eine gesonderte Deutung der Herbergen wird nicht gegeben, wie man sehen wird.

Hy. 26 geht in der ersten Strophe von den Wegen der Irrlehrer aus: »Eine wichtige Untersuchung ist es, den Wegen aller Leugner (= Häretiker) nachzugehen, ob sie vom Anfang her sind. Den Pfad, den Mani eilte, hat er (erst) vor kurzer Zeit gebahnt. Von gestern sind die Lehren (*yulpânê*) des Unkrauts, das aufblühte und verdorrte.« Man hat hier wieder klar die Gleichsetzung der Wege (*urhâtâ*, *šbîlê*) mit den Lehren (*yulpânê*). Der Einwand, den dabei Ephräm gegen die Wege der Häretiker nur kurz andeutet, wird bei Hy. 25,2 ausführlich zur Sprache kommen: es geht um die ununterbrochene Tradition im Bereich des wahren Weges. Mani und Markion müßten, um ihre Lehren legitimieren zu können, unmittelbar wie die Apostel Schüler Christi gewesen sein. In unsrer Strophe verschiebt sich das Thema sofort in der anschließenden Polemik gegen Markion: »Die Diebe, siehe ihre Pfad biegen ab (*šbîlayhōn hâ sâṭēn*) zu ihren Verstecken (Hinterhalte; syr.: *kmēnayhōn*). Sie haben das Testament (*dyatēqē*), das durch den Knecht (= Moses) (gegeben wurde), dem durch den Sohn (gegebnen) für fremd erklärt. Laßt uns sehen, daß jener Weg der Propheten übereinstimmt mit jenem der Apostel!« Diebe (*gannâbē*) wurden die Häretiker auch in Hy. 27,1 genannt, wo dann anschließend vom Diebstahl der Meilensteine die Rede war, die an die Irrwege gestellt immer noch ihre wahre Herkunft verraten. Dabei fand sich auch ein spezieller Hinweis auf die Markioniten in den Worten der 4. Strophe: »Und obwohl sie wußten, daß es Meilensteine sind, die nicht zu verstecken sind, benannten sie sie nach dem Namen eines andren Gottes.« Die Diebe von Hy. 26,1 bleiben ohne Erklärung. Man könnte sie höchstens mit Hy. 25,8 in Verbindung bringen, wo es heißt: »Der Irrtum hat gestohlene Pfade gebahnt zur Linken des Lebensweges.« Doch in Hy. 26,1 wird gesagt: die Pfade der Diebe biegen ab (vom wahren Weg), eine Vorstellung, die im Folgenden, in Hy. 26,4 weiter ausgeführt und mit dem Namen Satan in Verbindung gebracht werden wird. Sie biegen ab zu ihren (der Diebe) Verstecken. Das vorangehende Verb spricht für die konkrete Bedeutung des *kmēnâ* unsrer Stelle. Es könnte neben dem konkreten Hinterhalt auch abstrakt »Hinterlist« bedeuten wie in der noch zu besprechenden Stelle Hy. c. haer. 25,7. Die »Verstecke« der Häretiker sind wohl ihre Versammlungsorte bzw. ihre Kirchen Sie geheim zu halten, war sicher für die Manichäer nötig; für die Bardaisaniten kann dafür Hy. c. haer. 1,17 zitiert werden: »In den Höhlen (*neq´ē*) des Bardaisan Melodien und Lieder«. Ephräm hat hier auch die Markioniten mit eingeschlossen[22].

---

[22] Subjekt in dem Satz von Hy. c. haer. 52,3: »*ḥlâf ´edtâ m´arē râḥmin d-gayyâsē* = statt der Kirche lieben sie Räuberhöhlen« ist nach dem Vorangehenden Mani und Markion.

Denn was noch folgt, spricht unzweideutig von ihnen, die die Einheit des Weges der Propheten und der Apostel geleugnet haben.

In der folgenden zweiten Strophe tritt vorübergehend an die Stelle des Bildes vom Weg des Heils das Bild von der Quelle der Lebensarznei, der Stimmen der Prophetie und der Worte des Geistes. Die Häretiker, die Schlangen, stehlen davon, schlürfen wenig ein und speien viel aus, ganze Tümpel von Todesgift. Der reine Trank (des Gotteswortes) wird so tödlich für die Trinkenden, ohne daß es Törichte merken.

Strophe 3 kehrt zum Bild des Weges zurück: »Lerne den Weg kennen und zieh so (auf ihm) aus, damit dich nicht etwa ein andrer Weg einfange! Denn auch die Lüge gleicht sich der Wahrheit an. Wo die königlichen Meilensteine sind und die Herbergen und die Kaufleute, da ist der Weg des Königs und der Gesandten. Wo aber Zaubersprüche und Tierkreiszeichen (= Astrologie), Blasphemie und böses ...[23], da ist der Pfad der Wüste und der Räuber. Und wo du Lästerung findest, da mach dich auf und fliehe von dort!« Der wahre Weg des Heils wird hier *uraḥ malkâ* »Weg des Königs« genannt und die Meilensteine daran sind *mīlē d-malkūtâ* »königliche Meilensteine«. Der Ausdruck ist uns schon indirekt in Hy. c. haer. 27,3 begegnet in den Worten: »Gepriesen sei der König (= Christus)! Denn die Meilensteine seines Weges sind nicht zu verbergen.« Und letztere wurden kurz vorher *mīlē d-malkan* »Meilensteine unseres Königs« genannt. Im 25. Hymnus wird zweimal ein *urḥâ d-malkâ* erscheinen und die 2. Str. wird hier den Einzug Jesu in Jerusalem, seine Verspottung als König und das Kreuz als seinen Thron heranziehen. In Hy. 25,5 erscheint für *urḥâ d-malkâ* auch ein *urḥâ d-malkūtâ*, das dem griechischen ὁδὸς βασιλική entspricht. Dieser Ausdruck fand sich in den schon angeführten Stellen aus Makarios und

---

[23] Für die unsichere Bedeutung des syr. *šawpâ* an dieser Stelle ist wohl das *šawpâ* im 32. Sermo des Isaac Antiochenus (Ed. Bickell, pars II 134 u. 136) heranzuziehen, wo wie bei Ephräm in Hy. de fide 18,16 zwei Geburten des Vogels unterschieden werden. Die erste im Legen des Eies bleibt ohne Leben, erst die zweite, im Ausbrüten, gibt die *nafšâ*. Dabei erscheint für das Brüten in Z. 539 syr. ein *ruḥḥâfâ* und völlig gleichbedeutend damit in Z. 544 unser *šawpâ*. Diese zweifache Geburt des Vogels wird als Bild gefaßt für unsere erste Geburt aus dem Mutterschoß »ohne Geist« (*d-lâ rūḥ*) und für unsre zweite, wo wir im Wasser der Taufe den Geist erhalten. Letzteres wird so mit dem Ausbrüten verglichen: »*šawpâ mqîm nafšâ b-ba(r)tâ ... w-ruḥḥâfâ rūḥâ b-nâšâ* = Das Brüten weckt das Leben im Ei ... und das Überschatten (des Geistes) den Geist im Menschen.« *šawpâ* und *ruḥḥâfâ* entsprechen sich also. Zur weiteren Erklärung kann Ephräms Hy. de fide 18,16 angeführt werden, wo es heißt, daß der brütende Vogel aus der Wärme seiner beschattenden Flügel (*men reṭhâ d-ruḥḥâf kanpēh*) ein Kind ohne geschlechtliche Verbindung gebiert und so ein Spiegelbild der jungfräulichen Geburt aus Maria liefert. Das *šawpâ* unsrer Stelle geht daher wohl auf ein mythologisches, konkret gefaßtes Befruchten unter göttlichen Wesen, wie Eznik von Markion berichtet, der Schöpfergott habe mit der Materie alles erschaffen, als ob die Materie ein Femininum und ein Eheweib wäre. Vgl. dazu und zu der Anspielung, die Ephräm in Pr. Ref. I,69 darauf macht, meinen Aufsatz: *Die Hyle bei Markion nach Ephräm* in OrChrP 44 (1978), S. 29.

Clemens. Für letzteren sei Strom. VII,12 (St. III, 53,1) nachgetragen, wo vom Gnostiker, der nicht aus Zwang noch aus Furcht oder Hoffnung gerecht ist, gesagt wird: αὕτη ἡ ὁδὸς λέγεται βασιλικὴ ἣν τὸ βασιλικὸν ὁδεύει γένος. Mit *basilikē hodos* gibt die Septuaginta auch das hebr. *dêrêk ham-mêlêk* von Num. 20,17 wieder, wo die Israeliten dem König von Edom versprechen, bei ihrem Durchzug durch sein Land sich streng an den »Weg des Königs« zu halten und weder nach rechts noch nach links in die Äcker und Weinberge abzubiegen. Diesen Königsweg hat schon Philon in Quod deus sit immortalis § 159 (W. II,90) allegorisch auf den Weg gedeutet, der vorbei am Irdischen zum König (Gott) führt.

Strophe 3 beginnt mit der Mahnung, den königlichen Weg genau kennen zu lernen, um die falschen Wege der Häretiker, die sich dem wahren angleichen, erkennen und meiden zu können. Im schon behandelten 27. Hy. war statt des unbestimmten Sichangleichens konkret von dem Stehlen der Meilensteine die Rede, der trinitarischen Namen, der drei Sakramente und der Schrift. Die Meilensteine erscheinen auch in unsrer Strophe als Kennzeichen des wahren Weges; und zu ihnen treten hier noch die Herbergen und die Kaufleute. Wie man aber an ihnen den wahren Weg erkennen kann, findet keine Erklärung. Man kann für die Meilensteine das, was der 27. Hy. dazu gesagt hat, vorwegnehmen. Aber Herbergen und Kaufleute bleiben völlig unerklärt.

Bei den Kaufleuten ist es möglich, sie aus anderen Schriften näher zu bestimmen. Nach den Hymnen unsicherer Authentizität auf Abraham Kidunaya und Julianos Saba[24] sind es die Heiligen. So spricht Hy. de Abr. Kid. 3,1 den Heiligen mit den Worten an: »O himmlischer Kaufmann (*taggârâ šmayânâ*), der sich in unserem Volk Reichtümer erhandelte!« Und in Hy. de Jul. Saba 8,1 heißt es: »Wer sah je einen Mann, der Handel trieb (*ettagar*) und an seinem Körper Schätze trug und (so) hinwegging.« Dazu erklärt Str. 4: »Die eine Schulter (Sabas) trug das Fasten, die andre belud er mit Gebeten.« Ephräm fügt dazu in Hy. de fide 25,17 den ergänzenden Gedanken, daß die Grundlage der Gewinnung solcher Schätze das Kapital der Gnadengabe des Herrn ist, mit den Worten: »Und (der Umstand), daß er (Christus) sein Silber den Kaufleuten (*taggârē*) gab, zeigt uns, daß ohne sein Kapital es keinen Handel gibt.« Statt des Bildes vom Weg erscheint dabei bei Ephräm zumeist das Bild vom Schiff des Kaufmannes auf dem Meer des Lebens. Dabei wird in Hy. de fide 69,9 Christus selber zum Meer: »In seiner Liebe wurde er zum Meer, damit darauf Handel treibe jener, der der Schätze bedarf.«[25]

---

[24] Ed. in CSCO vol. 322/syr. 140.
[25] Als Ergänzung zu diesem Bild sei vor allem auf Hy. de ecclesia 42,8-10 verwiesen.

Abschließend wird in der 6. Zeile unsrer Strophe der Weg des Königs auch noch »Weg der *īzgadē* (Boten)« genannt. Von ihnen wird noch ausführlich bei Hy. c. haer. 25,1 die Rede sein. Es folgen die Kennzeichen des Pfades der Wüste und der Räuber (*šbīl tawšâ wa-d-gayyâsē*). Zwei davon, die sachlich identisch sind, bleiben abstrakt, nämlich: *guddâfâ* und *šukkârâ* = Blasphemien und Lästerungen. Lästerungen sind nach Hy. c. haer. 51,14 bei Mani zu finden und vor allem bei Markion. Denn die Markioniten lästern (*gaddef*) nach Hy. c. haer. 35,13 den Gerechten, nach 44,11 den Schöpfer, nach 40,2 Moses und nach 45,5 lästern sie die Erde, die sie speist: »ʿal (ʾ)uklâ, nfaq guddâfâ = eintrat (in ihren Mund) die Speise und hervorkam Lästerung.«

An erster Stelle, schon vor den Lästerungen, erscheint als Kennzeichen des Pfades der Wüste und der Räuber miteinander verbunden das Paar von *qeṣmē* und *malwâšē*. Zu seiner Erklärung kann folgende Stelle aus dem Sermo de Ninive et Jona[26] herangezogen werden. Hier heißt es in (Sermones II,1) Zeile 1129ff., daß Jonas sehen mußte, wie bei den büßenden Niniviten verschwunden waren *qeṣmē w-neḥšē w-malwâšē*, während in Judäa *ḥarrâšē ʿam Kaldâyē* umherirrten. Der Satz stellt deutlich die *qeṣmē ... w-malwâšē* parallel zu *ḥarrâšē* (Zauberer) und *kaldâyē* (Astrologen). Dabei ist die Verbindung von Astrologen mit den Tierkreiszeichen von selber gegeben und dementsprechend gehören die *qeṣmē* (und *neḥšē*)[27] zu den Zauberern als deren Tätigkeit. Diese Kennzeichen des Weges der Irrlehrer sind also Astrologie und Zauberei, heidnische Bestandteile, wie Ephräm selber in Hy. c. haer. 5,19 mit den Worten hervorhebt: *qeṣmâ mhannef lan*[28]. Sie waren in seiner Ketzerdreiheit bei Mani und vor allem bei Bardaisan anzutreffen, von dem in Hy. c. haer. 1,18 gesagt wird: »Nicht las er (in seiner Klause) die Propheten, die Kinder der Wahrheit; die Schriften von den Tierkreiszeichen (*ktâbē d-malwâšē*) las und interpretierte er darin.«

Die zwei letzten Zeilen unsrer Strophe (26,3) bringen eine ganz neue Verwendung des Bildes vom Weg, die völlig isoliert bleibt. Sie lauten: »Wo du den reinen Weg (*urḥâ špītâ*) gefunden hast, da reinige deine Seele (*šappâ nafšâk*) und eile darauf!« Man könnte hier das *nafšâk* auch reflexiv fassen und übersetzen: »da reinige dich selbst«. Doch die gleich zu zitierende Stelle aus dem vorangehenden 25. Hymnus spricht für die Beibehaltung der vollen Bedeutung: »reinige deine Seele«. Damit wird die Seele selbst zu einem Weg, der rein sein muß wie der andre, äußerliche Weg. Dazu gibt nun

---

[26] Ed. in CSCO vol. 311/syr. 134 (Sermones II).

[27] Zu *qeṣmē w-neḥšē* kann auf die Peš von Num. 23,23 verwiesen werden, wo Bileam von Jahwe gezwungen gestehen muß: »*lâ neḥšâ b-Yaʿqōb w-âf lâ qeṣmâ b-Isrâyel* = an Jakob haftet kein Bann(spruch) noch ein Zauber(spruch) an Israel.«

[28] D.h. »*qeṣmâ* macht uns heidnisch.«

Hy. c. haer. 25,3, wiederum ganz isoliert und wieder in den letzten Zeilen der Strophe, zu dieser Deutung des Bildes eine Ergänzung mit den Worten: »Es sei also unser Geist (*tar´ītan* d.h. der höhere Seelenteil) der reine Boden (*ar´â špītâ*) für jenen Weg! Statt der Fluren (*ar´âtâ*) laßt uns über die Seelen den Weg des Lebens bahnen!« Damit wird der Weg des Lebens zu einer innerlichen, rein seelisch-geistigen Größe.

Die anschließende 4. Strophe läßt diesen Gedanken sofort wieder fallen und spricht von dem objektiven heilsgeschichtlichen Weg mit den Worten: »Aus Anlaß der Frucht bahnte (Gott) den Weg vom Baum zum Kreuz und (der Weg) erstreckte sich von dem einen Holz (Baum) zum andern (dem Kreuz), von Eden nach Sion und von Sion zur heiligen Kirche, und von der Kirche ins (Himmel)reich.« Kürzer wurde der gleiche Weg schon in Hy. c. haer. 22,8 angegeben durch ein: vom Paradies zum Paradies, von Adam bis zum rechten Schächer. In unsrer Stelle wird durch die Erwähnung der Teilstrecke der Kirche eine Zweiteilung des Weges sichtbar, die in der folgenden 5. Strophe zu einer Dreiteilung erweitert wird.

Zuvor schieben sich im Schluß der vierten und zu Beginn der fünften Strophe drei isolierte Gedanken dazwischen. Der erste spricht von dem Abbiegen der Häretiker von diesem Heilsweg, das kurz auch schon in der ersten Strophe erwähnt wurde. Hier gebraucht Ephräm dazu ein Wortspiel. Er findet nämlich das syr. *sṭâ* »abbiegen« in dem Namen Satan wieder und kann auf diese Weise sagen: »Laßt uns ein wenig emporsteigen auf dem Weg (der Kirche) und siehe, er klagt die Leugner (Häretiker) an, (zeigend) wie und wo sie abgebogen sind. Im Satan bogen sie ab und gingen sie weg. Sie hüllten sich in seinen Namen durch die Tat.« Dieses Wortspiel erschien in ähnlichem Zusammenhang schon in Hy. c. haer. 17,10 mit den Worten: (*Sâṭânâ*) *sṭâ w-asṭī w-âf hū šmeh sâhed ´al mastyânūteh* = Satan bog ab und ließ abbiegen und schon sein Name bezeugt sein Verführen (wörtlich: Abbiegenlassen).«[29]

Noch viel unvermittelter ist der folgende zweite Gedanke, der das johanneische Herrenwort von Jo. 14,6 aufgreift: *enâ (e)nâ urḥâ* »ich bin der Weg« mit den Worten: »Unser Herr verglich sich selbst mit dem Weg. Kommt, laßt uns darauf zu seinem Vater (*yâlōdeh*) eilen!«[30]

Der Anfang der fünften Strophe fügt daran, wieder ganz unvermittelt, ein weiteres Herrenwort mit seiner Deutung, nämlich das Wort von dem

---

[29] Das Wortspiel findet sich auch mitsamt der Erwähnung des Weges in Carm. Nisib. 54,9: »(O Satan) *men urḥâ sṭayt âf asṭīt l-Adâm šabrâ* = vom Weg bist du abgewichen und hast den unmündigen Adam (davon) abweichen lassen.«

[30] Vgl. dazu auch Hy. de fide 62,3, wo es im Zusammenhang einer Deutung der bildhaften Namen für Christus heißt: »Unser Herr wird mit dem Weg verglichen (*mṭīl b-urḥâ*), weil er uns zu seinem Vater geführt hat.«

engen Weg der zum Heile führt (Matth. 7,13). Hier ändert Ephräm kühn
ab, indem er den breiten Weg, der nach der Bibel ins Verderben führt,
antithetisch mit dem engen Weg verbindet: »Der Weg der Gebote ist groß.
Obwohl gar breit (*patyâ* statt des *rwîḥâ* der VS u. Peš) ist er (auch) gar eng
(*qaṭînâ* wie VS gegen Peš: *alîṣâ*).« Der Weg der Gebote (*urḥâ d-puqdânē*)
stammt aus Ps. 118 (119), 32-35. In ihm kommt die ethische Seite des
Weges zum Ausdruck, die aber Ephräm sofort wieder preisgibt, indem er
anschließend gerade den Gnadencharakter des Weges herausstellt. Logische
Gedankenentwicklung ist bei ihm selten zu finden.

Den Übergang zu dieser Fortsetzung bildet eine zweite antithetische
Aussage, nämlich: »Er (der Weg) ist ferner (auch) alt und neu.« Darauf
folgt: »Im Anfang gingen (darauf) die Unbeschnittenen (syr. abstr. *urlūtâ*),
indem sie die Symbole unseres Herrn (*râzay Mâran*) trugen. Denn ohne
seine Symbole kommt[31] kein Mensch zum Leben. Es eilten die Beschnittenen (*gzūrtâ*) auf seiner (= des Weges) Mitte, die (das Kleid) der Typen des
Sohnes (*ṭupsaw da-Brâ*) trugen. Und (jener), der den Ersten und Mittleren
das Leben gab (*aḥḥî*), gab es den Letzten in seinem Brot. Er teilte den Weg
dreifach und (doch) ist (nur) eines der Anfang und das Ende, und alles ist
umschlossen bei dem Herrn von allem.« Es wurde schon darauf hingewiesen,
wie wenig passend diese Schilderung des Weges durch ein *urḥâ d-puqdânē*
als Weg der Gesetze eingeführt wird. Denn die Schilderung gilt ganz offenkundig dem Weg des Lebens, syr. *urḥâ d-ḥayyē*. So sagt die Peš in Hebr.
10,20, und Ephräm wird in Hy. c. haer. 25,1 diesen Ausdruck gebrauchen.
Unsere Stelle spricht davon, daß der Weg dreigeteilt sei und daß auf allen
drei Teilstrecken den darauf Wandernden das »Leben« d.h. das Heil in
gleicher Weise durch die Symbole unseres Herrn geschenkt wird, ohne die
kein Mensch »lebt« d.h. zum Leben, zum Ziel des Weges gelangt. Wie die
»Unbeschnittenen« vor Abraham die Symbole trugen, wird nicht näher gesagt. Man braucht aber nur an die Symbole zu denken, die Ephräm mit den
Vätern in der Erschaffung Adams und Evas, in Abel und in der Arche Noes
sah. Für die Wanderer der zweiten Strecke des Heilsweges sind es die vielen
Typen des Alten Bundes, die, wie Hy. c. haer. 25,3 dazu noch ausführen
wird, alle in Christus ihre Erfüllung gefunden haben. Für die Letzten, wie
Ephräm hier kurz für die Kinder der Kirche sagt, weil sie im letzten
Jahrtausend[32] vor der zweiten Ankunft des Herrn stehen, wird das euchari-

---

[31] Bei der Unsicherheit der Silbenzahl der Strophenzeile (7 oder 8 Silben) könnte man
statt des Partizips *ḥâyē* auch das Perfekt *ḥyâ* (= kam zum Leben) lesen. Der Sinn wird
dadurch wohl nicht geändert. Denn auch dieses Perfekt würde eine allgemein gültige Aussage
geben.

[32] Syr.: *alpâ ḥrâyâ*. Vgl. dazu Pr. Ref. II, 162,1ff.: »Jenes erste Jahrtausend ist ein
Symbol für jenes letzte Jahrtausend. Denn wie der Tod Adams alle getötet hat ... (162,14:).
Auch unser Herr wird im letzten Jahrtausend die Toten erwecken durch seine Auferweckung.«

stische Brot genannt, weil damit auch hier das Symbol gewahrt bleibt. Denn dieses Brot ist zwar die Erfüllung des alttestamentlichen Mannas, bleibt aber doch selber noch verhüllendes Symbol, als drittes Kleid des Menschgewordenen, wie Ephräm in Hy. de fide 10,8 sagt. Und was es verhüllt, spricht er im gleichen Hymnus in der 17. Strophe aus: »Im Brot und im Kelch Feuer und heiliger Geist.« Es ist der lebenspendende Geist Christi, der in den Sakramenten der Kirche, zwar auch noch verborgen, aber in voller Kraft wirkt, und ähnlich bereits in den Symbolen und Typen der zwei vorangehenden Abschnitte des Heilsweges wirksam war.

Der Satz unseres Zitates: *d-lâ râzaw (d-Mâran) lâ nâš ḥâyē* »ohne die Symbole unseres Herrn kommt kein Mensch zum Leben« steht im Gegensatz zu einem rein ethisch gefaßten Weg der Gebote, wo das erfolgreiche Zurücklegen dieses Weges bis zum Ende, bis zum Leben, als Leistung des Menschen erscheint, wie das nicht selten auch bei Ephräm der Fall ist. Unser Satz spricht demgegenüber klar die Notwendigkeit der Gnade aus. Für einen Versuch Ephräms, hier Gerechtigkeit und Güte Gottes in der Verleihung des Lohnes des ewigen Lebens miteinander zu verbinden, sei kurz auf Hy. de ecclesia 50,7-17 verwiesen.

Der Schluß der 5. Strophe spricht ausdrücklich von der Dreiteilung des Weges, um anschließend seine umfassende Einheit vor Gott zu betonen. Strophe 6 kehrt zum Anfang des Weges zurück und schildert dann den zweiten Teil des Weges als eine das Kommen des Herrn in der Menschwerdung vorbereitende Arbeit des Moses und der Propheten: »Anlaß des Weges ist Adam. (Auf der Suche) nach ihm zogen die Knechte seines Herrn aus und mühten sich ab, das verirrte Schaf zu suchen. Doch die Hirtenknechte vermochten nicht, das verlorene zu finden und es in seine Hürde zurückzubringen. Der Sohn seines Herrn zog aus auf der Suche nach ihm. Eilends kam er auf dem Weg, den die Hirtenknechte für den Herrn der Herde gebahnt hatten. Er kleidete sich in Adam und öffnete die Tür des Paradieses durch sein Eintreten.« Der Umstand, daß hier die Tätigkeit des Moses und der Propheten als ergebnislos hingestellt wird, muß nicht die Teilwirksamkeit ihrer Typen aufheben. Das Finden Adams, des verirrten Schafes, das ihnen versagt blieb, schließt seine Rückführung ins Paradies in sich, was das Ende des Heilsweges bedeutet. Diese Rückführung erfolgte erst in der Himmelfahrt des in Adam gekleideten, menschgewordenen Sohnes, der als zweiter Adam die verschlossene Tür des Paradieses öffnete und dahin zurückkehrte. Ephräm hat hier in der schon besprochenen Stelle, Hy. c. haer. 22,8 den Schächer genannt in dem Satz: »In Adam der Auszug (aus dem Paradies), im Schächer die Rückkehr.« Für den Schächer gilt aber wie für alle Menschen, nicht nur für die, welche nach ihm im Glauben an Christus sterben, sondern auch für die Gerechten der ersten und zweiten Strecke des

Heilsweges in der Zeit vor Christus, daß sie, virtuell eingegliedert in den zweiten Adam, nur so seines Eintretens in das Paradies teilhaftig werden. Diese Eingliederung geschah nicht nur schon beim Schächer, sondern bereits auch bei Henoch und Elias, von denen Ephräm in Hy. de ecclesia 49,9 sagt: »Henoch und Elias sind zuerst zum Leben gekommen (ḥyaw) durch seine (= des Herrn) Symbole (b-râzaw), indem sie zum Paradies entführt und entrückt wurden.« Damit ist für Ephräm auch die Priorität der Himmelfahrt des Herrn gerettet, wie er in Carm. Nisib. 38,10 ausführt: »Dir sei Lob! Denn du bist der erste in deiner Gottheit und Menschheit. Denn wenn auch Elias in seinem Emporsteigen voranging, unmöglich kann er dem vorangehen, dessentwegen er emporgehoben wurde. Sein Symbol (râzeh) hängt von deiner Wirklichkeit ab. Und wenn auch äußerlich die Symbole deiner Wahrheit vorangehen, so geht doch diese jenen innerlich voran. Die Geschöpfe gingen Adam voran; er ist (trotzdem) älter als sie, weil sie seinetwegen geschaffen wurden.«

Den Schluß der 6. Strophe bildet eine Aufforderung, gewonnen aus der Tatsache, daß durch die Himmelfahrt des Herrn das Ziel des Heilsweges virtuell auch für uns schon erreicht ist: »Wohlan, versehen wir uns mit Wegzehrung (nezdawwad) und laßt uns von hier (dem Diesseits) aufbrechen! Denn gebahnt ist der Weg nach Eden!« Die Wegzehrung, die Reisekost, syr.: zwâdâ, das Nomen, von dem das Verb des Zitats (nezdawwad) abgeleitet ist, ist in unserem Zusammenhang mit dem Weg wie das entsprechende griechische ephodion[33] ein Bild für die guten Werke, für alle Verdienste eines christlichen Lebens, die auf dem Weg gesammelt, Wegzehrung für den letzten Abschnitt des Weges werden, für das Weggehen aus dem Leben im Tod, wie das aus der Seligpreisung von Hy. de virginitate 31,9 hervorgeht: »Selig, wer zu jeder Stunde an sein Scheiden (aus dem Leben) gedacht und für seinen Weg Reisekost angehäuft hat!« Carmen Nisib. 76,17 nennt dazu konkret die Almosen für die gleiche Situation des Todestages: »Ein Tag, über den sich nur die Gerechten freuen, welche die Reisekost von Almosen besitzen und festhalten.« In Sermones I,1,151-156

---

[33] Vgl. dazu die Stellen aus Clemens Alex., die man im Registerband (IV) Stählins dazu finden kann. Hier wird in Protr. c. 10 (St. I 72,30) die theosebeia αὔταρκες ἐφόδιον αἰώνων genannt. In Paed. III,7 (I 259,11) ist die Einfachheit und Einschränkung in der Lebensweise (euteleia) καλὸν ἐφόδιον τῆς εἰς οὐρανοὺς πορείας. In Strom. IV,6 (II 263,9) wird das Mitteilen von dem im alten Leben Erworbenen nach Luc. 12,33 ein nicht veraltender Beutel und ein unvergänglicher Schatz im Himmel genannt und zwischen den beiden biblischen Ausdrücken auch: ἐφόδιον ζωῆς ἀιδίου, was anschließend auch auf die bezogen wird, »die arm werden wollen wegen der Gerechtigkeit«. Und nach Strom. I,1 (II 5,8) empfangen die, welche sich von den Worten der Wahrheit nähren, ἐφόδια ζωῆς ἀιδίου. Zuletzt werden etwas davon abweichend in Eclog. 12 (III 140,1) die Seligpreisungen des Herrn als Unterpfänder der ewigen Güter ἐφόδια τῆς κυριακῆς ὁδοῦ genannt.

werden zur Reisekost die Mühen eines jahrelangen Bußlebens. Zuletzt sei auch noch auf eine Stelle in dem sicher unechten Testament Ephräms verwiesen. Hier wird die Wegzehrung sehr äußerlich und wohl unephrämisch in Gebeten und Psalmengesang und Meßopfern für einen Verstorbenen gesehen. Denn hier, in Zeile 367 f. (Sermones IV, S. 53) bittet der sterbende Ephräm: »Verschafft mir Reisekost durch Gebete und Psalmen und Opfer!« Doch zurück zu Hy. c. haer. 26!

Mit Strophe 7 beginnt ein neues Thema, das an die Aufforderung anschließt, mit der Strophe 6 schloß. Das Weggehen aus dem Diesseits im Sterben zu der schon geöffneten Tür des Paradieses müßte für den Christen eine Freude sein, zumal da ja das irdische Leben der Ort der Verbannung ist, wohin die Menschen in Adam verstoßen wurden. So beginnt Strophe 7: »Ins Land der Dornen und der Verfluchungen verbannte er Adam, als er gesündigt hatte.« Sachlich fällt das mit dem Anfang der 4. Strophe: »Aus Anlaß der Frucht bahnte er den Weg« und dem der 6. Strophe: »Anlaß des Weges ist Adam« zusammen. Während aber beim Weg von Str. 4-6 die Idee der gnadenhaften Erlösung durch den Sohn Gottes im Vordergrund stand, verweist die Fortsetzung des eben zitierten Anfangs der 7. Strophe ganz klar auf den sittlichen Weg mit den Worten: »(Gott verbannte Adam), damit er sich selber züchtige (d-nerdē nafšeh) und (so) nach Eden zurückkehre.« Das ist der Weg der Askese und Buße, der ins Paradies zurückführt. Man vergleiche dazu Hy. de ecclesia 28,9, wo der gleiche Ausdruck: rdâ nafšeh wieder erscheint, allerdings eingeengt auf die geistige Seite, während die körperliche durch andre, eindeutigere Wörter ausgedrückt wird: »(Der Mensch) ... schlägt seinen Körper, wenn er weise ist, durch Entziehen von Speise und Trank ... Er bildet sich (râdē nafšeh) durch (das Studium des) Buches (oder »der Bücher«) und müht sich ab. (So) wird er schön (gut) an Geist und Körper.« In zwei Stellen aus den Hymnen de paradiso wird hier das »Züchtigen« von Gott ausgesagt, sodaß auf diese Weise der Gnadencharakter wieder indirekt zur Geltung kommt. So heißt es in Hy. de Par. 14,14 von Verstorbenen, die auf ihr Leben zurückblicken: »Dort wird Reue ergreifen die vielen, die (im Leben) geprüft wurden und (es) nicht ertrugen, die gezüchtigt wurden (etrdīw) und nicht standhielten. Der Gütige wollte durch kleine und vergängliche Schläge ihren Schuldbrief tilgen. Aber sie wollten nicht.« Ganz nahe berührt sich dabei mit unsrer Ausgangsstelle Hy. de parad. 13,10: »Der Gütige wollte in seiner Liebe uns züchtigen (d-nerdēn), weil wir gesündigt hatten. Und wir (mußten) hinausgehen aus jenem Brautgemach der Herrlichkeit des Paradieses und er ließ uns bei den Tieren wohnen, damit wir Reue empfänden ... und bitten und beten sollten, in unser Erbe zurückkehren zu dürfen.« Man sieht, wie dadurch, daß hier Gott uns züchtigt, während in Hy. c. haer. 26,7 Gott den Menschen verstieß, damit er sich selber züchtige und so nach Eden zurückkehre, die Autonomie des Büßers und Asketen zurücktritt und Bitte und Gebet ihren Platz finden.

Die eben angeführten Stellen aus dem 13. und 14. Hymnus de paradiso stammen aus einem Zusammenhang, der sich inhaltlich mit dem Thema berührt, das im 26. Hy. c. haer. durch den Anfang der 7. Strophe eingeführt und in Str. 7-9 ausgeführt wird unter Preisgabe des Bildes vom Weg. Im Anschluß an die Verstoßung Adams und damit aller Menschen aus dem Paradies ins Tal der Tränen spricht Ephräm von der Torheit der Christen, in die er, der Prediger, sich selber einschließt und die darin liegt, daß auch die Christen, für die Christus in seiner Himmelfahrt das Tor des Paradieses wieder geöffnet hat, am leidvollen irdischen Leben hängen und über den Tod ihrer Angehörigen trauern. Zu ersterem heißt es noch in der 7. Str.: »In einem Kerker gebar uns Eva. Doch uns gefiel das Kerkerleben besser als unser Weggehen (im Sterben) hin zum Paradies. ... Ein Gefangener betet, (aus dem Kerker) herauszugehen zu dürfen. Unser Gebet, wenn es Gehör fände, wäre dies, hier im Land der Dornen bleiben zu dürfen.« Strophe 8 bringt dazu den Sonderfall: »Über die Geburt der Kinder freuen wir uns, und über ihren Tod weinen wir. Wir freuen uns, daß sie gekommen sind zum Ort der Leiden; wir weinen, daß sie auszogen zum Ort des Lichtes (= zum Paradies).« Und in Str. 9 heißt es, daß Gott zu unserem Glück den Tod unbestechlich schuf. Wir Toren würden ihn sonst bestechen und überreden, im Kerker bleiben zu dürfen. Ähnliche Gedanken finden sich auch in den Hymnen de paradiso 13 und 14. Im 13. Hymnus wird als Typus unserer Vertreibung aus dem Paradies die Verstoßung des Königs Nabuchodonosor unter die Tiere (Dan. IV) angeführt. Nabuchodonosor könnte den Christen ein Vorbild sein. Denn »er tat Buße (tâb) und kehrte so zurück in sein Haus und in seine Würde. Gepriesen sei, der uns die Lehre gab, Buße zu tun (da-ntūb), um (so) ins Paradies zurückzukehren.« (Hy. 13,6). Und in der Schlußstrophe des 14. Hymnus de paradiso betet Ephräm für seine eigne Person: »Zurückführen möge mich deine Güte, auch mich, den Gefangenen. Meine Eltern wurden gefangen weggeführt aus dem Garten Eden zu dieser Erde der Dornen (verführt) durch den Rat Satans, der dann auch mich betrogen hat, das Land der Verfluchungen zu lieben.«

Ganz persönlich gehalten ist auch die zehnte, die Schlußstrophe unseres 26. Hymnus c. haer., die noch vollständig anzuführen ist, weil in ihr wieder das Bild vom Weg erscheint. Sie lautet: »In (der Hand) unseres Herrn (liegt) beides: (die Zeit) da ich eintreten sollte in die Schöpfung und (die Zeit) da es nützlich sein wird, aus ihr wegzugehen. Auf dem Weg der Wahrheit (b-urhâ d-quštâ) wurde ich geboren, auch wenn es meine Unmündigkeit (šabrūtî) (noch) nicht erkannte[34]. Prüfend machte ich ihn mir zu eigen, als ich ihn erkennen (konnte). Die verwirrten Pfade (der Irrlehren), die mir begegneten, verachtete mein Glaube. Sie alle stammen nämlich von der Linken. Weil ich dich bekannt habe, mein Herr, bekenne du mich! Erbarme dich des Sünders, der an dich geglaubt hat!«

Der Weg der Wahrheit ist hier eindeutig die kirchlich-christliche Religion. Für diesen Ausdruck wurde eingangs auf Matth. 22,16 verwiesen. Von den patristischen Stellen ist vor allem Clemens, Strom. II,1 hier zu wiederholen, wo *hodos alētheias* mit *pistis* gleichgesetzt wurde. Diese Gleichsetzung, die auch von Ephräm in Hy. c. haer. 22,8 offen ausgesprochen wurde, kehrt sachlich in unserer Strophe wieder. Wenn Ephräm dabei sagt, daß er zwar auf dem Weg der Wahrheit schon geboren wurde, ihn aber erst sich zu eigen machte, als er ihn verstehen konnte, so ist das wohl sicher von seiner Geburt in einer christlichen Familie und seiner Taufe als Erwachsener zu verstehen[35].

Hymnus contra haereses XXV

Am breitesten führt Ephräm im Rahmen seiner Polemik gegen die Irr-lehren das Bild vom Weg im vorangehenden 25. Hymnus aus. Schon die erste Strophe beginnt offen damit: »Laßt uns nun zurechtweisen jene, die in die Irre gingen und auf den Wegen der Lüge (*urḥâtâ d-zēfâ*) eilen, während der Weg des Lebens (*urḥâ d-ḥayyē*) für uns Zeugnis ablegt. Ihn haben die Gesandten des Friedens (*īzgadē d-šaynâ*) gebahnt und die Weisen des Geistes (*ḥakīmē d-rūḥâ*) haben auf ihn gezeigt und sie haben die Steine des Anstoßes entfernt[36] und (den Weg) in ein (ge)rein(igt)es Gelände gelegt.« Der »Weg des Lebens« ist uns indirekt schon in Hy. 26,5 begegnet. Hier erscheint der Terminus und wird in der 8. Strophe wiederkehren. Ihm werden die Wege der Lüge gegenübergestellt. Das syr. *zē(')fâ* steht in Hy. de Parad. 12,11 im Gegensatz zu *quštâ* (Wahrheit) und es wird in Hy. de fide 13,1 zu einer Bezeichnung für Häresie in den Worten: »Bewahre meinen Glauben *men zē(')fâ da-nba' hâsâ* = vor der Irrlehre (der Arianer),

---

[34] Syr.: *rgaš*. Daß dieses Verb bei Ephräm neben sentire oft auch intellegere bedeutet, dafür gebe ich in: Ephräms des Syrers Psychologie und Erkenntnislehre, CSCO Subs. 58 viele Beispiele.

[35] In Hy. de virginitate 37,10 sagt Ephräm: »Deine Wahrheit (*quštâk*) (war) bei meiner Jugend (*ṭalyūtâ*), deine Wahrheit (*šrârâk*) ist bei meinem Alter (*saybūtâ*).« Das muß kein Gegensatz zu Hy. c. haer. 26,10 sein. Denn *ṭalyâ* kann auch iuvenis bedeuten; so nennt Ephräm in Hy. de virg. 25,4 den Apostel Johannes: *ṭalyâ (h)ū d-aḥḥeb l-Mâran sagi*. Demgegenüber besagt das *šabrūtâ* von H. c. haer. 26,10 deutlich auf Grund des Zusammenhangs die Zeit der (geistigen) Unmündigkeit.

[36] Vgl. zu dieser Bedeutung des von *tuqltâ* abgeleiteten *taqqel* die Anm. zu meiner Über-setzung in CSCO vol. 170/syr. 77. Vgl. ferner zu anderen Ausdrücken für dieses Reinigen des Weges hier oben Anm. 16 u. 17 u. Hy. de nativ. 22,21, wo diese Tätigkeit den Propheten und Aposteln zugeschrieben wurde.

die heute hervorquoll.« In diesem Sinn stand es auch schon in Hy. c. haer. 26,3 in dem Satz: *zē(ʾ)fâ* gleicht sich der Wahrheit (*quštâ*) an.

Den Weg des Lebens haben hier die *īzgadē d-šaynâ* gebahnt. Diese *īzgadē* sind uns gleichfalls schon, aber nur ganz kurz, in Hy. 26,3 begegnet, wo vom Weg des Königs und der *īzgadē* die Rede war. Es sind die Gesandten, die Boten, die dem König vorauseilen — in der 4. Strophe unseres Hymnus steht ein *īzgadē da-qdam malkâ* = Boten, die vor dem König (kommen) — mit einer doppelten Aufgabe. Die erste erscheint in dem Sermo de Ninive et Jona, wo an die Stelle des Königs der in die Heimat zurückkehrende Prophet tritt. Hier heißt es in Sermones II,1, 1547ff.: »Der König von Ninive sandte eilends vor ihm *īzgadē*, die für den Propheten Herbergen (*awânē*) bereiten sollten, darin zu wohnen.« Die zweite Aufgabe steckt in dem Zusatz: *īzgadē d-šaynâ* = Friedensboten. Die Gesandten des Königs sind zugleich auch seine Friedensboten. In diesem Sinn wird in Hy. de virginitate 5,4 die mit dem Ölzweig in die Arche zurückkehrende Taube *īzgadâ d-šaynâ* genannt, »Friedensbote«, den der Ölbaum = Christus als König aussandte, um den Eingeschlossenen die Frohbotschaft zu bringen. In Hy. de nativitate 8,1 wird das Jesuskind selber zum Friedensboten: »Gepriesen sei der Bote, der kam, tragend den großen Frieden (*īzgadâ da-ṭʾen w-etâ* * *šaynâ rabbâ*), das Erbarmen seines Vaters.«

An die Seite der *īzgadē d-šaynâ* treten die *ḥakīmē d-rūḥâ* »die Weisen des Geistes«. Das *ḥakīmē* erscheint in dem *ḥakīmē yawnâyē* von Hy. c. haer. 24,25 eindeutig in dem Sinn von »die griechischen Philosophen« und in Hy. de fide 2,4 geht es in der Wendung: *šuʿʾâlayhōn d-ḥakīmē* auf die sophistischen arianischen Theologen mit ihren Fragen. Diesen Philosophen gegenüber sind wohl Moses und die Propheten die vom Geist belehrten echten Philosophen. Während nun von den Boten des Friedens allgemein ausgesagt wird, daß sie den Weg gebahnt haben, heißt es von den Weisen des Geistes, daß sie auf diesen Weg hingewiesen haben: *baddqūh*. Man könnte auch *badqūh* lesen und an das andre *bdq* mit der Bedeutung »reparare« denken, zumal da *baddeq* »indicare« meist mit *ʿal* konstruiert wird. Doch zeigt Hy. c. haer. 22,23 klar genug, daß nur *baddeq* in Frage kommt. Denn hier wird von den Markioniten gesagt: »(Sie wagten es zu sagen), daß die Propheten nicht auf unseren Herrn hingewiesen hätten: *lâ lam baddeq(ū) al Mâran*«. Dabei erscheint in der anschließenden Gegenbehauptung Ephräms das gleiche *baddeq* mit einem bloßen Akkusativobjekt: *qadmâytâ nbīyē baddeq(ū)* = die Propheten haben auf die erste (Ankunft des Herrn) hingewiesen, so wie auch die Apostel auf jene, die bevorsteht, uns hingewiesen haben (*hây da-ʿtīdâ baddeqū lan*).« Da nun hier in gleicher Weise von den Aposteln und Propheten die Tätigkeit des *baddeq* ausgesagt wird, ist es nicht ratsam, die *īzgadē d-šaynâ* gesondert auf die Apostel und die *hakīmē d-rūḥâ* auf die Propheten zu deuten. Auf beide bezieht sich ja auch offenbar die Aussage des anschließenden Satzes: »und sie haben die Steine des Anstoßes entfernt und den Weg in (ge)rein(igt)es Gelände gelegt«[37].

Propheten und Apostel zusammen nennt ausdrücklich das noch folgende Sätzchen, dessen Aussage von Interesse ist, das aber hier völlig isoliert bleibt. Zu seiner näheren Erklärung muß auf den vorangehenden Hymnus zurückgegriffen werden. Das Sätzchen lautet: »*yabblūh nbīyē wa-šlīḥē* = ihn (den Weg) tradierten die Propheten und die Apostel.« Damit erhält der Heilsweg als neues Kennzeichen seine Kontinuität, den lückenlosen Übergang und die enge Verbindung seiner drei Teile, die ununterbrochene Kette der Kinder des Lichts, wie es später in der 6. Strophe unseres Hymnus heißen wird. Diese Idee erschien schon ganz kurz in Hy. c. haer. 26,1 in der Aufforderung zu untersuchen, ob die Wege der Irrlehrer bis zum Anfang, hier bis zu Christus und seinen Aposteln, zurückgehen. Sie findet aber ihre eigentliche Ausführung, losgetrennt vom Bild des Weges, in dem vorangehenden Hymnus c. haer. 24. Die Verbindung stellt unser Sätzchen aus 25,1 her. Denn es findet sich auch im Schluß der 21. Strophe des 24. Hymnus, nur mit einem synonymen Ausdruck für *yabbel(ū)*, nämlich *ašlem(ū)* und vor allem ohne das auf den »Weg« gehende Pronomen suffixum in den Worten: *nbīyē ašlem(ū) la-šlīḥē* = die Propheten tradierten den Aposteln«. Voran geht hier in Str. 20, daß die Apostel jahrelang verkündigten und andre nach ihnen, ohne daß es damals schon das Unkraut der Häresien gegeben hätte[38]. Und Str. 22 ergänzt den Schlußsatz der vorangehenden: »Die Propheten tradierten den Aposteln« nach rückwärts bis auf Adam. Sie beginnt dabei mit einem unpersönlichen, intransitiven *yabbel*[39] (es tradierte sich), auf das ein intransives *mtaḥ* (es erstreckte sich) folgt, das in Hy. c. haer. 26,4 *urḥâ* zum Subjekt hatte in dem Satz: »Der Weg erstreckte sich vom Holz zum Holz.« Die ganze Strophe 22 des 24. Hy. lautet: »Es tradierte sich von Adam bis Noe, es erstreckte sich von Noe bis Abraham, und von Abraham bis Moses

---

[37] Zu der darin liegenden Überstimmung mit Hy. de nativ. 22,21 vgl. die vorangehende Anmerkung.

[38] Ephräm denkt dabei vor allem an seine Ketzerdreiheit von Markion, Bardaisan und Mani, wo auch schon für den ältesten von ihnen, für Markion, obige Behauptung gilt, ganz zu schweigen von den Arianern, die nebenbei auch erwähnt werden und die, wie Ephräm sagt, »von heute sind«. Sehr auffälliger Weise wird in Str. 21 die Tradition auch örtlich gefaßt, indem hervorgehoben wird, daß der Tempel des Alten Bundes zerstört wurde, als die Kirche der (Heiden)völker schon bestand und eine (christliche) Kirche in Jerusalem gebaut wurde, in der Markion nicht Dienst tat.

[39] Schon Brockelmann verweist dafür in seinem Lex. auf Carmen Nisib. 29,37 (*yabbel mṭâ ṣēdäyn*). Noch klarer ist hier Hy. de virg. 28,9, wo dieses *yabbel* gleichwertig und parallel zu einem *etyabbal* steht in dem Satz: *nbīyē yabbel(ū) hwaw ... malkē etyabbal(ū)*.

und von Moses bis David und ferner von David bis zur Gefangenschaft und von Babel bis zu unserem Erlöser. Und es wurde das Volk zerstreut und (seine Tradition) hörte auf (*psaq*) und hinfällig wurden alle seine Überlieferungen (*yubbâlaw*). Und es tradierte sich (*yabblat*) die Hand(auflegung) der Apostel. Gepriesen sei der Herr aller ihrer Überlieferungen!« Damit werden die zwei ersten Wegstrecken der dreifachen Wegeinteilung von Hy. c. haer. 26,5 nach dem Stammbaum von Matth. 1 weiter untergeteilt, wie das für den Weg ähnlich auch noch in Hy. c. haer. 25,6 geschehen wird. Das zeigt, daß auch in Hy. 24,22 die Idee des Weges vorliegt, ohne daß er ausdrücklich genannt würde. Zu der Tradition der Handauflegung ist dabei auf Hy. c. haer. 22,19 zu verweisen, wo es heißt, daß Gott auf Sinai seine Hand auf Moses gelegt habe (*aggen*), Moses auf Aaron und daß diese Handauflegung sich erstreckt habe bis auf Johannes den Täufer, der in der Taufe sie an unsern Herrn zurückgab[40]; und dieser hat sie an die Apostel weitergegeben.

Doch nun zurück zu Hy. c. haer. 25,1. Auf den kurzen, eben behandelten Satz: »Es tradierten den Weg die Propheten den Aposteln« werden ganz unvermittelt wieder einmal die Meilensteine und Herbergen erwähnt: »An ihm (dem Weg) (finden sich) die Meilensteine, die die Wahrheit eingesetzt hat, und die Herbergen, welche die Liebe aufgeführt hat.« Was die Meilensteine und Herbergen bedeuten sollen, bleibt auch hier unausgesprochen. Denn die Aussagen, die mit ihnen verbunden werden, daß die Wahrheit die Meilensteine eingesetzt und die Liebe den Bau der Herbergen aufgeführt habe, verlassen nicht den Rahmen des Bildes und besagen im Kern nichts andres, als daß beide Gott dem Weg hinzugefügt hat. Einen Hinweis auf eine Deutung kann man in den im vorangehenden Sätzchen genannten Propheten und Aposteln sehen. Aber die entsprechende Deutung selber, daß nämlich unter den Meilensteinen die Propheten und unter den Herbergen die Apostel und zwar ihre Schriften, die Schriften des Alten und Neuen Testaments, zu verstehen sind, ist in Hy. de fide 65,1, wo sie erscheint, ganz eng mit der dortigen Polemik gegen die Arianer verbunden und nur aus ihr zu verstehen. Von dieser Polemik aber ist in unsrer Strophe

---

[40] Die Handauflegung verleiht die Priesterwürde. Darum wird im Sermo de Domino Nostro als die Person, die das alttestamentliche Priestertum an den Herrn zurückgibt, nicht Johannes der Täufer genannt, sondern (der Priester) Simeon bei der Darstellung im Tempel (Luc. 2,35ff.). Dieser habe »als er ihn darbrachte, in ihn hineingegossen die beiden (Gaben), des Priestertums aus seinen Händen und das Prophetentum aus seinen Lippen«. Vgl. den 53. Abschnitt meiner Edition. Von Johannes dem Täufer wird hier im 55. Abschnitt gesagt: »Doch da auch Johannes der Schatzmeister der Taufe war, kam zu ihm der Herr der Verwaltung, um die Schlüssel des Hauses der Entsühnung zu nehmen.« Die Weitergabe an die Apostel erwähnt der Sermo im Schluß des 54. Abschnittes.

und in den folgenden keine Spur zu finden. Erst in der vorletzten Strophe kommt auch sie zur Geltung.

Den Schluß der ersten Strophe des 25. Hy. c. haer. bildet die Aufforderung: »Und wir, meine Brüder, laßt uns dem Weg folgen (*nešlam*)! Denn der Vater sandte darauf den Sohn. Laßt uns alle auf dem Weg eilen, damit wir alle zu dem Sohn des Königs gelangen mögen!« Zu dem Sohn des Königs, d.h. zu dem verklärten Herrn im Paradies.

Die zweite Strophe spricht daran anschließend von dem Weg, »den das Heer des Königs (Moses und die Propheten) vor dem Sohn des Königs ausziehend gebahnt hat, damit darauf der Königssohn (*bar malkūtâ*) im Triumph geleitet werde, der zur Stadt des Königs kommen sollte, in der aufgestellt und bereitet war der Thron Davids für den Sohn Davids«. Die damit gegebene Anspielung auf den Einzug Jesu in Jerusalem vor seinem Leiden setzt das Folgende fort durch eine entsprechende Deutung seines Leidens und Sterbens: »Er hüllte sich in den König(smantel), als er geschmäht wurde. Er band sich das Diadem, als er verspottet wurde. Er stieg hinauf und trat die Königsherrschaft an auf Golgotha. Er erfüllte den Weg seiner Propheten und bahnte hinwieder den Weg für seine Apostel.« Es folgt als Abschluß der Strophe eine Aufforderung, die sprachlich dem Schluß der ersten Strophe nachgebildet ist: »Laßt uns alle auf dem Weg des Sohnes eilen, damit wir (aus dem Leben) weggehend die Herrlichkeit des Vaters schauen!« Inhaltlich wird dabei aus dem Weg des Königs (= des Vaters) der 1. Str. hier ein Weg des Sohnes, und das Ziel ist in der 1. Str. der (verherrlichte) Sohn, hier die Herrlichkeit des Vaters. Die Rollen von Vater und Sohn sind für Ephräm vertauschbar.

Nach dem Anfang der 2. Strophe hat das Heer des Königs (Moses und die Propheten) den Weg vor dem Königssohn, vor Christus gebahnt. Darauf greift der Anfang der 3. Strophe mit folgender Erklärung zurück: »In der Thora hat Moses den Weg der Symbole gebahnt vor jenem Volk, das auf allen Wegen irrte.« Den Weg der Symbole (*urhâ d-râzē*) kennen wir schon aus Hy. c. haer. 26,5, wo ergänzend gesagt wurde, daß auch schon die Gerechten vor Moses die Symbole unseres Herrn trugen und auch noch die Christen das Symbol des Brotes essen, weil »ohne seine Symbole kein Mensch zum Leben gelangt«. Unsere Strophe (25,3) übergeht dies und spricht anschließend nur von der Vollendung des Weges und der Symbole durch Christus: »Unser Herr brachte in seinem Testament die Vollendung und legte den Pfad der Wahrheit (*šbīl quštâ*) für die (Heiden)völker, die zum Weg des Lebens (*urhâ d-hayyē*) kamen. Es eilten also alle Symbole auf jenem Weg, den Moses gebahnt hatte, und fanden ihre Erfüllung auf dem Weg des Sohnes.« Der Weg des Moses ist, wie man sieht, die mosaische Religion und der Weg des Sohnes das Christentum.

Der Schluß der Strophe mit dem ganz eigenartigen Bild des Weges, gebahnt über die Seelen, wurde schon bei der Besprechung des Schlusses von Hy. c. haer. 26,3 vorweggenommen.

Strophe 4 und 5 enthalten eine Polemik gegen die Markioniten, in der das Bild vom Weg fast ganz verschwindet. Strophe 4 beginnt damit, daß die »Leugner«, hier die Markioniten, ohne es zu merken, sich selber verurteilen, indem sie das Auftreten des Johannes (des Täufers) zugeben. Bekanntlich hat Markion das wirklich getan, indem er sehr inkonsequent die Stellen über den Täufer im Lukasevangelium beibehielt. Ephräm gewinnt aber daraus einen Beweis dafür, daß Christus der König gekommen ist, weil nach den Boten vor dem König (*izgadē qdâm malkâ*), die in Johannes, dem letzten, ihr Ende fanden, der König gekommen sein mußte. Er fügt daran seine Auffassung vom Übergang des Alten zum Neuen Bund, vom mittleren Weg zum letzten: »Es sah ihn (den Johannes, den letzten Propheten) Simon der Erste (*rēšâ*, auch »das Haupt«) der Jünger und in der Mitte stand unser Herr, zwischen den Ersten und Letzten. Es verstummten die Posaunen der Prophetie und es erdröhnten die Hörner des Apostelamtes.«

Strophe 5 beginnt mit einem durch *lam* gekennzeichneten Zitat, das Schwierigkeiten bereitet: »Vor jenem Messias, der kommen wird, ist zu den Juden Johannes gekommen, um vorzubereiten, nach ihrem Wort.« Die diesen Satz sprechen, sind wohl wieder die Markioniten. Dann ist: »Johannes kam zu den Juden« zu betonen und durch ein »nicht zu uns« zu ergänzen. Und »ihr Wort« ist der Juden Wort und geht wohl auf Mal. 3,1. Jedenfalls argumentiert anschließend Ephräm wie in der vorangehenden Strophe, wobei der Weg wieder erscheint: »Meine Geliebten, nachdem der große königliche Weg (*urḥâ rabbtâ d-malkūtâ*) bereitet (war), sieht jeder ein, daß der König (bereits) gekommen ist. Siehe, dreihundert Jahre (sind es her, seit) Johannes den königlichen Weg (*urḥâ d-malkūtâ*) bereitet hat, und wo, ihr Leugner, ist denn der König? Offenkundig ist doch das, ohne Widerrede, daß jenes Bereiten des Johannes vor dem Sohn des Königs (erfolgte), der ihm auf dem Fuß gefolgt sein (muß). Denn, weil er kam, verstummten die Herolde (*kârōzē*).«

Voll nimmt das Thema vom Weg erst wieder die 6. Strophe auf mit den Worten: »Der Weg, auf dem Abel eilte und Henoch und Noe und Abraham, Moses und Josue und Samuel, das Haus Davids und der Sohn des Joseph zusammen mit den vielen dazwischen, siehe (das ist) die Kette der Kinder des Lichts (*šēšaltâ da-bnay nuhrâ*). Siehe es bekennen also die Leugner, daß zu Sion unser Herr kam als der Herr nach seinen Knechten. Der Weg überzeugt, daß er als König nach seinem Heer herabstieg und auszog (*zâḥ wa-nfaq*). Während sie (die Leugner = die Markioniten) sich listig bemühen, (ihn) fremd zu erklären, haben sie (doch auch) den Weg mit dem Herrn des

Weges besiegelt.« Der Schluß der Strophe greift deutlich genug die Polemik gegen die Markioniten wieder auf. Und zwar mit dem Argument der vorangehenden Strophen: durch ihre Beibehaltung der Gestalt des Täufers haben sie die Kontinuität des Weges zugegeben, kraft deren Christus nicht abrupt als der Fremde erscheinen konnte, sondern nur als König nach dem Heer seiner Boten, d.h. der vormosaischen Gestalten als Typen des Erlösers und der Propheten des Alten Bundes, deren letzter Johannes war. Diese zählt, ohne Johannes, der Anfang der Strophe auf. Die Aufzählung erinnert an die Glieder der Traditionskette von Hy. c. haer. 24,22, wo auch Abraham, Moses und David erscheinen, während die neu auftauchenden Abel und Henoch dem Traditionsabschnitt von Adam bis Noe, und Josue und Samuel dem von Moses bis David entnommen sind. Jedenfalls wäre der Ausdruck, der hier fällt: »Kette der Kinder des Lichts« viel treffender dort erschienen, wo auf ihn vorverwiesen wurde. Denn *šēšaltâ* (Kette) betont gerade das, was in der von unsrer Strophe aufgezählten lockeren Reihe der Knechte, die ihrem Herrn vorangingen, nicht zum Ausdruck kommt, wohl aber in Hy. 24,22, wo das *yabbel* (es wurde tradiert) dominiert. Denn was das Bild von der Kette vor allem in sich schließt, kann man aus den folgenden zwei Stellen ersehen, aus Hy. contra Julianum[41], wo es in Hy. 1,16 von den heimlichen Heiden unter den Christen, die sich sofort beim Auftreten des Apostaten seinen Anhängern anschlossen, heißt: *nafšōn rheṭ(ū) wa-ḥraz(ū) amhōn b-šēšaltâ* = »sie verknüpften sich eilends mit ihnen zu einer Kette«. Und in Hy. de parad. 10,11 ist von der ununterbrochenen Kette der Früchte des Paradieses die Rede, wo Frucht auf Frucht folgt wie bei der Geburt der Zwillinge, Esau und Jakob, der jüngere den älteren an der Ferse hielt.

Die Bezeichnung der Glieder der Kette mit »Kinder des Lichts« (*bnay nuhrâ*) stammt aus Luc. 16,18, wonach die Kinder dieser Welt klüger sind als die Kinder des Lichts (Peš u. VS: *bnay nuhrâ*) und aus Jo. 12,36: ut filii lucis (Peš u. VS: *bnaw d-nuhrâ*) sitis. Ephräm spricht von *bnay nuhrâ* in Hy. de fide 61,1 in einem freien Zitat von Matth. 18,6, wo er aus »einem von diesen Kleinen (Ärgernis geben)« ein: *l-ḥad men bnay nuhrâ* macht. In Hy. de paradiso 7,19 nennt er die sieben Söhne der makkabäischen Mutter, die als Märtyrer im Paradies wie Sterne leuchten: *šebˁâ bnay nuhrâ*. Und »Kinder des Lichts« werden auch alle übrigen Bewohner des Paradieses genannt, wie im gleichen 7. Hymnus, Str. 25 und in Hy. 1,6.

Die Aufzählung der Glieder der Kette der Kinder des Lichts wird bis auf den »Sohn des (Davididen) Joseph« geführt. Damit erscheint Christus zunächst nur als Mensch, der »zusammen mit den vielen dazwischen«

---

[41] Ed. zusammen mit den Hymnen de paradiso in CSCO vol. 174/syr. 78.

genannt wird. Doch die abschließende Polemik gegen die Markioniten
stellt die göttliche Seite seiner Person heraus und seine zentrale Stellung in
der Kette der Kinder des Lichts. So weist die syrische Wendung für sein
Aufbrechen nach seinem Heer: *zâḥ wa-nfaq* deutlich auf sein Herabsteigen
vom Himmel hin. Denn ähnlich heißt es in Hy. de resurrectione 4,14: »Der
Auserwählte[42] hüllte sich in Erbarmen und brach auf und stieg herab (*zâḥ
wa-nḥet*) im Nisan.« Umgekehrt heißt es in Carm. Nis. 36,18 von der
Himmelfahrt des Herrn: »*zâḥ w-et'allī men Šyol* = er brach auf aus der
Scheol und stieg empor.« Und zum Schluß der Strophe wird gesagt, daß
auch die Markioniten, gegen ihre Absicht und gegen ihre Lehre von dem
Fremden, den Heilsweg mit dem Herrn des Weges besiegelt, d.h. ihm den
krönenden Abschluß gegeben haben.

Von der dritten und letzten Strecke des Heilsweges war in Str. 6 nicht
die Rede. Ihm gehören die Häresien an, gegen die die folgenden Strophen
7-9 polemisieren und zwar wieder ganz im Rahmen des Bildes vom Weg.
Dabei erscheinen neben Zügen, die ähnlich uns schon in den Hymnen 26
und 27 begegnet sind, auch neue, die Ephräm dem Bild abgewinnt. So
gleich zu Beginn der 7. Strophe, wo die Häretiker zu Dieben und Räubern
werden, die die Kaufleute überfallen.

Str. 7: »Jeder, der sagt, er sei ein Bote (*īzgadâ*), aber den Weg des Königs
meidet, der ist ein Dieb zur Seite des Weges. Denn auch die Räuber kommen
zum Raum des Weges, um die Kaufleute zu überfallen.« Die Kaufleute
erschienen schon in Hy. 26,3 als die Heiligen auf dem Weg des Königs.
Was mit ihnen hier gemeint ist und mit dem Überfall auf sie, kann dem
Schluß der Strophe entnommen werden. Es sind die Schafe, d.h. die
Gemeindeglieder der orthodoxen Kirchen, welche die Räuber geraubt haben
und die man ihnen wieder entreißen soll. Das ist die Gegenaktion gegen die
plündernden Räuber, zu der die Strophe nach dem zitierten Anfang ganz unvermittelt übergeht mit den Worten: »Und wer es versteht, (in der Wüste) zu
führen und ihren Spuren nachzugehen, (von dem) werden sie gefaßt mit
ihrem Diebsgut. Wollen daher auch wir ausziehen und (ihnen) nachfolgen
auf dem Wüstenpfad (*šbil tawšâ*) der Leugner! Erforscht ihre Worte und
Listen[43] und entreißt die Schafe, die sie geraubt und gestohlen haben!«
Diese Worte bringen die Bemühungen Ephräms zum Ausdruck, Häretiker

---

[42] Syr.: *bḥīrâ* (CSCO vol. 248/syr. 108, S. 92). Als Bezeichnung für Christus scheint es
mit 1 Petr. 2,4 zu verbinden zu sein, wo aber Peš für (lapidem) ... a deo electum nicht *bḥīr*
sondern *gbē* hat. Ephräm nennt in Hy. de fide 6,5 Christus: *bḥīrâ ba-'mīdē* Auserwählter unter
den Getauften.

[43] Syr.: *kmēnayhōn*. Das *kmēnâ* fand sich schon in Hy. c. haer. 26,1 in seiner konkreten
Bedeutung von Hinterhalt-Versteck, die hier neben »Worte« keinen befriedigenden Sinn ergibt;
offenbar liegt eine mehr übertragene Bedeutung vor wie etwa: Hinterhältigkeit (des Herzens).

für die Kirche zurückzugewinnen. Dazu muß man, im Bild des Weges gesprochen, in die Wüste hinausgehen und den »Wüstenpfad der Leugner« aufsuchen und erforschen, was Ephräm anschließend selber deutet als ein Erforschen »ihrer Worte und Listen«. Vom Wüstenpfad der Häretiker war mit dem gleichen Ausdruck (*šbīl tawšâ*) schon in Hy. 26,3 die Rede. Hier wurde er dem Weg des Königs (*uraḥ malkâ*) gegenübergestellt, als dessen Kennzeichen Meilensteine, Herbergen und Kaufleute genannt wurden, während Zauberei, Astrologie und Lästerungen als Merkmale des Wüstenweges angeführt wurden. Hy. 26,4 sprach daran anschließend von dem Abbiegen der Häretiker vom Weg des Heils unter der Führung Satans, des Verführers schon kraft seines Namens.

Hy. 25,8 bringt einen verwandten Gedanken mit den Worten: »Denn der krumme[44] Irrtum hat, meine Brüder, gestohlene Pfade zur Linken des Lebensweges gebahnt. Und siehe, seine (des Irrtums) Verführer (*alīlē*) auf seinen Pfaden sind Verwandte der alten Schlange, der krummen Führerin, die die geraden (Stammeltern) in die Irre führte, deren Rat verhaßt ist wie sie selber.« Die Bezeichnung der Wege »des Irrtums« als gestohlene Pfade bleibt ohne Erklärung. Ist er etwa mit den gestohlenen Meilensteinen von Hy. 27,3 in Verbindung zu bringen? Daß diese Pfade der Häresien von irgendeinem Punkt des Weges der Wahrheit abbogen, wie es in Hy. 26,4 hieß, wird hier nicht gesagt, und Satan, der dort dieses Abbiegen verursacht hat, wird hier zum Ahnherrn der auf ihren Wegen verführenden Häretiker. Neu ist der Zug, daß die Irrlehrer ihre Pfade zur Linken des Lebensweges bahnen. Die Linke ist die Seite der Verworfenen und ihr Weg ist der Weg zur Gehenna im Gegensatz zum Lebensweg, dem Weg zum Paradies.

Für die Behauptung, daß die führenden Häretiker Verwandte der alten Schlange sind, gibt das syr. *alīlâ*, das hier erscheint, eine gute Parallele. Das Nomen kann die neutrale Bedeutung »Späher« haben, wie in Sermo de fide 3,403, oder auch »Spion« wie in Hy. c. haer. 30,7. Die Bedeutung »Verführer« liegt nun in Hy. de ecclesia 11,10 vor, in einer die Ausgangsstelle beleuchtenden Situation: »Im tiefen Frieden Edens wurde der Glanz Adams geraubt. Denn die Sünde zog mit einer Räuberschar aus, und die Schlange und Eva wurden zu *alīlē* (zu Verführerinnen).« Dazu tritt als Ergänzung Carm. Nisib. 35,20, wo sich Satan rühmt: »*b-ḥewyâ w-Ḥawwâ alīlē b-yad dīleh zkēteh l-Adâm qadmâyâ* = durch die Schlange und Eva, die Verführerinnen, durch das Seine, besiegte ich den ersten Adam«. Die »alte Schlange« (*ḥewyâ qadmâyâ*) wird anschließend »die krumme Führerin«

---

[44] Zu meiner Edition des Textes sei ergänzt, daß der verwischte Text der (guten) Hs B auf Grund der Schriftreste wahrscheinlich `qlqlʼ` gewesen ist, was einen viel besseren Sinn ergibt als das *qqltʼ* der Hs A.

(*haddâyâ ptîlâ*) genannt und nach dieser Qualifizierung erscheinen die
Stammeltern vor der Verführung als *trîṣē* »die Geraden«, d.h. als die noch
nicht Gekrümmten, die sündenlos Gerechten. In Hy. c. haer. 34,5 steht
trîṣ zusammen mit *kē(ʾ)n* (= gerecht).

In der Fortsetzung unsrer 8. Strophe wird zunächst der Weg gekrümmt,
an dessen Stelle dann die Kandidaten treten, die für die krummen Wege
gewonnen werden sollen. Subjekt ist dabei *yulpânē* = die Irrlehren. »Auf
ihren (der Schlange) Fußtapfen zogen die Irrlehren aus, die den Weg
gekrümmt haben, und jedem Einfältigen verschaffen sie die Geheimnisse
ihrer Mysterien (*qaflē d-râzayhōn*), und jeden Geraden belehren und
krümmen sie, damit er zu ihren Pfaden passe.« Der Inhalt der Irrlehren
bleibt dabei unbestimmt mit Ausnahme der *qaflē d-râzayhon*. Zu ihrer
Erklärung kann Hy. contra Julianum 4,7 herangezogen werden. Hier ist
von den heidnischen Beratern die Rede, deren Rat, nach Persien zu ziehen,
zur Niederlage Julians und damit zu ihrer eignen wurde : »Die Häupter der
Zauberer (*ḥarrâšē*), die kundigsten Chaldäer (Astrologen), die erfahrensten
Söhne des Irrtums wählte er aus ... und sie mühten sich ab alle Tage in allem
und sie tauchten ein und durchsuchten *l-qaflē d-kasyâtâ* = die Geheimnisse
der verborgenen Dinge.« Mit diesen *qaflē d-kasyâtâ* ist wohl unser *qaflē
d-râzayhōn* gleichbedeutend. Das ganze erinnert an die schon besprochene
Stelle von Hy. 26,3 mit den *qeṣmē* (und *neḥšē*) als Kennzeichen des Weges
der Irrlehren, die dort auf Bardaisan und Mani bezogen wurden, wobei
für Bardaisan hier auch noch auf sein *sfar râzē* (Buch der Mysterien)
verwiesen werden kann, das in Hy. c. haer. 1,14 und 56,9 erwähnt wird.

Die nächste Strophe (25,9) bringt einen völlig neuen Gedanken im Rahmen
unsres Bildes. Bis jetzt war davon die Rede, daß die Häretiker vom Weg
der Wahrheit abbiegen und eigne Pfade in der Wüste bahnen. Und wenn es
in Hy. 26,3 hieß, daß die Lüge der Wahrheit sich angleiche, so ist das dort
mit dem Diebstahl der Meilensteine verbunden, von dem in Hy. 27,3
ausführlich die Rede war, wo also ein äußerliches Sichangleichen der beiden
getrennten Wege, des Weges der Irrgläubigen an den Weg der Wahrheit,
gemeint war. Anders in unsrer Strophe. Hier wird der Weg der Wahrheit
selber in Mitleidenschaft gezogen. Er erscheint als ein verwirrter Weg.
Die Sünde, die hier an die Stelle von Satan tritt, sät auf ihm Spuren des
Todes, um die Kinder des Lichts zu verwirren. Dabei gleicht sie sich der
Wahrheit an, um den Unterschied zwischen Wahrheit und Lüge zu ver-
wischen. Eine ganz neue Situation, die klar genug auf die innerkirchliche
Verwirrung geht, die der Arianismus hervorgerufen hatte. Die Strophe
bildet eine einzige, sehr locker gebaute Periode. Der Vordersatz, erweitert
durch eine lange Parenthese, gibt die Begründung für die Mahnung des
anschließenden Nachsatzes. Ich verselbständige den Vordersatz, indem ich

die Konjunktion *meṭul dē* übergehe und dafür die Folgerung mit einem »daher« einleite. »Nun ist (aber) nach der Meinung, die (durch den arianischen Streit) entstehen (konnte), der reine (glatte) Weg ein verwirrter, weil die Pfade der Lüge ihm anhingen[45]. Denn die Sünde hat auf dem Weg des Lebens Spuren des Todes gesät, um die Kinder des Lichts zu verwirren. Sie hat die Lüge der Wahrheit angeglichen, damit die Echtheit für trügerisch gehalten oder die Lüge geglaubt werde. Daher geh hin über den Weg und prüfe genau, präge deinem Geist seine Schönheiten ein, damit dir nicht die verfluchte Schlange begegnet und dich verführe und hinausstoße zum häßlichen Weg!« Der Schluß mußte wohl sachlich zum alten Bild der vom Weg der Wahrheit getrennten Pfade der Lüge zurückkehren. Um die Abweichung der vorangehenden Bilddeutung noch einmal herauszuheben, kann man an die Seite des Anfangs der Ermahnung hier: »präge dir die Schönheiten des Weges der Wahrheit genau ein« die Aufforderung von Hy. 27,3 stellen: »Kommt, laßt uns den Weg prüfen, den die Leugner in der Wüste gebahnt haben!«

Die noch folgende Strophe 10 schließt den 25. Hymnus ab, indem sie das Bild vom Weg mit dem selbst auch bildhaft gedeuteten Wandeln Christi auf dem See verbindet: »Der Erstgeborne, der auf den Wassern ging und den Weg für jenen seinen Jünger bahnte, formte (damit) Symbole in den Wellen und zeigte sie ihm. Und es entstanden Typen in der Brandung: auf Fluten schuf er seinen Pfad. Und er zeichnete ein Zeichen für das trockne (Land) im See. Denn ebenso bahnte er seinen Aposteln die Wege der Verkündigung, in der Welt, die im Meer ihr Bild hat. O Stimme, die die Brandung schalt, und den Weg über das Wasser glättete, schilt die Brandung wie die Wellen und glätte für deinen Knecht den Weg der Wahrheit!«

Die Hymnen de fide

Die Hymnen de fide gehören der letzten, edessenischen Periode Ephräms an, wenn auch vielleicht einige kleinere Hymnengruppen in frühere Zeit zurückgehen mögen. Die Hymnen richten sich so gut wie ausschließlich gegen die Arianer. Nun war diese Polemik auch schon in den Sermones de fide wirksam und in den Hymnen contra haereses fehlte sie nicht ganz, wie gerade zuletzt Hy. c. haer. 25,9 gezeigt hat. Und wie hier diese Polemik eine eigne Verwendung des Bildes vom Weg hervorrief, so gilt das auch für die wenigen Beispiele, die die Hymnen de fide zu unserem Thema beisteuern. Der Arianismus war eine Lehre, die in der Kirche entstand und in der

---

[45] Wegen der Unsicherheit des Metrums bleibt es unklar ob das syr. Verb *etnqef(ū)* oder *etnaqqaf* zu lesen ist. Für alle Fälle kommt ein enges Sichverbinden zum Ausdruck; *neqfā* kann auch coitus bedeuten.

Kirche, also auf dem Weg der Wahrheit, bleiben wollte. War er doch weithin eine Auseinandersetzung zwischen den Bischöfen der Reichskirche. In Übereinstimmung damit hat schon Hy. c. haer. 25,9 das Bild vom Weg neu geformt: durch den Arianismus schien der Weg der Wahrheit selber zu einem verwirrten Weg geworden zu sein. Dazu vergleiche man das Gebet Ephräms in Hy. de fide 52,15: »O unser Herr, schaff Frieden in unseren Tagen in deinen Kirchen! Und vereine und verbinde, mein Herr, die Spaltungen der Streitereien (*sedqē d-ḥeryânē*) und befriede und versöhne die Parteien des Zankes (*gabbē d-maṣṣûtâ*) und es werde aus allen Kirchen die eine Kirche der Wahrheit!« In der vorangehenden Strophe (52,14) sieht Ephräm eine Hauptursache des Streits darin, daß man nicht bei den »Namen« (Ausdrücken) der Schrift blieb[46], was »den Verwegenen (Arianern) zum Anlaß wurde für alle häßlichen Zusätze«. Hat doch Gott, nach Hy. de fide 53,5 in der Schrift »unter den Wahren einen Weg ohne Irrtum gebahnt!«

In diesem Sinn wird in Hy. de fide 65,1 die Heilige Schrift zum königlichen Weg und die Propheten werden zu seinen Meilensteinen und die Apostel zu seinen Herbergen: »Wer war (jemals) so von Sinnen, um ohne Licht zu suchen, ohne Schimmer zu erforschen, ohne Flamme ertasten zu wollen? Fürwahr, den Bereich der Schriften haben die törichten Schriftgelehrten (die arianischen Theologen) verlassen, um in der Wüste (*b-gaw taušâ*) umherzuirren, und sie haben die Testamente preisgegeben, den königlichen Weg (*urḥâ d-malkūtâ*). Die Propheten waren seine Meilensteine und die Apostel (wurden) zu seinen Herbergen.« Auf diese Stelle wurde schon zweimal vorverwiesen, weil nur hier die beiden ephrämischen Zusätze zum Bild des Weges, die Meilensteine und Herbergen, klar gedeutet werden. Die Meilensteine für sich allein wurden schon einmal in Hy. c. haer. 27,3 ausführlich erklärt als die drei trinitarischen Namen, die drei altchristlichen Sakramente und nebenbei auch als die heiligen Schriften, welche die Irrlehren gestohlen und an ihre Wüstenwege verpflanzt haben. Das ist eine ganz andre Situation als in Hy. 65,1. Hier sind die heiligen Schriften der einzige Inhalt der beiden Bilder von Meilenstein und Herberge. Sie werden nicht gestohlen, sondern überschritten und verlassen hinaus in die weglose Wüste. Die gleiche Situation setzt offenbar auch Hy. de fide 66,23f. voraus, wo wieder nur von den Meilensteinen die Rede ist: »Meilensteine sind an den Weg des Königs gesetzt. Die Toren (Arianer) haben sie verlassen und (den Weg in) die Wüste genommen (*eḥadū tawšâ*)[47] und nun irren sie darin

---

[46] Das trifft auch das nikänische *homoūsios*, das Ephräm nie zitiert und für das sich bei ihm auch keine syrische Entsprechung findet.

[47] Ich fasse dieses (')*eḥad* als verkürzte Ausdrucksweise für *eḥad urḥâ*, für das Hy. de

umher. (24) Wer auf dem Weg des Königs eilt, der eilt dem König entgegen und seiner Gabe.«

Auch die letzte, neue Interpretation des Bildes vom Weg mit seinen Meilensteinen und Herbergen, die in den folgenden Stellen auftaucht, steht in engster Beziehung mit der Polemik gegen die Arianer. Ein Kennzeichen ihrer Theologie ist auch nach Ephräm die Maßlosigkeit, mit der sie glaubten, das Wesen Gottes erkennen zu können. Demgegenüber erklärt Ephräm in Hy. de fide 37,8: »Es bedarf unser Geist (*īda´tan*)[48] der Ordnung (*tukkâsâ*) wegen der (Gefahr der) Wüste (*tawšâ*) und des geheimen Umherirrens.« Ist damit hier schon das Bild vom Weg indirekt wirksam, wie das *tawšâ* zeigt, so heißt es in der vorangehenden Strophe (37,7) noch klarer: »Mit den Zügeln deines Erbarmens, mein Herr, ordne und bring zur Umkehr unsre Verwirrung! Der du ganz Auge bist, werde uns zum Weg, damit wir aus buckeligem, schwierigem (Gebiet) herauskommen ins ebene Gelände.«

Zuletzt wird das Maßhalten in der Gotteserkenntnis voll in das Bild vom Weg eingebaut in Hy. de fide 5,1. Die Strophe lautet: •»Das Erkennen (*īda´tâ*) der Engel forscht mit Maß, der Geist der Menschen ohne Maß; er irrt umher ohne Maß. Dein Erbarmen hat an deinen Weg Herbergen und Meilensteine gesetzt, damit darauf die verwirrten Forscher in Ordnung eilen sollten. Selig, wer seine Wegstrecke[49] abmißt an seiner Erkenntnis-(fähigkeit), um zu den Herbergen (*awânē*) zu gelangen!« Hier werden also die Meilensteine und Herbergen gleichgestellt in dem Sinn von vorläufigen Zielen des Weges, die das Erreichen des Endzieles, des Paradieses, ermöglichen. Das ganze Bild besagt so die Unzulänglichkeit, das Stückwerk der menschlichen Erkenntnis, die einzusehen und einzugestehen notwendig ist, um auf dem rechten Weg zu bleiben und nicht in die Wüste arianischer Irrwege zu geraten.

Liest man das *awânē* des Schlußsatzes von Hy. de fide 5,1 singularisch (*awânâ*), dann erhält man hier die Bedeutung des gr. μονή als der letzten Wegetappe, der bleibenden Wohnung im Haus des Vaters, von der Clemens

---

ecclesia 16,8 angeführt werden kann, wo von einem Gestorbenen gesagt wird: »*eḥad urḥâ da-l-´âlam* = er nahm den Weg in die Ewigkeit«.

[48] Das *īda´tâ* kann neben »Wissen« auch »Erkennen« bedeuten und darüber hinaus auch den Träger der Erkenntnis, den (menschlichen) Geist. Davon ausführlich in *Ephräms des Syrers Psychologie und Erkenntnislehre*, CSCO Subs. 58, S. 157ff.

[49] Syr.: *ṭawreh*. Das gleiche Wort in ähnlichem Zusammenhang zusammen mit *milâ* = Meile in Hy. de Juliano Saba (CSCO vol. 322/syr. 140) 13,6, wo von der Klugheit des Heiligen die Rede ist, der nur um den (geistigen) Kampf eines einzigen Tages sich sorgte. So stahl er sich jeden einzelnen seiner Lebenstage und mied den gefährlichen Gedanken an einen langen Kampf: »Klein um klein stahl er den Kampf. *âf urḥâ b-ṭawrē metganbâ; b-ḥad mîlâ mawblâ l-malkûtâ* = und der (Lebens)weg wird in (Einzel)strecken unbemerkt zurückgelegt (wörtlich: gestohlen); Meile um Meile führt er zum (Himmel)reich.«

Alexandrinus in Strom. VII,10 sprach. Für alle Fälle liegt eine Annäherung des ephrämischen *awânâ* dieser Strophe an das *monē* = Wegstrecke vor[50].

Das führt zum Schluß zu einem zusammenfassenden Überblick über die für Ephräm charakteristische Erweiterung des Bildes vom Weg durch die Hinzunahme von Meilensteinen und Herbergen. Dazu wurde schon bei der ersten einschlägigen Stelle, bei Sermo de fide 6,186, hervorgehoben, daß der Zusatz in der Erklärung unberücksichtigt bleibt. Das gleiche gilt auch von Hy. c. haer. 22,8, wo man allerdings die isolierte Stellung der Strophe mit berücksichtigen muß. Unerklärt bleibt auch der Satz von Hy. c. haer. 25,1, daß die Meilensteine die Wahrheit aufgestellt und die Herbergen die Liebe aufgeführt hat. Auch in Hy. c. haer. 26,3, wo die Meilensteine, Herbergen und Kaufleute als Kennzeichen des Weges der Wahrheit angeführt wurden, wurde nicht gesagt, was darunter konkret zu verstehen sei. Das war um so auffälliger, als anschließend die Merkmale des Weges der Häretiker ganz konkret genannt wurden. Hy. de fide 5,1 hat Herbergen und Meilensteine gleichgesetzt im Sinn des griechischen *monē* als Wegetappen. Einzig und allein Hy. de fide 65,1 bot äußerlich eine getrennte Deutung für Meilensteine und Herbergen, indem die ersteren auf die Propheten und die letzteren auf die Apostel bezogen wurden. Da aber sachlich Propheten und Apostel hier in der Polemik gegen die Arianer als Repräsentanten der Schriften des Alten und Neuen Testaments erschienen, verschwindet damit auch wieder der Unterschied zwischen Meilensteinen und Herbergen in einer sehr gewaltsamen Deutung auf die Schrift. Stellt man daneben die einzige Stelle, die ich aus der griechischen Literatur anführen konnte, in der das den Herbergen entsprechende *pandocheia* zum Bild des Weges hinzugenommen und eigens gedeutet wurde, nämlich Clemens Alexandrinus Strom. IV,26, dann sieht man, wie treffend und geistreich Clemens die Herbergen mit den körperlichen Bedürfnissen der auf der weiten Reise zur Wohnung im Himmel befindlichen Christen verbunden hat im Gegensatz zu der gezwungenen Deutung bei Ephräm.

Eine Stelle, in der der Weg mit den Herbergen allein verbunden worden wäre, hat sich nicht gefunden, wohl aber die Verbindung des Weges mit den Meilensteinen allein ohne die Herbergen. In Hy. de nativ. 22,20 hieß es von Christus, daß er in seiner Geburt den Weg neu gebahnt und Meilensteine daran befestigt habe. Es wurde schon gezeigt, daß durch die anschließende Strophe die Deutung der Meilensteine auf die Apostel und Propheten nahe gelegt wird. Hy. de fide 65,1 hat hier die beiden Gruppen

---

[50] Ähnliches gilt von Hy. de fide 2,13, wo die Art der Arianer abgelehnt wird mit den Worten: »Glücklich, wer nicht in seiner Schnelligkeit die Grenze überschritt« und positiv von den Orthodoxen gesagt wird: »Glücklich, dessen Langsamkeit sich abmühend zur Herberge (*l-awânâ*) gelangt ist!«

getrennt und ihnen Meilensteine und Herbergen getrennt zugewiesen. Hy. de fide 66,23 f. gibt diese Trennung wieder auf und spricht im gleichen Zusammenhang wieder nur von den Meilensteinen.

Die Stelle mit Weg und Meilenstein allein, in der die Meilensteine eine ausführliche Sonderdeutung erfahren, ist Hy. c. haer. 27,1-4. Die Deutung auf die trinitarischen Namen, auf die drei altkirchlichen Sakramente und auf die Schrift steht wieder im Dienst einer Polemik, aber nicht gegen die Arianer, sondern gegen Ephräms Ketzerdreiheit von Markion, Bardaisan und Mani, deren Beibehaltung bzw. Übernahme der aufgezählten Punkte Ephräm ein Stehlen und Verpflanzen der Meilensteine des Wegs der Wahrheit an die Wüstenwege der Irrlehren sein läßt, ein treffendes Bild! Es scheint auch original zu sein; denn in der einzigen griechischen Stelle, die ich hier für eine Sonderstellung und Sonderdeutung der Meilensteine fand, in den Homilien des Makarios, werden dem Inhalt dieser Homilien entsprechend die Meilensteine am Weg des sittlich mystischen Aufstiegs zu den von Christus gelehrten und geforderten Tugenden.

So bleibt auch bei Ephräm die öfters erscheinende Erweiterung des Bildes vom Weg durch Meilensteine und Herbergen eine Nebensächlichkeit[51]. Im Mittelpunkt steht auch hier der Heilsweg schlechthin, der vom Baum der Erkenntnis zum Kreuzesbaum, dem Lebensbaum führt, von der Vertreibung aus dem Paradies zurück zum Paradies in Christus, der Heilsweg mit seinen drei Abschnitten von Adam bis Abraham bzw. Moses, von Moses bis zur Menschwerdung Christi und von hier bis zu seiner Wiederkunft.

---

[51] Vgl. dazu auch noch Hy. de ieiunio 1,12, wo das zum »Weg« hinzugefügte *d-awânê* im Kontext nicht die geringste Rolle spielt und ebensogut wegbleiben könnte.

Der Heilige Geist und die Taufe Jesu im armenischen Glaubensbekenntnis

von

Winfrid Cramer

Die armenische Kirche bekennt ihren Glauben an den Heiligen Geist mit folgenden Worten:

1. *Հաւատամք և ի Սուրբ Հոգին*
   յանեղն և ի կատարեալն

   1. Credimus et in Sanctum Spiritum
      increatum et perfectum,

2. *որ խաւսեցաւ յաւրէնս*
   և ի մարգարէս
   և յաւետարանս

   2. qui locutus est in lege
      et in prophetis
      et in evangeliis;

3. *որ (a) էջն ի Յորդանան*
   (b) *քարոզեաց յառաքեալսն*
   (c) *և բնակեցաւ ի սուրբսն* :

   3. qui (a) descendit in Jordanem,
      (b) praedicavit in apostolis
      (c) et habitavit in sanctis.

Zu Zeile 3b *որ ··· քարոզեաց յառաքեալսն* = ⟨*der Heilige Geist,*⟩ *der ... durch die Apostel predigte*[1] kennt die Überlieferung die gewichtige, bei den Armeniern weit verbreitete abweichende Lesart *որ ··· քարոզեաց զառաքեալն* = ⟨*der Heilige Geist,*⟩ *der ... ⟨Jesus als⟩ den Gesandten bezeugte*[2]. In neuester

---

[1] Hinweise auf Editionen und Übersetzungen der Meßliturgie und des Taufordos, die diesen Text enthalten, bei G. Winkler, Eine bemerkenswerte Stelle im armenischen Glaubensbekenntnis: Credimus et in Sanctum Spiritum qui descendit in Jordanem proclamavit missum, in: OrChr 63 (1979) 132/134.

[2] Belege für das Vorkommen dieser Variante in Editionen und Übersetzungen der Meßliturgie und des Taufordos bei Winkler 132/134. — Leider muß ich die an sich grundlegende Frage ungeklärt lassen, wie die unterschiedlichen Textgestalten in den Handschriften belegt sind. Auch Winkler erwähnt nur vage, daß sie »offensichtlich auf eine divergierende handschriftliche Tradition zurückzuführen« (l.c. 133) sind und daß sie »sich bereits zu einem frühen Zeitpunkt nachweisen« (l.c. 134) lassen. Y. Catergian/J. Dashian, Die Liturgien bei den Armeniern. Fünfzehn Texte und Untersuchungen (arm.; Wien 1897) 15, können die Lesart *յառաքեալսն* = *in apostolis* bis auf Nerses III. (642-661), die Variante *զառաքեալն* = *missum* bis auf Gregor von Narek (etwa 945-1010) zurückverfolgen. Die Variante findet sich ferner (vgl. Winkler 140) in dem von N. Akinian/R. P. Casey, Two Armenian Creeds, in: HarvThRv 24 (1931) 148, nach Cod. arm. Bibl. Mech. Vien. 324f. 159a/b (14. Jh.) herausgegebenen Text, welcher — folgt man der Argumentation von Akinian/ Casey 147: »None of the heretics mentioned are later than the fifth century« — bereits im späten 5. Jahrhundert entstanden sein könnte. Außerdem steht sie in dem sog. Sigillum fidei, das dem Katholikos Komitas (611-628) zugeschrieben wird (Beleg bei Winkler 140),

Zeit hat Frau Gabriele Winkler wieder auf diesen beachtlichen Unterschied hingewiesen. Sie sucht in ihrem sehr anregenden Artikel »Eine bemerkenswerte Stelle im armenischen Glaubensbekenntnis: Credimus et in Sanctum Spiritum qui descendit in Jordanem proclamavit missum«[3] zu beweisen, daß diese Variante den Vorzug gegenüber dem oben in Zeile 3b gebotenen Text verdient. Die Verfasserin möge mir gestatten, ihre Argumentation zu diskutieren und eine andere Deutung des Textes und seiner Entstehung vorzuschlagen.

I.

Die Gültigkeit der Lesart բարողեաց յառաքեալսն

In dem für das armenische Credo relevanten Vergleichsmaterial[4] lassen sich deutlich vier Entwicklungsstadien erkennen. Das 1. Stadium bildet das Bekenntnis von Nizäa[5] aus dem Jahr 325, das auch durch den Ur-Epiphanius[6] belegt ist. Hier wird ganz schlicht der Glaube an den Heiligen Geist ausgesagt: πιστεύομεν ... καὶ εἰς τὸ ἅγιον πνεῦμα. Ich führe diese einfache Formel hier an, weil sie auf dem Konzil von Konstantinopel 381 eindeutig

---

in der heutigen Gestalt aber »nur späterer Herkunft oder mit Ergänzungen bereichert sein« kann (V. Inglisian, Die armenische Literatur, in: HO I 7 [Leiden/Köln 1963] 166).

[3] OrChr 63 (1979) 130/162.

[4] Selbstverständlich geht es hier ausschließlich um die den Heiligen Geist betreffenden Sätze.

[5] F. Kattenbusch, Das Apostolische Symbol I (Leipzig 1894 = Hildesheim 1962) 228/233. A. Hahn/G. L. Hahn, Bibliothek der Symbole und Glaubensregeln der alten Kirche (Breslau ³1897 = Hildesheim 1962) 160/161. J. N. D. Kelly, Altchristliche Glaubensbekenntnisse. Geschichte und Theologie (Göttingen 1972), 215. H.-J. Jaschke, Der Heilige Geist im Bekenntnis der Kirche. Eine Studie zur Pneumatologie des Irenäus von Lyon im Ausgang vom altchristlichen Glaubensbekenntnis = Münsterische Beiträge zur Theologie 40 (Münster 1976) 121.

[6] »Ur-Epiphanius« nenne ich den allein in äthiopischer Übersetzung erhaltenen ursprünglichen Text des Epiphanius; vgl. B. M. Weischer, Qērellos IV 2: Traktate des Epiphanios von Zypern und des Proklos von Kyzikos = Äthiopistische Forschungen 6 (Wiesbaden 1979) 100: ወበቅዱስይ ፡ መንፈስ ። = und an den Heiligen Geist. Weischer 93/94 weist nach, daß diese äthiopische Version auf »einen älteren (7./8. Jahrhundert) und besseren griechischen Text zurück⟨geht⟩, als wir ihn heute besitzen ... Der äthiopische Ankyrōtostext, der am klarsten den usprünglichen griechischen Text wiedergibt und auf einen besseren griechischen Text als den heute erhaltenen zurückgeht, liefert hier den endgültigen Beweis für ... eine spätere Ersetzung des nikänischen Symbols durch das seit Justinian I. als Tauf- und Meßsymbol gebräuchliche konstantinopolitanische Glaubensbekenntnis: Das erste Symbol im Ankyrōtos des Epiphanios war ursprünglich im griechischen Urtext das reine nikänische Symbol«. Vgl. auch B. M. Weischer, Die ursprüngliche nikänische Form des ersten Glaubenssymbols im Ankyrōtos des Epiphanios von Salamis. Ein Beitrag zur Diskussion um die Entstehung des konstantinopolitanischen Glaubenssymbols im Lichte neuester äthiopistischer Forschungen, in: Theologie und Philosophie 53 (1978) 407/414.

durch Zusätze erweitert wurde. Daraus wird bereits klar, daß der Weg der Entwicklung von einer bloßen Nennung des Heiligen Geistes zur immer breiteren erläuternden Ausgestaltung des Bekenntnisses verläuft, keineswegs aber durch Streichung von angeblich dogmatisch belasteten Aussagen charakterisiert ist.

Das 2. Stadium wird bezeugt durch

Hierosolymitanum[7]	*Epiphanius I*[8] = *C*[9]	*CA VII 41,7*[10]
1. πιστεύομεν... καὶ εἰς ἓν ἅγιον πνεῦμα ...	1. πιστεύομεν... καὶ εἰς τὸ πνεῦμα τὸ ἅγιον...	1. βαπτίζομαι καὶ εἰς τὸ πνεῦμα τὸ ἅγιον ...
2. τὸ λαλῆσαν ἐν τοῖς προφήταις	2. τὸ λαλῆσαν διὰ τῶν προφητῶν	2. τὸ ἐνεργῆσαν ἐν πᾶσιν τοῖς ἀπ᾽ αἰῶνος ἁγίοις, ὕστερον δὲ ἀποσταλὲν καὶ τοῖς ἀποστόλοις ... καὶ ... πᾶσι τοῖς πιστεύουσιν ...
3a-c *deest*	3a-c *deest*	3a-c *deest*

Dieses Stadium ist durch das Hierosolymitanum bereits vor 350 nachweisbar, da die Jerusalemer Gemeindeformel sich aus den Katechesen eruieren läßt, die Cyrill von Jerusalem um 348 in seiner Gemeinde gehalten hat. Im Vergleich zum armenischen Credo fällt auf, daß Vers 3a-c noch ganz fehlt. Hierosolymitanum und Epiphanius I = C erwähnen in Vers 2 nur das Sprechen des Geistes in den / durch die Propheten, die nach alttestamentlicher[11], jüdischer[12] und früher (semitisch-)christlicher[13] Vorstellung als

---

[7] A. A. Stephenson, The Text of the Jerusalem Creed, in: TU (Berlin 1961) 303/313. Kattenbusch 233/244; Hahn 132/134; Kelly 182/183; Jaschke 122/124. Cyrill v. Jer., Catech. 17, 3 (PG 33, 972 A).

[8] »Epiphanius I« nenne ich — wie üblich — den jetzt sicher als interpoliert erkannten (s.o. Anm. 6), mit dem konstantinopolitanischen Symbol identischen Text, wie er in der heute bekannten griechischen Fassung des Ankyrōtos 118,11 (GCS 25, 147 Holl) vorliegt. Kattenbusch 273/319; Hahn 134/135.

[9] C = Symbol des Konzils von Konstantinopel 381. Vgl. Kattenbusch 233/244; Hahn 162/165; Kelly 294/361; Jaschke 126/131; A. M. Ritter, Das Konzil von Konstantinopel und sein Symbol (Göttingen 1965).

[10] F. X. Funk, Didascalia et Constitutiones Apostolorum (Paderborn 1905 = Torino 1964) 446; Kattenbusch 252/273; Hahn 139/141; Kelly 185/186; Jaschke 124/125.

[11] Vgl. R. Rendtorff, προφήτης B, in: ThWb 6, 796/813.

[12] Vgl. R. Meyer, προφήτης C, in: ThWb 6, 813/828. P. Schäfer, Die Termini »heiliger Geist« und »Geist der Prophetie« in den Targumim und das Verhältnis der Targumim zueinander, in: Vetus Testamentum 20 (1970) 304/314; ders., Die Vorstellung vom Heiligen Geist in der rabbinischen Literatur = Studien zum Alten und Neuen Testament 28 (München 1972) 21/70.

[13] Vgl. G. Friedrich, προφήτης D, in: ThWb 6, 829/863. J. P. Martín, El espiritu santo

das Sprachrohr des Geistes par excellence gelten. Beide Quellen machen somit einen sehr altertümlichen, der frühen Pneumatologie des syro-palästinensischen Raumes[14] entsprechenden Eindruck. Sehr zu beachten ist aber, daß die Constitutiones Apostolorum, die ebenfalls altes Glaubensgut dieses Raumes vermitteln[15], in Vers 2 bereits die Apostel nennen. Das Fehlen von Vers 3a-b kann nicht als bewußte Ausklammerung jeglicher »Anspielung auf die Herabkunft des Geistes in den Jordan und die Taufe Jesu«[16] gedeutet werden. Der dogmatisch »harmlose« Vers 3c, der ebenfalls fehlt, wurde mit Sicherheit nicht bewußt ausgeklammert. Der gesamte Vers 3 fehlt hier noch, weil die Textgruppe ein nur wenig ausgebautes Entwicklungsstadium repräsentiert. Immerhin wird in den Constitutiones Apostolorum auch schon eine Geistsendung an alle Glaubenden erwähnt, worin die Formel von der »Einwohnung des Geistes in den Heiligen« anklingen könnte.

Ein 3. Stadium der Entwicklung bezeugen :

Ekthesis[17]
1. περὶ δὲ τοῦ ἁγίου πνεύματος οὕτως πιστεύομεν ...
2. λαλῆσαν ἐν νόμῳ
    καὶ προφήταις
    καῖ ἀποστόλοις
3. καὶ (a) καταβὰν ἐπὶ τὸν Ἰορδάνην
    (b)
    (c)   *desunt*

---

en los origines del cristianismo. Estudio sobre I Clemente, Ignacio, II Clemente y Justino Martir (Zürich 1971) 167/177 und passim.

[14] Vgl. W. Cramer, Der Geist Gottes und des Menschen in frühsyrischer Theologie = Münsterische Beiträge zur Theologie 46 (Münster 1979).

[15] Im allgemeinen wird angenommen, daß der Bericht über das Initiationsritual in den Constitutiones Apostolorum VII gegen 380 in Syrien aus älterem Material kompiliert wurde. — Ein nicht in der Wortwahl, aber der Sache nach paralleler Text aus dem alexandrinischen Raum bezeugt bereits vor 328 dieses Entwicklungsstadium. Im Brief des Bischofs Alexander von Alexandrien an Alexander von Konstantinopel heißt es : ἓν πνεῦμα ἅγιον ὁμολογοῦμεν, τὸ καινίσαν τούς τε τῆς παλαιᾶς διαθήκης ἁγίους ἀνθρώπους καὶ τοὺς τῆς χρηματιζούσης καινῆς παιδευτὰς θείους (Theodoret, Hist. eccl. I 4,53 [GCS 19, 22 Parmentier]; Hahn 15; Jaschke· 115). Die göttlichen Lehrer des Neuen Bundes sind ohne jeden Zweifel die Apostel.

[16] Winkler 159.

[17] Kattenbusch 273/319; Hahn 308/310.

Codices arm. Bibl. Mech. Vien. 33 et D 12[18]   *Epist. Sahak I*[19]

1. Spiritus Sanctus ...	1. Spiritus Sanctus ...
2. qui locutus est in lege	2. qui locutus est in lege
et prophetis	et prophetis
et in apostolis	atque apostolis
3. et (a) descendit in Jordanem	3. qui (a) descendit in Jordanem
(b) *desunt*	(b) *desunt*
(c)	(c)

Diese Quellen, deren Datierung unsicher bleibt, die aber kaum vor den Zeugen des 2. Entwicklungsstadiums entstanden sein dürften, bekunden eine deutliche Ausgestaltung von Vers 2 und den Zusatz von Vers 3a, während Vers 3b-c immer noch fehlen. Die Redaktoren suchen ganz offensichtlich neutestamentliches Glaubensgut einzubringen. Während Hierosolymitanum und Epiphanius I im alttestamentlichen und jüdischen Rahmen bleiben, wird nun der durch die Constitutiones Apostolorum belegte Ansatz aufgegriffen und fortgeführt: Gleichwertig tritt neben das Reden des Geistes in (dem Gesetz und in) den Propheten[20] sein Reden in den Aposteln. Als weitere Tätigkeit des Geistes führt Vers 3a das Herabsteigen über den Jordan neu ein. Erneut ist unbedingt zu beachten, daß alle Textzeugen in Vers 2 die Apostel nennen. Wiederum deutet nichts auf eine antihäretische Kürzung hin, die das Ziel verfolgt, »die einstige zentrale Bedeutung der Taufe herunterzuspielen«[21]; eher scheint das Gegenteil angestrebt zu werden: Die Bedeutung der Taufe wird klar erkannt und darum jetzt in die Bekenntnisformel eingebracht.

Ein 4. Entwicklungsstadium wird von der Textgruppe bezeugt, der das eingangs zitierte armenische Credo angehört. Zu nennen sind hier:

Epiphanius II[22]	*Hermeneia*[23]
1. καὶ εἰς τὸ ἅγιον πνεῦμα πιστεύομεν,	1. καὶ πιστεύομεν εἰς τὸ πνεῦμα τὸ ἅγιον ...

---

[18] Ich zitiere nach Winkler 137/138. Dort 138: »Aufgrund der philologischen Analyse ist das Zeugnis dieser Quellen nach Catergian nicht nach dem Beginn des fünften Jahrhunderts anzusetzen.«

[19] Ich zitiere nach Winkler 137/138. Sahak I war von 387-439 Katholikos von Großarmenien.

[20] »Gesetz und Propheten« umschreibt die Zusammensetzung der atl. Heiligen Schrift; vgl. Mt 5,17; 7,12; 11,13; 22,40; Lk 16,16; Apg 13,15; 24,14; 28,23; Röm 3,21; Diognet 11,6.

[21] Winkler 158.

[22] Kattenbusch 273/319; Hahn 135/137; Epiphanius, Ankyr. 119,9 (GCS 25, 148 Holl).

[23] Kattenbusch 273/319; Hahn 137/139. Athanasius, Interpretatio in symbolum (PG 26, 1232 B).

2. τὸ λαλῆσαν ἐν νόμῳ
  καὶ κηρῦξαν ἐν τοῖς προφήταις

3. καὶ (a) καταβὰν ἐπὶ τὸν Ἰορδάνην
  (b) λαλοῦν ἐν ἀποστόλοις
  (c) οἰκοῦν ἐν ἁγίοις

2. τὸ λαλῆσαν ἐν νόμῳ
  καὶ ἐν προφήταις
  καὶ ἐν εὐαγγελίοις

3. (a) καταβὰν ἐπὶ τὸν Ἰορδάνην
  (b) κηρῦξαν ἀποστόλοις
  (c) οἰκοῦν ἐν ἁγίοις

Der griechische Text des Epiphanius II — 374 geschrieben — wird durch die äthiopische Übersetzung gut bestätigt, die im 5./6. Jahrhundert entstand und auf besseren griechischen Manuskripten basiert, als sie uns heute vorliegen[24]:

1. ወነአምን ፡ በመንፈስ ፡ ቅዱስ ፡

2. ዘነበበ ፡ በአሪት ፡
  ወሰበከ ፡ በነቢያት ፡

3. a) ወወረደ ፡ በዮርዳኖስ ፡

  b) ዘነበበ ፡ በሐዋርያት ፡

  c) ወነደረ ፡ በቅዱሳን ።

1. Und wir glauben an den Heiligen Geist,

2. der gesprochen hat im Gesetz
  und gepredigt hat in den Propheten

3. a) und auf den Jordan herabgekommen
  ist,

  b) der in den Aposteln gesprochen hat

  c) und in den Heiligen Wohnung genommen hat[25].

Wie aus der Einleitung zu Epiphanius II ersichtlich ist, handelt es sich hier um eine antihäretische Erweiterung und Erläuterung des nizänischen Symbols durch Epiphanius[26]. Das Bekenntnis zum Heiligen Geist wird

---

[24] Weischer, Qērellos 50: »Wir haben glücklicherweise zwei handschriftlich gut bezeugte äthiopische Textversionen dieses zweiten Symbols. Die eine Version des Qērellostextes … beruht auf einer griechischen Handschrift des fünften Jahrhunderts (!), ist also etwa 700 Jahre älter als die uns erhaltenen griechischen Handschriften, die diesen Text enthalten, und kann daher höchste Autorität beanspruchen. Die zweite äthiopische Version ist die des Ankyrōtostextes …«, die zwar über eine koptische und arabische Zwischenstation entstanden ist, aber doch auf eine griechische Vorlage des 7./8. Jahrhunderts zurückgeht (Weischer l.c. 89).

[25] Weischer, Qērellos 54. Die jüngere Übersetzung (Weischer, Qērellos 104) weicht nur unwesentlich davon ab: ወነአምን ፡ በመንፈስሂ ፡ ቅዱስ ፡ ዘተነገረ ፡ በአሪት ፡ ወተሰበከ ፡ በነቢ ያት ፡ ዘወረደ ፡ ውስተ ፡ ዮርዳኖስ ፡ ወይትናገር ፡ በሐዋርያት ፡ ወየነድር ፡ ሳዕለ ፡ ቅዱሳን ። = »Und wir glauben an den Heiligen Geist, der gesprochen hat im Gesetz und gepredigt hat in den Propheten, der auf den Jordan herabgekommen ist und in den Aposteln gesprochen hat und in den Heiligen Wohnung genommen hat.«

[26] Epiphanius, Ankyr. 119,1/2 (GCS 25, 147/148 Holl): Ἐπειδὴ δὲ ἐν τῇ ἡμετέρᾳ γενεᾷ ἀνέκυψαν ἄλλαι τινὲς αἱρέσεις ἀλλεπάλληλοι... τούτου χάριν ὑμεῖς τε καὶ ἡμεῖς καὶ πάντες οἱ ὀρθόδοξοι ἐπίσκοποι καὶ συλλήβδην πᾶσα ἡ ἁγία καθολικὴ ἐκκλησία πρὸς τὰς ἀνακυψάσας αἱρέσεις ἀκολούθως τῇ τῶν ἁγίων ἐκείνων πατέρων προτεταγμένῃ πίστει οὕτως λέγομεν, μάλιστα τοῖς τῷ ἁγίῳ λουτρῷ προσιοῦσιν, ἵνα ἀπαγγέλλωσι καὶ λέγωσιν οὕτως. Vgl. Weischer, Qērellos 93; ders., Die ursprüngliche nikänische Form 409: »Das zweite längere Symbol (= Ep. II) stammt aus der Feder des Epiphanios, wie alle Symbolforscher einmütig feststellen, war als Taufsymbol für Häretiker gedacht und ist eine subjektive Erweiterung und Erläuterung des nikänischen — nicht des konstantinopolitanischen! — Symbols.«

erneut stärker christlich gefüllt. Der Verlauf der Umgestaltung und Erweiterung scheint so vor sich zu gehen, daß das Wirken des Heiligen Geistes durch sein offenbarendes Reden in/zu den Aposteln und sein Einwohnen in den Heiligen zusätzlich zu seinem Hinabsteigen über den Jordan in Vers 3 aufgeführt werden. Nachdem das Reden in den Aposteln in Vers 3b angesiedelt wurde, zeigen die verschiedenen Fassungen des Epiphanius II in Vers 2 eine Lücke; die von Epiphanius abhängige Hermeneia, die den Eindruck besonders klaren Aufbaus und stärkster Durcharbeitung macht, füllt diese Lücke, indem sie anstelle der nach Vers 3b transferierten Apostel neben Gesetz und Propheten nun die Evangelien einführt — eine Ergänzung, die Epiphanius ebenfalls bezeugt, wenn er vom dreieinen Gott sagt, daß er ἡμῖν ἐν νόμῳ καὶ ἐν προφήταις καὶ ἐν εὐαγγελίοις καὶ ἐν ἀποστόλοις ... κεκήρυκται καὶ κατήγγελται[27]. Alle Textzeugen erwähnen die Apostel.

Es sei nochmals betont: Epiphanius II ist gut überliefert. Er bezeugt erstmals die Formel 3a-c, und zwar in der Gestalt, wie Epiphanius sie 374 niederschrieb, ohne Korrektur und Kürzung. Vers 3b λαλοῦν ἐν ἀποστόλοις ist also ursprünglich. Es gibt keinen Beleg dafür, daß Epiphanius sich auf eine vorliegende Formel gestützt hat, die die armenische Variante enthielt.

Ich kann Frau Winkler nur zustimmen, wenn sie feststellt, daß die oben zitierte Fassung des armenischen Credos offenkundig auf einen griechischen Zeugen des 4. Entwicklungsstadiums zurückzuführen ist[28]. Es ist hinzuzufügen, daß *բարբառեաց յառաքեալս* das ursprüngliche λαλοῦν ἐν ἀποστόλοις korrekt und unverfälscht wiedergibt und keine anderslautende Formulierung verdrängt hat.

Aus der so dargestellten Entwicklung und aus der Tatsache, daß alle Textzeugen — die Vorstufen ausgenommen — das Reden des Geistes in den / durch die Apostel entweder in Vers 2 oder Vers 3b in ihre Glaubensaussage über den Heiligen Geist einbeziehen, ergibt sich m.E. ganz klar, daß die armenische Variante *որ ... բարբառեաց զառաքեալն* = ⟨der Heilige Geist,⟩ der ... ⟨Jesus als⟩ den Gesandten bezeugte, keinen Anspruch auf Ursprünglichkeit und Alter in der Bekenntnisformel erheben kann[29]. Es

---

[27] Epiphanius, De fide 18,5 (GCS 37, 520 Holl); vgl. Epiphanius, Ankyr. 82,1 (GCS 25, 102 Holl): Καὶ οὕτω γέγραφα τῷ βουλομένῳ τὴν τῆς ζωῆς ἡμῶν ἀκολουθίαν καὶ βεβαίαν ὁμολογίαν, τὴν ἀπὸ τοῦ νόμου καὶ τῶν προφητῶν καὶ εὐαγγελίων καὶ ἀποστόλων καὶ ἀπὸ τῶν χρόνων τῶν ἀποστόλων ἕως ἡμετέρων χρόνων ἐν τῇ καθολικῇ ἐκκλησίᾳ ἀχράντως πεφυλαγμένην ... Vgl. auch bereits Cyrill v. Jerus., Catech. 17,5 (PG 33, 979 A): ... ὅτι οὐχ᾽ ἕτερον μὲν ἐν νόμῳ καὶ προφήταις, ἕτερον δὲ ἐν εὐαγγελίοις καὶ ἀποστόλοις· ἀλλ᾽ ἓν ἐστι καὶ τὸ αὐτὸ πνεῦμα ἅγιον, τὸ ἐν παλαιᾷ καὶ καινῇ διαθήκῃ τὰς θείας λαλῆσαν γραφάς.

[28] Allerdings halte ich ein syrisches Zwischenglied für möglich; s.u. S. 60. Anders Winkler 136: »Es kann kein Zweifel bestehen, daß die armenische Rezension Ib in der Formulierung des vierten Gliedes aus dem Griechischen hervorgegangen ist.«

[29] Vgl. noch Kattenbusch 303/310 und 317/319.

läßt sich nicht begründen, daß die Fassung, die als einzige die Apostel ausschließt, die authentische sein soll. Außerdem hängt Vers 3c, der von der Einwohnung des Heiligen Geistes in den Heiligen spricht, in der von Frau Winkler vorgelegten Deutung völlig in der Luft, während er sich sonst ganz organisch anschließt. Wollte man die armenische Variante zur ursprünglichen Fassung erklären, so müßte man zugleich behaupten[30] und auch beweisen, daß alle älteren Textzeugen entgegen der Intention ihrer »Verfasser« überarbeitet und verfälscht wurden. Ein solcher Beweis wurde bisher nicht erbracht.

Die überraschende Bevorzugung der armenischen Variante scheint mir u.a. auf ein fundamentales Mißverstehen des Satzbaus von Epiphanius II, der Hermeneia und des armenischen Credos zurückzugehen. Bereits in der Überschrift des genannten Artikels deutet sich dieser Irrtum an, wenn es dort ohne jede erläuternde Interpunktion heißt: »Credimus et in Sanctum Spiritum qui descendit in Jordanem proclamavit missum.« Ist hiermit gemeint: »Credimus et in Sanctum Spiritum …, qui descendit in Jordanem; ⟨ille⟩ proclamavit missum;« oder aber: »Credimus et in Sanctum Spiritum …; ⟨ille,⟩ qui descendit in Jordanem, proclamavit missum«? Beide Deutungen des Titels wären möglich, aber — beide sind sachlich falsch. Selbst wenn die Variante sich als richtige Lesart erweisen ließe, müßte die Konstruktion anders verstanden werden; denn *քարոզեաց = proclamavit/praedicavit* darf nicht als selbständiger Hauptsatz betrachtet werden, sondern ist nichts anderes als das zweite Verb eines dreigliedrigen Relativsatzes: *որ էջն* … *⟨և⟩ քարոզեաց* … *և բնակեցաւ = qui descendit … ⟨et⟩ proclamavit/ praedicavit … et habitavit.* Daß die Konstruktion des Satzes nur so verstanden werden darf, zeigen eindeutig Epiphanius II und die Hermeneia, wo das Objekt des Hauptsatzes εἰς τὸ πνεῦμα τὸ ἅγιον in Vers 3a-c durch drei attributiv dazu, im Akkusativ stehende Partizipien aufgegriffen wird: καταβὰν … λαλοῦν/κηρῦξαν … οἰκοῦν …[31]. Wenn der armenische Über-

---

[30] So tatsächlich Winkler 139: »Ich glaube, daß … in den Gliedern 3 und 4 ⟨dazu s. folgende Anmerkung⟩ ein einst höchst bedeutsamer Traditionsstrang greifbar wird, den alle Zeugen gemeinsam hatten, der dann aufgrund der christologischen Auseinandersetzungen im Laufe des vierten Jahrhunderts bewußt ausgeschaltet worden ist.«

[31] Wie sehr diese durchsichtigen Konstruktionen mißverstanden wurden, zeigen folgende Äußerungen: »Hier bezieht sich das vierte Glied nicht wie in der armenischen Version Ia auf das dritte (vgl. vor allem die Neben- und Hauptsatz-Konstruktion im Armenischen, bzw. bei der lateinischen Übersetzung), sondern die Glieder 4 und 5 bilden unter Einbezug des zweiten Glieds einen inneren Sinnzusammenhang, während das dritte Glied als eigentümlicher Zusatz erscheint … Die leichter zugängliche Lesart des griechischen Texts wäre wohl mit der Ausschaltung des dritten Glieds gegeben, denn die Aussage über die Herabkunft des Geistes in den Jordan kann sich doch nur auf die Taufe Jesu beziehen, die sich hier mit der nachfolgenden Pluralform (ἀποστόλοις) in 4 nicht reibungslos in den Kontext einordnen läßt« (Winkler 136). Damit diese Äußerungen richtig beurteilt werden können, gebe ich die

setzer die Partizipialkonstruktion der Griechen relativisch auflöst, so hat das seinen Grund in der grundsätzlich andersartigen Sprachstruktur. Die beiden Äthiopier übersetzen ebenfalls gemäß der Art ihrer eigenen Sprache, ohne dadurch den ursprünglichen Sinn des Satzes zu ändern. Eine erläuternde Paraphrase des Textes, die sich wegen seiner unmittelbaren Durchsichtigkeit eigentlich erübrigt, kann lauten:

1. Wir glauben an den Heiligen Geist ...,
2. der in den drei Schriftengruppen, d.h. im Gesetz und in den Propheten und in den Evangelien offenbarend gesprochen hat
3. und der in ntl. Zeit vornehmlich auf dreifache Weise wirkte:
   a) er ist bei der Taufe Jesu über den Jordan herabgestiegen;
   b) er hat in der Kirche durch die Apostel das Kerygma verbreitet;
   c) er hat in den Herzen der Gläubigen Wohnung genommen.

Da das Herabsteigen des Heiligen Geistes über den Jordan selbstverständlich (sic!) bei der Taufe Jesu geschah, genügt in Vers 3a des armenischen Credos der bloße Hinweis auf dieses Herabsteigen über den Jordan, um das zentrale Ereignis der Taufe Jesu voll einzubringen. Es ist daher nicht textgerecht, eine »sukzessive Ausschaltung, bzw. Umgestaltung bis zur Unkenntlichkeit der Taufe Jesu innerhalb des Credos«[32] zu behaupten.

II.

Die gültige Lesart բարողեաց յառաքեալսն im theologischen Kontext

Aus dem Aufweis der wahrscheinlichen Entwicklungsgeschichte und durch die Klärung der grammatischen Struktur des Bekenntnisses zum Heiligen Geist dürfte hinreichend deutlich geworden sein, daß Vers 3a ein in sich vollständiges und nicht ergänzungsbedürftiges Element der Bekenntnisformel darstellt, daß Vers 3b zusammen mit Vers 3c als altes Glaubensgut einen

---

Bezugstexte in der Gliederung von Frau Winkler: Armenisches Credo Ia:
1. Credimus et in Sanctum Spiritum ...
2. qui locutus est in lege et in prophetis et in evangeliis
3. qui descendit in Jordanem
4. proclamavit missum
5. et habitavit in sanctis;
   und Hermeneia:
1. καὶ πιστεύομεν εἰς τὸ πνεῦμα τὸ ἅγιον ...
2. τὸ λαλῆσαν ἐν νόμῳ καὶ ἐν προφήταις καὶ ἐν εὐαγγελίοις
3. καταβὰν ἐπὶ τὸν Ἰορδάνην
4. κηρῦξαν ἀποστόλοις
5. οἰκοῦν ἐν ἁγίοις.
   [32] Winkler 152.

integralen Bestandteil derselben bildet und daß Vers 3a-c als eine organisch gewachsene Einheit betrachtet werden muß[33]. Der theologische Kontext bestätigt dieses Ergebnis. Bei richtiger Interpretation spricht auch ein Teil der von Frau Winkler aus dem Umfeld zusammengetragenen Texte dafür[34]. Das sei im folgenden noch verdeutlicht.

1. Qui descendit in Jordanem. Diese »Kurzformel« erfaßt exakt die nach Auskunft des größeren und gewichtigeren Teils[35] der frühchristlichen Literatur charakteristische Tätigkeit des Heiligen Geistes beim Jordanereignis[36]. Es geht um das »Herabsteigen« des Heiligen Geistes und um

---

[33] Gegen Winkler 139: »... der Heilige Geist, der in dem Gesetz, den Propheten und in den Evangelien redete, spricht nun ebenfalls in den Aposteln und wohnt in den Heiligen. So fällt das dritte Glied ⟨ = Vers 3a meiner Gliederung⟩ aus dem Gesamtkontext heraus.«

[34] Viele dieser Texte — so interessant und wichtig sie an sich auch sind — passen einfach nicht in den aktuellen Problemkreis hinein oder werden überinterpretiert. Ein typisches Beispiel solcher Überinterpretation ist Winkler 146/147: »Jesus wurde durch die Herabkunft des Geistes als der ... Gesalbte (cf. obigen Hymnus) bezeugt.« Der erwähnte Hymnus aus dem armenischen Taufordo lautet:

> »Der Du, himmlischer *Vater*,
> schon früher in dem Gesetz,
> dem Vorbild Deines Eingeborenen,
> die Macht in das heilige Öl legtest
> zur Salbung der Gesalbten —
> gieße auch in dieses Öl Deine heilige Gnade.
>
> Der Du ⟨*Sohn*⟩ Dich herabbeugtest,
> ausgegossenes Öl ist Dein Name: Gesalbter Gottes;
> einverleibend Deine Gottheit,
> nahmst Du die menschliche Natur an,
> die gesalbt wurde —
> gieße auch ...
>
> Der Du ⟨*Heiliger Geist*⟩ im heiligen Obergemach herabkamst
> auf die Apostel als Salbung der Gesalbten:
> mit dieser Salbung hast Du auch
> durch sie wiedererschaffen
> als Söhne Gottes die irdischen Wesen;
> gieße auch ...«

In diesem Hymnus, in dem je eine Strophe eine der göttlichen Personen preist, wird mit keinem einzigen Wort angedeutet, daß der Heilige Geist Jesus gesalbt hat. In dem unmittelbar vorher von Frau Winkler aus dem Philippus-Evangelium zitierten Text wird die Salbung dem Vater zugeschrieben: »... for the Father anointed the Son« (Winkler 146)! Andererseits enthält der oben genannte Hymnus wieder einen Beleg für das Wirken des Heiligen Geistes an den Aposteln.

[35] Natürlich gibt es daneben die sicher nicht bedeutungslose, weitgehend volkstümliche oder heterodoxe Literatur. Zum Teil ist sie für unser Thema ausgewertet bei F. Sühling, Die Taube als religiöses Symbol im christlichen Altertum = RömQuartschr Suppl. 24 (Freiburg 1930) 67/79. Ein Beweis für die Winklersche These ist darin nicht enthalten.

[36] Vgl. mit gebührender Kritik J. Bornemann, Die Taufe Christi durch Johannes in der dogmatischen Beurteilung der christlichen Theologen der vier ersten Jahrhunderte (Leipzig 1896) passim; ferner St. Gero, The Spirit as a Dove at the Baptism of Jesus, in: Novum

den Gesamtkomplex der Taufe, worin auch die Bezeugung Jesu als Messias enthalten ist.

Zunächst mag es überraschen, daß hier von einem Herabsteigen des Geistes in/auf/über den Jordan gesprochen wird, während die biblischen Quellen[37] einhellig ein Kommen Jesu ἐπὶ/εἰς τὸν Ἰορδάνην und ein Herabsteigen des Heiligen Geistes εἰς/ἐπ᾽ αὐτόν = *auf Jesus* berichten. Damit wird jedoch keine Verengung der Aussage angestrebt, sondern eher eine Erweiterung. Als Beleg dafür bieten sich zwei sehr unterschiedliche Texte an, die aber in ihrer Zielsetzung einander ganz nahe stehen. Während Origenes den Jordan mit Jesus gleichsetzt bzw. als Bild für Jesus versteht[38], spricht Afrahat von einer echten Beschneidung des Herzens ܒܢ̈ܝ ܠܒ ܒܐܝܪ̈ܐ ܒܡܥܡܘܕܝܬܐ ܕܫܘܒܩܢܐ ܕܚܛܗ̈ܐ = *am wahren Jordan ⟨d.h. durch⟩ die Taufe zur Vergebung der Sünden*[39]. Bezüglich Origenes hat bereits F. Sühling festgestellt, »daß nach ihm jede Einzelheit der Taufe Jesu für die christliche Taufe vorbildlich war«[40]. Wenn man mit Hilfe der Bemerkung Afrahats die Bekenntnisformeln deutet, dann erscheint dort ebenfalls — auch in der armenischen Formel, die die Variante enthält! — das Wirken des Heiligen Geistes neu akzentuiert und nicht nur auf Jesus, sondern auf den Gesamtkomplex der Jordantaufe und damit zugleich auf die christliche Taufe bezogen. Diesen großen Bedeutungszusammenhang bezeugt auch Ignatius von Antiochien, wenn er in seiner Regula fidei neben der Empfängnis »unseres Gottes, Jesus, des Christus ... aus Davids Samen und doch aus Heiligem Geist« und neben seiner Geburt aus der Jungfrau erwähnt, daß »er getauft wurde, um durch sein Leiden das Wasser zu reinigen«[41] und »auf daß alle Gerechtigkeit von ihm erfüllt würde«[42]. Eine

---

Testamentum 18 (1976) 17/35. — Kattenbusch 297 meint, großzügig darüber weggehen zu dürfen.

[37] Mt 3,13-17; Mk 1,10; Lk 3,21-22; vgl. Jh 1,32-34; Diatessaron 4 (A. Ciasca, Tatiani evangeliorum harmoniae arabice [Romae 1888] 7f und arab. 17f); Ephräm, Comm. in Diat. 11,20 (Leloir 68).

[38] Origenes, Comm. in evang. Joann. VI 42 (25) (GCS 10, 151 Preuschen): ... Ἰορδάνην μέντοι γε νοητέον τὸν τοῦ θεοῦ λόγον ... Ἰησοῦν ..., und ebd. VI 48 (29) (GCS 10, 157 Preuschen): ὁ πατὴρ γὰρ ἐν τῷ υἱῷ. διὰ τοῦτο οἱ γινόμενοι ἐν αὐτῷ ἐπὶ τῷ λούσασθαι, ... ἕτοιμοι πρὸς πνεύματος ἁγίου παραδοχὴν γίνονται, ἄλλῳ ποταμῷ οὐκ ἐφιπταμένης τῆς πνευματικῆς περιστερᾶς. Vgl. Sühling 135/136.

[39] Afrahat, Dem. 11,11 (PS I/1, 501, 9/10 Parisot); vgl. Afrahat, Dem. 11,12 (PS I/1, 501, 20/22 Parisot): Iesus Salvator noster terram vitae promisit omnibus qui verum Iordanem transierint et crediderint et praeputio cordis sui fuerint circumcisi.

[40] Sühling 136.

[41] Ignatius, Eph. 18,2: ὁ γὰρ θεὸς ἡμῶν Ἰησοῦς ὁ Χριστὸς ἐκυοφορήθη ὑπὸ Μαρίας κατ᾽ οἰκονομίαν θεοῦ ἐκ σπέρματος μὲν Δαυίδ, πνεύματος δὲ ἁγίου· ὃς ἐγεννήθη καὶ ἐβαπτίσθη, ἵνα τῷ πάθει τὸ ὕδωρ καθαρίσῃ. Vgl. J.P. Martín 79 und R. Berthouzoz, Le Père, le Fils et le Saint-Esprit d'après les Lettres d'Ignace d'Antioche, in: Freiburger Zeitschrift für Theologie und Philosophie 18 (1971) 414/415.

[42] Ignatius, Smyrn. 1,1: δοξάζων Ἰησοῦν Χριστὸν. τὸν θεὸν ... τὸν κύριον ἡμῶν, ἀληθῶς

»Geburt des Messias am Jordan« hat Ignatius damit in keiner Weise thematisiert[43].

Ganz im weiten Rahmen umfassender Tauftheologie bewerten auch die Armenier das Herabsteigen des Heiligen Geistes anläßlich der Jordantaufe. Als ein Beleg kann der entsprechende Abschnitt aus der syrischen Kurzfassung der armenischen *Agathangeli Historia* dienen, der vorzüglich die »zentrale Stellung der Taufe Jesu« erkennen läßt, nicht aber von messianischer Geburt im Sinne Winklers spricht[44]:

> Quand il arriva à l'âge de trente ans, il fut baptisé des mains de Jean son Héraut qu'il avait envoyé avant sa venue, et lui n'y était pas obligé sinon afin de sanctifier pour nous les eaux dans son baptême et de nous donner l'exemple et les arrhes de l'adoption filiale. Quand il fut baptisé et remonta des eaux, les cieux s'ouvrirent pour lui et une voix disait : »Celui-ci est mon Fils bien aimé en qui je me suis complu !« et l'Esprit descendit sous la forme d'un corps de colombe, et demeura sur lui, et bien qu'il fût en lui naturellement, il le reçut cependant pour nous, lui qui auparavant nous avait abandonnés à cause de la transgression du précepte. Et le mystère de la Trinité nous fut dévoilé par le moyen de la voix du Père, du baptême du Fils et de la descente de l'Esprit; et Jean lui témoignage en disant : »Voici l'agneau de Dieu qui porte le péché du monde !«[45]

Wie die Tradenten der Kurzformel selbst deren Aussageinhalt verstanden haben, ergibt sich deutlich aus Epiphanius, der in ihrem unmittelbaren Kontext und auch an anderer Stelle seines Werkes wiederholt das Jordangeschehen erwähnt, ihm eine weite Bedeutung zumißt und es selbstverständ-

---

ὄντα ἐκ γένους Δαυὶδ κατὰ σάρκα, υἱὸν θεοῦ κατὰ θέλημα καὶ δύναμιν θεοῦ, γεγεννημένον ἀληθῶς ἐκ παρθένου, βεβαπτισμένον ὑπὸ Ἰωάννου, ἵνα πληρωθῇ πᾶσα δικαιοσύνη ὑπ' αὐτοῦ, ἀληθῶς ἐπὶ Ποντίου Πιλάτου καὶ Ἡρώδου τετράρχου καθηλωμένον ὑπὲρ ἡμῶν ἐν σαρκί ... Vgl. J. P. Martin 93 und Berthouzoz 412/413.

[43] Winkler 143/144 sieht richtig, daß in diesen beiden Ignatius-Texten »mit der Anführung der Taufe Jesu innerhalb des Symbolums eine alte Schicht zutage tritt« und daß »die Taufe und das Bekenntnis Jesu ... in der syrischen Kirche seit der Frühzeit einander zugeordnet« waren. Angesichts der nicht zu übertreffenden Klarheit der Ignatius-Texte bleibt mir aber unverständlich, warum Winkler 144 absolut einseitig nur auf die Abstammung Jesu von David und seine damit verbundene Messianität eingeht und wie Winkler 152 unter Berufung auf Ignatius einen erst späten »Siegeszug der Inkarnationslehre ..., die allem Anschein nach die ältere und syrische Auffassung von der Geburt des Messias am Jordan allmählich zurückdrängte«, behaupten kann. Deutlicher, als es bei Ignatius geschieht, kann die Inkarnationslehre in dieser Frühzeit gar nicht formuliert werden. — Mit gleicher Einseitigkeit hebt Winkler 153/155 hervor, daß in den späten armenischen Symbolen »die Taufe Jesu einen normativen Bestandteil des Glaubensbekenntnisses ausmacht«. Natürlich steht auch hier die Taufe an dem ihr gebührenden Platz zwischen Verkündigung, Geburt, Leiden, Auferstehung, Himmelfahrt usw.!

[44] Winkler 152 mit Anm. 103.

[45] Syrischer Text bei und Übersetzung nach M. van Esbroeck, Le résumé syriaque de l'Agathange, in : AnBoll 95 (1977) 328.

lich in die theologische Problematik seiner Zeit[46] einordnet[47]. Ganz in der
Linie des Ignatius von Antiochien[48] betont Epiphanius, daß »in Wahrheit«
»der Gott und Mensch«, der »Christos und Kyrios«, der »aus der heiligen
Jungfrau einen Leib nahm durch den Heiligen Geist«, ins Wasser des
Jordan stieg, »um es für rein zu erklären« für die Täuflinge; daß »der Vater
ihn durch die Stimme bezeugt« und der »Heilige Geist in Taubengestalt
auf ihn herabsteigt«[49]; weiterhin daß dies alles geschieht, damit von ihm
»alle Gerechtigkeit erfüllt werde«[50]. Es stimmt, daß Epiphanius hier nur
den zweiten Teil der von Ignatius bezeugten Formel ἐκ σπέρματος μὲν
Δαυίδ, πνεύματος δὲ ἁγίου aufgreift. Da aber auch Ignatius die Davidsohnschaft nur zur Erläuterung der Inkarnation, nicht aber als Beleg einer
messianischen Geburt oder Proklamation bei der Jordantaufe anführt[51],
ist diese durch die aktuelle Problematik, d.h. durch die notwendige Hervorhebung der Jungfrauschaft Mariens bedingte »Auslassung« des Epiphanius
nicht von Belang. Im übrigen ist dem Epiphanius durchaus der Gedanke
vertraut, daß Jesus bei der Taufe ὑπὸ τοῦ πατρὸς καὶ τοῦ πνεύματος
μαρτυρηθείη[52]. Er spricht auch, ohne den Vater zu nennen, von τὸ πνεῦμα

---

[46] Er nennt z.B. die Abwehr des Sabellianismus, vgl. Epiphanius, Ankyr. 117 (GCS 25,
145 Holl): ... ἀρκέσουσιν αὐτοῖς Σαβελλιανοῖς μὲν μετὰ τῶν ἄλλων μαρτυριῶν ἡ μαρτυρία
τοῦ Ἰορδάνου, ὡς ἤδη εἶπον.

[47] Es ist wichtig zu erkennen, daß Epiphanius, ein Tradent der »Kurzformel«, mit eben
dieser Formel den Gesamtkomplex der Jordantaufe meint. Damit fällt nämlich die Behauptung
Winkler 158, »daß die Hermeneia, aber auch Epiphanius II ... Zeugnis geben von der im
vierten Jahrhundert sich endgültig durchsetzenden Tendenz, die einstige zentrale Bedeutung
der Taufe herunterzuspielen. Daß der Heilige Geist in den Jordan herabkam, konnte beibe-
halten werden, aber die unmittelbare und explizite Verbindung mit dem Ereignis der Taufe
Jesu ... sollte vermieden werden«.

[48] So oben S. 50 und Anm. 41 und 42.

[49] Epiphanius, Ankyr. 117 (GCS 25, 145 Holl): ... υἱὸς γὰρ ἐν Ἰορδάνῃ ἀληθῶς
παραγίνεται, θεὸς ἄνθρωπος γεγονώς ... γέγονεν οὖν ὁ θεὸς καὶ ἄνθρωπος πρὸς Ἰωάννην
ἐν τῷ Ἰορδάνῃ, εἰς ὃν ὁ αὐτὸς υἱός καὶ Χριστὸς καὶ κύριος· πατὴρ δὲ ἄνωθεν βοᾷ, μαρτυρῶν
τῷ υἱῷ τῷ ἐν τῷ Ἰορδάνῃ γεγονότι »οὗτός ἐστιν ὁ υἱός μου ὁ ἀγαπητός«· τὸ δὲ ἅγιον πνεῦμα
ἐν εἴδει περιστερᾶς κατέβαινεν ἐπ᾽ αὐτὸν εἰς τὰ ὕδατα κατεληλυθότα, ἵνα καθαρὰ αὐτὰ
ἀποδείξῃ ἕνεκεν τῶν μελλόντων εἰς ὄνομα πατρὸς καὶ υἱοῦ καὶ ἁγίου πνεύματος βαπτίζεσθαι.
Epiphanius, Ankyr. 81 (GCS 25, 102 Holl): ... ἡμεῖς δὲ οὐχ οὕτως ἐμάθομεν, ἀλλ᾽ ἰδοὺ ὁ
πατὴρ ἐν οὐρανῷ διὰ φωνῆς μαρτυρεῖ, ἰδοὺ ὁ υἱὸς ἐν Ἰορδάνῃ, ἰδοὺ τὸ πνεῦμα τὸ ἅγιον ἐν
εἴδει περιστερᾶς κατερχόμενον ἐσχηματίζετο· ἀλλὰ καθ᾽ ἑαυτὸ ἐσχηματίζετο, καθ᾽ ἑαυτὸ
ὑπόστασις ὄν, οὐκ ἀλλοία παρὰ τὴν τοῦ πατρὸς καὶ υἱοῦ, ἀλλὰ τῆς αὐτῆς οὐσίας, ὑπόστασις
ἐξ ὑποστάσεως τῆς αὐτῆς πατρὸς καὶ υἱοῦ καὶ ἁγίου πνεύματος.

[50] Epiphanius, De fide 15,4 (GCS 37, 516 Holl): ... ἐλθὼν ἐπὶ τὸν Ἰορδάνην, βαπτισθεὶς
ὑπὸ Ἰωάννου, οὐκ ἐπιδεόμενος λουτρῶν, διὰ δὲ τὸ ἀκόλουθον τῆς ἐν νόμῳ ἐνανθρωπήσεως
μὴ ταράσσων τὸ δίκαιον, ὅπως πληρωθῇ, ὡς αὐτὸς ἔφη, πᾶσα δικαιοσύνη ...

[51] Vgl. die in Anm. 41 und 42 zitierten Texte.

[52] Epiphanius, De fide 16,2 (GCS 37, 517 Holl). Seiner theologischen Situation entsprechend, sieht Epiphanius hier vor allem die wahre Leiblichkeit Jesu vom Vater und
Heiligen Geist bezeugt. Da inzwischen deutlich herausgestellt wurde, daß bereits Ignatius
v. Ant. die Davidsohnschaft im Zusammenhang mit der wirklichen Inkarnation Jesu nennt,

τὸ ἅγιον ... τὸ μαρτυροῦν περὶ τοῦ υἱοῦ[53]. Epiphanius hätte also keinen Grund gehabt, ein »proclamavit missum« zu streichen, wenn es in einem ihm vorliegenden Bekenntnistext gestanden hätte.

2. Qui praedicavit in apostolis. Der Text dieses Bekenntnissatzes ist in unterschiedlichem Wortlaut überliefert. Darin spiegelt sich die Situation der Pneumatologie wider, deren Probleme erst relativ spät diskutiert und deren Entwicklung erst nach Entstehung unserer Bekenntnisformeln abgeschlossen wurde. Man wird sehr genau unterscheiden müssen zwischen dem Glauben an den Heiligen Geist und an sein Wirken einerseits und der Festschreibung dieses Glaubens in einer konkreten Bekenntnisformel andererseits.

Da die frühchristliche Literatur für die verkündende Tätigkeit des Heiligen Geistes die verschiedenen Verba dicendi benutzt[54], darf man zwischen λαλοῦν bei Epiphanius II und κηρῦξαν in der Hermeneia wohl nur einen Unterschied in der Intensität des Ausdrucks sehen, der allerdings auch einen theologischen Hintergrund hat. λαλεῖν ist in diesem Kontext zweifellos das ältere und häufiger gebrauchte Verb. Auffallend gebraucht Epiphanius aber das Participium praesentis λαλοῦν, das sich nicht nur vom Participium aoristi κηρῦξαν in der Hermeneia, sondern auch von den sonstigen Aoristpartizipien innerhalb des Epiphaniustextes unterscheidet[55]. Dieser Unterschied darf gewiß nicht überbetont werden; es genügt hier der Hinweis, daß die Hermeneia und das armenische Credo einander in der Wahl der Verbform entsprechen.

Schwerwiegender ist der Unterschied zwischen ἐν ἀποστόλοις und bloßem ἀποστόλοις[56]. Die erste Form mit der Präposition ἐν, die außer Epiphanius II auch die Vertreter des 3. Entwicklungsstadiums des Credos bezeugen, zeigt normalen, bereits biblisch belegten Sprachgebrauch[57] und entspricht sachlich wie sprachlich am ehesten der Verheißung Jesu an seine Apostel: Οὐ γὰρ ὑμεῖς ἐστε οἱ λαλοῦντες, ἀλλὰ τὸ πνεῦμα τοῦ πατρὸς

---

wird man auch keinen Gegensatz zwischen Epiphanius und dem von Winkler 144 zitierten Hymnus des armenischen Taufordos konstruieren: »Er (i.e. Jesus) wird getauft im Jordan durch das Zeugnis des Vaters und des Geistes; 'Hosanna in der Höhe', singen die Kinder, 'Lobpreis dem Sohne Davids'.«

[53] Epiphanius, Panar. 74, 10,2 (GCS 37,327 Holl).

[54] Z.B. λαλεῖν (Apg 28,25), λέγειν (Apg 21,11), κηρύσσειν (Ign., Philad. 7,2), διαμαρτύρεσθαι (Apg 20,23), διδάσκειν (Lk 12,12).

[55] Dagegen läßt sich οἰκοῦν in Vers 3c gut rechtfertigen, da diese Tätigkeit des Heiligen Geistes sich bis in die Gegenwart fortsetzt.

[56] Soweit ich sehe, wurde dieser Unterschied bisher nicht näher behandelt.

[57] F. Blass/A. Debrunner/E. Rehkopf, Grammatik des neutestamentlichen Griechisch (Göttingen [15] 1979) 178: »Der Gebrauch von ἐν ist namentlich durch die Nachbildung der hebräischen Konstruktion mit ב ausgedehnt und steht vielfach statt des Dat. instrumentalis.«

ὑμῶν τὸ λαλοῦν ἐν ὑμῖν[58]. Eine genaue Entsprechung zu κηρῦξαν ἀποστόλοις kann ich jedoch nicht nennen, es sei denn, man will den Satz ܐܪܙܢ ܠܐܠܝܕܘܗܝ = *er hat seinen Aposteln verkündigt*[59] aus sprachlicher Sicht als eine solche werten, obwohl nicht der Heilige Geist, sondern Jesus dort das Subjekt ist. Nach dieser Parallele wäre ἀποστόλοις eindeutig Dativ der Person[60]. Dennoch scheint mir die Frage berechtigt: Muß ἀποστόλοις in der Hermeneia nicht besser als instrumentaler Dativ verstanden werden, so daß es in der Aussage dem ἐν ἀποστόλοις gleichwertig ist?[61] Die älteren Bekenntnistexte befürworten dieses Verständnis der Konstruktion.

Wichtig ist die unübersehbare Tatsache, daß alle zur Sache gehörenden Texte die Apostel im Plural erwähnen. So richtig es ist, daß Jesus in Hebr. 3,1[62], mehrmals bei Justin[63] und einmal bei Afrahat[64] »Apostel« genannt wird, außer der armenischen Variante deutet kein Text auch nur im entferntesten darauf hin, daß in Vers 2 bzw. 3b der Singular zu lesen ist und Jesus als Gesandter gemeint sein könnte.

Wenn die frühe Kirche, speziell die des syrischen Raumes, die Verkündigung des Heiligen Geistes durch die Apostel nicht mit gleicher Häufigkeit aussagt wie sein sonstiges Wirken, so dürfte das weitgehend in ihrer mit dem rabbinischen Judentum übereinstimmenden theologischen Meinung begründet liegen, daß der prophetisch verkündende Heilige Geist in neutestamentlicher Zeit zurückgehalten werde[65]. Noch Afrahat, der ganz allge-

---

[58] Mt 10,20.

[59] Afrahat, Dem. 23,9 (PS I/2, 25,12 Parisot).

[60] Zur Konstruktion von κηρύσσειν mit Dativ der Person vgl. 1 Kor 9,27; 1 Petr 3,19; Origenes, De princip. 3, 1,17 (GCS 22, 228,6 Koetschau): τοῖς τοιούτοις ἐκήρυξεν ὁ σωτήρ.

[61] Generell gilt nach Blass/Debrunner/Rehkopf 157 für das biblische Griechisch: »Im eigentlich instrumentalen Sinn ist der Dativ im NT stark durch die Umschreibung mit ἐν eingeschränkt, die — wohl nicht ganz ungriechisch — vor allem durch das hebr. ܒ gefördert wurde; daher findet sich der Instrumentalis bei den einzelnen Schriftstellern nicht in gleicher Stärke.« Ich muß allerdings gestehen, daß ich für κηρύσσειν mit instrumentalem Dativ kein Beispiel nennen kann.

[62] Vgl. dazu K. H. Rengstorf, ἀπόστολος, in: ThWb 1, 423/424 und 444.

[63] Justin, Apol. I, 12,9 (33 Goodspeed); 63,5 (72 Goodspeed). Beachte, daß Justin, Dial. 88 (201/203 Goodspeed) betont, daß Jesus bereits bei der Geburt seine Dynamis erhielt und daher der Taufe und der Herabkunft des Heiligen Geistes nicht bedurft hätte; vgl. Martin 216.

[64] Afrahat, Dem. 14,39 (PS I/1, 684,11 Parisot): ܕܪܘܡܐ ܘܫܠܝܚܐ ܟܪܘܙܐ ܗܘ ܗܘܝܘ = *ipse est praeco et apostolus altissimi.* In etwa gleichwertig ist Afrahat, Dem. 14,11 (PS I/1, 597, 13.16), der Jesus im Rückgriff auf 2 Kor 5,18 als ܐܝܙܓܕܐ ܕܬܪܥܘܬܐ = *legatus reconciliationis* bezeichnet. Die Bezeichnung ܐܝܙܓܕܐ = *Gesandter* siehe auch ActThom 10 (Wright I ܣ 3 = II 154): »Du bist der Gesandte und du bist gesandt von den höchsten Höhen.« Vgl. noch R. Murray, Symbols of Church and Kingdom. A Study in Early Syriac Tradition (London 1975) 171/176.

[65] Zur rabbinischen Auffassung vgl. Schäfer (s.o. Anm. 12) passim und Jaschke 272/274.

mein eine sehr altertümliche Form syrischer Theologie vertritt[66], spricht davon, daß Gott den Propheten den Heiligen Geist mitgeteilt hat, damit er durch ihren Mund lehre, ermahne und leite[67], daß aber »Jesus bei seinem Kommen den Geist von den Propheten wegen der Sünden des Volkes zurückgehalten hat«[68]. Darum enthält die von ihm überlieferte Glaubensformel auch nur den nicht über alttestamentliche und jüdische Überzeugung hinausgehenden Satz, daß »der Mensch an Gott glaubt, ... der von seinem Geist in die Propheten sandte«[69].

Trotz der frühchristlichen Parallelstellung von Apostel und Propheten[70] erfordert ferner die nachapostolische Auseinandersetzung um Amt und Funktion der Propheten in der Kirche[71] eine Präzisierung des »Sprechens« des Heiligen Geistes in ihnen. Diese Klarstellung deutet sich bereits bei Justin an, der in den Propheten die eigentlichen Offenbarungsträger alttestamentlicher Zeit sieht, δι' ὧν τὸ προφητικὸν πνεῦμα προεκήρυξε τὰ γενήσεσθαι μέλλουσα[72]. Ein verkündendes Reden des Geistes durch die Apostel bleibt hier noch unausgesprochen.

Die Präzisierung ist in einer Epiklese zur Eucharistie bereits durchgeführt, die in den Thomasakten erhalten blieb:

> »Komm, Heiliger Geist!
> Komm, Offenbarer — in den/durch die Propheten — der
> Geheimnisse des Erwählten!
> Komm, Künder — in seinen/durch seine Apostel — des
> Kampfes unseres siegreichen Athleten! ...
> Komm, verbinde dich mit uns!«[73]

Der in den Thomasakten seltene Ausdruck ܪܘܚܐ ܩܕܝܫܬܐ = der *Heilige Geist*, dessen feminines Genus im ganzen nachfolgenden Text auf-

---

[66] Vgl. Cramer 59/85.

[67] Belege bei Cramer 66 und 70.

[68] Afrahat, Dem. 21,14 (PS I/1, 965, 25/26 Parisot).

[69] Afrahat, Dem. 1,19 (PS I/1, 44, 13/21 Parisot). Vgl. Cramer 69/70. Winkler 142 meint, daß in diesem Bekenntnis Afrahats Jesus als »der *Gesandte* mit dem *Messias* identifiziert wird«. Das stimmt nur insofern, als es dort heißt: »Gott ... sandte dann seinen Christus in die Welt.«

[70] Vgl. z.B. 1 Kor 12,28; Eph 3,5; Didache 11,3; Ign., Philad. 9,1.

[71] Vgl. B. Kötting, Amt und Verfassung in der Alten Kirche, in: W. Pesch/B. Kötting u.a., Zum Thema Priesteramt (Stuttgart 1970) bes. 35/39.

[72] Justin, Apolog. I 31,1 (46 Goodspeed); vgl. Martin 169.

[73] ActThom 50 (Wright I ܐܡܝ 16/ ܠܘܝ 6 = II 189/190). Vgl. Cramer 32/36. Die ungeschickte Übersetzung von Wright II 189: »... come, revealer of the mysteries of the Chosen among the prophets; come, proclaimer by His Apostles of the combats of our victorious Athlete ...« hat A. F. J. Klijn, The Acts of Thomas (Leiden 1962) 245, der diese Übersetzung unkorrigiert übernimmt, zu der falschen Aussage verleitet: »Striking is the addition 'among the prophets'. Christ being prophet, see Lk 1,76 ...« In Lk 1,76 wird Johannes der Täufer »Prophet des Höchsten« genannt!

gegriffen wird, darf als ein Hinweis gelten, daß hier altes Material ver-
arbeitet ist[74]. Das »Sprechen« des Heiligen Geistes wird hier präzisiert als
ein Offenbaren in den/durch die Propheten und ein Verkünden in den/durch
die Apostel. Damit ist eindeutig der Weg zur Glaubensformel der Hermeneia
und des Armeniers vorbereitet. Gegenstand der Verkündigung ist das Heilswirken Jesu. Die Verkündigung gewinnt dadurch einen wesentlich andersartigen, von Grund auf neuen Charakter, so daß man bezüglich des Credos
nicht mehr behaupten darf, Vers 3b führe thematisch die Aussage von
Vers 2 weiter und Vers 3a falle dadurch aus dem Kontext heraus[75].

Hier sei noch angemerkt, daß die Epiklese auch die Bitte um Verbindung
des Heiligen Geistes mit den Gläubigen enthält, die die Thomasakten weitgehend als »Einwohnung« verstehen.

3. Qui habita(vi)t in sanctis. Das Bekenntnis zum Wohnungnehmen des
Heiligen Geistes in den Heiligen wird hier nur kurz angesprochen, da es
keinen Kontroverspunkt darstellt. Es formuliert ein Glaubensgut, das in der
ganzen alten Kirche verbreitet ist[76] und besonders im christlichen Orient
eine eigene Gestaltung gefunden hat[77]. Im übrigen sei wenigstens daran
erinnert, daß das Bild vom Innern des Menschen als Wohnung und Tempel
der Gottheit auch außerhalb des Christentums in verschiedenen Aus-
prägungen vorkommt[78].

Die neutestamentliche Grundlage dieses Bekenntnissatzes bilden Texte
wie 1 Kor 3,16: οὐκ οἴδατε ὅτι ναὸς θεοῦ ἐστε καὶ τὸ πνεῦμα τοῦ θεοῦ
ἐν ὑμῖν οἰκεῖ;[79] Daß Epiphanius, der den Vers 3c überliefert, in unterschiedlichen Zusammenhängen auf solche Schriftstellen zurückgreift und
die Vorstellung von der Einwohnung des Heiligen Geistes in den Heiligen
benutzt, darf kaum überraschen[80]. Aber auch Cyrill von Jerusalem, dessen
Credo diesen Satz noch nicht enthält, kennt und bezeugt gleichwohl den
später darin festgeschriebenen Glauben. So erklärt er dem Taufbewerber, daß
der künftig in ihm wohnende Geist sein »Inneres« zu einem Gotteshaus

---

[74] Vgl. Cramer 17 Anm. 23, 30 Anm. 36, 64 Anm. 20.

[75] Gegen Winkler 139.

[76] P. Galtier, Le Saint Esprit en nous d'après les Pères grecs = Analecta Gregoriana 35
(Romae 1946).

[77] Einzelne Hinweise bei G. Kretschmar, Geschichte des Taufgottesdienstes in der alten
Kirche, in: K.F. Müller/W. Blankenburg (Hg.), Leiturgia. Handbuch des evangelischen
Gottesdienstes 5 (Kassel 1970) 117/118, und Cramer 35, 55, 64/66, 72, 75/78.

[78] Vgl. die Hinweise bei A.-J. Festugière, La révélation d'Hermès Trismégiste IV. Le
dieu inconnu et la gnose (Paris 1954) 211/218, und bei Klijn 194.

[79] Vgl. Jh 14,16f; Röm 8,9-11; 1 Kor 6,19; 2 Tim 1,14.

[80] Beispielsweise Epiphanius, Ankyr. 9 (GCS 25, 16 Holl); Ankyr. 66 (GCS 25, 81 Holl);
Panar. 74, 13,6/7 (GCS 37, 331 Holl).

machen wird[81]. Mit Hinweis auf 1 Kor 3,16 erläutert er den Wert des Leibes, der ebenfalls »Tempel des Heiligen Geistes« wird[82].

4. Ein Text aus dem ältesten Teil der armenischen Pfingstliturgie stellt das Wirken des Heiligen Geistes in der Jordantaufe und in der Eucharistiefeier nebeneinander und legitimiert damit, daß man Anaphoren zum Vergleich mit dem Credo heranzieht: »L'esprit Saint, descendu sous la forme d'une colombe, descend sur le Corps et le Sang du Seigneur pour la guérison de nos âmes.«[83]

Ein klarer Beleg für das oben dargelegte Verständnis des Credos ist in der Epiklese der Jakobusanaphora erhalten[84], wo unter den Aktivitäten des Heiligen Geistes, dessen Sendung von Gottvater erbeten wird, sein Herabsteigen auf Jesus bei der Jordantaufe *und* seine Herabkunft auf die Apostel am Pfingstfest aufgeführt werden:

Syrische Jakobusanaphora[85]	*Armenisches Credo*
... ܀	Credimus et in Sanctum Spiritum ...,
܀	qui locutus est in lege
܀	et in prophetis
܀	et in evangeliis;
܀	qui descendit in Jordanem,
܀	
܀	
܀	praedicavit in apostolis
܀	— et habitavit in sanctis.

---

[81] Cyrill von Jer., Procatech. 6 (PG 33, 344 B): τὸ γὰρ ἔνοικον πνεῦμα λοιπὸν οἶκον θεῖον τὴν διάνοιάν σου ἐργάζεται.

[82] Cyrill von Jer., Catech. 4,23 (PG 33, 485 A); 12,26 (PG 33, 759A).

[83] Zitiert nach A. Renoux. Le Canon de la Pentecôte dans l'hymnaire arménien, in: Mémorial Mgr Gabriel Khouri-Sarkis (Louvain 1968) 86. Renoux weist in seiner Anmerkung zur Stelle darauf hin, daß »la venue de l'Esprit Saint, demandée dans l'épiclèse de la liturgie eucharistique, est rapprochée de la descente sur le Christ lors du baptême dans le Jourdain«. Er erwähnt auch a.a.O. 83, daß der Text von der armenischen Tradition Moses von Khoren bzw. Johannes Mandakuni zugeschrieben, also in den letzten Jahrzehnten des 5. Jahrhunderts angesetzt wird.

[84] Anders Winkler 160/162. — Der hier interessierende Satz fand m.W. in der bisherigen Forschung nicht die ihm gebührende Beachtung. B. Botte, L'épiclèse dans les liturgies syriennes orientales, in: Sacris Eruditi 6 (1954) 53, spricht nur von einem »long développement sur le Saint-Esprit que j'ai omis«.

[85] O. Heiming, Anaphora Syriaca sancti Iacobi fratris Domini, in: Anaphorae Syriacae II (Roma 1951/1973) 150/151: »... et mitte super nos ... Spiritum tuum sanctum ... qui locutus est in lege et prophetis et in testamento tuo novo, qui descendit in similitudine columbae super Dominum nostrum Iesum Christum in Iordane flumine, qui descendit super apostolos sanctos tuos in similitudine linguarum ignearum.«

Ein unvoreingenommener Blick auf den Text[86] zeigt, daß die Jakobusanaphora keine Entsprechung zu »proclamavit missum« enthält. Der Satz:
»Jener, der in der Gestalt einer Taube auf unseren Herrn Jesus Christus
im Jordanfluß hinabstieg«, ist nichts anderes als eine ausführlichere, am
biblischen Wortlaut orientierte Parallele zu »qui descendit in Jordanem«.
Weder kommt darin ein zweites Verb noch überhaupt der Gedanke an
eine Proklamation vor, noch wird Jesus als »missus« bezeichnet. Sinnvoller-
weise wertet man daher den armenischen Normaltext »praedicavit in
apostolis« als Parallele zum folgenden Satz der Anaphora, der das Wirken
des Heiligen Geistes an den Aposteln in biblischer Formulierung ausdrückt.
Damit berücksichtigt man wenigstens die Tatsache, daß beide Texte — der
Tradition entsprechend — die Apostel nennen[87], und zwar wiederum im
Plural.

Daß die Anaphoren keine wörtliche Parallele zur Einwohnung des Heiligen
Geistes enthalten, ist wohl unmittelbar einsichtig, da es ja im eucharistischen
Mahl primär um die Verbindung mit Jesus Christus geht. Diese Einwohnung
des Heiligen Geistes ist aber wenigstens angedeutet in der oben aus den
Thomasakten zitierten Epiklese und in der zwar viel jüngeren, aber doch

---

[86] Winkler 161 glaubt hier folgende Parallele sehen zu können:

...   ...

who descended in the likeness   qui descendit in Jordanem
of a dove upon our Lord Jesus   proclamavit missum
Christ in the river Jordan

who descended upon thy holy   —
apostles in the likeness of
fiery tongues

...   ...

[87] Vgl. auch andere Anaphoren, z.B. I. Hausherr, Anaphora Syriaca Gregorii Nazianzeni,
in: Anaphorae Syriacae I (Roma 1939/1944) 118/119: »Miserere nostri Deus Pater ... et
mitte nobis ... Spiritum Paraclitum ..., qui in Iordane fluvio in similitudine columbae visus
est super unigenitum tuum Filium, qui in dispertitis linguis igneis super apostolos sanctos
requievit;« und A. Raes, Anaphora Syriaca minor sancti Iacobi fratris Domini, in: Anaphorae
Syriacae II (Roma 1951/1973) 198/199: »Miserere mei, Deus Pater, et mitte ... Spiritum
tuum santum ..., qui locutus est in testamento vetere et novo tuo et descendit sicut columba
super Dominum nostrum Iesum Christum in Iordane flumine et sicut linguae ignis super
apostolos in coenaculo.« — Ferner ist unbedingt zu beachten, daß die armenische Version der
Jakobusanaphora den Text stark kürzt: A. Baumstark, Denkmäler altarmenischer Meßliturgie. 3. Die armenische Rezension der Jakobusliturgie, in: OrChr 15/16 (1918) 18: »In
jedem Falle ist A erheblich sparsamer als GS in den dem Hl. Geist gegebenen Epitheta und
läßt weiterhin die den beiden anderen Rezensionen gemeinsame Bezugnahme auf Jordantaufe
und Pfingstwunder vermissen«, und: A. Rücker, Die syrische Jakobusanaphora nach der
Rezension des Jaʿqôb(h) von Edessa = LQF 4 (Münster 1923) 21. Eine Begründung dieser
Textkürzung durch die Armenier hat m.W. bisher niemand gegeben. Die georgische Version
bietet den vollen Text; vgl. F.C. Conybeare/O. Wardrop, The Georgian Version of the
Liturgy of St. James, in: ROC 18 (1913) 407.

ganz aus der Tradition schöpfenden sog. Anaphora Dioscori Alexandrini prima[88].

III.
Die Entstehung der Variante քարոզեաց զառաքեալն

Da der armenischen Variante որ ··· քարոզեաց զառաքեալն = ⟨der Heilige Geist,⟩ der ⟨Jesus als⟩ den Gesandten bezeugt hat, höchste theologische Bedeutung zukommt und da sie in den liturgischen Büchern und damit in der kirchlichen Praxis der Armenier weite Verbreitung gefunden hat, verdient auch die Frage nach ihrer Entstehung gebührende Beachtung.

Von entscheidender Bedeutung ist zunächst das theologische Milieu, in dem die Variante auftaucht. Wenngleich es sich nicht im strengen Sinn belegen läßt, daß nach frühchristlicher Auffassung der Heilige Geist Jesus als Gesandten proklamiert hat, so hat Frau Winkler in ihren Untersuchungen[89] doch überzeugend herausgestellt, daß das theologische Denken besonders der syrischen und armenischen Kirchen einen geeigneten Nährboden abgab, auf dem die Vorstellung von einer solchen Proklamation entstehen und sich sogar halten konnte. Die gelegentliche Bezeichnung Jesu als Gesandter, die zentrale Stellung der Jordantaufe mit der Herabkunft des Heiligen Geistes, die Erwähnung eines Zeugnisses auch des Heiligen Geistes für Jesus und die nachdrückliche Betonung der Messianität Jesu in baptismalem Kontext begünstigen eine solche Sonderlehre mit entsprechender Bekenntnisformel.

Wie nahe durchaus »rechtgläubige« Autoren in ihrem Bemühen um präzisen und formelhaften Ausdruck ihrer Geistlehre der armenischen Variante kommen, sei noch einmal an einem Text des Cyrill von Jerusalem aufgezeigt. Obwohl seine Glaubensformel nur das 2. Entwicklungsstadium des Credos bezeugt, beinhaltet seine Lehre auch das Glaubensgut, das Vers 3 der weiter ausformulierten Bekenntnistexte enthält. Er sagt: καὶ ἐν πνεῦμα ἅγιον, διὰ προφητῶν μὲν περὶ τοῦ Χριστοῦ κηρύξαν· ἐλθόντος

---

[88] G. de Vries, Anaphora Syriaca Dioscori Alexandrini prima, in: Anaphorae Syriacae I (Roma. 1939/1944) 282/283: »Ita Domine, veniat Spiritus tuus sanctus ..., et sicut figura columbae in Iordane super unigentum Filium tuum requievit, et super apostolos sanctos in linguis igneis apparuit, sic habitet et requiescat super nos.« De Vries 268 datiert diese Anaphora um das Jahr 1000.

[89] Hier sind auch zu nennen G. Winkler, Zur frühchristlichen Tauftradition in Syrien und Armenien unter Einbezug der Taufe Jesu, in: OstkSt 27 (1978) 281/306, und: The Original Meaning of the Prebaptismal Anointing and its Implications, in: Worship 52 (1979) 24/45.

δὲ τοῦ Χριστοῦ καταβὰν καὶ ἐπιδεῖξαν αὐτόν[90]. Der Hinweis des Heiligen Geistes auf den gekommenen Messias (Beachte jedoch den Unterschied zu einer Proklamation Jesu als Messias!) erscheint als integraler Bestandteil der Jordantaufe also auch bei Autoren, die diese noch nicht in ihre Bekenntnisformel aufgenommen haben.

Neben dem allgemeinen theologischen Milieu wird man sich insbesondere daran erinnern müssen, daß die ältere theologische Literatur der Armenier weitestgehend aus übersetzten Werken ihrer syrischen Nachbarn besteht. Bereits Y. Catergian und in seinem Gefolge F. Kattenbusch vertreten die Ansicht, daß auch für die Übersetzung des armenischen Glaubensbekenntnisses »nicht unmittelbar ein griechischer, sondern ein syrischer Text die Vorlage« gewesen sei[91]. Aufgrund dieser Annahme möchte ich den folgenden Lösungsversuch zur Diskussion stellen.

Die armenische Variante dürfte auf die Textgestalt der Hermeneia zurückzuführen sein. Darauf deutet das Verb _ քարոզեմ_ hin, das ein verkündendes Sprechen, ein offizielles Reden ausdrückt und also nicht nur das schlichte λαλῶ von Epiphanius II wiedergibt, sondern eher dem κηρύσσω der Hermeneia entspricht. Der Wortlaut der Hermeneia κηρῦξαι ἀποστόλοις kann, wenn der Übersetzer den Dativ nicht instrumental, sondern als Dativ der Person versteht, in syrischer Übersetzung lauten: ‏ܕܡܟܪܙܝܢ ܠܫܠܝܚ̈ܐ‎ [92] oder auch ‏ܕܡܟܪܙܝܢ ܠܫܠܝܚ̈ܐ‎ [93]. In einem entsprechenden theologischen Milieu, in dem ‏ܫܠܝܚܐ‎ = _Gesandter_ fast als christologischer Hoheitstitel heimisch ist[94], kann das ܠ leicht als Nota accusativi[95] mißdeutet werden, so daß die ganze Formel unter Mißachtung der (in der Frühzeit kaum regelmäßig geschriebenen) Pluralpunkte zu der armenischen Variante wird: _որ … քարոզեաց զառաքեալն_. Diese Textwiedergabe ist zwar, gemessen am griechischen Original, sachlich falsch, wird aber durch ein syrisches Zwischenglied verständlich, sowie übersetzungstechnisch und grammatisch ermöglicht. Immerhin hat dieser Versuch, die Entstehung der armenischen Variante zu erklären, den Vorteil, daß der vermutlich der Variante zugrundeliegende syrische Konsonantenbestand voll gewahrt bleibt und unverändert in die Übersetzung eingeht. Man muß also nicht auf die tatsächlich

---

[90] Cyrill v. Jer., Catech. 16,3 (PG 33, 920 C).

[91] Kattenbusch 317/318. Auch Winkler 139 verweist auf Syrien, allerdings nur bezüglich der »theologischen Vorstellungen«. Vgl. Anm. 28.

[92] Vgl. etwa Afrahat, Dem. 23,9 (PS I/2,12 Parisot): ‏ܠܫܠܝܚ̈ܐ ܡܟܪܙ‎.

[93] Vgl. etwa Jh 20,18: ‏ܡܟܪܙ ܠܬܠܡܝܕ̈ܐ‎.

[94] Siehe besonders Afrahat, Dem. 14,39 (PS I/1, 684, 11 Parisot); vgl. oben Anm. 64.

[95] Entsprechende Konstruktion z.B. 2 Kor 4,5: κηρύσσομεν ... Χριστὸν Ἰησοῦν = ‏ܠܡܫܝܚܐ ... ܡܟܪܙܝܢ‎ und Phil 1,15: τὸν Χριστὸν κηρύσσουσιν = ‏ܠܡܫܝܚܐ ܡܟܪܙܝܢ‎.

schwache Argumentation zurückgreifen, »daß ein nachlässiger Schreiberling das Plural-*U* ausgelassen« und daß sich die »Pluralform zudem von einer Akkusativ-Konstruktion auch noch in einen Lokativ gewandelt haben soll«[96].

---

[96] So die berechtigte Kritik an Catergian durch Winkler 135.

Mamila ou Maqella?

La prise de Jérusalem et ses conséquences (614 AD)
selon la récension *alexandrine* des Annales d'Eutychès

par

Michel Breydy

Sur les Annales d'Eutychès d'Alexandrie on a beaucoup écrit depuis que les anglais Selden et Pocock entre 1642-1658 en firent une première édition, en récourant à des manuscrits copiés à Alep, dans le Nord de la Syrie[1].

La ville d'Alep avait remplacé Antioche comme centre culturel de la région, lorsque les Arabes l'avaient occupée en 635 AD. La réconquête d'Antioche par les Byzantins, trois siècles plus tard (en 969 AD), suivis par les Seldjoukides (en 1084) puis à nouveau par les Croisés (de 1098 à 1268 AD) renforcera les échanges culturels entre ces deux villes, de telle façon que toute production littéraire arabo-chrétienne, qui se manifestera à Alep dépendra plus ou moins directement d'une élaboration antérieure dans la ville d'Antioche, et viceversa.

Cette donnée générale aurait l'avantage d'éclairer beaucoup de points obscurs dans l'analyse des contributions dites «orientales» à l'hagiographie et à l'historiographie byzantines. Elle pourrait jouer un rôle aussi considérable dans l'appréciation de la quantité et qualité des interpolations, manipulations et même des falsifications survenues dans les sources *orientales* elles-mêmes, à partir du «laboratoire littéraire» qu'était devenue la ville d'Antioche entre 969 et 1268 AD.

Par la publication présentée de deux passages inédits des Annales d'Eutychès, extraits du Ms. Sinait. Arabe 580 (582), je crois pouvoir apporter un argument de valeur dans le sens de la deuxième perspective mentionnée, que j'appellerais «intra-orientale», pour la distinguer de l'autre, dite «extra-

---

[1] John Selden en avait d'abord publié des extraits en 1642 sous le titre suivant: Eutychii Aegyptii Patriarchae Orthodoxorum Alexandrini, Ecclesiae suae Origines, in 4°. London.

Edward Pocock utilisera plus tard l'édition et les manuscrits de Selden pour donner au public le texte entier des Annales, en leur donnant le titre suivant: Contextio gemmarum sive Eutychii Patriarchae Alexandrini Annales, 2 vols., Oxford 1658, 1659.

Le rôle primaire de Selden est souvent passé sous silence par les savants de notre siècle!

orientale» qui est déjà bien confirmée par de nombreuses études publiées en Europe[2].

Jusqu'ici, l'édition *princeps* des Annales d'Eutychès faite par Pocock, et reproduite dans Migne PG 111 (907-1156) dans sa version latine, puis en original arabe dans CSCO 50-51 (Séries Arab. 6-7) représentait la seule source à laquelle on pouvait se référer.

Les variantes constatées dans les manuscrits découverts par la suite et conservés à la Vaticane, à la Bibliothèque Nationale de Paris, à Florence, à Beyrouth ou ailleurs[3], n'ont pas apporté de changements suffisants pour faire reviser l'opinion courante sur cet ouvrage. On l'a appelé *Collier des perles*, *Chronique de l'Alexandrin* ou tout simplement Annales d'Eutychès. Quelques érudits de la topographie biblique avaient commencé par exprimer le doute, qu'il puisse s'agir d'un travail propre et original d'Eutychès, et jetèrent en l'air l'hypothèse d'une compilation de passages transcrits chez d'autres et agrémentés de temps à autre par des glosses personnelles de l'Alexandrin[4].

En fait, certains manuscrits portent clairement un titre différencié comme le suivant : «Livre de l'histoire *réuni* sur vérification et authenticité des faits par Eutychès...»[5]. D'autre part, la plus ancienne recension connue et employée jusqu'ici ne va pas outre le 14e siècle. Ses prototypes sont le Codex Arab. Christ. 32 (220 folios) du British Museum et l'Arabe 288 (218 folios) de la Bibliothèque Nationale à Paris[6]. Dans les deux copies, l'auteur est considéré encore laïc : «Saʿid ibn al-Batrīq, le médecin (apprenti = al muta-tabbib)». La copie mentionnée de Paris nous offre aussi à la suite des

---

[2] Cfr. à titre d'exemple les analyses historiques de P. Peeters, Orient et Byzance, Le tréfonds oriental de l'Hagiographie byzantine, Bruxelles 1950 (Subsidia Hagiographica 26), et l'étude de P. Schneider, Fragments d'une paraphrase grecque des Annales d'Eutychès d'Alexandrie, in OrChrP 37, 1971, 384-390.

[3] On en trouve une recension brève dans Graf II 34-35. Plusieurs variantes sont reproduites par L. Cheikho dans l'édition faite par le CSCO vols. 50-51 (Arab. 6-7) 1906-1909, réimpression anastatique Louvain 1962 (T. 50) et 1954 (T. 51).

[4] Cfr. H. Vincent et F.-M. Abel, Jérusalem, T. II, *Gabalda*, Paris 1914, p. 309 en note : «La remarque finale (sur les ruines de l'église du Gethsemani) n'est peut-être qu'empruntée par Eutychius à une source peu éloignée des évènements».

[5] Cfr. De Slane, Catalogue des manuscrits arabes de la Bibliothèque Nationale, Paris 1883-1895, p. 81 sub Nr. 292, où il traduit le titre donné dans ce manuscrit comme suit : Compilation historique fondée sur la vérification et l'authenticité des faits ...

[6] Sur le manuscrit Chr. 32 du Brit. Museum, voir Catalogus Cod.Mss. Arabicorum qui in Museo Britannico asservantur, Pars II Cod. Arab. London 1846 pp. 48-49 : Cod.Bombyc. 219 fol. in-4. «Novem folia in initio, quinque in fine et quattuordecim inter coetera in corpore codicis manu recentiore adjecta sunt ad operis defectus supplendos». Ce supplément semble copié sur les mss. parisiens Arab. 288-292. L'éstimation de Wright (Cat. cit.), le remettant «saeculi ut videtur XIII», n'est point soutenable. Voir plus loin la note 11.

Annales, un *Dhayl* ou continuation allant de l'an 349 à 400 de l'Hégire[7].
Cette continuation est attribuée à un certain Yahya ibn Sa'id ibn Yahya,
appelé (emphatiquement ou réellement?) *al-Antaqi* = l'Antiochien[8], bien
que l'on ne sache rien concrètement de sa vie, ni de quelle autre ville il avait
transmigré vers Antioche. Selon la préface de Par.Ar. 291 (f. 82v) Yahya
se serait rendu à Antioche en 405 H (= 1014 AD), contrairement aux
données du Catalogue du De Slane. Selon son propre aveu, Yahya trouvera
à Antioche *plusieurs documents historiques* à l'aide desquels il remaniera
définitivement la rédaction de son *Kitab ul-Dhayl*[9], admettant en même temps
qu'il avait été tenté de remaner l'ouvrage de son prédécesseur Eutychès,
pour compléter lequel il écrivait ce Dhayl. Cela permettait à bon droit de
penser que Yahya fut le premier à faire connaître les Annales d'Eutychès
dans le milieu antiochien et ses dépendances culturelles.

Mais tout porte à croire aussi que, malgré sa protestation formelle, Yahya
n'a point résisté vraiment à la tentation de refaire, corriger et *enrichir* par des
nouveaux apports les Annales originales d'Eutychès.

Nous remarquons avec étonnement que le Kitab ul-Dhayl se trouve
toujours en appendice ou en annexe dans les Annales le plus anciennes que
nous connaissons de la région antiochienne. Le voisinage du texte «eutychien»
avec celui de sa continuation par Yahya est doublé par une affinité de
rédaction, de méthode et de style qui ne laisse pas de surprendre. La note
dominante commune aux deux textes est l'arabe plus ou moins dialectal

---

[7] Cfr. De Slane, Catalogue, 80 sub Nr. 288 avec référence au f. 212 du ms. indiqué.
Un texte plus complet est donné dans Par.Ar. 291 allant de 326 à 417 H (938-1026 AD). Voir
CSCO 51, 91-251 et POr XVIII, fasc. 5 (Paris 1924); XXIII, fasc. 3 (Paris 1932) en remarquant
que la fin requiert un dernier fascicule non encore édité!

[8] Cfr. Graf II 49-50, en observant que le témoignage allégué de Ibn abī Usaybya (Histoire
des Médecins, ed. A. Müller, Königsberg 1884, II, 86-87) n'ajoute aucune valeur historique
à ces données, puisque Ibn abī Usaybya († 1270) n'a fait que transcrire au pied de la lettre
les renseignements contenus dans la recension antiochienne des Annales et de leur continuation
par Yahya. Cette identité n'a pas été convenablement remarquée par les érudits, et les données
biographiques fabriquées par M. Canard, à base d'hypothèses lancées par von Rosen et
A. Vasiliev appartiennent au domaine du roman biographique. Voir M. Canard, EI[2], Leiden I
(1960), et son Excursus sur Yahya dans l'édition française de A. Vasiliev, Byzance et les
Arabes, II,2, Bruxelles 1950, 90-91.
L'analyse que fait Canard des sources musulmanes de Yahya est cependant bien appréciable
et très éclairante. Il aurait pu néanmoins la nuancer beaucoup plus, s'il avait pris en considération que même le texte édité du Dhayl de Yahya a souffert plusieurs interpolations entre
le 11 et le 13 siècle!

[9] La date de 405 H est donnée dans CSCO 51,92 ligne 17. Celle de 403 H est reproduite
par le Baron de Slane, Catal. cité, 81 sub Nr. 291. En fait, Yahya a bien repris les Annales
d'Eutychès à partir de 326 jusqu'à 417 H (= 1027 AD). Une suite anonyme a complété ce
travail jusqu'à 425 H. Voir CSCO 51,255 à 273. Le Par. Ar. 291 s'arrête cependant à 417 H
de même que celui de Beyrouth, dit Trium Lunarum (CSCO 51, Variantes p. 363) et de
Leningrad (P pour Petersbourg; CSCO 51, 331).

parlé à Antioche et dans le Nord de la Syrie, y comprises les villes de Lattaquieh et d'Alep. Tous les manuscrits provenant par la suite de cette région ont été transcris par des scribes melchites, ou ils ont été conservés et annotés en marge par des personnages de cette église. Dans la seule région de Hama-Alep nous avons repéré 5 exemplaires dont le scribe s'appelait Thalgeh, fils du chôrévêque Hauran al-Hamaoui (= de Hama) et frère du futur Patriarche Melétios Karma (Bodl. Arab. 46, 90 et 91; Par. Arabe 292; Maron. Alep. 1365), un codex (Par. Ar. 293) écrit par Marcos ibn Ghannam de Kfarbaham (prov. de Hama) sur un exemplaire obtenu dans le voisinage de Melétios Karma, un autre annoté et restauré par le patriarche Michel VII d'Antioche, lors de sa résidence à Alep (Brit. Mus. Arab. Chr. 32) et enfin un autre écrit à Alep même par un moine appelé Pachomios (Par. Ar. 304).

Les quelques manuscrits qui en font exception, étant écrits par des scribes musulmans ou jacobites, proviennent manifestement de copies rédigées par d'autres scribes melchites de la région.

Selden et Pocock, qui avaient bien connu le Ms.Ar. Chr. 32 du Brit. Museum, n'en ont point profité pour leur édition, négligeant toutes ses variantes, parfois très importantes. Leur antigraphe exclusif est le Arab. Chr. 46 de la Bodleiana, une copie que Selden s'était procuré (vers 1639) à Alep avec deux exemplaires, dit-il, «qui ita sibi congruerunt ut pro uno eos habuerit»[10]. Rien d'étonnant en cela, puisque le scribe dans les deux cas est toujours le même Thalgeh, qui à cette époque résidait à Alep, faisant fonction de copiste et bouquiniste à la fois. Il avait terminé le Bodl. Arab. 46 en 1038 H (= 1628 AD). L'autre copie, Bodl. Ar. 90, porte la date de 1637 AD et la troisième, Bodl.Ar. 91, celle de 1639[11].

---

[10] Cfr. Johannes Uri, Bibliotecae Bodleianae codicum Mss orientalium... Catal. Pars I, Oxonii 1787 (Cod. Arab. Christ. XC et XCI en p. 44). Item, Alex Nicoll, Bibliothecae Bodleianae Codd. Mss. Orientalium Catalogus, Partis II vol. I, Oxonii 1821, sub Ar.Chr. XLVI et nota d.

[11] Cfr. Al-Mashriq 8 (Beyrouth, 1905) 930; 21 (1923) 77-78; et Graf III 93, note 1. Le plus ancien manuscrit copié par Thalgeh est daté de l'année 7107 d'Adam (= 1598/99), un ouvrage de spiritualité, côté actuellement Arab. XXVII au British Museum. Dans Brit. Mus. Addit. 4099 on trouve une notice signalant le décès de Thalgeh le 17 juillet 7155 d'Adam (= 1647 ou bien 1655 AD). S'il faut croire au colophon du Sinaxaire de Dayr ash-Shuwayr (Liban) Nr 286-287-288, transcrit par Thalgeh aussi, et terminé le 14 mars 7158 (= Safar 1059 H et 1650 AD, donc en rétirant 5508 de l'ère mondiale adoptée par Thalgeh) celui-ci ne serait point mort avant cette date. J. Nasrallah le fait donc mourir après cette année, en affirmant que l'attestation du Codex de Choueir (Shuwayr) est plus sûre que la notice apposée à la fin de l'Addit. 4099.

Voir J. Nasrallah, Catalogue des Mss du Liban, III, Beyrouth 1961, 161, 210-211. Idem: Hiératicons melchites illustrés, art. paru dans PrOrChr 6 (1956) 212-213 et note 26. Les deux dates pourraient cependant bien s'accorder en considérant que celle de l'Addit. 4099 est à comprendre à base de 5500 tandis que celle du Sinaxaire mentionné est sûrement à base 5508. Il y a lieu en effet de penser que Thalgeh avait vécu longtemps, ayant collaboré aux travaux de

Le codex Ar. Chr. 32 du Brit. Museum porte en colophon une notice indiquant son possesseur le patriarche Michel d'Antioche, avec un autogramme monokondylos en grec. Il s'agit du patriarche Michel VII, fils de Wahbeh Sabbagh al Hamaoui, décédé à Alep le 4 janvier 1593. Wright, dans son Catalogue avait bien signalé l'autogramme grec, mais sans pouvoir l'identifier. Il nous a été facile de le faire, grâce au même autogramme reproduit par G. Levi della Vida selon un colophon du Vat. Ar. 47[12]. J'espère de publier une étude plus détaillée sur ce codex dans l'introduction à l'édition prévue pour bientôt du texte nouvellement déchiffré des Annales originales d'Eutychès.

En résumant ensemble les données sur les manuscrits connus jusqu'ici de ces Annales, on peut conclure qu'ils nous reportent tous à des dates n'allant pas plus loin du 14. siècle, et qu'ils convergent vers une source commune provenant de la ville d'Antioche ou de ses environs de la Syrie du Nord.

Ce fait nous invite à les regrouper tous sous la rubrique «*recension antiochienne des Annales*». Ils auront comme caractéristique le cachet de Yahya ibn Sa'id et ses interpolations plus que probables (bien qu'il n'ait pas été le seul à le faire), et un terminus a quo, fixé à l'arrivée de celui-ci dans la ville d'Antioche entre 1014-1015 AD.

Après avoir déchiffré et identifié tout le texte du Sin. Ar. 580 (582), je crois pouvoir le présenter comme prototype d'une *recension alexandrine*, et partant originale, qui serait la contrepartie de la recension antiochienne manipulée.

1. *Les Annales à l'état original dans Sin. Ar. 580 (582)*

Comme je l'avais annoncé en 1975, le texte des Annales d'Eutychès se trouve dans un manuscrit du Sinaï, donné jusqu'ici pour une *chronique*

---

transcription du patriarche Michel VII, rétiré à Alep depuis 1582 mais compatriote de Thalgeh (Hama) se solidarisant contre les rivaux damasquins; d'autre part, on sait qu'il devint le conseiller intime du patriarche Makarios III dit Ibn az-Zaîm (de 1647 à 1672) et qu'il fût le maître-copiste de son fils, l'archidiacre Paul ibn az-Zaîm! Au couvent de Balamand on conserve deux autres manuscrits copiés par Thalgeh, non considérés par ses biographes: un Évangéliaire daté du 3 octobre 7129 (= 1620 AD) et un Horologion avec des psaumes liturgiques, daté de 1034 H (= 1624 AD). Voir R. Haddad et F. Freijate, Manuscrits du Couvent de Belmont (Balamand), Beyrouth 1970, 14 (Nr. 3 olim 505) et 55 (Nr 86 olim 602).

[12] Cfr. W. Wright, Catalogus Codd. Mss. Arabicorum qui in Museo Brittanico asservantur, Pars II Codd. Arab., London 1846,48-49 sub Nr. 32. Wright lui attribue 219 folios, tandis que Nicoll lui en donnait 220. Une erreur de pagination (le 157 est double) relevée plus tard a donné lieu à cette différence. Mais les folios originaires de ce manuscrit sont beaucoup moins. L'autogramme de Michel VII se trouve immédiatement après le colophon du fol. 220v. Le même est donné en Fac-similé, par G. Levi della Vida, Ricerche, Tavola XV.
Sur la biographie de Michel VII, voir l'art. Antioche dans DHGE 3 (Paris 1924) col. 637; et Le Quien, Oriens Christianus II, 771-772 avec les mots grecs qui reviennent dans les différents autogrammes de Michel VII.

anonyme[13]. Il s'agit du Ms. Sinait. Arabe 580, d'après la dernière ordination faite par Murad Kamil[14]. Les experts de la Commission américaine, qui avaient microfilmé les manuscrits de la Bibliothèque du monastère de Ste Cathérine en 1950, avaient assigné à ce codex en papier la date approximative du XI siècle, en lui gardant son ancien Nr 582[15]. Murad Kamil le considère encore plus ancien : *circa Xth century AD*. Les folios sont numérotés en chiffres arabes de 1 à 162; mais le nombre 140 est porté deux fois sur deux folios consécutifs (140-A et 140-B). Il en contient donc 163.

Entre les folios 39 et 42 se trouvent intercalés deux folios, qui ne forment pas partie du texte (= 40 et 41), tout en étant un extrait qui s'y réfère. Le même scribe a dû les intercaler pour inclure la correspondance légendaire d'Alexandre le Grand avec sa mère[16]. L'intercalation postérieure de cet extrait pris à une source quelconque ne fait point de doute; car le texte des Annales se poursuit — sans interruption de sens — dans les phrases du fol. 39v au fol. 42r, tandis que le folio 40r commence par un titre spécial, débutant par la *Basmalah musulmane*[17], et le fol. 41v s'achève brusquement par début de phrase sans complément possible dans le fol. 42r actuel.

Entre les folios 161 et 162, le texte dénonce une mutilation qui y fait disparaître près de 18 folios entiers, prenant comme barème d'appréciation les 30 pages correspondantes dans l'édition connue des Annales (CSCO, 51, 27-57). Ce codex semble avoir été mutilé à plusieurs reprises. Il lui manque aussi des feuilles au début comme à la fin. Vers 1894, alors qu'apparaissait le *Catalogue of the arabic Mss in the Convent of S. Catherine on Mount Sinai*, de Margaret Dunlop Gibson, le même Ms avait encore 169 feuilles, ce dont les auteurs des catalogues modernes et les érudits contemporains n'ont pas tenu compte.

Partant de certaines considérations d'ordre paléographique, il m'a été possible de conjecturer combien de folios manquent au début. Le nombre

---

[13] Cfr. M. Breydy, Über die älteste Vorlage der Annales Eutychii in der identifizierten Hs. Sinait. Arab. 580, OrChr 59 (Wiesbaden 1975) 165-168.

[14] Cfr. Murad Kamil, Catalogue of all Mss. in the Monastery of St. Catherine, Wiesbaden 1970.

[15] Cfr. Checklist of Mss. in the St. Catherine's Monastery of Mount Sinai, 1950, sub Nr. 582.

[16] Les folios 40 et 41 contiennent le début de ces faits légendaires que l'on trouve en entier dans la recension antiochienne. Voir CSCO 50,81-85 à l'exception de la Basmalah et du titre «Min Akhbar al-Iskandar ibn Philibos». Basmalah et Titre en question trahissent un original arabo-musulman. Nous avons ici un exemple concret du procédé suivi pour compléter et manipuler l'original préparé par Eutychès, mais aussi pour illustrer la méthode compilatoire adoptée par Eutychès lui-même.

[17] Voici le début du fol. 40 r. «بسم الله الرحمن الرحيم من اخبار الاسكندر بن فيلبوس»

et la fin du fol. 41 v. «فضى على ما به حتى بلغ شهرزور. فبينا هو في —»

de ceux qui manquent à la fin ne peut être évalué qu'à l'aide d'une confrontation avec un texte connu, à moins qu'on ne les retrouve un jour dans quelque bibliothèque de l'Europe[18].

Après avoir découvert la clé pour la lecture du texte dans lequel j'ai vite identifié les «Annales d'Eutychès» j'ai pu observer au coin droit supérieur de certaines pages des signes spéciaux dans lesquels il fallait trouver la numérotation habituelle des cahiers employés par le scribe.

Les deux premiers signes se sont avérés des mots arabes: Thaleth (= troisième) au fol. 2 recto, et Rabe´ (= quatrième) au fol. 14 recto.

Plus tard, j'ai constaté que les autres signes, parfois rongés par la reliure, ne sont que la suite de cette numérotation, mais en chiffre «copte», allant de 5 à 18 dans l'ordre et l'emplacement suivants:

5 au fol.	26r		
6 "	38r		
7 "	52r		
8 (?) "	62r	(ce chiffre ici est à supposer, puisque la marge du folio est fortement résorbée par la reliure)	
9 "	72r		
10 "	82r		
11 "	92r		
12 "	102r		
13 "	112r		
14 (?) "	122r	(ici n'apparaît que le chiffre décimal)	
15 "	132r		
16 "	141r	(N.B. le 140 est double!)	
17 "	151r		
18 "	161r.		

Cette constatation importante m'a permis de fixer le nombre de cahiers manquant au début à deux seulement, avec un total de 23 folios (le 24 folio étant le fol. 1 actuel). Tenant compte que les cahiers 3 à 6 actuels ont chacun

---

[18] Cfr. H. Duensing, Christlich-palästinisch-aramäische Texte und Fragmente, Göttingen 1906, 42-43: «... Die Iberer auf dem Sinai haben verschiedene palästinische Handschriften auseinandergenommen, die Blätter abgewaschen und zugestutzt, und dann aus den durcheinandergemengten Blättern mehrere georgische Handschriften hergestellt». Margaret D. Gibson faisait déjà en 1894 une remarque assez significative à ce propos: «Most of the books had lost not only their title-pages, but their last leaves as well, so that it was not possible to find their dates. One is ashamed to think that some scholars in former years must have abused the hospitality to the Monks, and that a choice collection of title-pages may be found in some European library». Cfr. Catal. cité, Introd. (= Studia Sinaitica III, London 1894). C'est là aussi la raison pour laquelle le Ms.Sin.Ar. 582 dans le Catalogue de Gibson (p. 124) ne porte qu'un titre partiel (= histoire d'Alexandre) emprunté au folio 40r.

12 folios, on est en droit de supposer que les deux premiers en avaient autant.

Les deux folios 40 et 41 intercalés dans le sixième cahier ne comptent évidemment pas parmi ses feuilles, autrement il en aurait 14 au lieu de 12, et le scribe l'a bien évité. Les cahiers 7 à 17 ont tous 10 feuilles seulement. Du 18e cahier, il ne reste qu'une seule feuille (f. 161) et le folio 162 actuel doit appartenir — probablement — à la fin du 19e cahier, dont les autres feuilles manquent tout comme les autres du 18e cahier précédent.

À l'état actuel, le texte représente comparativement les deux tiers de la période annalistique couverte par l'édition princeps.

En ajoutant aux 161 folios authentiques les 23 manquants du début et les 18 des cahiers 18 et 19 de la fin, on aurait un total de 202 folios d'original auxquels s'ajouteraient — approximativement — 40 folios à la fin pour completer l'ouvrage et couvrir la période annalistique jusqu'à l'année 935 AD (= 323 de l'Hégire) où Eutychès mit fin à son travail de compilation pour devenir patriarche d'Alexandrie dans des circonstances plus que suspectes[19].

Le contenu de Sinait. Arab. 580 commence par le retrouvement de Moïse dans les eaux du Nil (= Édition CSCO 50 p. 29 ligne 7) et s'achève avec l'histoire de la révolte des quarante appelés *Al Y(e)mma* — et non Al Bema —, dans la Basse-Égypte du temps du Khalife al-Ma'moun (= 217 de l'Hégire ou 832 AD) correspondant à la p. 57 de l'édition CSCO 51 (laquelle, il faut bien le souligner ici, achève l'ouvrage d'Eutychès en p. 88 !).

L'écriture est un ancien Koufi qui n'avait originairement pas de points diacritiques, de façon que les lettres arabes portant normalement un ou plusieurs points peuvent se confondre avec leurs semblables, quand on essaie de les lire par «supputation».

Des points, gauchement déssinés, probablement par une main postérieure, apparaissent sur quelques mots de temps à autre. Bien interprétés, ils s'avèrent être exacts; mais il y a aussi des points-signes qui ne s'expliquent pas aussi facilement. N'admettant pas une fonction diacritique, ils ne sont probablement qu'une ancienne forme d'accentuation. Par contre, aux folio 95 verso, ligne 7, jusqu'au folio 96 recto, ligne 4, on trouve l'accentuation aujourd'hui courante en arabe (= Fatha, Dammah, Kasrah) que quelqu'un s'est amusé à y ajouter, sans cependant se préoccuper des points diacritiques absents! Il n'y a pas de doute que les «auteurs» de ces points et accentuations ajoutés dominaient bien la lecture du Koufi.

---

[19] Un écho de ces circonstances dans CSCO 51,94ss (Kitab ul Dhayl). La date d'élévation d'Eutychès au patriarcat doit se fixer à 323 H pour s'harmoniser avec les «60 années lunaires» après sa naissance en 263 H, selon le texte des Annales (CSCO, 51,70, lin. 11).

Cela n'empêche point d'y constater l'influence frappante du principe «karshouni» adopté par les syro-chrétiens dont la première finalité était bien de ne se laisser lire que par un initié.

Tous ces préliminaires servent pour expliquer les raisons pour lesquelles les «copistes» postérieurs des Annales d'Eutychès ont mal lus plusieurs mots, défigurés plusieurs phrases, et sauté d'autres en les remplaçant à leur guise, provoquant ainsi tant de malentendus historiques, toponymiques, topographiques etc...[20].

Il est bien regrettable, d'ailleurs, de constater que les livres de paléographie arabe ne s'attardent point sur ce genre de «calligraphie» généralement négligé par les érudits qui s'intéressent ordinairement à la littérature arabe musulmane[21].

---

[20] Avant d'avoir découvert l'importance et la valeur de ces sigles délimitatives, j'avais cru trouver dans les différents récits concernant l'épiscopat d'Elie ibn Mansour à Jérusalem un terme indiquant la période à laquelle l'intervention littéraire d'Eutychès aurait commencé. Cet indice perd pour autant toute valeur indicative, parce qu'il s'avère que la récension antiochienne n'est pas partout conforme, et que les données qui s'y repètent au sujet de deux fils du même Mansour sont trop invraisemblables pour être acceptées par une intelligence normale. Il s'agit en principe de Mansour qui, à l'époque d'Héraclius, avait facilité l'occupation de Damas aux Arabes (ca 634 AD). Ce même Mansour devrait plus tard (près de 200 ans ensuite!) avoir un fils, nommé Sergius, qui aurait été patriarche de Jérusalem, puis encore (240 and après!) un autre fils, nommé Elia, qui serait devenu à son tour, patriarche de Jérusalem!? Voir CSCO 51,61 lin. 20 et 62 lin. 1-2: «la deuxième année du khalifat de Al-Wathiq (= 842-847) a été fait patriarche de Jérusalem Sergius fils de Mansour qui avait aidé les musulmans à conquérir Damas et avait été maudit dans le monde entier. Il résida 16 ans et mourut». CSCO 51,69 lin 11-13: «la dixième année du khalifat de Al-Mu'tamid (= 870-890) a été fait patriarche de Jérusalem Elia fils de Mansour, qui avait aidé les musulmans...» Or, il est évident que ni Sergius, ni Elia ne pouvaient être les fils de Mansour de l'année 634! Eutychès qui pour ses Annales n'a pu employer que des sources arabes et non gréco-byzantines pour l'histoire de Jérusalem, ne peut être considéré l'auteur de ces deux additions figurant dans la récension antiochienne.

[21] Je rappelle qu'en ce qui concerne l'historique et la propagation de l'écriture arabe, dite Koufi, il y a plusieurs théories en cours, diametralement opposées.

Cfr. Ernst Kühnel, Islamische Schriftkunst, Berlin s.d.; idem: art. Arabische Schrift in Enzyklopaedie des Islams I (1913). A. Grohmann, Arabische Paläographie, I, Wien 1967, 2 et 41ss. L. Caetani, Annali dell'Islam, II, Milano 1907, 692-709.

Par contre, voir Na'um bey Chucair, Histoire ancienne et moderne du Sinaï... (op. arab.), Le Caire 1916, 475-76; Altheim-Stiehl, Die Araber in der Alten Welt, II (1965) 357-369: Die Anfänge der Arabischen Schriftsprache; IV (1967) 5-8; V/2 (1969) 531: «Die arabische Schrift ist nach dem Vorbild der späteren nabatäischen Schrift geschaffen worden.»

En sens tout à fait contraire, mais qui confirme les traditions locales chrétiennes, Jean Starcky, Supplément de la Bible (1964) art. Patra, col. 932-937, et Revue des études islamiques 34 (1966) 154. Voici son argument principal: «l'écriture arabe est *posée sur la ligne* (idéale), tout comme l'écriture syriaque, tandis que la suite des lettres nabatéennes est *suspendue* à cette même ligne... Abandonnons la théorie de l'origine nabatéenne de l'écriture de Zebed et de Harran, nous serons plus à l'aise et dirons simplement que l'écriture arabe archaïque, étant relativement homogène, dérive tout entière du syriaque tel qu'il était écrit dans la capitale lahmide... Concluons: considérée dans son ensemble, l'écriture arabe archaïque répond bien

Avec les spécialités de la graphie Koufi, le texte présente encore une caractéristique dont je n'ai apprécié l'importance qu'après avoir essayé d'identifier certains «morceaux choisis» de ces Annales, dans des ouvrages antérieurs à Eutychès.

Le Sinait. Ar. 580 comporte en effet près de 288 sigles qui se répètent à la fin de certaines «périodes» pour indiquer tantôt la fin d'une histoire, tantôt celle d'un passage sommaire desservant comme transition entre deux sujets différents.

Parfois on les retrouve aussi au milieu d'une ligne, ou à la fin d'une page; mais toujours ils ont une valeur conclusive, délimitant la fin d'un «extrait» tiré d'un ouvrage antérieur, rarement d'une glosse personnelle d'Eutychès, comme dans le seul cas où un commentaire est précédé de la formule «Sa'id ibn Batriq al-Mutatabbib dit» (Fol. 88 verso à 90 recto; CSCO 50, 146, concernant la permission accordée par Timothée d'Alexandrie aux évêques et moines d'Égypte de manger de la viande, pour s'opposer aux théories des Manichéens).

Que l'ensemble des «Annales d'Eutychès» soit au fond un emprunt fait à d'autres chroniques antérieures ne devrait point étonner, puisque le «médecin apprenti (?) ou praticien» comme Euthychès se qualifiait lui-même, déclarait expressément dans sa préface qu'il avait «réuni (int. compilé) dans plusieurs livres d'histoire ce qu'il m'avait paru comme le plus vrai»[22].

Ces signes-limites, dont certains s'approchent beaucoup de la sigle signi-fiant «intaha-desinit» dans les anciennes inscriptions lapidaires[23], comme dans les Papyri du XIᵉ siècle, indiquent, là où le sens et le style spécial le confirment, qu'il s'agit d'extraits empruntés à d'autres.

Se trouvant après des sommaires formulés brièvement, ils démontrent la fin de la «rédaction eutychienne». Le style arabe des «morceaux choisis et compilés ensemble» varie très souvent, et les sigles mentionnées s'éloignent au fur et à mesure que les «récits empruntés» s'allongent. En confirmant la différence d'origine et la fin de l'emprunt fait, cela pourrait nous conduire un jour à l'auteur primitif ou au moins à l'œuvre originale. Les «Annales»

à l'hypothèse d'une cursive syriaque régularisée par les soins des scribes de Hira... (ville à 3 kms de Koufa, et qui la remplacera comme capitale lahmide au Iᵉ siècle de l'Hégire)».

[22] Cfr. CSCO 50,5. À cela il conviendrait d'ajouter la variante qui se trouve dans Par. Ar. 288 (CSCO 51,286 lin. 5) au sujet d'Eutychès «le collecteur de ce livre»!

[23] La sigle conclusive considérée comme abbréviation du verbe *Intaha* = *desinit* a été observée sur des Papyri du XI s. en Orient comme en Andalousie. Voir A. Grohmann, op. cit. 48, et la référence à Francisco Fern. y Gonzalez, Museo Español de Antiguedades, Madrid 1871,67. La sigle en question prend la forme visible de *Intaha* aux signes 67, 68, 70 du fol. 26r et 72 du fol. 26v.

antérieures à la naissance du Christ sont généralement prises à une bible arabe en usage encore à l'époque d'Eutychès[24].

La constatation la plus importante ce sont les «histoires» retransmises à l'état où Eutychès les avaiet devant lui, avant leur manipulation ou mélecture dans le milieu antiochien de Yahya ibn Sa´id.

Leur mise au point pourrait provoquer la réfonte totale des «Annales» connues et mises à profit dans plusieurs traités historiques et hagiographiques du monde byzantin et dans les productions similaires qui en dépendent, mettant fin à plusieurs incertitudes historiques et même théologiques.

À cet égard, qu'il me soit permis d'avancer avant la publication envisagée de tout le Sinait. Arabe 580, l'absence totale de toute allusion à la légende rapportée dans la récension antiochienne des «Annales» autour de l'élection du patriarche-évêque d'Alexandrie par douze prêtres de cette ville, lesquels consacreraient le candidat par l'imposition de leurs mains[25].

Des 31 lignes consacrées à cette légende dans l'édition du CSCO on ne trouve dans le Sinait. (fol. 54 verso, ligne 10-15; fol. 55 recto, ligne 1-3) que ce qui suit :

> «Marcus l'évangéliste se trouvait à Alexandrie, où il appelait les gens à la fois dans le Christ, et il fit Hananyah (= Ananie) patriarche sur Alexandrie. Et Marcus sortit vers Barqa pour appeler les gens...»

On sait pourtant quel rôle a joué en Europe la légende intercalée dans la récension antiochienne lors de sa publication par Selden en 1642[26].

Sur le plan historique, la mélecture de certaines lettres Koufi reproduites dans tous les exemplaires de la recension antiochienne a créé beaucoup

---

[24] À propos des versions arabes de la Bible, le patriarche I.A. Barsoum, dans son Histoire des sciences et de la littérature syriaques (op. arab., 2 éd. Aleppo 1965,77) rappelle certaines données historiques syriaques un peu méconnue par les érudits européens. Il les prend au Chronicon Edessenum (I,263) et à l'histoire ecclésiastique de Bar Hébraeus (I,275). Selon ces deux sources, le patriarche Jean (III) (donné pour Jean I dans la série patriarcale de Grumel, Chronologie, 449, pour les années 631-648 AD) aurait fait traduire le Nouveau Testament en arabe par des savants des Tribus Tay, Tanoukh et ´Uqayl, aux environs de l'année 643. En plus, Barsoum fait remarquer que dans l'ouvrage de Ali ben Rabban, publié au Caire en 1923 (version originale arabe) par A. Mingana (The Book of Religion and Empire, Manchester 1922) on trouve des extraits bibliques d'une excellente qualité littéraire, sans que l'on sache de quelle version ils proviennent. Ali ben Rabban vivait vers 860 AD, et il était contemporain de Honain ibn Ishaq († 873), dont on sait qu'il fit une version de l'Ancien Testament en partant du texte de la Septante. Ali était d'origine nestorienne, tout comme Marcos le Traducteur auquel il se réfère assez souvent. Les nestoriens chrétiens possédaient depuis toujours l'arabe classique dans ses pures formes, et les considérations de Barsoum´au sujet de Ali ibn Rabban inspirent plus de conviction que les déductions non dépourvues d'équivoques que fait Graf I 44-49 et 86-108. Olaf H. Schumann, Der Christus der Muslime, Gütersloh 1975, 48-67, a réuni une bibliographie très complète sur Ali ibn Rabban.

[25] Cfr. CSCO 50,95-96.

[26] A ce propos, voir l'œuvre la plus mentionnée alors de A. Ecchellensis, Eutychius vindicatus, Rome 1661.

d'imprécisions, tout en prouvant la dépendance mutuelle des transcriptions « antiochiennes », et excluant tout possibilité de faire du Sinait. Arabe 580 un abrégé de cette dernière recension.

Cela soit dit, abstraction faite de l'ancienneté du Sinait. Arabe 580 par rapport à tous les spécimens connus de la récension antiochienne.

Voici quelques exemples de ces mélectures :

La lettre *Ain* dans le mot *Samma'un* = auditeurs, classe de manichéens, bien évidente au fol. 89 recto du Sinait. est prise pour un *Keph* dans CSCO 50, p. 147 et 148, où il en est sorti *Sammakoun* = poissonneurs.

Le Mim dans Amathunta (Amathos, résidence chypriote de Jean l'Aumônier) du fol. 131 verso, est devenue un Sin dans Asatanta-Asataneta-Asutanata de l'édition princeps (CSCO 50 p. 218, Migne PG 111/1084-D ; suivis par Le Quien, Oriens Christianus, II (Paris 1740) col. 446-C).

Le nom de « Al-Nea », église de Justinien à Jérusalem, du fol. 105 recto et 115 recto est devenue « Elena », améliorée au début de notre siècle en « Eléona »[27].

La mélecture d'un verbe qu'on a lié érronnément à un nom de ville a donné la combinaison suivante « Quwaysilah », là où le fol. 33 verso, ligne 2, permet facilement de lire : Qoa yas'aluhu, c'est-à-dire, « à Koa (pour Kos = la ville d'Hyppocrate) lui demandant ... »[28].

La lettre *Qaph* dans la graphie courante du Sinait. ne se différencie pas à première vue de la lettre Mim, — un vestige peut-être de l'écriture Karshuni, ou bien du syriaque qui avait donné naissance au Koufi ? — à moins de se trouver l'une proche de l'autre ou que le Qaph risque d'être mal interprété.

Ainsi la lettre Qaph dans Qlodius = Claudius au fol. 71 recto, ligne 6, est figurée exactement comme un Mim. Il serait bien erroné cependant de la lire ainsi.

Par contre, au fol. 132 recto, ligne 1, le Qaph initial dans Qostantinya = Constantinople, tout en ayant la figure d'un Mim il porte une petite queue allant vers le haut obliquement. Ici aussi il ne fait aucun doute qu'il s'agisse d'un Qaph.

Or, cette même queue se trouve apposée sur la troisième lettre du mot indiquant le reposoir des victimes de Jérusalem à l'occasion de la prise de cette ville par les Perses (614 AD). Ce même mot se trouve figuré ainsi, tant au fol. 129r, ligne 7, comme au fol. 140-B, ligne 6. Dans la recension antiochienne ce mot est transcrit en Mamila[29].

---

[27] Cfr. CSCO 50, 186, lin. 7(201, lin 18 et alibi. Item : R. Burtin, Un texte d'Eutychius relatif à Eléona, Revue Biblique 23 (1914) 401-423.

[28] Cfr. CSCO 50,76, lin. 19.

[29] CSCO 50,216, lin 13 et 51,5, lin. 20. Une mélecture pareille s'avère dans l'Hist. Nestorienne I,9 (POr IV, 244, lin. 3) où le nom de Marqelinos est transcrit en Qarqelinos, en prenant ici pour un Qapf la première lettre qui est un Mim!

La troisième lettre en question, correspondant au second Mim dans Mamila (ou Mamella) porte bien clairement dans les deux endroits cités la queue déjà remarquée dans le Qaph de Qostantinya. Elle se distingue donc nettement du premier Mim et devrait être un Qaph. Par conséquent, il faudrait bien lire Maqella. Cette lecture me semble plus correcte, et elle jouit, à mon avis, d'une confirmation sérieuse que lui apportent la topographie de Jérusalem, ainsi que le lexique toponymique des villes sous domination romano-byzantine.

Maqella serait ainsi la «boucherie, l'escorcherie, l'agora ou le Carnarium» que plusieurs documents grecs ont conservé. C'est tout simplement le Macellum latin, ou le Makella grec, que nous retrouvons dans I Corin. 10,25, et qui était une nécessité exigée dans toute grande agglomération civile en Orient.

Maqella nous évite aussi les malentendus créés par un *Mamila* que personne n'arrive à localiser avec certitude à l'intérieur de la ville de Jérusalem, et qu'aucun document antérieur au Xe siècle ne mentionne!

Par contre, cette lecture dissiperait les énigmes accumulés autour de la «Boucherie, Agora, et Carnarium» dans les études topographiques sur la ville de Jérusalem[30].

Les racines étymologiques de Maqella ne sont pas étrangères à un tréfond sémitique, et son emploi est bien fréquent dans l'usage courant du grec comme du latin[31].

Tout cela suppose, bien entendu, que les listes du moine Stratégius[32], ainsi que les autres sources qui en dépendent ou qui dépendent directement des Annales (antiochiennes) d'Eutychès, ne puissent se valoir de documents non-arabes antérieurs au Xe s. Or, on sait que l'original grec — supposé mais non encore prouvé — de la Notice de Stratégius est perdu!

---

[30] Cfr. J. T. Milik, La topographie de Jérusalem vers la fin de l'époque byzantine, dans MUSJ 37 (Beyrouth 1961) fasc. 7, praesertim p. 178 (54), qui rappelle à la fois P. Abel, dans Jérusalem Nouvelle IV (1926) 924 et la traduction «Carnarium» employée par G. Garitte dans son édition du texte géorgien du récit de Stratégius sur la prise de Jérusalem, CSCO 203, Ser. Iberici 11 et 12 (Louvain 1960).
Item : DACL VII, col. 2346, affirmant que les commentateurs de la carte de Madaba ont identifié dans le Nr. 29 du Plan «l'Agora — marché — des Bouchers signalée au VII siècle et localisée au Moyen Age dans cette région».
[31] Cfr. Du Cange, Glossarium mediae et infimae latinitatis, Paris 1845, Tom IV, 167 sub verbo : Macella pro Macellum, Boucherie, et sub : «Macellare, occidere inde macellus locus, et macellarii homines...». Idem : Thesaurus linguae graecae, vol. VI (Repr. anast. Graz 1954) col. 518, sub verbo «Makellos-makella». Eodem sensu syriace : ܡܩܠܐ.
Le Thesaurus linguae latinae, edit. Teubner, Lipsiae, VIII (Repr. 1966) col. 3 sub verbo, ne manque pas d'ajouter : «macellum ex gr. makellon forum — *makela* — originis semiticae...».
[32] Voir sur le cimetière arabe de Mamila, J. T. Milik, art. cit. et références bibliographiques en p. 182-83 (58-59) et note 2.

Pour le moment, les érudits qui attribuent une plus grande ancienneté au récit du moine Stratégius se basent sur des arguments de convenance absolument hypothétiques.

L'emplacement du cimetière arabe dit de Mamila «à quatre stades loin de la ville de Jérusalem», ne constitue aucune preuve formelle, puisqu'il est sûrement postérieur aux Croisades, et que tous les deux dépendent manifestement des informations déformées dans la recension antiochienne des Annales, dont Guillaume de Tyr, l'évêque latin des Croisés, avait fait un large emploi[33].

Quant à la véracité des sources employées par Eutychès, eu égard à la récension «alexandrine» que nous venons de retrouver, on peut maintenant l'apprécier mieux en déterminant bien les sources locales, qu'il faut supposer rédigées en arabe, et celles byzantines. Ces dernières semblent néanmoins bien réduites. Parmi les sources locales, on peut distinguer les données bibliques, et les chroniques syriaques traduites en arabe, ainsi que les histoires arabo-musulmanes.

L'histoire de la conquête de la Syrie-Palestine dénonce une dépendance très grande de sources syriaques jacobites; car la figure de l'empereur Héraclius en ressort assez maltraitée. Eutychès tient à en faire absolument «un maronite» et il passe sous silence la restitution de la Sainte Croix à Jérusalem[34]. S'il avait eu recours à des sources byzantines, on ne voit pas quelles raisons auraient-elles eu pour haïr et méprises tant cet empereur. Tout autrement, s'il a recouru à des sources jacobites.

La recension antiochienne comporte d'ailleurs un commentaire final (voir ci-après) assez maladroit pour rehabiliter la décision des Melchites (?) à Jérusalem.

Il est bien étonnant d'y trouver par exemple un rappel du Typicon de St. Sabas et des canons de St. Nicéphore de Constantinople, «martyr et confesseur», alors que ce patriarche n'avait pas mérité en son temps aucune mention dans les Annales d'Eutychès, et que le Typicon n'y est rappelé pour rien là où il avait été question de St. Sabas!

---

[33] Sur Guillaume de Tyr, voir la préface à son Historia rerum in partibus gestarum, dans Migne PL 201, col. 212: «auctorem maxime secuti venerabilem Seith, filium Patricii...». Mais l'éditeur (PL 201,201) ne manque pas de prévenir le lecteur de Guillaume en écrivant: «cujus jactura aegerrime ferri potest ab historiarum studiosis... plura eum eutychianis narrationibus adjunxisse». Sur l'origine jérosolymitaine de Guillaume, latin du côté de son père seulement, car sa mère est probablement une melchite de Jérusalem, voir maintenant le ch. 12 retrouvé de son Historia belli sacri, dans l'art. de R. B. C. Huygens, Guillaume de Tyr étudiant, Latomus 21 (1962) 811-829.

[34] Les chroniques byzantines antérieures à Eutychès ne manquent pas d'inscrire la restitution de la S. Croix à Jérusalem, en particulier les Chroniques de Nicéphore et Théophane, MG 108, 675 et note 13.

Nous avons ici un exemple parlant des «manipulations» d'inspiration byzantine, intervenues dans le milieu antiochien du XIe siècle, qui éloignent cette recension tant de la «sélection» originale d'Eutychès, comme du texte original des «antigraphes» que ce dernier avait mis à profit.

2. *La dévastation de Jérusalem par les Perses*

La nouvelle lecture de certains mots-clé dans le récit «alexandrin» de la dévastation de Jérusalem et de la visite de l'empereur Héraclius à cette ville, requiert la publication de ces passages en entier.

Je les donne ci-après, en mettant en parallèle les deux textes arabes, celui du CSCO et le nouvellement déchiffré du Sinaiticus Arabe 580.

Le texte de la recension «antiochienne» étant suffisamment connu par la traduction latine de Pocock, reproduite dans la PG de Migne, je me contenterai de prémettre ici la traduction de la recension «alexandrine» toute seule.

En attirant l'attention du lecteur sur la lecture de Khazraweh (loco Hrouziah), al-Nea (loco Elena et Eleona), et Maqella (loco Mamila), je crois utile d'ajouter qu'aucune des deux récensions ne marque une date fixe pour la dévastation de Jérusalem par les Perses, cet acte étant qualifié de vengeance du roi perse pour le meurtre de son beau-père (?) l'empereur byzantin Maurice.

D'autre part, la visite de l'empereur victorieux Héraclius à cette ville, et le massacre en revanche des Juifs est fixée dans la recension alexandrine à l'an 7 du règne d'Héraclius «qui est aussi l'an 7 de l'Hégire», tandis que la recension antiochienne (CSCO 51 p. 4, ligne 20-21 et p. 5, lignes 2-3) lui assigne la neuvième année du règne d'Héraclius qui est la neuvième de l'Hégire. Cela différerait pratiquement de trois ans près la date du rétablissement de la Ste Croix à Jérusalem, fixée par les auteurs byzantins au 21 mars 631[35].

Et voici, maintenant, la traduction du Fol. 128 verso, lignes 3 et ss. du Sinaiticus :

«(Kesra Abrawez) dirigea un de ses généraux nommé Khazraweyh vers Beth-al-Maqdess (= Jérusalem) pour la détruire, et dirigea un autre général vers l'Égypte (= Misr) et Alexandrie à la poursuite des Roums (= Byzantins) pour les tuer.

Abrawez lui-même s'en alla vers Constantinople et l'assiégea durant quatorze ans.

---

[35] Cfr. là-dessus l'étude récente de V. Grumel, La réposition de la Vraie Croix à Jérusalem par Heraclius. Le jour et l'année, in Byzantinische Forschungen 1 (1966) 139-149. Grumel, naturellement, ne pouvait pas en son temps traiter cette donnée de la recension alexandrine des «Annales d'Eutychès».

Khazraweyh parvint à Damas et la détruisit et en pilla les habitants. Puis il arriva à Beth-al-Maqdess.

Alors se joignirent à lui les Juifs de Tibériade, du mont de Galilée, comme aussi de Nazareth et des alentours de Beth-al-Maqdess. Et ils aidèrent les Perses à détruire les Églises et à tuer les chrétiens.

Ce qu'il détruisit en premier à Jérusalem fut l'église de Géthsémani et l'église al-Néah[36], et les deux sont jusqu'à présent ruines.

Et il détruisit l'église de Constantin et le Cranion et le Sépulcre. Il mit le feu au Sépulcre et au Cranion, et détruisit la plus grande partie de la ville.

Les Juifs avec les Perses tuèrent une multitude de chrétiens qu'on ne peut compter : ce sont les victimes qui sont (se trouvent) à *Maqella*.

Et les Perses s'éloignèrent après avoir détruit, brûlé, tué et déporté.

Parmi ceux qu'ils déportèrent, il y avait Zacharie le patriarche de Beth-al-Maqdess, et une foule avec lui.

Ils emportèrent aussi le «lignum Crucis». C'était un morceau du bois de la Croix qu'Hélène avait (jadis) laissé. Alors Marie la fille du roi Maurice (= épouse de Kesra) se fit donner (racheta) par Kesra le «lignum Crucis», avec Zacharie le patriarche et plusieurs autres qu'elle avait choisi et les emmena chez elle.

Le Patriarche Zacharie mourut en éxil[37].

Après sa mort, le Siège de Beth-al-Maqdess demeura sans patriarche (durant) quinze ans.»

3. *L'empereur Héraclius à Jérusalem*

Comme je viens de le remarquer, la victoire définitive d'Héraclius sur les Perses est donnée pour terminée «la septième année du règne d'Héraclius, qui est aussi la septième de l'Hégire» (Fol. 139 verso, lignes 5-7, du Sinait. et CSCO 51 p. 4, ligne 20-21). Le Sinait. ajoute immédiatement le récit de sa visite à Jérusalem, en débutant ainsi : «En cette même année...», tandis que la recension antiochienne (CSCO 51, p. 5, ligne 1-2) intercale une notice qui n'a rien à voir avec la chronique de ce temps :

«Et l'an 2 du règne d'Héraclius, a été fait patriarche de Rome Youssatius (= Bonifatius dans Paris Ar. 288, tandis que Paris 291 omet complètement cette notice intercalée. Voir CSCO 51, Variantes p. 275, lignes 11-12); il siègea cinq ans et mourut».

Immédiatement après, la recension antiochienne commence le récit de la visite d'Héraclius à Jérusalem par ces mots :

---

[36] Cette lecture ne laisse point de doute, surtout si on compare les autres passages où ce mot est reproduit : fol. 105 recto, ligne 1 (construction de la Nea par le patriarche Elie de Jérusalem, circa 494-516 AD); fol. 115 recto, ligne 7 et fol. 115 verso, ligne 4 (son achèvement sur intervention de St. Sabas).

[37] A remarquer que l'historien byzantin Theophane témoigne du contraire, en faisant rentrer Zacharie de l'éxil «patriarcha Zacharia sedi suae restituto», *Theophanes Chronographia*, Migne, PG 108/678-A.

«Et à la neuvième année du règne d'Héraclius, qui est la neuvième de l'Hégire, Héraclius sortit de Constantinople, en direction de Beth-al-Maqdess pour voir ce que les Perses y avaient détruit...».

En route, Héraclius fait trois étapes (à Homs, au couvent de St. Maron et à Damas) sur lesquelles les deux recensions sont d'accord. Puis commence le récit que je donne ci-après.

À la lecture comparée des deux recensions, on remarque facilement que les additions du texte «antiochien» ont une origine nettement byzantine, tandis que le fond du compte-rendu «*alexandrin*» trahit une origine arabo-jacobite.

Le style impersonnel qui se manifeste ici dans la relation de l'origine d'une semaine de jeûne précédant le «Grand Carême» chez les Melchites, met bien en contraste l'indifférence, dirais-je la neutralité du chroniqueur dans le texte «alexandrin», et l'embarras du texte «antiochien» dans son argumentation finale pour réajuster la décision melchite d'antan. Deux positions différentes qui plaident bien pour deux sources et deux époques correspondantes.

Voici maintenant la suite du récit d'après le fol. 140-A et suivants dans le Sinaiticus :

«Ensuite Héraclius marcha (en direction de) vers Beth-al-Maqdess. Lorsqu'il eut atteint Tibériade, les Juifs qui y habitaient sortirent à sa rencontre avec ceux du mont de la Galilée, de Nazareth et de tout (autre) village dans la région.
Ils accueillirent Héraclius avec des cadeaux, l'acclamèrent, et lui demandèrent de leur accorder le A m a n[38].
Il (le) leur donna et leur rédigea un pacte en ce sens. Lorsque Héraclius parvint à Beth-al-Maqdess, les moines des Laures (= Siqat, pluriel de Siq), et les habitants de Beth-al-Maqdess l'accueillirent avec Modeste, (offrant) l'encens (dans des) encensoirs.
Lorsqu'il entra dans la ville, et vit ce que les Perses avaient détruit et brûlé, il fut pris d'une très grande affliction.
Puis il vit ce que Modeste avait (re)construit de l'église de la Résurrection et de l'église de Constantin. Il s'en rejouit et remercia Modeste pour ce qu'il avait entrepris.
Ensuite les moines et les habitants de Beth-al-Maqdess dirent à Héraclius : les Juifs qui sont autour de Beth-al-Maqdess avec (ceux) du Mont de la Galilée et de Tibériade, lors de l'entrée dès Perses, étaient avec eux les aidant.
Eux, plus que les Perses, ont tué les chrétiens et détruit les églises en les brûlant au feu.

---

[38] Fausse lecture, et référence erronée sur ce mot sont données dans l'art. cité de Schreiner (Sauget) p. 387 et note 1, en écrivant le «Iman», là où il fallait lire et écrire le «Aman». Sur ce dernier, signifiant «safety protection, safe conduct...» il faut se référer à EI² vol. I,429 (édit. Leiden 1960) et non au vol III (Leiden 1971) p. 1170, ni au vol. II de l'édit. française pp. 504-505 où l'on parle de «Iman = foi en Dieu»!

Et ils lui firent voir les victimes qui sont à Maqella. Ils l'informèrent (aussi) de ce que les Juifs avaient fait comme meurtres de chrétiens et destructions des églises dans la ville de Sour (= Tyr).

Alors Héraclius leur dit : Que voulez-vous? Ils lui dirent : Tu tueras tout juif à Beth-al-Maqdess et aux alentours; car, si des adversaires (= gens contraires à nous) nous envahissaient (encore une fois), nous craignons qu'ils ne les aident contre nous, comme ils aidèrent (déjà) les Perses.

Héraclius leur dit : Comment pourrai-je me permettre leur meurtre, alors que je leur ai donné le *Aman* en leur écrivant un pacte en ce sens?

Vous autres, savez (bien) ce qui me résultera de la violation d'un pacte. Quand je viole le pacte et le Aman, ce sera pour moi une ignominie et un mauvais racontar sur moi. Je crains que, si j'écrivais pour d'autres que pour les Juifs un pacte, personne ne l'accepte (plus), et tout le monde me prendra pour un menteur.

(Cela) en plus du pêché que j'encourrais devant Notre Seigneur le Christ en raison du meurtre de gens auxquels j'avais donné le Aman et le pacte.

Ils lui dirent : Notre Seigneur le Christ sait que le fait que tu les tues est (pour) la rémission de tes fautes, et en satisfaction pour ton pêché.

Les gens t'excuseront, parce qu'au moment où tu leur donnas le Aman, tu ne savais pas, ni pouvais t'en apercevoir, ce qu'ils avaient commis comme meurtres de chrétiens, et destructions d'églises.

En fait, ils sont sortis à ta rencontre, et t'ont accueillis avec des cadeaux par fourberie et trucherie. Leur meurtre est une offrande à Dieu, et nous supporterons cette faute à ta place, et nous l'expiérons pour toi.

Nous demanderons à Notre Seigneur le Christ, qu'Il ne t'en rende pas coupable, et nous établirons pour toi une semaine entière au début du grand Carême que nous jeûnerons pour toi, en nous abstenant pendant celle-ci de toute viande, perpétuellement et tant que durera la chrétienté.

Nous établirons en ce sens une loi (= Qanun), une excommunication, et une malédiction que (personne) ne changera. Nous écrirons à ce propos à tous les pays (= horizons), en pardon de ce que nous t'avons demandé de faire.

Héraclius leur acquiesça, et tua des juifs autour de Beth-al-Maqdess et au mont de la Galilée un nombre incalculable parmi ceux qu'il put atteindre. Car certains se cachèrent, d'autres s'enfuirent dans les déserts, les vallées et les montagnes, et en Égypte.

Ils instituèrent alors pour lui la première semaine du jeûne, durant laquelle les Melchites s'abstenaient seulement de manger la viande, et la jeûnèrent pour le roi Héraclius en pardon pour avoir violé le pacte et tué les juifs.

Et ils écrivirent en ce sens à tous les pays. Les habitants de Beth-al-Maqdess et (ceux) de l'Égypte la jeunent, à l'exception de (ceux de) la Damascène et des Roums (= byzantins), qui s'abstiennent (= à présent) de manger la viande durant cette semaine, et jeûnent seulement les jours du mercredi et du vendredi.»

Après ce récit, le Codex Sinaiticus (fol. 141 verso, ligne 8) passe immédiatement à la création de Modeste comme patriarche de Jérusalem, recevant l'ordre de suivre Héraclius à Damas pour lui faire livrer des subsides afin de continuer la reconstruction des églises détruites, tandis que la recension antiochienne ajoute la paraphrase bien longue dont je reproduirai ci-après la traduction latine de Pocock, selon Migne, PG 111/1090-C à 1091-A.

«... statuamus jejunium ac septimanam qua ova et caseus comeduntur, illam (nempe) quae jejunium magnum praecedit, statuemus jejunium purum quod jejunio magno accenseatur, quo in tui gratiam jejunemus, ovorum et casei esu omisso quamdiu durabit religio christiana.

Melchitae enim hebdomada ista ab esu carnis abstinebant, ova et caseum et pisces in ipsa comedentes, uti e Typico sancti Mar Sabae liquet.

Dixerunt autem illi: Nos ea tui gratia jejunabimus, omnis rei pinguis esu omittentes, atque hoc canone, excommunicatione et anathemate sanciemus, ne unquam mutetur, de eodem in omnes regiones litteras mittentes, ut in propitiationem (cedat) ei quod a te impetravimus.

Annuens ergo hac in re ipsis Heraclius, e Judaeis qui circa Hierosolmya et montem Galileae erant, quod prehendere potuit, innumeros occidit.

Ex ipsis enim alii latuerunt, alii fuga se in deserta, montes et valles, et Aegyptum subduxerunt.

Primam ergo jejunii septimanam, in qua Melchitae a carnis tantum esu abstinent, jejunium absolutum statuerunt, in qua imperatoris Heraclii gratia jejunarent, quo remitteretur ipsi foederis sui violatio et Judaeorum caedes, ab ovorum, casei et piscium esu in eadem abstinentes, eaque de re in omnes regiones litteras scripserunt: ac Aegyptii Cophtitae in hunc usque diem jejunium illud observant.

Syriae vero Damascenae incolae, et *graeci Melchitae* post mortem Heraclii iterum hebdomada ista ova, caseum et pisces comederunt.

In eadem etiam jejunant diebus Mercurii et Veneris usque ad Nonam, dein oves, caseo, et piscibus, vescentes, secundum canonem a sancto Nicephoro patriarcha constantinopolitano, martyre et confessore, positum; quemadmodum ostensum est in typico Ecclesiae videlicet orthodoxos ista septimana ovis et caseo vesci, etiam diebus Mercurii et Veneris; nisi quod diebus istis, Mercurii scilicet et Veneris, usque ad Nonam jejunent.

Qui canon coarguit eos qui jejunant gratia Heraclii imperatoris, e secta Maronitarum, a quorum factis malis avertat nos Deus, cum non liceat hominis mortalis gratia jejunare; eoque magis quod imperator iste, cum hujus mundi vitam deponeret, Maronita mortuus est.

Ut autem ad historiam revertamur (rectius: Revertamur nunc ad historiam), Heraclius Modestum monachum, monasterii Al Ducesi praefectum, patriarcham Hierosolymitanum constituit...»

Remarques finales :

Du point de vue purement «chronographique», on voit bien que les «additions et glosses» de la recension antiochienne des Annales proviennent de sources byzantines trouvées sur place, et probablement inaccessibles au compilateur des Annales dans le milieu alexandrin du début du 10e siècle.

L'histoire du terme «melchite» n'apparaît nulle part, ni dans la recension antiochienne, ni dans celle alexandrine, tandis que toutes les deux recensions donnent l'explication historico-étymologique des trois autres appellations importantes :

— *Romains-Roum* de Romus-Romaeus (CSCO 50 p. 68, ligne 20-21, et Sinait. fol. 24 verso);

— *Jacobites* de Jaques Baradée (CSCO 50, 195, et Sinait. fol. 110 verso, ligne 2-3);

— *Maronites* de Maron (CSCO 50, 210, ligne 17, et Sinait. fol. 122 recto, ligne 10).

La recension antiochienne seulement rappelle néanmoins les «melchites» à l'occasion du I Concile de Contantinople (= 381 AD. Voir CSCO 50, 140).

Par contre, Timothée Salofaciol ou Salofacial dont on a tant abusé pour en faire un témoin de la première apparition du sobriquet «basilikos», forme soi-disant originale du terme «melchite», n'est pas mentionné comme tel dans aucune des deux recensions des Annales.

La recension antiochienne mentionne bien un Timothée Surius-Psurus-Sunus (CSCO 50, 184-185 et variantes en p. 232) lequel ne peut être évidemment qu'une mélecture du Koufi «asbus», conservé dans Liberatus, Breviarium causae Nestorianorum et Eutychianorum (Migne PL 68/1019-D) se référant expressément à un document historique rencontré en Égypte (= Breviculum Eutychianistarum).

En dehors d'une leçon très douteuse d'Evagrius (Hist. Eccl. II, 11, PG 86-II col. 2533-C) suivi par Nicéphore, aucun autre auteur grec ne mentionne cette appellation, dont l'éditeur d'Evagrius (loco cit. note 74) avait bien dit:

«Verum nihil certi ex hoc cognomento elici potest, cum varie scribatur apud veteres scriptores».

Cela est d'autant plus vrai que les auteurs byzantins du Moyen Age employaient couramment le terme «melkitai» d'origine syriaque, et non le terme «basilikoi» qui aurait dû être plus approprié à la langue grecque, et plus conforme à l'origine hypothétique de cette appellation!

C. Karalevsky, alias C. Charon, avait commencé au début du siècle à répandre l'opinion qui fait remonter l'appellation de «melchite» jusqu'à l'époque de Timothée Salofaciol[39], sans se préoccuper nullement de confirmer par un argument solide l'invraissemblance des déductions tirées du texte attribué à Evagrius.

En négligeant complètement de prendre en considération l'emploi du terme «melkitai» par les auteurs byzantins, Karalevsky a inventé une explication phantastique pour l'inversion de la voyelle «a» de Malko (= roi) en «e» de la forme *melchite-melkitai*, en écrivant qu'elle est «due à l'influence de l'italien *melchiti*»[40].

---

[39] Voir son «Histoire des patriarcats melchites» T. I (Rome 1910); T. III (Rome 1911) et son art. «Antioche» dans DHGE III (1924) 578-588 etc.

[40] Voir, art. «Antioche» loc. cit. col. 589.

Il a certainement oublié que le termi «melkitai» avait déjà cette inversion, alors que la langue italienne n'avait pas encore existé!

Ayant réussi, cependant, à rédiger pour la S.C. Orientale le chapitre concernant l'histoire de l'Église Melchite[41], Karalevsky a obtenu pour sa théorie un poids moral qui impressionne toujours certains auteurs inavertis[42].

L'origine de l'appellation «melchite» pour cette branche de l'Église syrienne, quoiqu'elle fût plus tard appliquée à d'autres Églises non syriennes, ne peut être logiquement cherchée que dans un milieu syrien et Syriacophone. En cela, l'explication et les preuves apportées par J.S. Assemani dans sa Bibliotheca Orientalis n'ont rien perdu à mon avis de leur valeur dialectique[43].

APPENDICE

Sinait. Ar. 580 Fol. 128 v. lin. 3 ss.	Annales CSCO 50 p. 216 lin. 5-20 :
«فوجّه (= كسرى برويز) بقائد من قوّاده يقال له خزرويه الى بيت المقدس ليخربه وجّه بقائد آخر الى مصر والاسكندرية في طلب الروم وقتلهم وخرج أبرويز بنفسه الى قسطنطينية فحاصرها اربع عشرة سنة فأما خزرويه فصار الى الشام فأخربها ونهب أهلها وصار الى بيت المقدس فاجتمع اليه اليهود من طبرية وجبل الجليل فالناصرة وحوالي (F. 129r) بيت المقدس فكانوا يعينوا الفرس على خراب الكنائس وقتل النصارى فأول ما أخرب في بيت المقدس كنيسة الجسمانية وكنيسة النية وهما الى هذا الوقت خراب	فوجّه بقائد من قوّاده يقال له حروزيه الى بيت المقدس ليخربه ووجّه بقائد آخر الى مصر والاسكندرية في طلب الروم وقتلهم. وخرج كسرى بنفسه الى القسطنطينية فحاصرها اربع عشرة سنة فأما حروزيه فسار الى الشام فأخربه ونهب أهله وصار الى بيت المقدس فأجتمع اليه اليهود من طبرية وجبل الجليل والناصرة وما حوله وجاؤوا الى بيت المقدس فكانوا يعينون الفرس على خراب الكنائس وقتل النصارى فلما صار الى بيت المقدس أول ما نزل خرب كنيسة الجسمانية وكنيسة إلينة وهما الى هذا الوقت.

---

[41] Voir Sacra Congregazione Orientale, Statistica con cenni storici della Gerarchia e dei fedeli di rito orientale, Vaticano 1932, cap. VI pp. 134-151: «La parola *melkita* viene dalla traduzione araba dell'espressione greca basilikos, *imperiale*, nomignolo dato per la prima volta nel 460 in Egitto dai monofisiti agli ortodossi che parteggiavano per Timoteo Salofaciol... Dall'Egitto è passato ben presto in Siria sotto la forma *malkãniya...*».

[42] Voir E. Eid, La figure juridique du patriarche, Rome, 1962, 15.

[43] Voir J.S. Assemani, Bibliotheca Orientalis, T. I, 507-509 et T. II, 177.

وخرب كنيسة قسطنطين والأ قرانيون والمقبرة
وضرب المقبرة والأقرانيون بالنار
وخرب أكثر المد ينة
وقتل اليهود مع الفرس من النصارى ما لا
يحصا (= يحصى) كثره وهم القتلا (= القتلى)
الذين في ما قلا
وانصرف الفرس بعد ما أخربوا وأحرقوا وقتلوا
وسبوا
وكان فيمن (= في من) سبوا زخريا بطرك
بيت المقدس وجماعة معه
وأخذوا عود الصليب (.F. 129 v) الذى
كانت هلانة خلفته وكانت قطعة من
خشبة الصليب الى فارس
فاستوهبت مريم بنت موريق الملك من كسرى
عود الصليب وزخريا البطرك واناسا كثيرا
ممّن أحبّت وأخذتهم اليها
ومات زخريا البطرك في السبي
وبعد موته بقي كرسي بيت المقدس بلا بطرك
خمس عشرة سنة.

وخرب كنيسة قسطنطين والاكرانيون والمقبرة
وضرب المقبرة والاكرانيون بالنار
وخرب اكثر المدينة
وقتلوا اليهود مع الفرس من النصارى ما لا تحصى
كثرتهم وهم القتل الذين ببيت المقدس في الموضع
الذي يقال له ماملا
وانصرفوا الفرس بعد ما احرقوا واخربوا وقتلوا
وسبوا زخريا بطريرك بيت المقدس
وجماعة معه
واخذوا عود الصليب الذى كانت هيلانة = الملكة
خلفته في الموضع
وكان قطعة من خشبة الصليب وحمل مع السبي الى
ارض فارس
فاستوهبت مريم بنت موريق الملك من كسرى عود
الصليب
وزخريا البطريرك واناسا كثير ممن سبي واخذتهم
عندها في دارها واقاموا عند ها
ومات زخريا البطريرك في السبي
وبعد ان سبي زخريا اقام كرسي بيت المقدس بلا
بطرك خمس عشرة سنة.

Sin. Ar. 580 Fol. 140-A recto
lin. 9 ss.

Annales CSCO 51 p. 5 lin 11
ad lin. 15 in p. 7 :

ثم ان هرقل سار الى بيت المقدس
فلما بلغ طبرية خرج اليه اليهود
(Fol. 140A a) السكان بها ويجبل الجليل والناصرة
وكل قرية في تلك الناحية فاستقبلوا هرقل
بالهدايا ودعوا له وسالوه ان يعطيهم الأمان
فاعطاهم وكتب لهم بذلك عهدا
فلما بلغ هرقل الى بيت المقدس استقبله رهبان
السيقات واهل بيت المقدس ومعهم مود سطوس
بالمجامر والبخور
فلما دخل المد ينة ونظر الى ما خربه
الفرس وأحرقوه اغتم غمّا شديدا

ثم ان هرقل صار يريد بيت المقدس
فلما بلغ طبرية خرج اليه السكان اليهود بطبرية
ومن جبل الجليل والناصرة وكل قرية في تلك الناحية
واستقبلوا هرقل بالهدايا ودعوا له وسألوه ان
يعطيهم الامان فاعطاهم الامان وكتب لهم
بذ لك عهدا.
فلما بلغ هرقل بيت المقدس فاستقبلوه رهبان السيق
وأهل بيت المقدس ومعهم مود سطوس
بالمجامر والبخور
فلما دخل الى المد ينة ونظر الى ما اخربت
الفرس واحرقوا اغتمّ غمّا شديدا

ثم نظر الى ما بناه مود سطوس من
كنيسة القيامة والاقرانيون وكنيسة قسطنطين
فسّره ذلك وشكر مود سطوس على ما عمل
(F. 140-B r) ثم ان الرهبان واهل
بيت المقدس قالوا لهرقل ان اليهود الذ ين
حول بيت المقدس مع جبل الجليل وطبرية
وقت موافاة الفرس كانوا معهم يعينوهم
وانهم الذ ين قتلوا النصارى اكثر من
الفرس وخربوا الكنائس واحرقوها بالنار
وؤاوروه القتلا (= القتلى) الذين في
ماقلا واعلموه ما فعل اليهود
بمد ينة صور من قتل النصارى وخراب
الكنائس

فقال لهم هرقل فما(ذا) تريدون
قالوا له تقتل كل يهودي في بيت المقدس
وحولها وجبل الجليل لأنا لا نأمن ان تجينا
قوم مخالفين لنا فيكونوا أعوانا لهم
علينا (F. 140-B v) كا أعانوا الفرس
فقال لهم هرقل وكيف أستحل قتلهم
وقد أعطيتهم الأمان وكتبت لهم به
عهدا وانتم تعلمون ما يجب علي في نقض
العهد ومتى نقضت العهد والأمان كان
ذلك عار علي واحدوثة قبيحة عني.
ولا آمن ان انا كتبت لانسان غير
اليهود أمانا وعهدا ألا يقبله مني
وكنت كذابا عند الناس كلهم
معا (= مع ما) يلزمني من الخطية
والذنب عند سيد نا المسيح في قتل قوم

ثم نظر الى ما بناه مودسطوس من كنيسة القيامة
والاقرانيون وكنيسة مار قسطنطين
فسّره ذلك وشكر مود سطوس على ما فعل
وان الرهبان واهل بيت المقدس قالوا لهرقل :
ان اليهود الذين في حول بيت المقدس مع جبل الجليل
وقت وافوا الفرس كانوا معهم يعينوهم
وانهم هم الذين اتلوا (= تولّوا) قتل النصارى
اكثر من الفرس واخربوا الكنائس واحرقوها بالنار
واوروه القتلى الذين في ماملا.
واعلموه ما فعلوه اليهود في مد ينة صور من قتل
النصارى وخراب الكنائس.

فقال لهم هرقل : فماذا تريدون. قالوا له :
تفعل مسرتنا وتقتل كل يهودي حول بيت المقدس وجبل
الجليل لاننا لا نأمن ان يجثنا قوم مخالفين لنا فيكون
هولأ معينين لهم علينا ايضا كا اعانوا الفرس علينا.
فقاك لهم هرقل : كيف أستحلّ قتلهم وقد أعطيتهم
الامان وكتبت لهم به عهدا وانتم تعلمون ما يجب على
من
نقض العهد.
ومتى نقضت العهد والأيمان كان ذلك عار علي
واحدوثة قبيحة عني.
واني لم آمن ان انا كتبت لانسان غير اليهود عهدا
يقبله مني.
وان لم أفيه وكنت كذابا خوانا غير مأمون عند الناس
كلهم مع ما يلزمني من الذنب العظيم والخطيئة عند
سيد نا المسيح من قتل قوم قد أمنتهم وكتبت لهم
بذ لك عهدا.

فقالوا له : ان سيد نا المسيح يعلم ان قتلك
لهم غفران لذنوبك وتمحيص لخطاياك والناس يعذروك.

Sinait Arab.   Annales

قد اعطيتهم الأمان والعهد

قالوا له ان سيد نا المسيح يعلم ان قتلك لهم غفران

لذنوبك وتمحيص لخطيتك والناس يعذ روك

لأنك (F. 141 r) في الوقت الذى اعطيتهم الامان لم تعلم

ولم تدر ما فعلوا من قتل النصارى وخراب الكنائس

وانما خرجوا اليك واستقبلوك بالهدايا مكر منهم

ولعبة فقتلهم قربان الى الله ونحن نتحمل عنك

هذا الذنب ونكفّر عنك ونسل سيد نا المسيح

الا يواخذك ونجعل لك جمعة كاملة في بدو الصيام

الكبير نصومها لك ونترك فيها اللحم ابدا ما دامت

النصرانية ونجعل في هذا قانونا وحرما ولعنا لا

يغيّر

ونكتب به الى جميع الافاق غفرانا (لما)

سالناك ان تفعل

فاجابهم هرقل الذلك (= الى ذلك) وقتل

من اليهود حول بيت المقدس وجبل الجليل

ما لا (F. 141 v) يحصى ممن قدر عليه

فمنهم من اختفا (= اختفى) ومنهم من هرب

الى البرارى والاود ية والجبال والى مصر

فصيّروا له اول جمعة من الصوم الذى يتركون

فيها الملكية اكل اللحم فقط يصومونها لهرقل الملك

غفران لنقضه العهد وقتله اليهود

وكتبوا بذلك الى جميع الافاق

واهل بيت المقدس ومصر يصومها

الا الشام والروم

فانهم يتركوا أكل اللحم في هذه الجمعة

ويصوموا منها الاربعاء والجمعة فقط.

لانك في الوقت الذي اعطيتهم الامان لم تعلم ولم تدرى

ما فعلوا من قتل النصارى وخراب الكنائس وانما خرجوا

اليك واستقبلوك بالهدايا مكرا منهم ولعنة لعلّة

ما كانوا قد جنوه فقتلك قد قربان تقد مّه الى الله

ونحن نحتمل عنك هذا الذنب ونكفّره عنك.

ونسئل سيدنا يسوع المسيح ألا يواخذك به

ونجعل لك جمعة البيض والجبن التى قبل الصوم

الكبير صوما نقيا في جملة الصوم الكبير نصومها

لك ونترك فيها اكل البيض والجبن ما دامت النصرانية.

لأن الملكية كانوا يمتنعون فى هذه الجمعة عن أكل

اللحم ويأكلون فيها البيض والجبن والسمك على ما

يبينه تبيك القديس مار سابا.

فقالوا له : نحن نصومها لك ونترك فيها أكل

الزهومات كلها.

ونجعل في هذا قانونا وحرما ولعنا ألا يتغيّر

ذلك أبدا ونكتب به الى جميع الأفاق غفرانا لما

سألناك ان تفعله.

فأجابهم هرقل الى ذلك وقتل من اليهود حول

بيت المقدس وجبل الجليل ما لا يحصى عدده

ممّن قدر عليه. ومنهم من اختفى ومنهم من هرب الى

البرارى والاود ية والجبال والى مصر.

وصيّروا اول جمعة من الصوم التي يتركون

فيها الملكية اكل اللحم فقط صوما نقيا.

وكانوا يصومونها لهرقل الملك غفرانا لنقضه

العهد وقتله اليهود

ويمتنعون فيها عن اكل البيض والجبن والسمك.

وكتبوا بذ لك الى جميع الأفاق المناشير

واهل مصر القبط الى الان يصومونها الا الشام

والروم الملكية فانهم بعد موت هرقل رجعوا

يأكلون في هذه الجمعة بيضا وجبنا وسمكا.

ويصومون ايضا فيها الاربعاء والجمعة الى التاسعة

ثم يأكلون بيضا وجبنا وسمكا حسب القانون الموضوع

من القديس نيكيفور بطريرك القسطنطنينية الشهيد

المعترف على ما برهن ذلك تبيكن الكنيسة في ان
المستقيمين الراى ياكلون في هذه الجمعة بيضا
وجبنا حتى وفي الاربعاء والجمعة لكن في يومين
الاربعاء والجمعة يصومون الى التاسعة.
وهذا القانون يخصم الذ ين يصومون لهرقل الملك
الماروني اعاذ نا الله من فعلهم الردى لأنه لا يجوز
الصوم لانسان مخلوق وبالافضل ان هذا الملك لما فارق
الحياة الدنيا مات مارونيا».

Trois versions arabes du Livre des Juges

Réflexions critiques sur un livre récent

par

Samir Khalil, S.J.

En 1974, M. Bengt Knutsson publiait un ouvrage sur quelques versions arabes du livre des Juges[1]. A notre connaissance, ce livre n'a pas suscité l'intérêt qu'il mérite, probablement parce qu'il traite d'un sujet où les spécialistes sont vite énumérés. Pour ce motif, nous pensons utile de présenter l'ouvrage de B.K. et d'y porter un regard critique. Cette note comprendra quatre sections, une conclusion et un appendice.

- A. Présentation de l'ouvrage
- B. Critique du chapitre sur les manuscrits
- C. Critique de l'édition du texte arabe
- D. L'apport de Knutsson
- E. Conclusion
    - Appendice : Relation entre les manuscrits de Paris et du Patriarcat Copte.

A. PRÉSENTATION DE L'OUVRAGE

L'ouvrage est divisé par l'Auteur en 4 parties, auxquelles s'ajoutent des compléments. Il se présente ainsi :

- *) Préface (p. XI-XVI), Bibliographie (XVII-XXVI), Abréviations (XXVII-XXVIII) et Planches (XXXI-LVI)
- 1) Introduction (p. 1-11)
- 2) Manuscrits (p. 12-38)
- 3) Langue des manuscrits (p. 39-213)
- 4) Textes arabes (p. 214-313)
- *) Index (p. 315-332).

Comme on le voit, ces quatre parties sont loin d'être équilibrées : la part du lion (plus de la moitié de l'ouvrage) revient à la troisième qui traite de

---

[1] Bengt Knutsson, *Studies in the Text and Language of three Syriac-Arabic Versions of the Book of Judicum with special reference to the Middle Arabic Elements*. Introduction, Linguistic Notes, Texts (Leiden, Brill, 1974), LVI + 332 pages, 80 Florins.

la langue de nos manuscrits. D'où la précision indiquée dans le titre. Nous présenterons rapidement chacune des parties, ainsi que les compléments.

1. *Les compléments*

La *Préface* traite surtout du moyen arabe des Coptes.

La *Bibliographie* est bonne, mais malheureusement incomplète : soit parce que certains titres ont été omis; soit parce que certains titres ont été mentionnés dans le corps de l'ouvrage (d'une manière d'ailleurs incomplète), sans être signalés au début dans la bibliographie.

Les 26 *Planches* sont un excellent instrument de travail. Elles reproduisent la première page du livre des Juges, d'après 21 manuscrits (pl. 1-22) et quatre éditions (pl. 23-26). Il serait souhaitable que tout ouvrage traitant de manuscrits fournisse aussi une documentation photographique semblable. Dans l'état actuel des recherches, ces planches apportent une contribution valable à la paléographie arabe chrétienne.

Quelques défauts sont cependent à signaler. Ainsi, trois des planches (N° 12, 15 et 18) sont en négatif, sur fond noir; cela aurait pu être évité. D'autres planches (N° 12, 14 et 16) sont mauvaises, ou trop petites (avec de l'espace inutile autour). Enfin, il aurait été souhaitable que chaque planche portât l'indication du lieu et de la date de transcription.

Le volume s'achève par quatre *Index* (p. 315-332) : auteurs cités, passages bibliques étudiés, termes arabes étudiés, et noms propres bibliques.

2. *L'Introduction* (p. 1-11)

L'introduction est claire et dense.

La première section (A) est particulièrement bonne. Elle pose le problème des versions arabes de l'Ancien Testament, soulignant le peu d'intérêt des exégètes pour ces versions. Ce manque d'intérêt est dû tant à des a-priori exégétiques, qu'à la difficulté d'avoir accès à ces versions.

La seconde section (B = p. 5-7) expose le problème des versions arabes du livre des Juges.

La section C (p. 7-10) indique la genèse de ce travail, ainsi que la méthode à laquelle l'auteur a abouti. Enfin, la section D (p. 10-11) en indique le but. Dans une longue note (p. 10-11), l'Auteur donne le plan d'un second volume qu'il espère rédiger sur ces mêmes versions arabes du livre des Juges.

3. *Les manuscrits* (p. 12-38)

Le chapitre second, qui traite des manuscrits, est divisé en trois sections. Dans la section A, on trouve une liste des 22 manuscrits (p. 12-18) contenant les versions arabes *anciennes* du livre des Juges, avec les indications paléographiques et bibliographiques nécessaires. Cela est suivi d'une liste de onze manuscrits (p. 19-20) ayant été copiés sur l'édition de la Propagande (Rome) de 1671.

La section B (p. 20-33) décrit plus en détails 18 des 22 manuscrits. Ce sont les manuscrits examinés personnellement par l'Auteur et retenus pour l'édition des textes. Quelques colophons sont ici reproduits.

La section C (p. 33-38) donne le classement des manuscrits examinés, d'après les quatre versions : trois proviennent du syriaque et sont étudiées dans notre ouvrage, tandis que la quatrième est basée sur la Septante (et n'entre donc pas dans le cadre de cette étude). De plus, les 15 manuscrits de la première version (*Ar. I*) sont classés en trois sous-groupes. Signalons qu'un tableau récapitulatif fort commode se trouve à la page 232, qu'on aurait aimé trouver ici.

4. *L'étude linguistique* (p. 39-213)

Le chapitre troisième traite de la langue des manuscrits étudiés ici. Comme nous l'avons dit, cet aspect occupe la première place dans notre ouvrage.

Après l'introduction (p. 39-51), l'Auteur étudie systématiquement chaque détail : l'orthographe et la phonétique de ces manuscrits (p. 52-116), la morphologie (p. 116-145), la syntaxe (p. 145-184) et le vocabulaire (p. 184-197). Le tout est suivi de 17 tableaux concernant l'orthographe-phonétique (p. 198-213), avec mention de l'indice de fréquence de chaque forme, dans chaque manuscrit.

Le point de référence de cette étude est l'ouvrage classique de Joshua Blau, *A Grammar of Christian Arabic, based mainly on South-Palestinian Texts from the first Millenium* (CSCO 267, 276, 279 = Subsidia 27 à 29, Louvain 1966-67). Nous signalons au passage que, s'agissant de manuscrits presque exclusivement coptes, allant du 14ᵉ au 18ᵉ siècle, l'Auteur aurait eu intérêt à consulter notre étude, intitulée *Contribution à l'étude du moyen arabe des Coptes*, parue dans *Le Muséon* en 1967-68 [2].

Malgré l'intérêt de cette étude linguistique, nous ne nous arrêterons pas ici à cet aspect de l'ouvrage, nous contentant de signaler le compte rendu (en hébreu) de Joshua Blau précisément, paru dans *Kiryat Sefer* [3].

Nous croyons cependant utile de préciser qu'*il ne s'agit pas* ici (pas plus que dans l'ouvrage de Blau, ou dans notre étude du *Muséon*) de l'*arabe des Chrétiens*; car il n'en existe pas ! Il s'agit plus exactement des particularités

---

[2] Cf Samir Kussaim, *Contribution à l'étude du moyen arabe des Coptes*, dans *Le Muséon* 80 (1967), p. 153-209; 81 (1968), p. 5-77.

[3] Cf. Joshua' Blau, dans *Kiryat Sefer* 51 (Jérusalem, 1976), p. 241-242.

du moyen arabe, que l'on peut observer chez des *copistes chrétiens*, et que l'on pourrait noter pareillement chez des copistes musulmans. D'ailleurs, ces mêmes particularités se trouvent aussi abondamment dans le manuscrit K, copié en 1584-1585 par un scribe musulman d'Égypte, que dans les autres manuscrits examinés.

Si quelqu'un avait encore quelque doute sur la question, l'ouvrage de Bengt Knutsson les lui enlèverait. En effet, la variété même de traitement de chacun des phénomènes linguistiques, variété amplement attestée dans cet ouvrage, démontre à l'évidence qu'*il n'y a pas un «arabe chrétien»*. A la différence du judéo-arabe, il n'existe pas de «christiano-arabe». Il y a plutôt des copistes, chrétiens ou musulmans, dont la langue et l'orthographe se rapprochent plus ou moins de l'arabe considéré comme classique. C'est, à notre avis, une des conclusions les plus intéressantes qui se dégage de cette minutieuse étude linguistique, mais que l'Auteur ne dégage pas.

5. *L'édition critique du texte arabe* (p. 214-313).

Le chapitre quatrième fournit le texte arabe de quatre chapitres (1, 6, 11 et 21) du livre des Juges, d'après quatre versions différentes : *Ar. I, Ar. II, Ar. III* et l'édition de la Propagande de 1671. Ces quatre versions dérivent toutes essentiellement de la *Pešiṭtā* (la vulgate syriaque). Une introduction (p. 214-235) explique les problèmes de chaque version, ainsi que la méthode suivie. Suivent les textes arabes des quatre versions.

Ar. I (p. 237-268) correspond en gros à l'*editio princeps* de la Polyglotte de Paris (de 1645). C'est la version la plus répandue, étant attestée par *quinze* manuscrits. *Ar. II* est attesté par deux manuscrits de copistes coptes. *Ar. III* est attesté par l'unique manuscrit (d'origine melkite) de Léningrad. A la page 232 se trouve le tableau des manuscrits utilisés, avec indication des sigles, cotes et dates.

La méthode suivie par l'Auteur consiste à adopter un manuscrit de base, et à le suivre autant que possible. Les variantes des autres manuscrits sont signalées dans l'apparat critique. Cependant, s'étant trouvé obligé de corriger souvent le manuscrit de base, l'éditeur a finalement décidé de fournir deux apparats critiques : le premier exclusivement réservé au manuscrit de base, le second enregistrant les variantes des autres manuscrits.

Pour *Ar. I*, le manuscrit de base est le *Paris arabe 23* (Égypte, 14ᵉ siècle). Pour *Ar. II*, c'est le manuscrit du Caire, *Patriarcat Copte, Bible 37* (Égypte 1760) ; comme l'avoue l'éditeur (p. 225-227), le motif du choix est plutôt accidentel, étant donné que le manuscrit d'Oxford, *Bodleian Oriental 493* (Égypte 1321), lui est parvenu trop tard. Pour *Ar. III*, il n'y a qu'un manuscrit.

B. CRITIQUE DU CHAPITRE SUR LES MANUSCRITS

1. *Défaut de méthode*

Le chapitre second souffre d'un défaut de méthode. En effet, dans une première section (A), les manuscrits sont seulement *énumérés*, mais avec des notes très copieuses couvrant toute la page, en sorte que le texte se trouve dans les notes! Dans la section B, ces mêmes manuscrits sont examinés à nouveau. Ceci entraîne des renvois continuels d'une section à l'autre.

Il aurait été plus simple et plus avantageux de ne faire qu'une seule section, décrivant chaque manuscrit une fois pour toutes, et chargeant beaucoup moins les notes.

2. *Désignation des manuscrits*

L'auteur désigne le plus souvent les manuscrits, non pas par leur cote réelle, mais par le numéro d'ordre que le manuscrit a reçu dans tel ou tel catalogue.

Ce défaut est particulièrement regrettable en ce qui concerne les quinze manuscrits du Caire (du Patriarcat Copte ou du Musée Copte). Il se réfère, en effet, au catalogue de Georg Graf, peu connu (ou même inconnu) de ces deux bibliothèques, qui connaissent en revanchent les deux catalogues bilingues de Marcus Simaika Pacha (ignoré de B. Knutsson!). En conséquence, cela crée des confusions, et ne permet pas d'obtenir le manuscrit désiré.

Le procédé le plus normal consiste à indiquer la cote réelle du manuscrit, et à signaler en note toutes les références aux différentes catalogues. Cette cote doit normalement indiquer : la ville (ici, Le Caire), la bibliothèque (Patriarcat ou Musée Coptes), le fonds ou la section (ici : Bible) et le numéro.

3. *Indication de l'origine des manuscrits*

L'Auteur n'a pas pensé à indiquer le lieu de transcription des manuscrits, ou leur communauté d'origine. Ceci est un point de soi important, mais qui l'est tout particulièrement quand il s'agit de textes bibliques : cela permettrait de savoir quelle version arabe a été utilisée dans tel pays, ou dans telle communauté chrétienne (et à quelle époque). Nous suppléons ici, pour autant que cela nous est possible, à cette déficience.

En ce qui concerne les quinze manuscrits de la première version (*Ar. I*), ils proviennent en grande partie de l'Égypte. Plus précisément, *treize* proviennent certainement d'Égypte; ce sont les manuscrits qui portent les sigles A, B, D, 399, E, F, G, H, J, K, L, M et N. Le manuscrit O est originaire de Syrie. Pour C, nous hésitions à en déterminer le lieu d'origine ; peut-être est-ce l'Irak (voir la planche 5).

En ce qui concerne les deux manuscrits de la deuxième version (*Ar. II*), ils proviennent tous deux d'Égypte.

Quant à l'unique manuscrit de la troisième version (*Ar. III*) qui ait été repéré, il est transcrit par deux scribes melkites de Damas.

4. *Datation des manuscrits*

Cinq des dix-huit manuscrits étudiés dans l'ouvrage ne sont pas datés. Cependant, dans trois cas (A, D et H), l'auteur du catalogue (soit de Slane, soit Graf) a proposé une datation approximative, que B. Knutsson a suivie.

Pour les deux autres cas (C et M), l'Auteur ne propose pas expressément de date. Sur la base des planches publiées, nous suggérons la fin du 13e siècle pour le manuscrit C (voir planche 5), et la fin du 17e siècle pour le manuscrit M (voir planche 15). Si notre estimation est correcte, le manuscrit C serait le plus ancien des 33 manuscrits énumérés par Knutsson, après celui de Léningrad.

5. *Remarques et corrections*

a) En ce qui concerne la relation entre les Manuscrits K et L, voir plus loin notre *Appendice*, où sont précisés aussi quelques détails. Pour nous, le doute nous semble exclu : les deux manuscrits sont transcrits par le même copiste, ʿAbd Rabbih Ibn Muḥammad al-Anṣārī, musulman d'Égypte.

b) La souscription du *Paris arabe 23* porte, selon B. Knutsson : وله الفضل والمانه. Ce dernier mot a embarassé l'Auteur, qui suggère (p. 21, note 5) quatre interprétation différentes, avouant modestement ne pas les trouver convaincantes ! Nous nous permettons une cinquième interprétation : والمنّة, précisant que l'expression est assez fréquente dans les souscriptions de manuscrits chrétiens.

c) Quant à la suscription du manuscrit C (= *Cambridge, University Library 1297*), Knutsson la reproduit ainsi : نبتدى بعون البارى خلّة (؟) الاوة ... بنقل (p. 22). Fort heureusement, cette page est donnée en photographie (planche 5, p. xxxv). Bien que ces deux lignes soient peu visibles sur la photo, du fait qu'elles sont rubriquées, nous suggérons de lire[4] : نبتدئ بعون الباری (جلَّت[5] آلاوّه وتقدَّست أسماؤه) بنقل .

---

[4] Nous avons ajouté les *hamzah*, *maddah* et ponctuation, pour ôter toute ambiguïté.

[5] La manuscrit porte peut-être جلّة (avec un *tāʾ marbūṭah*), ce qui est une erreur fréquente de copiste.

C. CRITIQUE DE L'ÉDITION DU TEXTE ARABE

1. *L'apparat critique*

a) La présentation de l'apparat critique manque de clarté. L'auteur a adopté le principe de donner à chaque verset des appels de notes en numérotation continue; et de recommencer par la note 1 au verset suivant. Cela est acceptable. Mais la conséquence est que chaque page contient un nombre assez grand de numéros 1, 2, etc. Pour remédier à cela, il y aurait eu avantage à dresser cet apparat critique en trois colonnes par exemple, en prenant soin d'aligner les variantes. Actuellement, qui veut vraiment examiner l'apparat, s'épuise à retrouver les notes qu'il cherche.

b) Nous signalons ici un sigle qui n'est pas indiqué par l'Auteur dans les «abbreviations and other signs» utilisés dans l'apparat critique (p. 232-234) et qui m'a fait perdre bien du temps: le trait d'union.

Quand dans l'apparat on trouve par exemple J-M, cela signifie JKLM. Parfois, ce trait d'union remplace un seul manuscrit[6], et d'autres fois il en remplace plusieurs. A notre avis, la petite économie de place ainsi réalisée n'en valait pas la peine; et l'Auteur aurait mieu fait d'éviter ce système, car il fausse l'impression visuelle.

Un exemple explicitera notre opinion. A la note 9 du premier verset des Juges, note qui se réfère à un étrange يكن, on trouve dans l'apparat: يكون CFG-O. On a donc l'*impression* que la majorité des manuscrits portent يكن, tandis que quelques-uns seulement ont la lecture correcte يكون. En réalité, ce sont les manuscrits CFGHJKLMNO qui portent la lecture correcte, contre ABDE qui ont يكن. Nous reviendrons sur cet exemple plus loin, au §C4.

2. *La ponctuation du texte édité*

Pour un motif qui nous échappe, l'auteur ne ponctue aucun des textes qu'il édite. Est-ce par fidélité aux manuscrits, ou même au manuscrit de base? Nullement.

En effet, si l'on examine les 26 planches publiées dans l'ouvrage, on s'aperçoit que *toutes* les éditions et *tous* les manuscrits sont largement ponctués, à l'exception de C et de K (ce dernier laisse cependant des espaces blancs, en guise de ponctuation).

Bien plus, si l'on compare entre eux les deux témoins de la deuxième version (*Ar II*), on est frappé de constater que la ponctuation est presque toujours concordante, malgré la distance de plus de quatre siècles qui les

---

[6] Ainsi, dans Juges 1, 1, nous trouvons à la note 3: H-KL'MN, pour HJKL'MN. Ou encore, en note 14 de ce verset: EFJM-O signifie EFJMNO.

sépare. C'est donc que la ponctuation était *transmise fidèlement*, au même titre que le texte lui-même[7]. La seule différence entre nos deux manuscrits, est que celui daté de 1321 utilise la ponctuation plus abondamment que celui daté de 1760 (voir les planches 18 et 19). Or l'on sait que la grande époque des scriptoria arabo-coptes commence à la fin du 13e siècle et atteint son apogée dans la première moitié du 14e siècle.

De même, en comparant (sous l'angle de la ponctuation) l'édition de Bengt Knutsson avec l'*editio princeps* de 1645 (la Polyglotte de Paris), on a le sentiment d'avoir fait un grand pas en arrière!

Il nous semble que cet oubli de la ponctuation vient d'un préjugé hélas solidement enraciné chez les orientalistes, selon lequel une édition «critique» ou «scientifique» doit ignorer ce moyen d'expression de la logique de la phrase. A plusieurs reprises, dans des congrès comme dans des publications[8], nous avons souligné l'importance de la ponctuation comme partie intégrante de l'édition *critique*. Ici du moins on ne pourra pas avancer le prétexte de la fidélité aux manuscrits!...

3. *La fidélité minutieuse aux manuscrits*

L'aspect linguistique étant prioritaire dans cet ouvrage, l'édition critique se doit d'être très minutieusement faite. Ayant à disposition les reproductions photographiques des premiers versets du chapitre premier, pour tous les manuscrits utilisés par l'Auteur, nous avons refait pour notre compte l'édition critique de ces versets, afin de pouvoir porter un jugement équitable sur la précision de l'Auteur.

En gros, l'Auteur est assez précis. Cependant, il laisse échapper trop de variantes. Ainsi, pour m'en tenir au premier verset du chapitre premier de la première version (*Ar I*), nous avons relevé une *vingtaine* d'omissions ou d'erreurs. C'est un peu trop pour un seul verset. En voici la liste:

---

[7] Signalons ici un cas particulièrement intéressant de fidélité dans la transmission de la ponctuation : le recueil éphrémien arabe des 52 homélies que nous avons étudié avec précision nous a été transmis par une quarantaine de manuscrits. Or, tous ceux que nous avons directement examinés (une vingtaine) sont fidèles à reproduire la ponctuation des plus anciens recueils.

[8] Nous avons exposé cette question dans la conférence présentée au Premier Congrès International d'Études Coptes, le 13 décembre 1976, intitulée : *Principes d'édition des textes arabo-coptes*. Pour les publications, voir par exemple : K. Samir, *Un traité inédit de Sawīrus Ibn al-Muqaffaʿ (10e siècle) : « Le Flambeau de l'Intelligence »*, in OrChrP 41 (1975), p. 150-210, ici p. 163 note 2 ; K. Samir, *L'exposé sur la Trinité du Kitāb al-Kamāl. Édition critique*, in *Parole de l'Orient* vol. 6-7 (1975-76), p. 257-279, ici p. 263-265 ; et surtout Khalil Samir, *Le traité sur l'Unité de Yaḥyā Ibn ʿAdī (mort en 974). Étude et édition critique* (coll. *Patrimoine Arabe Chrétien*, vol. 2, Jounieh 1980), tout le chapitre sixième de l'étude (en arabe).

a) Ligne 1 : ابن est transcrit ainsi par ABDFHNO ; mais il est transcrit sans *alif* initial (ce qui est ici plus correct) par sept manuscrits : CEGJKLM. L'éditeur a choisi la première leçon, puisqu'il suit systématiquement le manuscrit de base (A). Mais il ne signale pas la leçon des sept autres manuscrits.

On notera que dans la deuxième version (*Ar. II*), le manuscrit le plus ancien porte بن (sans *alif*), tandis que le plus récent ajoute l'*alif*. L'éditeur a transcrit le mot avec *alif*, suivant ici le manuscrit plus récent (et moins correct) ; mais surtout, il n'a pas signalé la variante du manuscrit plus ancien. Dans les deux autres versions, le mot ne se trouve pas.

b) Ligne 1 : بنو est transcrit ainsi par ABCDFO. Mais بنوا (avec *alif* otiosum) est attesté dans EH, et cela n'est pas signalé dans l'apparat. Les six autres manuscrits ont بني comme cela est indiqué par l'éditeur.

c) Ligne 1. D'après l'apparat critique, le mot Israël serait transcrit اسرايل par ABCDEFHO et اسرائيل par GJKLMN. En réalité, on trouve quatre transcriptions différentes :

KL : اسرايل
AHNO : اسرائيل
CEJM : اسرائيل
BDFGH : اسراييل

d) Ligne 2. En note 8, C écrit وقالو (sans *alif* otiosum) puis ajoute له. L'éditeur n'a signalé que l'addition de C.

On pourrait penser que ces détails sont insignifiants, et nous ne sommes pas loin de le penser nous-même ! Mais puisque l'Auteur leur a consacré plus de la moitié de l'ouvrage (chacune de ces formes graphiques ayant été soigneusement étudiée), il fallait être très minutieux dans la notation des variantes ; sans quoi, l'étude perd une part de sa valeur, et le lecteur un peu de sa confiance.

J'ajoute ici un petit détail technique. L'Auteur n'indique jamais les folios d'aucun des manuscrits utilisés, pas même du manuscrit de base. Cela rendra plus difficile les contrôles sur les manuscrits, ainsi que les citations du manuscrit lui-même.

4. *La méthode d'édition adoptée par l'auteur*

L'exemple que nous avons mentionné à la fin du §C1 soulève un grave problème méthodologique. En effet, l'Auteur a adopté le principe de suivre un manuscrit de base et d'indiquer en note les variantes des autres manuscrits par rapport à celui choisi. En somme, c'est une espèce d'édition diplomatique qu'il voudrait nous offrir. Nous disons «une espèce de», car en réalité lui-même ne réussit pas à s'en tenir à son manuscrit de base, et est donc amené à le corriger, ajoutant partout un deuxième apparat critique exclusivement consacré au manuscrit dit de base.

Or, ce genre d'éditions a été adopté pour la publication des diplomes. De là son nom de «diplomatique». Dans ce cas, la méthode se justifie, puisque nous avons affaire alors à un document unique et d'un genre très particulier. Mais quand il s'agit de textes inlassablement recopiés et retouchés par les copistes, comme le souligne l'éditeur lui-même, une telle méthode revient à *éditer un copiste*, non un texte!

Quand, de plus, le manuscrit choisi n'est ni plus ancien que les autres, ni surtout particulièrement correct (à preuve, le fait que l'éditeur est obligé de contrevenir sans cesse au principe adopté, jusqu'à créer un apparat critique spécial assez fourni)[9], on peut se demander si cette méthode est justifiée. Certes, elle est commode, étant mécanique. Elle n'oblige à aucun choix.

À notre avis, ce défaut de méthode réduit sensiblement la valeur de cette édition partielle. Et ce que l'éditeur appelle la «méthode éclectique» (et qui ne l'est que pour qui ne l'a pas pratiquée scientifiquement, en la fondant sur des critères objectivables, non sur la fantaisie), aurait été ici préférable.

D. L'APPORT DU PRÉSENT OUVRAGE

En 1944, Georg Graf[10] signalait deux versions arabes du livre des Juges, dont la plus répandue fut imprimée par Ǧubrā'īl aṣ-Ṣihyūnī (alias Gabriel Sionita) dans la Polyglotte de Paris en 1645, et fut reprise dans celle de Londres en 1657. Bengt Knutsson se prépara donc à refaire une édition critique de la version arabe de la Polyglotte, établie sur le plus grand nombre possible de manuscrits.

Examinant cependant le manuscrit du Patriarcat Copte du Caire, *Bible 37*[11], daté de 1760, il découvrit une seconde version arabe, totalement différente de celle des Polyglottes, bien que dépendant elle aussi de la Pešiṭṭā, et même beaucoup plus littéralement que la première version. Plus tard, recevant d'Oxford le manuscrit *Bodl. Or. 493* (transcrit en Égypte en 1321), il identifia un second témoin de cette version, appelée ici *Ar. II*.

Il découvrit ensuite que le manuscrit de Léningrad, *Musée Asiatique D 226*, daté de 1235 à 1238, contrairement à ce qu'affirmait Graf et d'autres savants,

---

[9] Nous avons compté 45 corrections pour les 36 versets du chapitre premier.
[10] Cf. Graf, *GCAL*, tome 1, p. 110.
[11] Ce manuscrit est appelé dans l'ouvrage de Knutsson «236», d'après le numéro du catalogue de Graf.

n'a aucun rapport avec le *Vatican arabe 468* (daté de 1578-1579), du moins en ce qui concerne le livre des Juges. Ce manuscrit constitue à lui seul une version, appelée ici *Ar. III*, qui dérive elle aussi de la Pešiṭtā. À l'instar d'*Ar. II* et à la différence d'*Ar. I*, ce texte offre une traduction assez littérale du texte de la Pešiṭtā.

Enfin, il constata que le *Vatican arabe 449* (transcrit en Égypte en 1335), ainsi que sa copie karšūnie [12], se distinguait de toutes les autres versions. Ce manuscrit offre une quatrième version, faite à partir de la Septante. Knuttson l'appela donc *Ar. IV*, mais ne l'étudia pas dans cet ouvrage consacré aux versions syro-arabes.

Apport de Knutsson à la littérature arabe chrétienne

Quelle est la contribution de B. Knutsson à la connaissance de la littérature arabe chrétienne? Abstraction faite de sa contribution linguistique (qui demeure un aspect très important de l'ouvrage, dans la perspective de l'auteur) que nous n'avons pas évaluée ici, nous relèverons très schématiquement une dizaine d'éléments positifs.

1. L'Auteur pose bien (aux pages 1-11) le problème exégétique des versions arabes de la Bible.

2. Il fournit une bonne documentation paléographique, fort utile en l'absence d'un manuel de paléographie arabe des Chrétiens.

3. Il a le mérite d'avoir examiné tous les manuscrits accessibles, y compris ceux du Caire (ce qui n'est pas toujours facile).

4. Il établit avec certitude que le manuscrit de Copenhague (*Bibliothèque Royale arabe 76*) est tout simplement une partie du *Paris arabe 23*. Cela est absolument évident dès lors qu'on compare les planches 1-2 (Paris) et 3 (Copenhague). Ajoutons ici que les manuscrits de Paris (P) et de Copenhague (C) se complètent ainsi: P 1-23, C 1-2, P 24-187, C 3-20. Cette reconstitution n'est pas donnée par Knutsson [13], et moins encore dans les catalogues des manuscrits arabes de Paris du baron de Slane ou de Gérard Troupeau [14].

---

[12] Il s'agit du manuscrit de la *Biblioteca Casanatense* de Rome, qui porte la cote : *arabe 2*. Il est transcrit en karšūnī occidental, et n'est pas daté.

[13] Cependant, Knutsson donne quelques éléments à la note des pages 13-14.

[14] Cf. De Slane, *Catalogue des manuscrits arabes* [de la *Bibliothèque Nationale de Paris*] (Paris, 1883-1895), p. 6 (Nº 23); et Gérard Troupeau, *Catalogue des manuscrits arabes* [de la *Bibliothèque Nationale de Paris*]. Première partie, *Manuscrits chrétiens*, tome 1 (Paris 1972), p. 22-23 (Nº 23). Les deux auteurs signalent la lacune finale (sans pouvoir l'évaluer ni prévoir qu'elle inclut aussi le livre de Job), mais ne disent rien de la lacune du livre des Juges. Troupeau ajoute : «traduits sur la version des Septante», ce qui ne vaut pas pour le livre des Juges et peut-être aussi pour d'autres livres).

5. L'Auteur tranche définitivement la question longtemps débattue de la relation existant entre le manuscrit de Léningrad (*Musée Asiatique D 226*) et le *Vatican arabe 468* (et 467) : les deux versions sont différentes.

6. Il découvre deux nouvelles versions arabes du livre des Juges, en plus des deux signalées par Graf et de celle de la Propagande.

7. Il identifie la source des quatre versions arabes du livre des Juges : trois proviennent de la Pešiṭṭā (dont celle de la Polyglotte de Paris, qui est plus libre que les deux autres) et la quatrième de la Septante.

8. Il signale de nouveaux manuscrits inconnus de Graf.

9. Il classe alors tous ces manuscrits, selon les quatre versions, de manière beaucoup plus exacte que Graf.

10. Enfin, il nous donne 4 chapitres de spécimens de quatre des cinq versions identifiées, permettant ainsi de classer à l'avenir tout nouveau manuscrit découvert.

E. CONCLUSION

Comme on le voit, malgré les nombreuses lacunes que nous avons signalées aux sections B et C, l'ouvrage apporte une contribution valable à la connaissance de la littérature arabe chrétienne. En réalité, il se contente de soulever un tout petit coin de voile, puisqu'il ne fait que préciser 16 lignes du monumental ouvrage de Georg Graf[15] qui comprend plus de 2000 pages ! Mais ce n'est que par des travaux similaires que l'on pourra un jour récrire l'histoire de la littérature arabe chrétienne.

Le lecteur aura peut-être remarqué que les deux premières versions (*Ar. I* et *Ar. II*) nous sont transmises presque uniquement par des manuscrits d'origine copte, alors qu'ils représentent deux versions différentes faites sur le syriaque. De même, la troisième version (*Ar. III*) ne nous est connue que par un seul manuscrit copié par un melkite, version dérivant elle aussi du syriaque. Enfin, la quatrième version (*Ar. IV*), représentée par un manuscrit d'origine copte et un autre d'origine syriaque, provient elle du grec !

Ce fait amène à une double conclusion.

D'une part, on ne peut absolument pas déduire, à partir de l'origine des manuscrits, de l'original (grec, syriaque, copte) des textes bibliques. Bien plus, même dans les manuscrits bilingues (copto-arabes par exemple), le texte arabe ne dérive pas nécessairement du texte ou de la langue placée en regard.

L'autre conclusion est particulièrement importante pour l'histoire de la culture : durant tout le Moyen-Age, les textes arabes ont circulé d'une

---

[15] Cf. Graf, *GCAL*, tome 1 (1944), p. 110, lignes 15-30.

communauté et d'un pays à l'autre, sans la moindre difficulté et sans l'ombre de fanatisme ou d'exclusivisme : la langue arabe a été le facteur d'union des communautés chrétiennes proche-orientales dogmatiquement divisées, la culture l'a emporté (heureusement !) sur la théologie.

APPENDICE :

RELATION ENTRE LE PARIS ARABE 1 ET LE PATRIARCAT COPTE BIBLE 32

1. *Présentation des deux manuscrits*

Le *Paris arabe 1* (appelé *K* par Knutsson) est un manuscrit célèbre. Il a servi de base à l'édition du texte arabe de la Polyglotte de Paris de 1645 (et donc de la Polyglotte de Londres de 1657 qui reproduit celle de Paris pour l'arabe), confié aux soins du maronite Gabriel Sionita, de son vrai nom Ǧubrāʾīl aṣ-Ṣihyūnī. Ce manuscrit a été achevé le jeudi premier Muḥarram 993 de l'hégire (jour de l'an du calendrier musulman), par ʿAbd Rabbih Ibn Muḥammad al-Anṣārī, musulman égyptien. Cette date correspond, dans le calendrier grégorien, au 3 janvier 1585[16].

Le *Patriarcat Copte Bible 32* est appelé par Knutsson *Copt. Patr. 235*, qui le désigne par le sigle *L*. Il a été décrit dans le catalogue de Georg Graf sous le numéro 235, et dans celui de Marcus Simaika (qu'ignore Knutsson) sous le numéro 23. D'après ces deux catalogues, le manuscrit a été achevé le 5 Muḥarram 994 de l'hégire, ce qui correspond au 27 décembre 1585 du calendrier grégorien[17]. Le nom du copiste n'est pas indiqué dans ce manuscrit; mais le fait que ce manuscrit (qui appartient au patriarcat copte) ne porte *que* la date de l'ère hégirienne, est très surprenant pour un copiste copte de cette époque; ce fait laisse soupçonner que le copiste était musulman.

2. *Relation entre K et L d'après Knutsson*

Touchant la relation entre nos deux manuscrits, Knutsson écrit : «*L*, completed the same (Christian) year as *K* and rather closely related to this MS,

---

[16] Nous sommes surpris de voir que Knutsson, qui reproduit ce colophon à la page 27, écrive néanmoins à la page 37 : «Since I have not been able to find out exactly *when* in the year 1585 *K* was terminated — a closer examination of the MS should give the answer to this question — I refrain from taking a definite position as to the possibly direct relation between *K* and *L*».

[17] D'après Georg Graf, *Catalogue de manuscrits arabes chrétiens conservés au Caire*, coll. *Studi e Testi* 63 (Vatican, 1934), p. 96 (Nᵒ 235), la date se trouverait au fol. 215 recto. Mais d'après Marcus Simaika Pasha assisted by Yassa ʿAbd Al-Masiḥ, *Catalogue of the Coptic and Arabic Manuscripts in the Coptic Museum, the Patriarchate, the Principal Churches of Cairo and Alexandria and the Monasteries of Egypt*, vol. II, fasc. 1 (Cairo, 1942), p. 14 (Nᵒ 23), la date se trouverait au fol. 226 recto.

is also with regard to the outward shape reminiscent of K; even the number of lines to each page is identical : 29»[18].

Plus loin, Knutsson souligne davantage la parenté entre K et L. Outre le nombre de lignes identique, il indique les suscriptions et souscriptions identiques aussi, du moins en ce qui concerne le livre des Juges. De plus, «both are the only MSS among the MSS of *Ar. I* [qui sont 15 manuscrits en tout], which regularly use the form اسرايل (i.e. not اسرائيل nor (اسراييل)». Et il conclut : «As for the text itself, the agreement between K and L is conspicuous»[19].

Cependant, malgré ces similitudes, Knutsson exclut que les deux manuscrits aient été écrits par le même copiste : «However K and L are not written by the same hand — at least this applies to *Jdc*. Yet it must be considered as fairly likely that the two MSS originate with approximately the same Egyptian circle of scribes»[20].

3. *Identité de copiste de K et L*

L'Auteur a eu la bonne idée de publier une reproduction de la première page du livre des Juges d'après tous les manuscrits examinés. K se trouve reproduit à la planche 13 (page XLIII) et L à la planche 14 (page XLIV), qui ne se trouvent pas, par malchance, en regard.

Or, un simple coup d'œil sur ces deux planches convainct le paléographe qu'il s'agit d'*un seul et même copiste*. Certes, il y a de très légères différences, mais elles ne sont pas de nature à laisser planer le moindre doute sur la question. On peut affirmer cependant que le manuscrit du Patriarcat Copte (L) est plus soigné et qu'il est écrit plus élégamment que celui de Paris (K). On notera aussi l'emploi caractéristique du signe ⊙ (plus fréquent dans L que dans K) qui a ici un usage particulier : à la différence de très nombreux manuscrits égyptiens de cette époque, ce signe n'est pas une marque de ponctuation, mais est utilisé comme ornementation pour «remplir» la ligne, à la fin de nombreuses lignes (voir par exemple la planche 14, lignes 2, 5, 7, 9, 15, 18, 23, 27).

Ainsi donc, ʿAbd Rabbih Ibn Muḥammad al-Anṣārī, ayant achevé l'actuel *Paris arabe 1* le 3 janvier 1585, se mit à en faire une seconde copie (celle

---

[18] K n u t s s o n, p. 27, *in fine*. On pourrait ajouter aussi que les dimensions des deux manuscrits sont à peu près égales, bien que celui du Caire ait été rogné. Le manuscrit de Paris mesure 345 × 235 mm, d'après de Slane et Troupeau (voir note 14); tandis que celui du Patriarcat Copte mesure 32 × 22 cm, d'après Simaika (voir note 17). Mais l'on sait que la mesure du papier n'est pas la plus importante, et que c'est la surface écrite (la «justification») qui compte; malheureusement, seul Troupeau fournit ce renseignement (250 × 160 mm), pour le manuscrit de Paris.

[19] K n u t s s o n, p. 37, lignes 1-3.

[20] K n u t s s o n, p. 27-28.

du *Patriarcat Copte Bible 32*) qu'il acheva le 27 décembre 1585. Il fallait bien quelques mois pour transcrire soigneusement ce grand in-folio de 280 feuillets.

En ce qui concerne la relation entre les deux manuscrits, il est évident que *K* ne peut pas avoir été copié sur *L* qui lui est postérieur. D'autre part, il serait absurde qu'un copiste de talent comme ʿAbd Rabbih ait copié *L* sur *K*, alors qu'il avait à peine fini de copier *K* sur son modèle. Il est plus vraisemblable que notre copiste ait exécuté une seconde copie sur le même modèle. Les quelques rares variantes que nous avons relevées dans l'apparat critique, dans la mesure où ce ne sont pas des lapsus de l'éditeur ou de l'imprimeur, sont trop insignifiantes pour trancher la question.

Conclusion

En conclusion, nous pouvons affirmer que nos deux manuscrits (*K* et *L*) ont été transcrits par le même scribe musulman égyptien, qui commença à copier *L* après avoir fini de copier *K*, probablement sur le même modèle.

Ajoutons que, à l'intérieur de la version *Ar. I*, ces deux manuscrits appartiennent à une même famille, comprenant au total sept manuscrits provenant tous d'Égypte; ce sont: G (A.D. 1344), H (14e siècle), J (A.D. 1496), K (A.D. 1585), L (A.D. 1585), M (17e siècle?) et N (A.D. 1686).

Relevons enfin ce fait, parce que rarissime dans la tradition copte, à savoir qu'un manuscrit chrétien (en l'occurence de la Bible) ait été commandé à un copiste musulman de préférence à un copiste chrétien. Il serait intéressant d'étudier la fréquence de ce phénomène, forme humble mais réelle d'un dialogue inter-religieux.

Religious Controversies and the Growth of Ethiopic Literature in the Fourteenth and Fifteenth Centuries

by

GETATCHEW HAILE

Introduction

Thanks to the works of Emperor Zär'a Ya'əqob (1434-1468) and to the study of them by A. Dillmann[1], K. Wendt[2], Conti Rossini[3] and E. Cerulli[4], we now have a fairly good knowledge about the literary situation in fifteenth century Ethiopia. The contents of the writings of Zär'a Ya'əqob, notably the *Mäṣəhafä bərhan*, the *Mäṣahafä milad* and a substantial part of the collection of the miracles of the Blessed Virgin, the *Tä'ammərä Maryam*, show clearly that religious controversies were the main reasons for the growth of Gə'əz literature in the fifteenth century, in translation as well as in original composition. There is convincing evidence that disagreements in interpreting scriptural passages resulted in the production of "refutative" literature, *dərsanat*, also prior to the days of Emperor Zär'a Ya'əqob. The texts studied so far, however, have been those that were presumably composed by representatives of the established Church. As a result, we know very little about the dissidents or the "heretics" and their literature, especially from

[1] A. Dillmann, "Über die Regierung, insbesondere die Kirchenordnung des Königs Zar'a-Jacob", *Abhandlungen der Königlichen Akademie der Wissenschaften*, Philos-histor. Cl. Abh. 11, Berlin 1884.

[2] K. Wendt, *Das Maṣhafa Milād (Liber Nativitatis) und Maṣhafa Sellāsē (Liber Trinitatis) des Kaisers Zar'a Yā'qob*, CSCO, vols. 221, 222, 235, 236, *script. aeth.*, t. 41-44 (1962-3); *id.*, "Das Maṣhafa Berhān und Maṣhafa Milād", *Orientalia*, N.S. vol. 3 (1934), pp. 1-30, 247-173, and 259-293; *id.*, "Die theologischen Auseinandersetzungen in der äthiopischen Kirche zur Zeit der Reformen des XV. Jahrhunderts", *Atti del Convegno Internazionale di Studi Etiopici*, Accademia Nazionale dei Lincei, Rome 1960, pp. 137-146; *id.*, "Der Kampf um den Kanon Heiliger Schriften in der äthiopischen Kirche der Reformen des XV. Jahrhunderts", *JSSt*, vol. 9 (1964), Amsterdam 1969, pp. 107-113.

[3] C. Conti Rossini, "Il libro di re Zar'a Yā'qob sulla Custodia del Mistero", *Rassegna di Studi Etiopici*, vol. 3 (1943), pp. 148-166; Conti Rossini col concorso di L. Ricci, *Il libro della luce del Negus Zar'a Yā'qob (Maṣhafa Berhän)* part I, CSCO, (text): vol. 250, *script. aeth.*, t. 47 (1964) and (tr.): vol. 251, *script. aeth.*, t. 51 (1965) and (tr.): vol. 262, *script. aeth.*, t. 52 (1965).

[4] Enrico Cerulli, *Il libro etiopico dei Miracoli di Maria e le sue fonti nella letteratura del Medio Evo latino*, Rome 1943.

their standpoint[5]. The study presented here deals with some specific aspects of the literature of that period: the place and impact of the *Qälemənṭos* and the writings of *Rətu'a Haymanot* — "the one whose faith is right" or simply "the Orthodox" — at the court of Emperor Zär'a Ya'əqob. The study of the *Qälemənṭos* and the *dərsanat*, or homilies, of *Rətu'a Haymanot* may show that our ignorance of the literary situation of the dissidents is not only the result of a lack of materials but also of our failure to analyze those available to us[6]. This paper does not claim to present conclusive evidence for all the claims it makes; but it calls the attention of those interested to a fruitful manner of looking at the growth of Gə'əz literature and more specifically the Ethiopic liturgical heritage. The approach may itself be considered heretical in the sense that it deviates from the established tradition, according to which the origin of Gə'əz works should be sought in foreign works.

The "Qälemənṭos"

The study begins with a quotation from the *Mäṣəhafä məṣṭir*, ascribed to Giyorgis Säglawi, as preserved in microfilms of two late fifteenth century manuscripts. It is taken from the reading designated for the feast of the Transfiguration, *Däbrä Tabor*, the treatise against the Sadducees who do not believe in the resurrection of the dead[7]:

---

[5] The theological treatises of the Zämika'elites edited and translated by Enrico Cerulli, *Scritti teologici etiopici dei secoli XVI-XVII*, (Studi e testi, no. 198), Vatican City 1958, were composed many generations later. For the literature on the Əsṭifanosites, another dissident group of the fifteenth century, see Taddesse Tamrat, "Some Notes on the Fifteenth Century Stephanite 'Heresy' in the Ethiopian Church", *Rassegna di Studi Etiopici*, vol. 12 (1966), pp. 103-115; and Robert Beylot, "Un épisode de l'histoire ecclésiastique de l'Éthiopie. Le mouvement Stéphanite. Essai sur sa chronologie et sa doctrine", *Annales d'Éthiopie*, vol. 8 (1962), pp. 103-116.

[6] A closer look at the *Mäṣəhafä bərhan* clearly shows that its author has consulted a wealth of theological works including some not yet known to us as having existing in Gə'əz in the fifteenth century. The editors, however, failed to locate most of the quotations from the extra-canonical scriptures, including the *Book of Jubilees* and the *Book of Maccabees*.

[7] EMML [= Ethiopian Manuscript Microfilm Library, Addis Ababa/Collegeville, Minnesota] 6837 (ff. 156v-157r), copied during the reign of Əskəndər (1478-1494); and EMML 6456 (ff. 121r-122r), copied during the reign of Na'od (1494-1508). Since EMML 6837 is a better copy, my English translation of the quotation is based on it, with all relevant variants of EMML 6456 taken into account. The top inner Corners of EMML 6837 are damaged; the manuscript escaped the invasion of Grañ, apparently, by being buried in the ground. Other quotations from the *Mäṣəhafä məṣṭir* are taken either from EMML 6456 or EMML 1831, also a late fifteenth century manuscript. The *Mäṣəhafä məṣṭir* has not been published. The edition was apparently, prepared by Conti Rossini; see *Aethiops*, year 1, no. 1, January 1922, n. 1, p. 2. On *Abba* Giyorgis, the apparent author of this famous work, see Taddesse Tamrat, *Church and State in Ethiopia 1270-1527*, Oxford, 1972, pp. 222-225.

Furthermore, I have found a story which is pertinent for the celebration of this feast : I met an Armenian priest whom I asked, saying, "Which Apostle preached in your country"? He answered me saying, "Actually Peter and Paul visited it, but the faith was established by the preaching of Luke the Evangelist". I asked him again, saying, "Do you put salt and oil in your Eucharist as the Syrian eucharistic custom demands"? He answered, saying, "We do not offer as oblation save bread of pure wheat and a cup of wine mixed with water, as Our Lord mixed wine and water and gave it to his disciples". Then I asked him, saying, "Is there (any reference) in your books that reports that the Apostles put salt and oil in their Eucharist"? The Armenian priest was pleased that I continued (my) inquiry about the rite of the Mystery. He took out of his pocket a book which tells the story of the pure Apostles. He opened the book, which was written in Armenian, and started to inform me by reading it first and then translating it for me. He said to me : "Since Our Lord gave his disciples on the night he was going to be arrested bread and wine, saying, 'This bread is my flesh, and this cup is my blood', the Apostles did not receive the Holy Mystery until the [first?] feast of *Däbrä Tabor*[8]. On the day of *Däbrä Tabor*, they appointed James, Brother of Our Lord, Bishop of Jerusalem. He was the first to offer as sacrifice the (eucharistic) oblation. He, too, offered for the oblation pure bread, without salt or oil. He mixed water and wine and prepared the (eucharistic) sacrifice and gave it to the Apostles, as Our Lord did". In addition, he told me the following : "Matthew the Evangelist wrote (his) Gospel two[9] years after the ascension of Our Lord; Mark the Evangelist wrote (his) Gospel twelve years after the ascension of Our Lord; Luke the Evangelist wrote (his) Gospel two years after the ascension of Our Lord; John the Evangelist wrote (his) Gospel forty years after the ascension of Our Lord". In connection with this question, I have also found (a reference) in our books which says that Clement wrote the *Sər'atä Betä Krəstiyan* [= The Ordering of the Church]. That is the teachings of the *Didəsqələya* [= Didascalia][10], because the Apostles say, "We have written this book of admonition and have published (it) through our brother Clement, (our) emissary to the world"[11]. The *Sinodos* [= Synodicon] of the Apostles consists of seven (parts) : 1. *Täfäśśəhu wəludənä* [= Rejoice our sons][12];

---

[8] "The feast of the Transfiguration"; the occasion may have been its first anniversary.

[9] Corrupted most probably from the numeral 9. Of all the manuscripts on microfilm in the EMML collection, only these two (EMML 6837 and EMML 6456) disagree among themselves and with the other MSS. Almost all of the others have 9 for Matthew, 12 for Mark, 22 for Luke and 30 for John. The information on Mark is omitted in EMML 1831; in EMML 2429, the number 30 for John has been altered from the numeral 40, which EMML 6837, also, has. The 2 for Luke in EMML 6837 is most probably the result of a failure to copy the numeral 20; EMML 6456 has, in fact, 24 for him.

[10] Although differently interpreted by the author of the text, this particular quotation may have been taken from the *Sinodos*, or the Ethiopic version of the Synodicon, and not from the *Didəsqələya* or the Ethiopic version of the Didascalia.

[11] Introduction to the *Didəsqələya*; see Thomas P. Platt, *The Ethiopic Didascalia; or the Ethiopic Version of the Apostolical Constitutions, Received in the Church of Ethiopia*, London 1834, p. 3.

[12] The parts of the *Sinodos* are lsited here by their *incipits*, following the traditional way of referring to them. EMML 6456 has "Rejoice, our brothers and sons", but neither the Arabic nor the other Gə'əz texts that I have checked have "brothers". However, it is interesting to note that it may have been corrupted from "sons and daughters" which some of the older MSS

2. *Səm'on Qänänawi* [= Simon Cananaeus][13]; 3. *Abṭalis* [= τίτλοι][14]; 4. *Ɖm-dəḥrä 'argä* [=After the Ascension][15]; 5. *Sər'atä habt bä'əntä əllä yəṭṭämmäqu* [= Ordinance of grace concerning those who are baptized][16]; 6. *Kämä bä'əntä 1 k*"*ənnani* [= As though 'concerning one ruler'][17]; 7. *Tə'əzaz zä-azzäzä Peṭros lä-Qälemənṭos* [= Ordinances given to Clement by Peter][18]. For this reason they say (that) the *Book of Clement* and the *Sinodos* make eight (books)[19]. As for those who say that the *Book of Clement* by itself consists of eight parts, (they only need to be reminded that) if (they) add them to the seven parts of the *Sinodos*, the total would be fifteen; thus their mistake is evident since it exceeds the eight parts that they have enumerated for us[20]. As for that book (full) of their lies[21], Peter never uttered it nor did Clement write it down, but it was Yəsḥaq Təgray, a usurper of the episcopate like Meletius[22]. His ordination, too, came from the Melchites. For this reason his teaching is alien to our teaching, and his books, too, to our books, because he brought it [= the *Book of Clement*] from a treasure[23] of lies and translated it with lying words.

The note deals, obviously, with the *Qälemənṭos*[24]. Today the work is not

---

still have, as in the original Arabic. The possessive pronoun, which is "our" in Gə'əz ("our sons [and our daughters]") and "my" in Arabic ("my sons and my daughters"), is curious, especially since the Greek has neither ("sons and daughters"). For the Arabic (and the Greek), see J. and A. Périer, "Les '127 canons des apotres', text Arabe", *POr*, vol. 8 (1912), p. 573. For the part called *Täffäśśəḥu wəludənä*, see Cod. Bor. Aeth. MS 2, ff. 94-49v, perhaps also ff. 49r-55v and 102v-108v. Cod. Bor. Aeth. MS 2, a manuscript of the *Sinodos* copied in Däbrä Halle Luya by the command of Emperor Zär'a Ya'əqob for the Ethiopian monastic community in Jerusalem, has been described in detail by S. Grébaut and E. Tisserant, *Codices Aethiopici Vaticani et Borgiani Barberinianus Orientalis 2 Rossianus 865*, Bybliotheca Vaticana 1935, pp. 767-782.

[13] Cod. Bor. Aeth. MS 2, ff. 74r-83r and 94r-102v.

[14] *Ibid.*, ff. 62v-73v and 83v-94r.

[15] *Ibid.*, ff. 56r-62r.

[16] It is not clear to me which part of the *Sinodos* is meant here, probably the Orders given to Clement by St. Peter concerning baptism and ordinations, *ibid.*, ff. 109r-113v; but see the seventh part (n. 18).

[17] Unidentified.

[18] Probably Cod. Bor. Aeth. MS 2, ff. 109r-113v.

[19] *Abṭalis* no. 81, *ibid.*, ff. 73r and 93v.

[20] This is a refutation of a commentary on *Abṭalis* no. 81, which includes the *Qälemənṭos* among the canonical books of the Church.

[21] The expression *mäṣəḥafä ḥassät*, "book of lies", is obviously taken from the *Sinodos*; see, for example, *Abṭalis II*, no. 56.

[22] Meletius was an Egyptian ecclesiastic who attempted to replace Peter of Alexandria (died 25 Nov. 311) when the Patriarch was in concealment during the persecution of Diocletian; see Charles J. Hefele (tr. William R. Clark), *A History of the Christian Councils*, vol. I, Edinburgh 1894, pp. 341-55.

[23] The expression *mäzgäb* "treasure" may not be related to the *betä mäzagəbt zä-qəddus Qirqos* of the colophon in the *Qälemənṭos* but to the "Schatzhöhle" of *Graf*, p. 284. I could not find the expression in EMML 2147; see n. 24 below. The reference could be to *mäzagəbtä ṭebäb* of the *Tä'mmərä Iyyäsus*, e.g. EMML 2180, f. 165[r].

[24] The *Qälemənṭos* has been extensively studies by A. Dillmann, "Bericht über das aethiopische Buch Clementinischer Schrift", *Nachrichten von der K. Gesellschaft der Wissenschaften zu Göttingen*, (1858), pp. 185-226. Selections have been edited, and the whole text

rejected, certainly not as a heretical work. It may in fact be one of the so-called "Eighty-One Enumerated Books", whose list can be made flexible enough to include more than those listed in the *Sinodos*[25]. Our text is presumably refuting an interpretation that includes this apocalyptic work in the list. It is not known when the *Qälemənṭos* was accepted, then rejected and finally "rehabilitated". All the manuscripts (in microfilm) of the *Mäṣəhafä məsṭir* that I have been able to check, EMML nos. 13, ff. 243r-244r; 406, ff. 189r-190r; 714, f. 192rv; 1191, pp. 306bis-309bis; 2426, f. 140rv; and 2429, ff. 166r-167r (all nineteenth-twentieth century copies), have this report with such variants as are to be expected in the transmission of texts. Only EMML 1831 (f. 201rv), a late fifteenth century manuscript, has deleted the the reference to the Armenian priest and Yəsḥaq Təgray and has altered the rest of the paragraph in such a way as to signify that the *Qälemənṭos* is included in the list of the canonical books. The sentence, "As for those who say that the *Book of Clement* by itself consists of eight parts..." has been altered to say: "For this reason they [= the Apostles] say, 'The *Book of Clement* by itself is of eight parts'..."! However that may be, there is little doubt about the credibility of this text. It refers, I believe, to the colophon in the *Qälemənṭos*:

> *wå-täfäṣṣämä žəntu Mäṣəhafä Qälemənṭos bä-60-wå-4ʿ Amätä Məhrät, bä-mäwaʿəlä Iyyosəyas nəguś wå-Abba Yəshaq pappas.*
> [The translation of] this *Book of Clement* was completed in the 64th year of Mercy [of the 532-year cycle], in the days of King Iyyosəyas and Metropolitan Yəshaq.

Grébaut renders *pappas* by "patriarche"[26]. But it is clear from the report of *Abba* Giyorgis that Yəshaq was an Ethiopian metropolitan who, according to this colophon, would have lived in the Year of Mercy 64 (= 1411/2 A.D.). I have been unable to find any reference to such an event in Ethiopian history; *Abba* Giyorgis does not recognize him as such either. But the note may throw some light on one of the obscure periods of the history of the country. The year 64 (of the 532-year cycle) is commonly accepted as the beginning of the reign of Tewodəros I, the King whose period of reign is not knwon[27]. But according to this colophon, the monarch in power at

translated by S. Grébaut, "Littérature éthiopienne pseudo-Clémentine", *ROC*, vols. 12 (1907); 13 (1908); 15 (1910); 16 (1911); 17 (1912); 18 (1913); 19 (1914); 20 (1915-17); 21 (1918-19); 22 (1920-21); and 26 (1927-28). My quotations come from EMML 2147, a microfilm of a nineteenth century manuscript belonging to the Monastery of Miṭaq Täklä Haymanot, Ankobärr, Shoa.

[25] See, for example, the interpretation of the list in *Fətḥa Nägäśt: Nəbab-ənna Tərgʷamew*, Addis Ababa 1958 E.C., pp. 41-44; and *Abušakər (Yä-qän mäqʷṭäriya)*, Addis Ababa 1962 E.C., pp. 90-92.

[26] S. Grébaut, "Littérature", *ibid.*, 16 (1911), p. 77.

[27] See Taddesse Tamrat, "Problems of Royal Succession in Fifteenth Century Ethiopia:

that time was Iyyosəyas, a ruler whose name is not included in the numerous lists of Ethiopian kings that I have checked. The crown may have gone for a short period from Dawit (1381/2-1413) to Iyyosəyas through the help of a Melchite metropolitan, Yəsḥaq the usurper, *mäsaṭe pəppəsənna*, or it may have been claimed by him from "his father" in a kind of a politico-religious coup. According to one of the miracles of Mary, the monasteries were in favour of Dawit's abdication. There was no such "patriarche" in Egypt in those days. The only patriarch in the history of the Coptic Church with the name Isaac is the one who died at the end of the seventh century. It is interesting to note, however, that a short history of *Abba* Giyorgis of Gasəčča, whose reliability has not yet been established, mentions a certain Iyyosəyas among the children of Emperor Dawit who received their religious instruction from the saint[28]. The Iyyosəyas mentioned in some anaphoras might be this unknown monarch rather than the biblical Josiah[29]. He may have died in a religious uprising to be discreetly mentioned in liturgies whose orthodoxy at the time of their composition has not yet been proved. The interpretation of the colophon of the *Qälemənṭos* suggested by Conti Rossini, that the year should be read 6000 *'Amätä Məḥrät* and that Iyyosəyas should be identified with Iyyo'as, who ruled between 1755 and 1768 is so far from reality that it needs no comment[30].

The note of *Abba* Giyorgis explains why the *Qälemənṭos* is not very prominent in the writings of Emperor Zär'a Ya'əqob[31]. On the contrary, the Emperor rejects as heretical some theological views originating from it, directly or indirectly, and labels Fərе Maḥəbär and others who quote it as heretics, *'əläwan*.

A Presentation of the Documents", *IV Congresso Internazionale di Studi Ethiopici*, Accademia Nazionale dei Lincei, Rome 1974, pp. 508-10.

[28] Miracle of the Archangel Ura'el, *Dərsanä Ura'el*, e.g. EMML 1942, ff. 63v-67v. This miracle is not yet edited, but the history of *Abba* Giyorgis in the *Mäṣaḥafä Sä'atat bä-Gə'əz-ənna bä-Amarəñña zä-lelit wä-zä-nägh*, Addis Ababa 1952 E.C., pp. 5-6, is most probably taken from his miracle. EMML 1942 is described in the fifth volume of the EMML *Catalogue* (forthcoming); see also my article, "A Preliminary Investigation", Paragraph 6, 3, note 119; see n. 81 below.

[29] He is mentioned in the Anaphora of the Three Hundred Eighteen Orthodox Fathers and in some manuscripts of the Anaphora of Cyril, *Mäṣaḥafä Qəddase* (Addis Ababa 1951 E.C.), pp. 133 and 219 respectively. He is not mentioned in M. J. Harden, *The Anaphoras of the Ethiopic Liturgy*, London 1928, p. 133; see also O. Löfgren and S. Euringer, "Die beiden äthiopischen Anaphoren des 'heiligen Cyrillus, Patriarchen von Alexandrien'", ZSem, vol. 8 (1932), p. 224. Iyyosəyas was also another name of Emperor Əskəndər (1478-1494) during whose reign there was a metropolitan by the name Yəsḥaq, Conti Rossini, "I. Pergamene di Debra Dammo II. I Galla Raia III. Il libro della rivelazione dei misteri attributo a Tolomeo", *RSO*, vol. 19 (1941), p. 48.

[30] Conti Rossini, "Notice sur les manuscrits éthiopiens de la collection D'Abbadie", *Journal Asiatique* (1912), no. 38, p. 38.

[31] I say, "not very prominent" because he does not quote it directly; it is possible, however, that some of its ideas have influenced his thinking.

The *Qäleməntos*, (Our Lord talking to St. Peter)[32] :

> *Abuyä zähay, wå-anä bərhanu wå-Mänfäs Qəddus waʾəyu.*
> My Father is sun, I his light and the Holy Spirit his heat.

Fəre Maḥabär's "heretical" doctrine, according to Emperor Zärʾa Yaʿəqob[33] :

> *Ab ẓähay Wåld bərhanu wå-Mänfäs Qəddus waʾəyu.*
> The Father is sun, the Son his light and the Holy Spirit his heat.

From a comparison of these two quotations one might conclude that Fəre Maḥabär was quoting the *Qäleməntos*, even if indirectly, and that the *Qäleməntos* was, in accordance with the quotation from the *Mäṣəhafä məsṭir*, rejected by the Emperor. It is important to note here that the Emperor preferred for his explanation of the mystery of the Trinity the vision of Peṭros Bäwarəs, Peter the Fuller, who, according to the *Gädlä Sawiros Sorəyawi*, saw three equal suns, each representing one of the persons in the Trinity[34]. (A complication was avoided by altering the subsequent sentence: "And the light which proceeded from them was like unto the Son of Man", to "And one light of divinity proceeds from them"). The point of controversy was whether the mystery of the unity and the trinity of God should be interpreted with three distinct suns, each representing one person of the Trinity, or with one sun, its disc representing the Father, its light the Son and its heat the Holy Spirit. According to Zärʾa Yaʿəqob the example of three suns would illustrate clearly the existence of three distinct persons in the Trinity. For the dissidents, however, this would be tantamount to saying three gods; they preferred, instead, the example of one sun. This was vehemently rejected by the Emperor, who saw Sabellianism in it, a limitation of the theology of the Trinity to *səm*, "name", only, and not extended to *mälkəʿ*, "appearance", "stature", "hypostasis", "figure", "form". Each of the opposing parties consistently upheld its idea with other examples (fire, water, milk, human beings—the *3tu ədäw* "three men", that appeared to Abraham, as against one man who has three attributes—etc.) brought

---

[32] See chapter two, "Livre second", or the chapter on the mystery of the Trinity, EMML 2147, f. 29r. This chapter corresponds to what Wright, *Catalogue*, CCCXX, 1, p. 216, calls "Mysteries revealed by S. Peter to Clement"; and to "Première révélation de Pierre à Clément", by Grébaut, "Littérature éthiopienne pseudo-Clémentine", *ibid.*, vol. 12 (1907), p. 74.

[33] Conti Rossini and L. Ricci, *Il libro*, part II (text), pp. 143-4.

[34] The editors of the *Mäṣəhafä bərhan* have not indicated the source of his quotation but I believe it comes from "The Conflict of Severus Patriarch of Antioch by Athanasius", edited and translated by Edgar J. Goodspead in *POr*, vol. 4 (1908), p. 700. As found in some manuscripts, the vision of Peṭros Bäwarəs has been included, probably by Zärʾa Yaʿəqob himself, in the collection of miracles of the Blessed Virgin, *Täʾammərä Maryam bä-Gəʾəz-ənna bä-Amarəñña*, Addis Ababa 1961 E.C., pp. 169-71.

forward to explain the mystery of the Trinity. The dissidents preferred one object with three attributes while Zär'a Ya'əqob and his party insisted on three equal and similar objects, each having all attributes similarly and equally.

The rejection of the *Qälemənṭos* may habe been only short lived. The "Bibliography" in the *Mäzmurä Krəstoṣ*, composed ca. 1582 or even earlier, includes this work.[35] That in itself may not make the work canonical, but it certainly shows that it was not considered a heretical work in the sixteenth century. We have also seen above the favourable attitude of EMML 1831 towards the *Qälemənṭos*. EMML 1831 is a microfilm of a manuscript of the *Mäṣəhafä məsṭir* owned by the Monastery of Ḥayq Ǝsṭifanos!

Rətu'a Haymanot

This brings me to the second question which I intend to raise in this paper: Who is *Rətu'a Haymanot*? There may have been some Ethiopian theologians who, for one reason or another — modesty, pride in the Orthodox faith and, perhaps, even because they held views that may have been considered heretical by the established Church — preferred to remain anonymous under this pen name. This paper is particularly concerned with the *Rətu'a Haymanot* to whom a homiliary for the *Bä'alat 'Abbäyt*, "Great Feasts" is ascribed, and assumes, without critical study, that all or most of the homilies in it are composed by one doctor. Like the homilies in the *Mäṣəhafä məsṭir*, they are normally found together in one manuscript. This anonymous teacher makes statements that seem to derive from the condemned work, the *Qälemənṭos*. What, then, was the position of Emperor Zär'a Ya'əqob regarding the works of this teacher?

The *Qälemənṭos* (Our Lord explaining the nature of the Trinity)[36]:

> Wâ-albo zä-yətmassälännä əsmä mälə'əltä amsal nəhnä.
> There is nothing that may be likened to us because we are above all likenesses.

Rətu'a Haymanot, explaining the nature of God[37].

---

[35] British Museum MS Or. 534, W. Wright, *Catalogue of Ethiopian Manuscripts in the British Museum*, London 1877, no. CXXVIII, p. 82.

[36] EMML 2147, f. 29r.

[37] The Homily of *Rətu'a Haymanot* for the Ascension of Our Lord, e.g. EMML 7028, f. 74r, and the homily for the Baptism of Our Lord, *ibid.*, f. 29v, respectively. These quotations may also be scriptural, e.g. Isa. 40, 21; but they have to be taken together with his other quotations. The collection of homilies ascribed to *Rətu'a Haymanot* has been described in several catalogues, including W. Wright, *Catalogue*, pp. 231-2; Conti Rossini, "Notice", no. 133; William F. Macomber, *A Catalogue of Ethiopian Manuscripts Microfilmed for the Ethiopian Manuscript Microfilm Library, Addis Ababa and for the Monastic Manuscript Library, Collegeville*, vol. 1: *Project Numbers 1-300*, Collegeville 1975, p. 14, and Getatchew Haile, *A Catalogue*

(1) *Wå-i-yyət'awwåq kunätu bä-mənt-əni, bä-kämä yəbe lälihu : Bä-amsalä männu tastämassəluni ... Antəmu-ni i-təḥśəśu amsalä lottu.*
His essence is not manifested by anything, as he himself said : "With whose likeness will you liken me?" ... You, too, do not look for a likeness for him.
(2) *Wå-baḥəttu i-yyədällu nastämasəllo lä-Fäṭari bä-fäṭuran.*
But it is not proper that we liken the Creator to creatures.

The heretical doctrine of the Zämika'elites, according to Zär'a Ya'əqob :

(1) *Wå-əmmä-ssä albo zä-rə'əyo gəmura, männä-ke yəmässəl əbl*[38].
If no one has ever seen [God], whom shall I say he looks like?
(2) *Qəddus Qəddus Qəddus Ǝgzi'abḥer, bä-ar'aya fäṭrätat i-yyətmessäl*[39].
Holy, Holy, Holy is God; he is not likened to the image of creatures.

These quotations that I have chosen — and many more could be quoted — put *Rətu'a Haymanot* on the side of the theologians who were considered heretics by the established Church of the time of Emperor Zär'a Ya'əqob, who made himself its spokesman. In his homily for the Nativity of Our Lord, *Rətu'a Haymanot* sounds as though he is defending Fəre Maḥəbär, or rather, as though he is speaking in the name of Fəre Maḥəbär :

Rətu'a Haymanot, defending his views[40] :

Wå-zä-mässälkəwwo-ssä bä-ẕäḥay akko əm-ḥabeyä alla lälihu yəbe : Abuyä ẕäḥay wå-anä bərhanu wå-Mänfäs Qəddus wa'əyu.
It is not my (idea) that I have likened him to the sun; but he himself has said [in the *Qälemənṭos* (?)] : "My Father is the sun, I his light and the Holy Spirit his heat".

The other accusations, too, directed against Fəre Maḥəbär (*loc. cit.*) can be traced to the *Qälemənṭos* and are defended in the homiliary ascribed to

---

of Ethiopian Manuscripts Microfilmed for the Ethiopian Manuscript Microfilm Library, Addis Ababa and for the Hill Monastic Manuscript Library, Collegeville, vol. IV: Project Numbers 1101-1500, Collegeville 1979, p. 150 (for convenience of reference, it may be noted at this point that Project Numbers 1-1100 of the EMML collection have been catalogued in three volumes by W. F. Macomber with similar titles [*ibid.,*] Project Numbers 301-700 in vol. II (1976); and 701-1100 in vol. III (1978); vols. V and VI, comprising Projects Numbers 1501-2000 and 2001-2500, respectively, are in preparation). None of the homilies in the collection, especially those I am interested in, has been edited.
[38] Conti Rossini and Ricci, *Il libro della luce II*, (text) : p. 128. On the sect known by modern writers as the Zämika'elites — Zämika'el, Gämaləyal, 'Aṣqa, Giyorgis, etc. — see Cerulli, *Il libro etiopico dei Miracoli*, pp. 107-121; id., *Scritti teologici*, pp. VII-XXII. These scholars are known to have opposed some of the theological views of Emperor Zär'a Ya'əqob. There may not be any solid foundation for considering them all as having belonged to a sect called Zämika'elite. Zämika'el was not a founder of the sect either. Bitu may have been the founder of a sect to which Zämika'el belonged. His followers are called *Däqiqä Bitu*. I am not aware of the existence of a sect called *"Däqiqä Zämika'el"*.
[39] Probably "... *zä-i-yyətmessal"*, "... who is not likened...". Conti Rossini and Ricci, *Il libro della luce II*, (text) : p. 126.
[40] EMML 7028, f. 11r.

Rətuʿa Haymanot. It is not unusual to find contradicting theological views in the literature of the Ethiopian Orthodox Church. But, unlike the others, although they, too, may have interesting history if studied, the views mentioned here were the source of grave controversies in the fifteenth century.

The writings of *Rətuʿa Haymanot* have not yet received serious attention from Ethiopicists and, as a result, questionable hypotheses have been made about his identity[41]. To begin with, the quotations indicate that an identification of *Rətuʿa Haymanot* with Giyorgis zä-Gasəčča or zä-Sägla is impossible if Säglawi and Gasəččawi are one person and if the *Mäṣəhafä məṣṭir*, which rejects the *Qälemənṭos*, is his work. (No one, to my knowledge, has made such an identification; but it is necessary to raise the question since both writers have, in many cases, common themes). We have now at least two manuscripts of the collection of homilies ascribed to *Rətuʿa Haymanot* that come from the fifteenth century[42]. The work must have been in circulation during, or even before, the days of Emperor Zär'a Ya'əqob[43]. The author of the *Mäṣəhafä məṣṭir* may have intended that his work replace the collection of *Rətuʿa Haymanot*. Coming from a particular monastery like the *Mäṣəhafä məṣṭir*, the homilies of *Rətuʿa Haymanot* may have started to have a wider acceptance already in the fifteenth century. Although *Rətuʿa Haymanot* is not as systematic as Säglawi, the writings of both teachers are on heresies, each, of course, from his point of view. This does not mean that the theological views found in the *Mäṣəhafä məṣṭir* are always closer to those found in the works of Zär'a Ya'əqob than to those in the homilies of *Rətuʿa Haymanot*. The supposition that the *mäṣəhafä məṣṭir* may have been meant to replace *Rətuʿa Haymanot* presupposes that *Rətuʿa Haymanot* lived before Säglawi, or, at least, that the composition of the homilies of *Rətuʿa Haymanot*

---

[41] In his description of D'Abbadie MS 80, Conti Rossini, "Notice", (1913) no. 133, p. 15, assumes that most of these homilies belong to John Chrysostom!

[42] EMML 7028; and D'Abbadie 80 (According to Chaîne, *Catalogue des manuscrits éthiopiens de la collection Antoine D'Abbadie*, Paris, 1912, no. 80, p. 54; Conti Rossini dates it in the fifteenth or sixteenth century. The discovery of another older copy of it has been announced by Eike Haberland, "Altes Christentum in Süd-Aethiopien", *Frankfurter Historische Vorträge*, Heft 2, Franz Steiner Verlag, Wiesbaden, 1975, facing p. 20. Haberland dates it ca. 1500 (A.D.); but the hand seems older than that, perhaps early fifteenth century).

[43] A copy of the treatise on the question of the two Sabbaths which was sent by Zär'a Ya'əqob to the Ethiopian monastic community in Jerusalem, Cod. Bor. Aeth. MS 2, ff. 177r-177v, is ascribed to *Rətuʿa Haymanot*; and an older copy of it has been located in the Monastery of Däbrä Hayq Əstifanos, EMML 1763, ff. 37v-48v. Although they have not stated their arguments for thinking so, Grébaut and Tisserant believe that this treatise, too, belongs to the *Rətuʿa Haymanot* of the homiliary; S. Grébaut and E. Tisserant, *Codices*, p. 775. My quotations are taken from EMML 7028, a microfilm of a manuscript copied, perhaps, during the reign of Emperor Zär'a Ya'əqob (1434-1468).

preceded that of the treatises of Säglawi. The composition of the *Mäṣəhafä* *məsṭir* was completed on the 21st of June 1424 A.D. or 27 *Säne* 6916 A.M. (= Anno Mundi or year since the creation)[44]. The author of the homilies in the *Rətu'a Haymanot* has not dated his compositions. But it can safely be assumed that the teacher lived at least a few decades before 1424: The year 1424 A.D. or 6916 A.M. is 84 years before the end of the seventh millennium from creation. According to *Rətu'a Haymanot*, there were still 125 years to go till the end of the world, that is, till the end of the seventh millennium, at the time when he composed his homily on the Birth of Our Lord of the Blessed Virgin[45]; its composition seems, therefore, to have taken place about 6875 A.M. or 1382/3 A.D. In the homily for the feast of the Blessed Virgin, *Rətu'a Haymanot* wonders why the Islamic rule over Egypt has not come to an end after 600 years, as Victor the martyr prophesied, although it was already — that is, I presume, at the time of the composition of this particular homily — well over 660 years[46], that is, well after 1309 A.D. (660 may be just a round figure comparable in sound with 600, the years of the prophecy. The comparison of 1309 with 1382/3 should, therefore, not be rejected on purely mathematical grounds). No conclusive evidence can be submitted at this stage that the homilies ascribed to "*Rətu'a Haymanot*" that are incor-

---

[44] Most of the manuscripts consulted, including Zotenberg's B.N. (= Bibliothèque Nationale) MS no. 113, agree on 27 *Säne*, 6916 A.M., or the tenth year of Yəsḥaq (1414-1429), that is, 21 June (or 21 *Haziran*, as the manuscripts have it) 1424 A.D. as the day on which the composition of the *Mäṣəhafä məsṭir* was completed. Hammerschmidt's interpretation of the numbers as 14 June 1422 A.D. was obviously based on a combination of two errors, his failure to see how the Ge'əz of the colophon in Zotenberg no. 113 was structured (it does not indicate "20. Senē", as Hammerschmidt thought) and how Taddesse Tamrat's tentative suggestions for revising the regnal years of certain Ethiopian Emperors was based on a questionable analysis of some documents, including the note of Dawit in Kebrān MS 1, f. 236v, in which both Hammerschmidt and Taddesse Tamrat read the 31st year of Dāwit as the 34th. (It may be remembered that the symbol for 1 in an old hand, such as in Kebrān MS 1, looks more or less like a 4 in a modern hand). Assuming, apparently, that they do not synchronize correctly, Hammerschmidt has not reproduced in his catalogue the numbers for the date in the colophon of Kebrān MS 18. H. Zotenberg, *Catalogue des manuscrits éthiopiens (gheez et amharique) de la Bibliothèque Nationale*, Paris 1877, no. 113, p. 129; E. Hammerschmidt, *Äthiopische Handschriften vom Ṭānāsee I, Verzeichnis der Orientalischen Handschriften in Deutschland*, W. Voigt (ed.), vol. XX 1, Wiesbaden 1973, Kebrān 1, p. 90 and Kebrān 18, III, p. 125; and Taddesse Tamrat, "Problems of Royal Succession", p. 507. For the synchronization of *Haziran* with *Säne*, see *Abušakər*, (*Yä-qän mäqʷṭäriya*), p. 70.

[45] Gə'əz manuscripts do not always transmit numbers carefully; but a number of manuscripts that I have checked in this place, including EMML 7028 (f. 9v), do agree on 125. These are apparently the number of years lacking to the year 1500 E.C. about which he speaks in his introductory homily, EMML 7028, ff. 2v-3a; *əm-amä tä[säggä]* (f. 3r)*wä Əgzi'ənä əm-Maryam əskä yom i-mäl'a 1000-wä-500 'amätä*, "It is not yet 1500 years [that is, the seventh millennium] since Our Lord was incarnated of Mary till now".

[46] *Ibid.*, f. 113v.

porated into the *Mäṣ̌ahafä maṣṭir*[47] belong to our *Rətu'a Haymanot*, which is unlikely, to say the least concerning the works ascribed to a teacher of this name in manuscripts of the first half of the fourteenth century[48]. But these works indicate the possible existence, in the earlier history of the Ethiopian Church, of a certain *Rətu'a Haymanot* whom the opposing parties of the fourteenth and fifteenth centuries recognized.

Among the many points of disagreements between *Rətu'a Haymanot* and the author of the *Mäṣ̌ahafä maṣṭir* there is the example used to represent the mystery of the unity and trinity of God — one sun according to *Rətu'a Haymanot*, three suns according to the *Mäṣ̌ahafä maṣṭir*.

Rətu'a Haymanot[49]:

> *Səma' zä-yəbe Ǝgzi'änä, Abuyä ẓäḥay wä-anä bərhanu wä-Mänfäs Qəddus wa'əyu.*
> Listen to what Our Lord has said, [in the *Qäleməntos*?], "My Father is sun, I his light, and the Holy Spirit his heat".

Mäṣ̌ahafä maṣṭir[50]:

> *Ǝmmä-bo zä-yəbl: Ab kämä ẓäḥay wä-Wäld kämä bərhanu wä-Mänfäs Qəddus kämä wa'əyu yətwägäz.*
> If there is one who says, "The Father is like the sun, the Son like its light and the Holy Spirit like its heat", let him be anathema.

There was Bishop *Rətu'a Haymanot*, the author of the *Gädlä Pänṭälewon*, who was made Metropolitan of Axum[51]. The possibility that he may have been Yəsḥaq Təgray cannot be ruled out with complete certainty. The hypothesis of Conti Rossini, however, that the author of the *gädl* was a metropolitan called "Yeshāq" who came to Ethiopia about 1480 A.D., cannot stand closer scrutiny[52]. On the other hand, it may be suggested at this

---

[47] E.g. Kebrān MS 18, ff. 57v-62v and 63r-65v, Hammerschmidt, *Äthiopische Handschriften*, p. 124.

[48] E.g. Br. Lib. MS Or. 8192, ff. 5v, 31v, 46r, 56v, 99r, 128v and 136r, S. Strelcyn, *Catalogue of Ethiopian Manuscripts in the British Library*, London 1978, no. 56, pp. 88-91; and EMML 1763, ff. 3r, 90v, 106r, 114r, 139v, 162r, 182r and 190r. EMML 1763 is described in the fifth volume of EMML *Catalogue* (forthcoming). Br. Mus. MS Or. 774, f. 134v (Wright, *Catalogue*, no. CCCXL, 27, p. 229) may also belong to this category.

[49] See his homily for the feast of the Baptism of Our Lord, EMML 7028, f. 29v.

[50] EMML 6456, f. 29r. Each of these two teachers has a lengthy paragraph on the question whether the Father, too, comes down to earth to the saints like the Son or not, the answer to which, according to Giyorgis (EMML 6456, f. 79v), is yes, but, according to *Rətu'a Haymanot* (EMML 7028, f. 11r), is no! *Rətu'a Haymanot* also refutes vehemently the tradition (shared by Giyorgis of Sägla) that a child's future is determined on the fortieth day of its conception.

[51] *Gädlä Pänṭälewon* edited by Conti Rossini, CSCO, vol. 26, *script. aeth.*, (text), t. 9 (1904) reprint vol. 26, t. 9 (1961), p. 43.

[52] See his introduction to the *Gädlä Pänṭälewon, ibid.*, p. 41. But we now have a text of the *gädl* copied a couple of decades before the coming to Ethiopia of Metropolitan Yəsḥaq, EMML 1479, ff. 64r-72v. The name Yəsḥaq found in the "colophon" of the seventeenth century

stage of the study that the collection of homilies ascribed to *Rətu'a Haymanot*, particularly EMML 7028 or Br. Mus. MS Or. 786[53], were originally prepared for a monastic community whose theological views were not always in conformity with those of the established Church. The suggestion is based primarily on the theological positions expressed in the homiliary, such as those quoted above. It is also worthwhile to note that the homiliary is very rare. There was no copy of it among the manuscripts microfilmed for EMML from the Monastery of Ḥayq Ǝsṭifanos, the school of *Abba* Giyorgis zä-Gasəčča or zä-Sägla, the author of the *Mäṣəhafä məsṭir*. More importantly, EMML 7028, (a microfilm of) a manuscript of the fifteenth century, was copied for a (monastic) community whose head was *Abba* Nob[54]!

> *Ṣälləyu lä-zä-ṣäḥafo wä-lä-zä-säm'a qalatihu bä-amin, ... wä-fädfadä-ssä lä-Abunä Nob məslä däqiqu burukan, əllä täwäldu bä-Qəddəst Betä Krəstiyan, wä-yəkfällomu Mängəśtä Sämayat, amen.*
>
> Pray for the copyist and for him who listens to its words in faith, ... and especially. for *Abunä* Nob, with his blessed (spiritual) children who have been begotten in Holy Church, that [God] may bestow on them the Kingdom of Heaven, amen.

---

manuscript which Conti Rossini edited, D'Abbadie 110, f. 122v, is not found in EMML 1479, dated 6925 A.M. (= 1459/60 A.D.). The Yəsḥaq of D'Abbadie 110 may also be *Abba* Gärima, to whom, according to the original conclusion of the *gädl*, the Holy Spirit revealed the passing away of *Abba* Pänṭälewon, his spiritual father; Yəsḥaq [= Gärima] came to bury him: *Wä-bäṣha kämä yastägabe'o*. In that case the "colophon" in D'Abbadie 110 is most probably a later addition intended to give credit to the authenticity of the *gädl*.

[53] The two manuscripts may be collated as follows:

EMML 7028	Br. Mus. MS Or. 786
f. 2r	f. 5r (Introduction)
f. 6v	f. 10v (Nativity of Our Lord)
f. 20v	f. 24v (Baptism of Our Lord)
f. 36r	f. 88v (Palm Sunday)
f. 38r	f. 92v (Washing of the feet by Our Lord)
f. 53v	f. 109v (Good Friday)
f. 68r	f. 125r (Ascension of Our Lord)
f. 75r	f. 132v (Paraclete)
f. 90v	f. 148v (Feast of the Apostles)
f. 95v	f. 154r (Transfiguration)
f. 102v (Feast of the Blessed Virgin, probably D'Abbadie, 80, f. 133r).	
f. 120r (Feast of the Archangel Michael, Br. Mus. MS. Or. 608, f. 21r, Wright, *ibid.*, p. 147 and probably D'Abbadie, 80, f. 143v).	

7028, f. 2r, was not microfilmed; the comparison with Or. 786, f. 5r is a conjecture as I have not seen Or. 786 nor has Wright copied its *explicit*. None of the catalogues which described D'Abbadie 80 has given *incipits* of the individual homilies; but Wright identifies Or. 786 with it. EMML 7028 has more works after the homiliary: Inquiries of *Abba* Sinoda: (*Zəntu nägär zä-täsə'əlo Abba Sinoda lä-Ǝgzi'ənä bä-dähari 'əlät zä-yəkäwwən ...*), f. 127r; *Gädlä Arsima*, f. 130r; and the history of Mary the Egyptian (*Zenaha lä-Maryam Gəbṣawit*), f. 167b.

[54] EMML 7028, f. 102r; see also f. 167r.

Nob is such a common name among monks that identifying him might seem presumptuous, but it is unlikely that he can be anyone else but *Abba* Nob, the *Nəburä əd*, "Abbot" of the Monastery of Däbrä Damo, who fell from the favour of Zär'a Ya'əqob (1434-1468) for his heretical views, like Zämika'el, Gämäləyal, 'Aṣqa, Giyorgis and Fərə Maḥəbär[55]. In EMML 7028 there is no prayer for the king of that time!

The dissatisfaction of the Ethiopian monks with the Egyptian metropolitans and the rigid policy of the Emperors and their *Kahnatä däbtära* "the Clergy of the Tabernacle" at the royal camp, in correcting "erroneous views", may have led some monasteries to consider having their compatriots consecrated *pappasat* "metropolitans" by another church, e.g. the Syrian Church, or even the Melchite, Greek, Church in Alexandria. We know, for example, how *Abba* Ewosṭatewos turned to the Armenian Church when he was disappointed with Alexandria[56]. The *Actes de Marḥa Krestos* notes two attempts of Ethiopians to have native metropolitans[57]. The protest of *Abba* Bäṣalotä Mika'el against the sin of simony allegedly committed by the metropolitan who served at the court of 'Amdä Ṣəyon (1314-1344) may have had a direct connection with the information supplied by the colophon found in the manuscript of the *Qälemənṭos*, if scattered pieces of information could be harmoniously fitted together: Taddesse Tamrat has already noticed the relationship of the vision of *Abba* Bäṣälotä Mika'el with the content of the *Mäṣəhafä məsṭirä sämay wå-mədr*, one of the names of whose author is, besides Bäḥaylä Mika'el and Zäsimas (or "Zosime"), Bäṣälotä Mika'el[58]. EMML 2161, a microfilm of an eighteenth century manuscript of the *Mäṣəhafä məsṭirä sämay wå-mədr* belonging to the church of Miṭaq Amanu'el

---

[55] E. Cerulli, *Il libro etiopico dei miracoli di Maria*, pp. 107-108 and 110-112; J. Perruchon (ed. and tr.), *Les Chroniques de Zar'a Yâ'eqôb et de Ba'eda Mâryâm*, Paris 1893, pp. 11-12; *Tä'ammərä Maryam, bä-Gə'əz-ənna bä-Amarəñña*, Täsfa edition 1961 E.C., p. 134; and Conti Rossini, "Gli atti di Abba Yonas", *Rendiconti della Reale Accademia dei Lincei*, ser. 5, vol. 12 (1903), p. 199; but see also no. 68 below.

[56] Taddesse Tamrat, *Church and State*, pp. 206-8.

[57] Edited by S. Kur, *CSCO*, vol. 330, *script. aeth.* t. 62 (1972), pp. 83-88. The 42nd article of the Canons of the Council of Nicea, according to the *Sinodos*, which deprives Ethiopians of the right to have a metropolitan from among their own doctors was altered in some manuscripts from the Gə'əz, i-yyəśimu, "they should not install "—Arabic: *lä ya'malü*— to *yəśimu*, "let them install". This alteration can be seen even in the manuscript of the *Sinodos* prepared by the command of Emperor Zär'a Ya'əqob for the Ethiopian monastic community in Jerusalem, Cod. Borg. MS 2, f. 135b. In the Arabic text edited by W. Hoenerbach and O. Spies, *CSCO*, vol. 161, script. arab., t. 16 (1956), the article is no. 5; see p. 30. The Coptic Church of Alexandria was, apparently, not responsible for the creation of this article although it has exploited it for centuries. The article may not refer to the Church of Axum!

[58] Taddesse Tamrat, *Church and State*, n. 2, p. 178.

(Shoa), has some additions to the text edited by Perruchon[59]. Since these additions are not found in EMML 7023, a microfilm of a fourteenth century (?) manuscript of the same work belonging to Ğärr Ṣəllase (Shoa), one may assume that the additions in EMML 2161 were not part of the original composition of the work. However, the information found in these texts is not without significance. According to one of them, the reporter of the vision of Bäṣalotä Mika'el/Baḥaylä Mika'el/Zäsimas, or the *Mäṣaḥafä məṣṭirä sämay wå-mədr*, was Yəsḥaq, a disciple of the apocalypt! This is very important for our study, especially since one of the additions (EMML 2161, ff. 29v-30a) offers a theology of the divinity which is identical with what is found in the first chapter of the *Qälemənṭos*. EMML 2161, ff. 99r-101r is, in fact, *Fəkkare bä'əntä nägäśt əllä ṣəḥufan wəstä Qälemənṭos* or "An interpretation of the kings who were recorded in the (*Book of*) *Clement*"! The relationship between the *Qälemənṭos* and the *Mäṣaḥafä məṣṭirä sämay wå-mədr* cannot be ignored even if the additions are disregarded. The homilies of the *Rətu'a Haymanot* contain quotations from both works[60].

The Ethiopic Anaphoras

The controversy between the established Church and the dissidents may have gone much further than is generally realized. The parties of the dissidents seem to have composed their own service books, including anaphoras based on what they believed about the mystery of the Trinity, and the Church may have responded in the same may by composing anaphoras against theirs. A glance at the locally composed anaphoras shows that they were treatises against "heresies" which have been rearranged into *akkʷåletä qʷərban*, or eucharistic prayers, and have been supplied with the parts that such prayers need, pre-anaphora, dialogue, institution, etc. Let us first consider the Anaphora of Our Lady ascribed to Cyriacus of Bəhənsa/Bahnasah, which is generally known by its *incipit Gʷåś'a*, and the Anaphora of the

---

[59] J. Perruchon, "Le livre des mystères du ciel et de la terre", *POr*, t. 1, fasc. 1, Paris 1947.

[60] Cf. the homily in the *Rətu'a Haymanot* on the incarnation of the Word, EMML 2375, f. 59r. (This homily is not included in 7028; cf. Br. Mus. MS Or. 786, f. 72v). It is striking that the Gə'əz translation of the Octateuch current at that time, which was used by the authors of the *Mäṣaḥafä məṣṭirä sämay wå-mədr*, the *Mäṣaḥafä məṣṭir* and the homilies in *Rətu'a Haymanot*, characteristically lacks the expression *wå-mədr*, "and the earth" at the end of the first verse of Genesis (cf. the homily, in the *Mäṣaḥafä məṣṭir*, against the heresy of Macedonius, e.g. EMML 1831, f. 180r; and Perruchon, *Le livre*, p. 4). The editor of the latter work, who was apparently unaware of the fact that this was the current reading, has supplied the "missing" word. The "omission" had a serious consequence, the heresy that the earth was there before creation! The next verse begins with: *Wå-mədr-əssä halläwät əm-təkat*, "(In the beginning God created heaven). As for the earth, it was there since time immemorial".

Three Hundred and Eighteen Orthodox Fathers of Nicea, known by its *incipit Gərum*. *G"åś'a* and *Gərum* manifest the dissidents' way of using the sun to explain the mystery of the Trinity so that we cannot assume that these two anaphoras were composed for the established Church:

G"åś'a[61]:

> *Ab zähay Wåld zähay wå-Mänfäs Qəddus zähay; 1-du wə'ətu zähayä sədq zä-la' älä k"əllu. Ab əsat Wåld əsat wå-Mänfäs Qəddus əsat; 1-du wə'ətu əsatä heywåt zä-əm-aryam.*
> The Father is sun, the Son is sun and the Holy Spirit is sun; the sun of righteousness which is over all is one. The Father is fire; the Son is fire and the Holy Spirit is fire; the fire of life from the highest heaven is one.

Gərum[62]:

> *Bä-kämä awśə'a Ǝgzi'ənä lä-arda'ihu ..., "Abuyä wå-ana wå-Mänfäs Qəddus zähay wå-bərhan wå-wa'əy. Abuyä wå-ana wå-Mänfäs Qəddus əsat wå-näbälbal wå-fəhm".*
> As Our Lord answered his disciples, [in the *Qälemənṭos*?]..., "My Father and I and the Holy Spirit are sun and light and heat (respectively). My Father and I and the Holy Spirit are fire, and flame and red hot coal (respectively)".

The word "respectively", in my translation of the quotation from *Gərum*, is supplied in parentheses. The Gə'əz construction is ambiguous; there is no clear evidence in this construction that the Father is likened only with sun/fire, the Son only with its light/flame, and the Holy Spirit only with its heat/red hot coal, as the dissidents taught. The case of the quotation from *G"åś'a* seems to be even clearer: the sun is mentioned three times to explain the three persons in the Trinity, like the vision of Peter Fullo, the way Zär'a Ya'əqob wanted the mystery to be explained. Still, there is little doubt that the two anaphoras base their interpretation of the mystery of the unity and trinity of God rather on the *Qälemənṭos*. They have been revised in the course of history, it seems, to suit the theology of the established Church. The ambiguous expressions in the Anaphora of the Three Hundred

---

[61] *Mäṣəhafä Qəddase*, Addis Ababa 1951 E.C., p. 115; Marcos Daoud and Marsie Hazen, *The Liturgy of the Ethiopian Church*, Addis Ababa 1954, p. 111; S. Euringer, "Die äthiopische Anaphora unserer Herrin Maria", *OrChr*, vol. 3, ser. 12 (1937), p. 84; Samuel B. Mercer, "The Anaphora of Our Lady Mary", *Journal of the Society of Oriental Research*, vol. 3 (1919), p. 56. For a summary of the studies of the Anaphoras of the Ethiopian Church, see E. Hammerschmidt, *Studies in the Ethiopic Anaphoras*, Berlin 1961; and *id.*, "Zur Bibliographie äthiopischer Anaphoren", *OstKSt*, vol. 5 (1956), pp. 285-290.

[62] *Mäṣəhafä Qəddase*, ibid., p. 131; Marcos Daoud and Marsie Hazen, *ibid.*, 126 M. J. Harden, *The Anaphoras of the Ethiopic Liturgy*, London 1928, p. 105; Mercer, "Anaphora of the Three Hundred and Eighteen Orthodox", *Journal of the Society of Oriental Research*, vol. 8 (1924), pp. 68-69; S. Euringer, "Die Anaphora der 318 Rechtgläubigen", *ZSem*, vol. 4 (1926), p. 135.

Eighteen Orthodox are apparently the result of this unsystematic revision. The revision it underwent was not as rigorous as the one that was performed on the Anaphora of Our Lady Mary by "Cyriacus", *G*"*åśʿa*, seems to have been, although even it, too, still manifests a contradition in its interpretation of the theology of the Trinity. On the one hand, there is the "one sun" of the substratum: "The sun of righteousness is one". (Zärʾa Yaʿəqob may not have accepted this statement. For him, it is the light (of righteousness, the divinity) which comes forth from the three suns, that is one). On the other hand, however, there are the three suns of the upper stratum, introduced at the time of the revision of the anaphora to satisfy the conservatives: "The Father is sun, the Son is sun and the Holy Spirit is sun". But more importantly, the text of this quotation from *G*"*åśʿa*, as preserved in Vatican MS 15, f. 186rv, and Vatican MS 18, ff. 72v-73r (both fifteenth century manuscripts) is significantly different when compared with that of the standard liturgical books (e.g. the *Mäṣəḥafä Qəddase* published in Addis Ababa in 1951 E.C.); in these manuscripts (Vatican 15, f. 186rv, and Vatican 18, ff. 72v-73r) it is free of contradiction and one-sidedly favours the position of the dissidents[63]:

> Ab *z̦ähay* [Vat. 18: *z̦ähayä*] *wå-Wåld bərhan* [Vat. 18: *bərhanä*] *wå-Mänfäs Qəddus waʿəy* [Vat. 15: *wåʿey*, and Vat. 18: *waʾəyu*] *1 wəʾətu z̦ähayä ṣədq zä-yabärrəh lä-k*"*əllu. Ab əsat* [Vat. 18: *əsät*] *wå-Wåld näbälbal wå-Mänfäs* [Vat. 15: *wå-Mä mänfäs*] *Qəddus afham.*
>
> The Father is the sun; the Son is the light, and the Holy Spirit is the heat; the sun of righteousness is one. The Father is the fire; the Son is the flame and the Holy Spirit is the red hot coal.

It may be fair to mention that the text in Vat. 16, a sixteenth century manuscript, is similar with the standard *G*"*åśʿa* of today at this particular point[64]. But this may only mean that the revision of the anaphoras and their adaptation by the established Church had taken place as early as that time. Furthermore, all three MSS (Vat. 15, Vat. 16 and Vat. 18) are at one in disagreeing with the *textus receptus* of *G*"*åśʿa* at another equally important place, the column-long paradigm for the interpretation of the mystery of the Trinity. Only the first paragraph will be quoted here.

---

[63] This variant is given as an alternative in the *Mäṣəḥafä Qəddase/Missale Ethiopicum*, published in the Vatican City in 1938 E.C./1945 A.D., p. 79. For a description of Vat. 15 and Vat. 18, see S. Grébaut and E. Tisserant, *Codices*, pp. 45-61 and pp. 69-84 respectively; see also S. Euringer, "Die äthiopische Anaphora unserer Herrin Maria", pp. 82-3. Hammerschmidt believes that "there is no need to assume that any apocryphal source was used". He even gives biblical references where these citations may be traced, "according to the Ethiopic point of view" (!), Hammerschmidt, *Studies*, p. 77.

[64] See Vat. 16, f. 47r. For a description of Vat. 16, see Grébaut and Tisserant, *ibid.*, pp. 61-65.

G"ǎś'a, according to the *Mäṣǎḥafä Qǎddase* (Addis Ababa 1951 E.C.), p. 114[65]:

> *Ab wǎ-Wǎld wǎ-Mänfäs Qǎddus yǎḥelläyu. Ab wǎ-Wǎld wǎ-Mänfäs Qǎddus yǎtnaggäru. Ab wǎ-Wǎld wǎ-Mänfäs Qǎddus yǎśämmäru.*
> The Father, the Son and the Holy Spirit think. The Father, the Son and the Holy Spirit speak. The Father, the Son and the Holy Spirit are pleased.

G"ǎś'a, according to *Missale Ethiopicum* (Vatican 1945), p. 78 (= Vat. 15, ff. 185v-186r; Vat. 16, f. 47r; and Vat. 18, ff. 70v-71v)[66]:

> *Ab yǎḥelli wǎ-Wǎld yǎtnaggär wǎ-Mänfäs Qǎddus yǎśammär.*
> The Father thinks, the Son speaks and the Holy Spirit is pleased.

Distributing the special actions about the one thought of creation to each of the persons in the Trinity in this way, as though assigning them to the mind, the tongue and the heart of *one person*, is not acceptable to Zär'a Ya'ǎqob or to the author of the *Mäṣǎḥafä mǎṣṭir* (see n. 66). But this quotation represents, most probably, the original formula of the anaphora.

More evidence could be given to show that these two anaphoras were originally liturgies of heretical sects. The revision was not so thorough in some places as to eliminate all traces of dissent. One may recall, for example,

---

[65] See also Marcos Daoud and Marsie Hazen, *The Liturgy*, p. 110.

[66] The fact that manuscripts (including EMML 6229 (f. 99v), a microfilm of a seventeenth century manuscript belonging to the church of Mäyṭi Abbo in Wollo when microfilmed in 1976; EMML 2443 (f. 50r), a microfilm of a nineteenth century manuscript of Ankobärr Mädḫane 'Alam microfilmed in 1975; and EMML 2511 (ff. 79v-98r), a microfilm of a ninettenth century manuscript of Miṭaq Gäbrǎ'el, also microfilmed in 1975) fall into the category of Vat. 15, Vat. 16 and Vat. 18 shows, interestingly, that this version of *G"ǎś'a* is still in use in Ethiopia; see also Euringer, "Die athiopische Anaphora unserer Herrin Maria", p. 82. But the author of the *Mäṣǎḥafä mǎṣṭir* strongly rejects the theology of this anaphora in his treatise against Macedonius, in the reading for Pentecost, *Bä'alä 50*, EMML 6456; f. 110r:

> *Wǎ-i-konä-mmä Ab zä-yǎ'ezzǎz wǎ-Wǎld zä-yǎgäbbǎr wǎ-Mänfäs Qǎddus zä-yǎṭä'aṭṭǎ':*
> *Bä-kämä Ab gäbrä < wǎ- > Wǎld gäbrä bä-amsalu; wǎ-bä-kämä Wǎld-ǎni yǎgäbbǎr < wǎ- > Mänfäs Qǎddus-ǎni gäbrä bä-ar'ayahu. Akko bä-bbä-mäkfältomu alla zä-bä-1 mǎkr wä-1 ḥǎllina.*
> It is not so, that the Father commands, the Son works and the Holy Spirit makes perfect. As the Father works, so does the Son in the same manner; and as the Son works, so also the Holy Spirit in the same way. They do not (act) each on his own, but are one in counsel and one in thought.

I understand this quotation to be a rejection not only of the theology of *G"ǎś'a* but of the Anaphora of Our Lady Mary by Cyriacus of Bahnasah itself, at least in the version of the dissidents. Cf. Euringer, *ibid.*, paragraphs 53-55 (including notes), pp. 82-3. Revision of a theological formula in this manner has taken place again in the nineteenth century controversy on the question of the anointment of Christ, from *Ab qäba'i, Wǎld täqäba'i, Mänfäs Qǎddus qǎb'* to *Ab qäba'i, Wǎld qäba'i, Mänfäs Qǎddus qäba'i ... Wǎld qǎb' Mänfäs Qǎddus qǎb'.* There were even heretics called *Maryam Ǝnnatu* who introduced in their liturgy statements such as *Ab qǎb', Wǎld qǎb', Mänfäs Qǎddus qǎb'; 1 wǎ'ǎtu qǎb'a mäläkot* "The Father is ointment, the Son is ointment, the Holy Spirit is ointment; the ointment of the divinity is one", e.g., EMML 1703, f. 147v.

that Fǝre Maḥǝbär was accused of denying the distinct existence of the Son by saying[67]:

> *Mälkǝʾu wå-ṭǝbäbu wå-ḥaylu wå-bǝrhanu wå-yämanu wå-mäzraʾǝtu lä-Ab Wåld wǝʾǝtu.*
> The image, the wisdom, the power, the light, the right (hand) and the arm of the Father is the Son.

This doctrinal thesis is found almost word for word in the homily of *Rǝtuʿa Haymanot* for the Nativity, so that the identification of *Rǝtuʿa Haymanot* with Fǝre Maḥǝbar, directly or indirectly, becomes more and more probable[68]:

> *Nahu täʿawqä kämä Wåld qalu lä-Ab ... Mälkǝʾu-hi wå-ṭǝbäbu-hi wå-ḥaylu-hi wå-bǝrhanu-hi wå-yämanu-hi wå-mäzraʾǝtu-hi* [MS: *wå-mäzʾǝtu-hi*] *lä-Ab wǝʾǝtu.*
> Behold, it is evident that the Son is the Word of the Father. ... He is also the image, the wisdom, the power, the light, the right (hand) and the arm of the Father.

This "heresy", whose origin is the *Qälemǝnṭos*, is very well preserved in *Gǝrum* even in its present form[69].

> *Wǝʾǝtu lä-Abuhu yämanu, ǝdä mäzraʾtu, Wåldu wå-fǝquru, zä-kämahu amsalihu.*
> He is the right (hand) of his Father, the hand of his arm, his Son and his beloved, who is as he is like him.

The description of the throne of God in *Gǝrum* seems to have been taken

---

[67] Conti Rossini and Ricci, *Il libro della luce II* (text), p. 144. The descriptive words added to the name of Fǝre Maḥǝbär, *ḥaddis ba-aminä Krǝstos*, "a new believer [or, "new in the belief] in Christ", (Hammerschmidt, *Äthiopische Handschriften*, 1973, p. 106) indicate that the teacher was a born again Christian, a new convert to a certain theological view, perhaps established in the name of the first *Rǝtuʿa Haymanot*, whoever he may have been and whenever he may have flourished.

[68] EMML 7028, f. 10v. The bastion of one of the dissident groups seems to have been the Monastery of Kǝbran, on one of the islands of Lake Ṭana. According to some manuscripts that come from there, e.g., Kebrān MS 6, Fǝre Maḥǝbär was abbot of Kǝbran during the reign of Emperor Zär'a Yaʿǝqob; Hammerschmidt, *Äthiopische Handschriften*, (1973), p. 103. He was, in all likelihood, the teacher accused of the heresy in question; see note 67 above. It may also be helpful to remark here that there was an ecclesiastic by the name of *Abba* Nob mentioned in Kebrān MS 1, f. 237v.

[69] *Mäṣǝḥafä Qǝddase*, Addis Ababa 1951 E.C., pp. 128-9; Marcos Daoud and Marsie Hazen, *The Liturgy*, p. 124; Euringer, "Die Anaphora der 318", p. 132. The idea of this formula might seem to be found in the *Tǝmhǝrt ḥǝbuʾat* or "The Ethiopic Version of the Mystagogia", ed. and tr., F. Hallock, in *Le Muséon*, vol. 53 (1940), p. 74; D. Lifchitz, *Textes éthiopiens magico-religieux*, Institut d'Ethnologie, Paris 1940, p. 42; and E. Hammerschmidt, *Äthiopische liturgische Texte der Bodleian Library in Oxford*, Berlin 1960, p. 50; but this work has no reference to *mälkǝʾ* or *arʿaya*, the central object of the controversy. It also makes a difference if the descriptive words as applied to Our Lord are taken figuratively or literally.

from the Book of Revelation, but the influence of the *Qäləmənṭos* there cannot be ignored :

Gərum [70]:

> *Wå-əm-taḥtehu la-wə'ətu mänbär yənäqqə' baḥr zä-2e fənnawihu : baḥr zä-bərhan wå-baḥr zä-näfas.*
> And beneath the throne there springs a sea of two currents, a river of light and a river of wind.

Revelation 4, 6:

> *Wå-qədmehu lä-wə'ətu mänbär baḥr kämä əntä bäräd. Wå-əm-gäbäwatihu lä-wə'ətu mänbär arba'əttu ənsəsahu ...*
> And before the throne there was a sea as though of crystal. And on the sides of the throne there were his four beasts...

The two currents, or streams, coming from the sea are not found in Revelation (see also chapter 12).

Qäləmənṭos, (Our Lord describing the throne of the Trinity) [71]:

> *Wå-rässäynä mənbarinä zä-əm-bərhan wå-əsat wå-gərma ... əsat tənäddəd əm-taḥtehomu wå-mänkʷårakʷər zä-əsat la'əlä 2 baḥr 1 zä-əsat wå-kalə'u zä-yä'abbi zä-näfas.*
> And we set up our throne, which is of light, fire and majesty.... Fire burns beneath [the four beasts], and there is a wheel of fire above two streams, one (of which) is of fire and the second, which is the greater, of wind.

It may sound far-fetched, but one can hypothesize, from a study of the theological views of Emperor Zär'a Ya'əqob, that the Anaphora of John Son of Thunder, *Ḥabekä I*, and the Anaphora of Cyril, *Ḥabekä II*, may also have been adapted to suit the requirements of the communities of dissidents. The following quotation from *Ḥabekä I* is not basically different from the alleged heretical doctrine of Fəre Maḥəbär [72]:

> *Iyyäsus Krəstos ḫaylu wå-ṭəbäbu lä-Abuhu.*
> Jesus Christ is the power and the wisdom of his Father.

For one who is a stranger to the theological controversies of fifteenth century Ethiopia, this quotation and others like it do not express heretical views concerning Christian faith, especially since the idea behind this last

---

[70] *Mäṣəḥafä Qəddase*, *ibid.*, p. 132; Marcos Daoud and Marsie Hazen, *ibid.*, p. 128; Euringer, "Die Anaphora der 318", p. 136.

[71] EMML 2147, f. 30rv.

[72] *Mäṣəḥafä Qəddase* (Addis Ababa 1951 E.C.), p. 96; Marcos Daoud and Marsie Hazen, *The Liturgy*, p. 94; S. Euringer, "*Die äthiopischen Anaphoren des hl. Evangelisten Johannes des Donnersohnes und des hl. Jacobus von Sarug*", *Orientalia Christiana*, vol. 33-1, no. 90, (1934), p. 30; cf. I Cor. 1,24.

quotation can be found in the Scriptures and the *Təmhərtä ḥəbu'at*, the Mystagogia of the Testament of Our Lord, which is accepted by the Church, but for the Church of Zär'a Ya'əqob they did. It would not have been in the interest of the established Church to express such controversial doctrines in works of such great and lasting impact as the anaphoras. The dissidents, on the other hand, may have thought that it was to their advantage, or was even an obligation to express their faith in their service books.

Another expression attributed to Zämika'el and Gämäləyal and considered heretical by Emperor Zär'a Ya'əqob, is found in this anaphora, *Ḥabekä I*. First a direct quotation of the alleged heretical doctrine of Zämika'el and Gämäləyal from the "Homily (of Emperor Zär'a Ya'əqob) in Honour of John the Evangelist"[73]:

> *Əgzi'abḥer-əssä-ke i-yyastärə'i wä-albottu mälkə'a zä-ye'amməro säb'; lälihu yä'ammər malkə'o.*
> As for God, he is invisible and has no image which man may know; he (alone) knows his image.

Ḥabekä I[74]:

> *Wä-albo zä-yä'amməräkkä wä-albo zä-yəkl rə'əyotäkä; lälikä tä'ammər rə'əsäkä.*
> And no one knows you, and no one is able to see you; you (alone) know yourself.

These two quotations are, I believe, closely related to each other even though the first has *mälkə'*, "form", "figure", "image", "shape", where the second has *rə'(ə)s* "self" from Romans 1,20 of their text of the New Testament. According to the "Homily in Honour of John the Evangelist", both words were used in the controversy over the anthropomorphization of the persons of the Trinity at the court of Emperor Zär'a Ya'əqob. The phrase[75],

> *Żäḥayä ṣədq zä-əm-kənäfikä yəśärrəq żäḥayä ṣədq wä-fälfälä räbaḥ ...*
> The sun of righteousness from whose rays [lit. wings] there rises the sun of righteousness and a fountain of benefits,

which is translated in different ways by modern scholars, may originally have been worded differently to express the mystery of the Trinity, for example:

---

[73] EMML 1480, f. 48v. The homily is ready for publication. The contents of the homily at this point are basically similar to what is reported in the *Mäṣəḥafä bərhan*, edited by Conti Rossini and Ricci, *Il libro della luce II*, (text): p. 128. For a description of EMML 1480, see my *Catalogue* of EMML manuscripts (Collegeville 1979), pp. 599-603.

[74] *Mäṣəḥafä Qəddase*, p. 91; Marcos Daoud and Marsie Hazen, *The Liturgy*, p. 89; Euringer, *Die äthiopischen Anaphoren*, p. 16; J.M. Harden, *The Anaphoras*, 73; see also n. 94 below.

[75] *Mäṣəḥafä Qəddase* (Addis Ababa 1951 E.C.), p. 96; Marcos Daoud and Marsie Hazen, *The Liturgy*, p. 94; Euringer, *Die äthiopischen Anaphoren*, p. 32.

(*Zähayä ṣədq zä-əm-kənäfikä yəwåṣṣə' bərhanä ṣədq wå-fälfälä ḥaywåt.*
The sun of righteousness from whose rays there come forth the light of righteousness and the fountain of life).

It is interesting to note that the literary sources of *Ḥabekä I* do not include works whose canonicity was challenged by the so-called Zämika'elites of the days of Emperor Zär'a Ya'əqob[76]. Furthermore, it is common knowledge that the Blessed Virgin and John the Evangelist are closely tied together in the literary tradition of the established Church[77]. Our Lady Mary is not mentioned in this locally composed Anaphora of John Son of Thunder! The anaphora was either very old or belonged to a dissident group of the fourteenth or fifteenth century.

The situation with the Anaphora of Cyril, *Ḥabekä II*, is not basically different. The alleged heretical doctrine of Fəre Maḥəbär is nowhere as clearly preserved as in the Anaphora of Cyril[78]:

Wə'ətu Wåldəkä wå-mäl'akä məkrəkä wå-fəqurəkä zä-əmənnekä amsalikä wå-mälkə'əkä ḥallinakä wå-ḥayləkä ṭababəkä wå-məkrəkä yämanəkä wå-mäzra'təkä.
He is your Son, the messenger of your counsel and your beloved who is from you, your likeness and your image, your mind and your power, your wisdom and your counsel, your right (hand) and your arm.

The authors to whom these anaphoras are ascribed are also not without interest. According to one manuscript of the *Mäṣəḥafä məsṭir*, *Ḥabekä II* was ascribed, in its primitive stage(?), to *Rətu'a Haymanot*[79]! It may have

---

[76] On the controversy, see K. Wendt, "Der Kampf um den Kanon Heiliger Schriften in der äthiopischen Kirche der Reformen des XV. Jahrhunderts", vol. 9 (1964, reprint Amsterdam 1969), pp. 107-113. Since the description of the Father and the Son with words such as those quoted in n. 72 is widely accepted, the possibility that its origin could be the *Təmhərtä ḥəbu'at* may be of little importance.

[77] Examples are the *Ra'eya Maryam* or *Visio Mariae Virginis* (ed.), M. Chaîne, *CSCO*, text; series prima, t. 7 (1909), pp. 53-80; and *Säne Goləgota* or, "La prière de Marie au Golgotha", *Journal Asiatique*, vol. 226 (1935), pp. 273-286. The composition of the first is ascribed to John the Evangelist, and the second to his disciple, Prochorus.

[78] *Mäṣəḥafä Qəddase*, pp. 216-217; Marcos Daoud and Marsie Hazen, *The Liturgy*, p. 210; the text is slightly different in O. Löfgren and S. Euringer, "Die beiden äthiopischen Anaphoren 'des heiligen Cyrillus, Patriarchen von Alexandrien'", *ZSem*, vol. 8 (1932), p. 220.

[79] EMML 6456, f. 35r. It is not clear, from the way it is presented here, whether this is supposed to be the whole anaphora, excluding, of course, the pre-anaphora, the dialogues, the institution, the imposition of the hand, etc., which do not necessarily differ from one *akkʷåtetä qʷərban* to another, or a quotation *in extenso* from it. Introduced with the title, the quotation covers paragraphs 33-36 of Euringer's, "Die äthiopischen Anaphoren", pp. 230-2 and paragraphs 92-102 of the *Mäṣəḥafä Qəddase*, pp. 225-6; see also Marcos Daoud and Marsie Hazen, *The Liturgy*, pp. 218-9.

Akkʷåtetä Qʷərban zä-Rətu'a Haymanot. Həlləw Ab məslä Wåldu wå-məslä Mänfäsu Qəddus əm-qədmä sä'at wå'əlät, əm-qədmä azman wå-'əlätat [apparently for : *'amätat*] ...
Ḥəburan bä-i-tussaḥe wå-dəmmuran bä-i-bu'ade gəẕẕəwan [interestingly also EMML 6229, f. 187a, a seventeenth century *Mäṣəḥafä Qəddase : gəṣṣəwan*] *bä-təśləst* [MS : *bä-təslət*] ...

been attributed to a different author, Cyril, when it was enlarged with more prayers, including those that contain "heretical" passages like the one quoted above. Through this anaphora, it seems, the dissidents were strengthening the members of their community in the Orthodox faith and were calling the authorities of the established Church to come back to the teachings of the early Fathers. *Gərum* may originally have received its name from a group of dissidents called *Rətuʻanä Haymanot*, and only later the name was interpreted to mean the Orthodox Fathers of Nicca.

That the "Anaphora of John Son of Thunder" was composed as a result of a theological controversy may be concluded with a certain degree of confidence. To begin with, the theme of the anaphora is John 1,18: *Lä-ʾIgziʾabher-əssä albo zä-rəʾəyo gəmura*, "No one has ever seen God", (which explains, I believe, the attribution of the anaphora to John the Evangelist/ Son of Thunder). The object of the Zämika'elite controversy, which lasted up to the middle of the fifteenth century, that is, after the composition of the anaphora, was precisely the image of God that no one has ever seen. According to the reports of Zärʼa Yaʻəqob, Zämika'el, who was probably the abbot of a big monastery, composed a service book, *Dərsanä qəne zä-mänfäqä gəbrä lelit*, (*Horologium*, not an anaphora), for his (monastic) community based on his doctrinal interpretation of this quotation from the Gospel according to St. John. Another ecclesiastic, Gämaləyal, was accused by the Emperor of collaborating with Zämika'el in seducing the faithful from the Orthodox doctrine[81]. The Emperor summoned, therefore, a large council in which John 1,18 was "discussed". Gämaləyal was called upon to state where he stood on the issue, whether or not God has a *malkə'*, "image", "form", "figure". Gämaləyal's answer, as reported by the Emperor, was uncompromisingly to the point[82]:

The Anaphora of *Rətuʻa Haymanot* [*de recta fide?*] The Father is existent with his Son and his Holy Spirit before hour and day, before times and (years)... They are united without being mixed and are together without separation; they are personified in a trinity...

Compared with the other anaphoras, especially *Yohannəs wåldä Nägʷådgʷad*, *Śälästu məʼət*, *Basləyos* and *Diyosqoros*, this eucharistic prayer should have come towards the beginning of the anaphora and not towards its end, or where it should have ended. This prayer may have been the original anaphora of a *Rətuʻa Haymanot* that was accepted by all parties but was later incorporated into a new anaphora and called the Anaphora of Cyril. The beginning of this quotation is also quoted in the *Mäsəhafä məstir* in the treatise against the heresy of Photinus (Nativity), *ibid.*, f. 29r. There may have been historical reasons for the strinkingly unequal lengths of the anaphoras of the Ethiopian Church.

[80] Conti Rossini and Ricci, *il libro della luce II*, (text): p. 126f.

[81] Getatchew Haile, "A Preliminary Investigation of *Tomarä təsbəʼt* of Emperor Zärʼa Yaʻəqob of Ethiopia", *Bulletin of the School of Oriental and African Studies*, vol. 43, no. 2 (1980), paragraph 6, 1, note 77.

[82] Conti Rossini and Ricci, *il libro della luce II*, (text): p. 128.

*Ansä ḥabärku məslä Zämika'el bä-kämä yəbe Wångel, lä-Ᵹgzi'abher-əssä albo
zä-rə'əyo gəmura. Wå-əmmä-ssä albo zä-rə'əyo gəmura männä-ke yəmässəl əbl.*
I agree with Zämika'el as the Gospel said, "No one has ever seen God"; if no
one has ever seen him, who shall I say that he looks like?

On this occasion the Emperor composed a homily, quoting several verses
from the Scriptures in support of his view, that God has a *mälkə'*, to refute
the writings and teachings of the Zämika'elites and, apparently, to justify
the elimination of the leadership of the movement, "The Homily in Honour
of John the Evangelist"[83]. As we have seen above, Zär'a Ya'əqob quotes
from the *Dərsanä qəne zä-mänfäqä gəbrä lelit* composed by Zämika'el:
"Holy, Holy, Holy is God; he is not likened to the image of creatures"[84].
The Emperor states in another place, in connection with the same quotation,
that Zämika'el had, in fact, composed a service book which might be called
an anaphora[85]:

*Wå-bä'əntä-zə yəbe bä-'əbädä ləbbu bä-wəstä ṣälot zä-śär'a bä-betä Krəstiyanu,
wå-ənzä yəqeddəs yəbl 3 gize qəddus qəddus qəddus bä-kämä säm'a əm-ḥabä
Näbiyat əllä ṣäḥafu sämi'omu ənzä yəqeddəsəwwo mäla'əkt śəlsä la-Ṣəllus Qəddus.
Wå-wə'ətu-ssä i-yyə'ammən səllasehu la-Ṣəllus bä-gəṣṣawe wå-bä-mälkə'.*
For this reason he said (this) in the foolishness of his heart in the prayer which
he ordained in his church [probably, "monastery"]. When he consecrates, he says
three times, "Holy, Holy, Holy", as he has heard it from (the Books of) the
Prophets, who wrote (thus) having heard the angels sanctify the Holy Trinity
three times; but he himself does not believe in the threeness of the Trinity in
person and form/figure.

Whether one considers it heretical or not today (or even then), the Anaphora
of St. John Son of Thunder in some passages reflects more closely the
religious views of Zämika'el or his school than those of Emperor Zär'a
Ya'əqob. The ambiguous and obscure expressions in several places in this
anaphora, which should rather be called a confession of faith or a creed,
may be the result of emendations or distortions introduced into it at a later
stage. It is still not clear what the following formula means and whether
Emperor Zär'a Ya'əqob would have accepted it[86]:

---

[83] See n. 73 above.

[84] Conti Rossini and Ricci, *Il libro della luce II*, (text): p. 126.

[85] "The Homily in Honour of John the Evangelist", EMML 1480, f. 51r; see n. 73.

[86] The problem starts with the significance of the first word, *ḥərum*, in each of the first
three sentences as applied to God; *ḥərum* normally means, "forbidden", "untouchable",
"dedicated to God", therefore probably "holy". Euringer, *Die äthiopischen Anaphoren*, p. 25,
has "hochheilig" (= most holy). The word has been borrowed as it is in the Amharic translation
of the *Mäṣəḥafä Qəddase*, p. 93. The text used by Harden, *The Anaphoras*, p. 74, has either
gərum, as the note of Euringer indicates, or the author has misread it, for he has translated it
as "awful". S. Mercer, "The Anaphora of the Holy and Blessed John", *Journal of the Society
of Oriental Research*, vol. 6 (1922), p. 23, renders the word by "diverse", but his knowledge

Ḥərum antä wå-hallokä Ab Qəddus. Ḥərum antä wå-hallokä Wåld Qəddus. Ḥərum antä wå-hallokä Mänfäs Qəddus. 3tu səm 1 Ǝgzi'abḥer Qəddus.

According to the teaching of the Church, the trinity of God is not only in *səm*, "name", but also in *gəṣṣawe* "hypostasis", *akal* "person" and *mälkə'*, "figure" "form", before as well as after Incarnation of the Word. The Anaphora of John Son of Thunder, as it is now, is not willing, it seems, to go that far in unambiguous terms at this particular point. According to the above formula the three names are not addressed one to each of the corresponding persons of the Trinity but to the one God: You are the Father, you are the Son, you are the Holy Spirit, three names, one God. The author of the *Mäṣəḥafä məsṭir* has quotations from the Anaphora of John (Son of Thunder) which means that this anaphora was well established in Ethiopic by the first quarter of the fifteenth century[87]:

> *Yoḥannəs-əni yəbe bä-Mäṣəḥafä Qəddasehu: yətqäfäs ḫoḥətä bərhan wå-yəträḥawa ḥawaḥəwä səbḥat wå-yəmṣa' Mänfäsəkä ḥəyaw wå-qəddus; yəräd wå-yənbär yəḥdər wå-yənuḫ wå-yəqaddəs zäntä akk^wåtetä q^wərban. Wå-ṣəwwa'-ni yəqäddəs. Lä-yəkun zəntu ḫabəst śəgakä ḥəyaw, wå-ṣəwwa'a-ni sutafe dämäkä mästäśahl.*
> John [Son of Thunder], too, said in his Anaphora, "Let the gate of light be unlocked and let the doors of praise be opened and your living Holy Spirit come; let him come down, rest, dwell, linger and sanctify this Eucharist. Let it sanctify the cup, too. Let this bread become your living body and the cup, too, the communion of your compassionate blood.

Those who have translated this anaphora into European languages have tried to rectify the above ambiguous quotation rather than trace the possible

---

of Gə'əz was that of a pioneer. Marcos Daoud and Marsie Hazen, *The Liturgy*, p. 91, understand it as "unique". See also V. Six, *Die Vita des Abuna Tādēwos von Dabra Māryām im Ṭānāsee*, Wiesbaden 1975, p. 238. In the writings of Giyorgis of Gasəčča, e.g., his *Sa'atat*, one finds the expression *ḥərum əmenna rək^ws* EMML 204, f. 24r or *ḥərəmt əm-rək^ws, ibid.*, f. 64r. The verb *ḥarämä* is also a synonym of *ḥaräwä*, "to make a sketch", "to mould". Although the meaning of the word may remain unclear, the theology that this quotation purports is different in the homily against the heresy of Photinus in the *Mäṣəḥafä məsṭir*, e.g. EMML 6456, f. 29r:

> *Ḥərum Ab zä-i-yyastärə'i bä-həllawe zä-ənbälä da'əmu bä-ra'əyä tənbit lä-näbiyatihu. Ḥərum Wåld zä-i-yyastärə'i bä-mäläkotu zä-ənbälä bä-təsbə'tu. Ḥərum Mänfäs Qəddus zä-i-yyastärə'i bä-akalä gərmahu zä-ənbälä da'əmu bä-nəṣṣare zä-yətfäqqäd* [MS: *zä-i-yyətfäqqäd*] *bä-zä-yəräddə'omu lä-qəddusan.*
> The Father, who does not appear in (his) essence but in prophetic visions of his prophets, is *ḥərum* (= distinct?). The Son, who does not appear in his divinity but in his humanity, is *ḥərum*. The Holy Spirit, who does not appear in the person of his majesty but in the appearance needed for the help of the saints, is *ḥərum*.

Both the author of the Anaphora of John Son of Thunder, as we know it, and the author of the *Mäṣəḥafä məsṭir* seem to have a common source at this point, the original Anaphora of John the Evangelist!

[87] The homily against the heresy of Macedonius, e.g. EMML 6456, f. 109v; cf. *Mäṣəḥafä Qəddase*, p. 102.

history of its development. Similarly, the awkward formula at the end of the following passage[88]:

Ab säma'tä Wåld wå-Mänfäs Qəddus, wå-Wåld yəsäbbək bä'əntä Ab wå-Mänfäs Qəddus wå-Mänfäs Qəddus yəmehər bä'əntä Ab wå-Wåld, kämä bä-1 səm Śəllusä yamləku.

The Father is witness for the Son and the Holy Spirit, the Son preaches about the Father and the Holy Spirit, and the Holy Spirit teaches about the Father and the Son, that one may worship the Trinity in one name.

which does not agree very well with the thought of the rest of the anaphora, or even with the rest of the quotation itself, may have been the result of an attempt to reverse the message by altering the original text, which could have been

(... *kämä bä-3 səm waḥədä yamləku*
... that one may worship one (God) in three names).

The question is not which of the two formulae is theologically sound now but which is in greater harmony with the thought of the anaphora. However, it is only fair to recognize that none of the many manuscripts in microfilm that I have checked has anything to support my proposed reconstruction. Only the microfilm of one manuscript, EMML 4174 (17th century), differs slightly from the rest, f. 22r :

... *kämä bä-1 Śəllusä yamləku* [the word *səm*,
    "name" is lacking].
... that one may worship the Trinity in one.

This paper is not, and does not claim to be, a systematic study of the individual anaphoras of the Ethiopian Church. However, one can recall the historical fact that, during the days of Emperor Zär'a Ya'əqob (1434-1468), the established Church recognized only the two anaphoras that are found in the *Sinodos*, or the Synodicon of the Ethiopian Orthodox Church, and the *Mäṣəhafä kidan* or the Testament of Our Lord of the Ethiopian Church, that is, the Anaphora of the Apostles and the Anaphora of Our Lord Jesus Christ[89]. It was only logical for the Zämika'elites or more precisely, their ancestors, who openly challenged the canonicity of these two pseudo-apostolic writings, to look for an alternative. Their initiative in composing anaphora(s) is attested in the writings of the Emperor himself[90]:

[88] *Mäṣəhafä Qəddase*, p. 92; Marcos Daoud and Marsie Hazen, *The Liturgy*, p. 90; Euringer, *Die äthiopischen Anaphoren*, paragraphs 20-1, p. 20.

[89] A. Dillmann, "Über die Regierung", p. 66.

[90] Conti Rossini and L. Ricci, *Il libro della luce II*, (text): p. 41.

*Wå-qəddase q"ərban-əhi aqämu bä-fäqadä rə'əsomu ḥadigomu Qəddase Ǝgzi'ənä
zä-täṣəḥfä bä-Kidan wå-Qəddase Ḥawarəyat zä-ṭaṣəḥfä bä-Sinodos.*
They established a eucharistic anaphora, too, on their initiative, leaving aside
the Anaphora of Our Lord, which was written in the Testament [of Our Lord],
and the Anaphora of the Apostles, which was written in the *Synodicon.*

This could be a reference to *Ḥabekä I* or *Ḥabekä II* as adapted by them.
The "*Rətu'a Haymanotites*" may have been less conservative and leaning
more towards the Churches of the Mediterranean regions, especially in their
attitude towards the Blessed Virgin and the apocryphal literature. We have
to admit, however, that we know nothing about the attitude of the
Zämika'elites towards the Blessed Virgin except from their opponents, the
"Zär'a Jacobites". The Anaphora of Our Lady Mary by Cyriacus, *G"åś'a*,
and the Anaphora of the Three Hundred Orthodox Fathers, or *Rətu'anä
Haymanot, Gərum*, may have been the composition of the "*Rətu'a Haymanotites*". Points of disagreement among the radical groups, whose number we
do not know, should be expected, but they seem to have been in agreement
in opposing "the heresy of the anthropomorphization of the persons in the
Trinity" imposed by the Emperor and the *Kahnatä däbtära*, "the clergy of
the Tabernacle" at the royal camp. Earlier than that, moreover, Giyorgis
of Gasəčča was approached by the Metropolitan, probably Bärtälomewos
(1398-1436), to compose anaphoras, *qəddaseyat* [MS: *qəddəsəyat*][91]. This
may indicate that the need was urgent at that time for liturgical books that
could satisfy and unify the Mother Church and the splinter groups. More
impotantly, however, it shows that the controversy concerning the image of
God did not start during the reign of Zär'a Ya'əqob but before him.
Zämika'el and Zär'a Ya'əqob were each expressing the views of their
predecessors as found in the literature that they inherited. The *Mäṣəḥafä
məsṭir*, whose composition was completed in 1424, a decade before the coming
to power of Zär'a Ya'əqob, has a treatise dealing with this same question.
A large part of one of the homilies, the treatise against the heresy of
Sabellius, the reading for *Səbkät*, is devoted to the doctrine that God has
a *mälkə'*, "form", "figure", "image", that resembles that of man.
   The homily concludes with the following words[92]:

   *Nahu abṣaḥnä läkä səm'a əm-mäṣaḥəft kämä bottu lä-Ǝgzi'abḥer fəṣṣumä mälkə'a
   əg"alä əmäḥəyaw.*

---

[91] *Gädlä Giyorgis zä-Gasəčča*, EMML 1838, ff. 21v-22r; Taddesse Tamrat, *Church and State,*
n. 4, p. 223.

[92] E.g., EMMK 6456, f.`7r; see also his treatise against Bitu, Conti Rossini (tr.), "Due
capitoli del libro del Mistero di Giyorgis da Saglä", *Rassegna di Studi Etiopici*, vol. 7 (1948),
pp. 39-53. Whether it is significant or not, the writings of Giyorgis treat the *mälkə'* of God
and not the *mälkə'* of each person in the Trinity.

Behold, we have brought you testimony from the Scriptures (to show) that God has a perfect human form.

The efforts of *Abba* Giyorgis in composing anaphoras does not seem to have brought, at least for the time, the desired result. It aroused opposition from the members of the established Church, so that one of the new anaphoras, *Mä'aza qəddase*[93], had to go into oblivion for about five hundred years. The beautiful literary piece of admonition called the Anaphora of Athanasius, too, is in all probability the composition of this famous writer. If the several quotations given above as heretical teachings can be used as measuring sticks for distinguishing the writings of the established Church from those of the dissident groups, the Anaphora of Athanasius must undoubtedly belong to the traditionalists[94]. Furthermore, like the Anaphora of Our Lord and the Anaphora of the Apostles, but unlike the anaphoras suspected to contain heretical views and the homiliary of *Rətu'a Haymanot*, the Anaphora of Athanasius is a Monophysite composition, in the sense that the triune God, who is addressed in the prayer, is identified with Jesus

---

[93] A.T.M. Semharay Selam, *La Messe de Notre Dame dite Agréable Parfum de Santeté*, Rome 1937; *Mäṣəhafä Qəddase/Missale Ethiopicum*, Vatican City 1938 E.C./1945 A.D., pp. 87-94; and *Nəburä əd* Dəmeṭəros Gäbrä Maryam and *Mə[kəttəl] Afä nəguś* Ṭəbäbu Bäyyänä (ed.), *Qəddaseyatä Maryam* (*Gʷåś'a-Mä'aza Qəddase*), Asmara 1959 E.C. *Mä'aza Qəddase* may have been composed in reaction to *Gʷåś'a*! The role of the Blessed Virgin in helping the saints found in the *Mä'aza Qəddase* (e.g. *Missale, ibid.*, pp. 88-89), *mädḥanitu lä-Addam*, "the salvation of Adam"; *täwåkafitä mäśwa'tu lä-Abel*, "the receiver of the sacrifice of Abel", etc. is taken almost word for word from the first part of *Ḥoḥətä bərhan* ascribed to *Abba* Giyorgis. For a copy of the *Ḥoḥətä bərhan*, see M. van den Oudenrijn, *CSCO*, vol. 208, (1960), pp. 95-7.

[94] It would, of course, be necessary to study the different heresies that were current in Ethiopia in the fourteenth and the fifteenth centuries to be able to draw a list of theses or formulae by which particular works could be measured. The manner of formulation of some views would also have to be taken into account. The discovery, in *Nä'akkʷəto*, of the declaration,

> *Albo əmäq lä-mäläkotu, albo la'l wå-albo taḥt, albo nuḥ wå-gədm, albo yäman wå-albo ṣägam, wå-albo ma'əkal alla məlu' wə'ətu wəsta kʷəllu aṣnafä 'alam.*

> His divinity has no depth, no upper and lower (limits), no length or width, no right and left, and no centre, but it is full in all the ends of the world.

by itself cannot make the Anaphora of Gregory unacceptable to traditionalists. It was prabably formulated by a member of the established Church in such a way as to forestall its use by dissidents to show that God has no *mälkə'*, "form", "figure", "image"; for the text, see O. Löfgren and S. Euringer, *Die beiden gewöhnlichen Gregorius-Anaphoren, Orientalia Christiana*, xxx-2, no. 85 (1933), p. 82. Furthermore, the fact that this anaphora calls the three persons of the Trinity *3tu ədäw*, "three men", (*ibid.*, p. 86, from Gen. 18,2), a manner of speaking that the dissidents repudiated in an argument with Zär'a Ya'əqob, proves that it cannot have been theirs; see Wendt, *Das Mashafa Milād I* (text): pp. 70-71; and Conti Rossini and Ricci, *Il libro della luce II* (text): pp. 135-8. The dissidents were not comfortable with expressions such as *mäläkoto ar'ayä*, "he showed his divinity", Löfgen and Euringer, *ibid.*, pp. 90-1.

Christ, "who, while living in heaven, is only one on earth and who, while live on earth, is a trinity in heaven"[95]:

> O-Ǝgzi'o ǝnzä hallokä bä-la'ǝlu tǝtbaḥat bä-taḥǝtu; wå-ǝnzä hallokä bä-taḥǝtu tǝśśelläs bä-la'ǝlu.

In the anaphoras discussed so far and in the homiliary of Rǝtu'a Haymanot, on the other hand, Our Lord Jesus Christ is, generally speaking, the Son of God, who is always in heaven on his throne and to whom prayers are addressed. Whether the Anaphora of Athanasius was written by Giyorgis or not, the contrast between it and the other anaphoras in question is so clear that one suspects that the former was written to refute the views expressed in the latter. Expressions such as,

> Sa'ali länä, astämḥǝri länä
> Pray for us, intercede for us,

are similar to the language of the Sä'atat of Abba Giyorgis. The prayer[96],

> Nǝḥnä-ssä ǝllä täsädädnä bä'ǝntä sǝmǝkä wå-konnä ḥablǝya ǝm-ḥabehomu lä'ǝlawan, rä'ayännä bä-śaḥlǝkä kämä näḥaddǝf lǝbbomu lä-mähayyǝmnanikä,
> As for us, who are persecuted for the sake of your name and have become the prey of the heretics, shepherd us with your compassion so that we may guide the hearts of your faithful.

may give the impression that the anaphora originally belonged rather to a minority group, but we know from his qädl and from his treatise against the heresy of Bitu that Abba Giyorgis was persecuted for his faith. His confession of faith concludes with a very revealing sentence[97]:

---

[95] Mäṣǝḥafä Qǝddase, p. 155; Marcos Daoud and Marsie Hazen, The Liturgy, p. 149. S. Euringer has apparently missed this crucial point; see his translation, "Die äthiopischen Anaphora des hl. Athanasius", OrChr, vol. 3, ser. 2 (1927), pp. 276-7. The controversial quotation, "You [= God] alone know yourself", (see n. 74), follows immediately (ibid.), rephrased and addressed to Our Lord Jesus Christ:
Antä lälikä tä'ammǝr ḥallawekä; wå-antä lälikä tǝṭeyyeq mäläkotäkä.
You (alone) know your essence; and you alone understand your divinity.
A quotation from the homily for the feast of the Baptism of Our Lord in Rǝtu'a Haymanot may clearly show how the opposing parties wanted to formulate this teaching, EMML 7028, ff. 22r-23v:
Nä'ammǝn bä-aḥadu Ǝg(23v)zi'abḥer Ab aḥaze kʷǝllu, gäbare sämayat wå-mǝdr wå-baḥr wå-kʷǝllu zä-wǝstetomu, zä-yǝre'i kʷǝllo wǝ'ǝtu-ssä i-yyastärǝ'i lä-aḥadu-ni, wå-wǝ'ǝtu yä'ammǝr kʷǝllo wå-albo zä-yä'ammǝro; wå-rǝ'ǝso-ssä lälihu yä'ammǝr mäläkoto.
We believe in one God, the Father almighty, the maker of heaven and earth and sea and all that is in them, he who sees all but himself is visible to no one. He knows all but no one knows him. Himself, his divinity, however, he alone knows.
This formula appears also in some of the other homilies of Rǝtu'a Haymanot, e.g. ibid., f. 10r.
[96] Mäṣǝḥafä Qǝddase, p. 157; Marcos Daoud and Marsie Hazen, The Liturgy, p. 151; S. Euringer, "Die äthiopischen Anaphora des hl. Athanasius", p. 280.
[97] Haymanotu Lä-Giyorgis zä-täsämyä Qerǝlos, "The Faith of Giyorgis who was called

Bä-zə haymanotəyä näbärku wəstä[-zə] 'aläm bä-amṭanä ḥəywåtəyä ənzä ətwåggäz bä-ḥabä 'əläwan wå-ənzä awåggəzomu lä-'əläwan.

I have lived in this faith of mine all my life long, condemned by the heretics and condemning the heretics.

Giyorgis did not hesitate to complain about the persecution he suffered to the Blessed Virgin in his *Sä'atat* in a moving rhyming prayer[98]:

Lä-mənt qomki əmənnä rəḥuq,
arwe zä-wådqä bä-amsalä mäbräq
ənzä ḥazbəki (sic) yəwəḥəṭ (text : *yəwəṭ*) *bä-bbä-ḥəqq.*

... o ...

Ǝnzä nətwekkäl kiyaki əmənnä ḥallina wå-af
wəstä adbar agbərtəki rə'əsä ṣädf
əffo-nu nä'ayyəl kämä 'of.

Why do you stand far off, [O-Blessed Virgin], when the serpent which fell like a thunderbolt swallows up your people gradually?

... o ...

While we depend on you in mind and mouth, (we) your servants in the monasteries, how is it that we wander like a bird on top(s) of precipice(s)?

There could be one or two reasons why the author ascribed this anaphora to St. Athanasius. Its relation with the *Mäṣəhafä ṭomar zä-wårädät əm-sämayat la'älä ədä Atnatewos ba-'əlätä əhud*, "The Epistle which came down from heaven to Athanasius on Sunday"[99], is clear. Both are no more than exhortations to the faithful and the clergy to observe the Christian Law including the observance of the Christian Sabbath, Sunday — which indicates that this anaphora, if it was the work of Giyorgis, was composed before he joined the Ewosṭatewosites in honouring Saturday Sabbath[100]. There is also a local tradition that it was Giyorgis Säglawi who translated the so-called Athanasian Creed into Gə'əz[101].

When Emperor Zär'a Ya'əqob came to power, he attempted to control the growth of liturgical literature from unauthorized sources by issuing a

Cyril (of Ethiopia)", *Mäṣəhafä məsṭir*, EMML 6456, f. 37r. "The Faith of Giyorgis ..." is also found in *Mäṣəhafä Sä'atat*, EMML 204, ff. 38v-42.

[98] *Mäṣəhafä Sä'atat bä-Gə'əz-ənna bä-Amarəñña*, p. 152.

[99] The Epistle is usually found in the manuscripts as a supplementary text to the *Haymanota Abäw*, e.g. Br. Mus. MS. Or. 784, f. 205r, Wright, *Catalogue*, no. CCCXLIV, p. 234; see also E. Ullendorff, *The Ethiopians*, London 1973, p. 145.

[100] For the position of *Abba* Giyorgis on the controversy on the observance of Saturday, the Jewish Sabbath, see Taddesse Tamrat, *Church and State*, p. 224. It should be pointed out that Giyorgis revered Sunday in his writings more than Saturday; see Zotenberg, *Catalogue*, no. 113, f. 260, p. 129; *Mäṣəhafä Sä'atat*, EMML 204, f. 137r-138r. There is also no evidence either that he had ever been anti-Sabbath.

[101] Br. Mus. MS. Or. 793, f. 109v, Wright, *Catalogue*, no. CCCLXI° 11, 23, pp. 274-5; *Mäṣəhafä Sä'atat*, EMML 204, ff. 102v-105r; L. Guerrier, "Un texte éthiopien du Symbol de saint Athanase", *ROC*, vol. 20 (1915-17), pp. 68-76.

decree that no anaphora other than the Anaphora of the Apostles and the Anaphora of Our Lord was to be used in his dominions[102], apparently to the exclusion of those composed by members of the established Church. Neither Giyorgis nor the Ewosṭatewosites would regret the banning of a Christian liturgy that discriminated against Saturday, especially after the Council of Däbrä Məṭmaq, in which a decision was made that the Jewish Sabbath, too, be observed as a Christian holy day[103]. We should also consider the possibility that this anaphora may have been composed in reaction to an anaphora of the Ewosṭatewosites even though none of the anaphoras known thus far can be suspected as having originated from them. The decree of the Emperor in itself is sufficient evidence that, at least during the reign of Zär'a Ya'əqob, the Church accepted only the two anaphoras which are contained in the pseudo-Apostolic writings and that the rest, that is, those that existed at that time in Ethiopic, were rejected by decree as heretical. This would include the Anaphora of "*Rətu'a Haymanot*" or Cyril, the Anaphora of Our Lady Mary by Cyriacus and the Anaphora of John Son of Thunder, all of which, it seems, were known to the author of the *Mäṣəhafä məṣṭir*!

It may be relevant to note that *Fəkkare mäläkot*, "Interpretation of the divinity", a treatise which defends the belief that God, contrary to what the Church of Zär'a Ya'əqob taught, has no *mälkə'*, "form", "figure", "image", like that of man, draws extensively its evidence from the anaphoras which we have thus far suspected of containing heretical views[104]. One quotation in the treatise is of special interest to this study[105]:

> *Akko zä-bottu lä-mäläkot gədmä wå-nuḫa, la'lä wå-taḥtä, yämanä wå-zägamä.*
> Not that the divinity has width or length, upper and lower (limits), or right and left.

As the editor has noted[106], this is taken from *G*ʷ*åś'a*. It is also rephrased, interestingly, in *Gərum*[107]:

> *Albənä yäman wå-albənä zägam; albənä ṭäfär wå-albənä mäśärät; nəḥnä ṭäfär wå-nəḥnä mäśärät.*
> We have no right or left; we have no firmament. [= upper limit] or foundation. [= lower limit]; we ourselves are the firmament and the foundation.

---

[102] See n. 89.

[103] Taddesse Tamrat, *Church and State*, p. 230; Conti Rossini and Ricci, *Il libro della luce II*, (text): pp. 153-5; Getatchew Haile (ed.), "The Letter of the Archbishops Mika'el and Gäbrə'el", *JSSt*, vol. 26/1 (1981), pp. 73-8.

[104] Cerulli, *Scritti teologici*, pp. 22-39.

[105] *Ibid.*, p. 38.

[106] *Ibid.*, p. 117.

[107] *Mäṣəhafä Qəddase*, p. 131; Marcos Daoud and Marsie Hazen, *The Liturgy*, p. 126.

According to the *Qälemənṭos*, these are, more or less, the words that Our Lord spoke to St. Peter, who relayed them to his disciple, Clement[108]:

Albənä nuḫa wå-gədmä; ... albənä yəmnä wå-i-ṣəgmä.
We have no length or width; ... we have neither right nor left.

If the observations made so far are correct, formulae such as these should not be expected to occur in anaphoras composed for the established Church. It is not without interest to add here that according to *Rətu'a Haymanot*, this theology was formulated by a certain teacher, *aḥadu əm-qəddusan*, "one of the saints", i.e. one of the monks, for a colleague who was sincerely interested in knowing the mystery of the divinity[109]. The report in the *Gädlä Giyorgis zä-Gaṣəččä* that this explanation was given by *Abba* Giyorgis to a Jew who had challenged the Christians who believed that God had a *gäṣṣ* "face", by asking them sarcastically to tell him in which direction that face, if he had one, was pointing[110], is rather suspect. Judging from his *Mäṣəḥafä məṣtir*, which shows disagreements with the homiliary of *Rətu'a Haymanot*, Giyorgis was a firm believer in the *mälkə'* — hands, arms, ears, etc. — of God[111]. Even though members of the established Church believe that God is omnipresent, this is not the formula they use in describing the fullness of God in the whole world. I have not found it in the *Mäṣəḥafä məṣtir*.

The anonymous author of the *Fəkkare mäläkot*, a Zämika'elite who seems to have lived after the invasion of the army of Imām Aḥmad ibn Ibrāhīm al-Ghāzī, Graññ, may not have been aware that proofs from these anaphoras could have not been accepted by his opponents had he lived a century or so earlier. The invasion of Graññ and the devastation of the churches and monasteries of the Empire by his army of mercenaries for over ten years[112], followed by the unwelcome arrival of the Galla[113], may have changed the situation. What survived of the clergy may have come together, either forgetting their differences or unaware of their existence, to put together whatever was left of the literary heritage of the country and to stand together against a new challenge, the theological propaganda of the Portuguese.

---

[108] EMML 2147, f. 29r.

[109] See his homily for the feast of the Ascension of Our Lord, EMML 7028, f. 47r.

[110] EMML 1838, f. 21v.

[111] See n. 92.

[112] R. Basset, "Études sur l'histoire d'Éthiopie", *Journal Asiatique*, sér. 7, no. 17 (1881), pp. 327-334; id., *Histoire de la conquête de l'Abyssinie (XVIᵉ siècle) par Chihab ed-Din Ahmed ben Abd el Qader surnommé Arab-Faqih* (2 vols.), Paris 1879-1901.

[113] Baḥray (I. Guidi ed.), *Historia Gentis Galla*, CSCO, series altera, t. III (1907), text: pp. 220-232, translation 193-208; Cf. C. F. Beckingham and G. W. B. Huntingford (tr.), *Some Records of Ethiopia 1593-1646*, The Hakluyt Society, London 1954, pp. 111-127; A. W. Schleicher, *Geschichte der Galla*, Berlin 1893.

Conclusion

Ethiopic literature, in its present form, manifests contradictory views regarding some basic doctrines of Christian faith. At first glance, that would seem to be the work of individual teachers who lacked a profound knowledge about the principal teachings of the Church. When ctudied closely, however, it soon becomes clear that each pair of opposing views has a history of its own. The history of some of these may go back as far as the beginning of Christianity in Axum. The most obvious ones, however, seem to have originated in the fourteenth and fifteenth centuries when the Church was in danger of disintegrating into many smaller of dissident groups, each with its own liturgical books that expressed its theological views. This seems to have taken place within a few decades after the death of the energetic Metropolitan Sälama (1348-1388). Emperor Zär'a Ya'əqob (1434-1468) and his clerical clique, the *Kahnatä däbtära*, apparently used their talent and authority to challenge the dissidents and to establish a strong, centralized Church. The literature of the dissidents has survived even though the churches that produced it have disappeared, not only because of the persecution of the established Church but because of the invasion of Grañ̃. Lack of a strong *cathedra* from which orthodox teaching could have been declared, especially after the destruction of the country by Grañ̃, left the surviving clergy no option but to embrace the liturgical heritage as found in the churches and monasteries, with all the contradictions it manifested. The teachings of *Abunä* Əsṭifanos, the founder of the Əsṭifanosite sect; the views of Fəre Maḥəbär and his followers expressed in the homiliary of *Rətu'a Haymanot*, but rejected by Emperor Zär'a Ya'əqob; the Anaphora of Our Lady Mary by Cyriacus, which was anathematized by the author of the *Mäṣəhafä Məsṭir*; the *Qälemənṭos*, considered a book of lies by Giyorgis Säglawi; and the homiliary of *Rətu'a Haymanot* and the *Mäṣəhafä məsṭir*, two major theological works which are in disagreement more often than not, constitute today part of the literary tradition of the Ethiopian Orthodox Church.

Examples have been given to illustrate these interpretations, save for the teachings of *Abunä* Əsṭifanos. The Amharic *Təmhərtä Haymanot*, edited by R. Cowley[114], is apparently a work produced by his school, judging by a comparison between it and the analysis of their teachings made by R. Beylot[115]. The Gə'əz text of it is found in several manuscripts[116]. The *Mäṣtäbq*^wə'

[114] Roger Cowley, "A Text in Old Amharic", *Bulletin of the School of Oriental and African Studies*, vol. 37 (1974), pp. 597-607.

[115] Robert Beylot, "Un épisode de l'histoire ecclésiastique de l'Éthiopie. Le mouvement Stéphanite. Essai sur sa chronologie et sa doctrine", *Annales d'Éthiopie*, vol. 8 (1962), pp. 103-116.

[116] E.g. EMML 2082, f. 107.

zä-Nəgəśtä kʷəllənä, or "Supplication of the Queen of us all"[117], and the *Mästäbqʷəʿ zä-Mäsqäl* or "Supplication of the Cross"[118] were composed and made part of the liturgy because of the "heresy" of the Ǝsṭifanosites or their predecessors[119]. This same heresy inspired Baḥrəy, the author of the *Zenahu lä-Galla*, or "History of the Galla", to compose the following hymn[120] :

> *Hallawu əllä yəblunä, tamälləkunu lä-fəṭur,*
> *wä-təgäbbəru bäʿalä lä-ʿəẓä gädam mətur.*
> *Mäsqäl ləʿul mäləʾəltä kʷəllu nägär,*
> *nəhnä-ni nəbəlomu, sobä täsäqlä bä-qätr*
> *Krəstos i-qäddäso-nu bä-dämu kəbur.*
> There are those who say to us, "Do you worship a creature,
> and celebrate a feast to a piece of wood of the wilderness?"
> "The Cross is high above all things";
> we say to them, "When Christ was crucified at noon,
> did he not sanctify it with his honoured blood?"

A critical study of the "prayer" known as *Säyfä Śəllase*, or "The Sword of the Trinity", would reveal that it is nothing but a confession of faith and a treatise against Sabellianism and Arianism (religious views allegedly entertained by Zämika'el, *et al.*) and against magical practices, all concerns of Emperor Zär'a Ya'əqob (1434-1468)[121].

Although religious controversies threatened the unity of the Church in the fourteenth and the fifteenth centuries, they were certainly the main impetus for the growth of Ethiopic literature during those two centuries, not only in original compositions—as the refutative literature mentioned above shows—but also in translations—as the following example shows[122]:

> But Gämäləyal is very diligent in undermining the *Book of Jubilees* because the *Book of Jubilees* speaks openly about the persons of the Trinity. While instructing those who accept his teaching, he has said, "The *Book of Jubilees* is not among the Enumerated Eighty-One Books; but rather (it is) the *Book of Maccabees* (that) is called the *Book of Jubilees*, because where the Apostles mention in their *Sinodos* the *Book of Jubilees*, they do not mention the *Book of Maccabees*, and

---

[117] E.g. *Mäṣəhafä Qəddase*, EMML 389, ff. 12v-13r.

[118] *Ibid.*, f. 13rv; and EMML 6780, f. 32r-33r.

[119] The heresy of refusing to revere the holy Cross and the icon (of the Madonna) was a serious problem for the Church during the reign of King Yagbə'a Ṣəyon (1285-1294); see *Gädlä Märqorewos* edited by Conti Rossini, *CSCO, script. aeth.*, text, series altera, t. 22 (1904), reprint vol. 33, t. 16 (1962), pp. 12-4.

[120] A hymn to the Cross, *Səbhatä Mäsqäl*, Br. Mus. Or. 534, f. 4v, Wright, *Catalogue*, no. CXXVIII, 1, p. 82.

[121] The *Säyfä Śəllase* in Br. Mus. MS. Or. 525 comes from the fifteenth century; Wright, *Catalogue*, no. XLVI, 1, pp. 30-31.

[122] "The Homily (of Emperor Zär'a Ya'əqob) in Honour of Saturday", EMML 1480, f. 99r. On EMML 1480, see note 73 above.

where they mention the *Book of Maccabees*, they do not mention the *Book of Jubilees*[123]. Furthermore, in order to denounce the *Book of Maccabees*, he has said, "The *Book of Maccabees*, too, is not among the Enumerated Eighty-One Books; but rather (it is) the *Book of Joseph ben Gorion* (that) is called the *Book of Maccabees*".

Behold! Gämaləyal has denounced four of the Enumerated Eighty-One Books, for the *Book of Jubilees* is one and the *Book of Maccabees* is three. But the *Book of Joseph ben Gorion*, which Gämaləyal said is called the *Book of Maccabees*, is not a book of the Prophets but a homily which the doctors wrote under [Emperor] Constantine, for when King Zär'a Ya'əqob, named Qʷåstäntinos, heard of the false teaching of Gämaləyal, he ordered that the *Book of Joseph ben Gorion* be translated from Arabic into Gə'əz. When it was translated, it was found that it was a homily composed during the days of Constantine, Emperor of Rome, and so King Zär'a Ya'əqob repudiated the false teaching of Gämaləyal.

This document shows not only the obvious fact about the *Zena Ayhud* which seems to have been rejected, at least initially, because of the Emperor's attitude towards the Jews in Ethiopia, but it also shows the possible existence of the *Fətḥa Nägäśt* (in translation) in the fifteenth century in that Gämaləyal may have referred to it. The *Fətḥa Nägäśt* is the only local source, as far as I know, that equates the *Book of Joseph ben Gorion* with the *Book of Maccabees*: *Mäṣəḥafä Yosef wåldä Korəyon wå-wə'ətu Mäṣəḥafä Mäqabəyan*[124] (= "The *Book of Joseph ben Gorion*, that is, the *Book of Maccabees*"), and which explicitly excludes *Kufale* or the *Book of Jubilees* from the list of the Enumerated Eighty-One Books.

---

[123] Gämaləyal's argument about the listing of *Kufale/Mäqabəyan* has some basis in the *Täfäśśəḥu wəludənä I* and *Abṭəlis I* list *Kufale*, whereas *Abṭəlis II* has *Mäqabəyan*; neither of them is listed in *Täfäśśəḥu wəludənä II*; see Cod. Borg. Aeth. MS 2, ff. 55v, 73v and 93r. A little further on in the text, the Emperor explains that *Kufale* does not consist of three parts as the *Sinodos* "seems to suggest". That would probably mean that Gämaləyal took the number as further evidence that *Kufale* is really another name for *Mäqabəyan*. *Kufale* is only one (book) while *Mäqabəyan* is three, although without *Kufale*. The argument of J. H o r o v i t z, "Das äthiopische Maccabäerbuch", *Zeitschrift für Assyriologie*, vol. 19 (1906), pp. 194-233, that it is one book is not in accordance with local tradition; see also *Gädlä Märqorewos*, ed. Conti R o s - s i n i, p. 20 (lines 1-2).

[124] I. G u i d i, Il *"Fetḥa Nagast"* o *"Legislazione dei Re"*, R. Istituto Orientale in Napoli, Rome 1897, p. 18.

Zur »Kurzen Chronik« der äthiopischen Könige

von

Manfred Kropp

Einleitung

Die Historiographie ist einer der wichtigsten Zweige der äthiopischen Literatur. Die Geschichtswerke sind zunächst in der alten Kirchen- und Gelehrtensprache des Landes, dem Ge'ez abgefaßt, freilich nicht ohne zahlreiche Anleihen aus der lebenden Sprache, dem Amharischen. Diese Mischsprache wurde schon von den Äthiopiern des Mittelalters als eine besondere Sprachstufe empfunden und »Chronikensprache« (lesāna tārīk) genannt. Erst in der Mitte des letzten Jahrhunderts setzte sich das Amharische als Sprache der Verwaltung, und damit auch in den Chroniken durch, nachdem zuvor nur vereinzelt kleinere Texte in dieser Sprache verfaßt worden waren.

Der weitaus größte Teil der uns erhaltenen Geschichtswerke sind offizielle Hofannalen, geschrieben von Würdenträgern des Hofes, genauer gesagt vom Kanzler (ṣaḥāfē te'zāz), der neben dem Alltagsgeschäft der königlichen Korrespondenz auch die Aufgabe hatte, die Ereignisse eines Jahres fortlaufend festzuhalten und schließlich wohl in einen Jahresendbericht zu redigieren, der Aufnahme in die Hofannalen fand. Diese Annalen wurden zu festlichen Anlässen bei Hofe verlesen, waren also Geschichtsschreibung als Verherrlichung der regierenden Dynastie; sie dienten aber auch dem praktischen Zwecke der Registerführung über Erlasse und Verordnungen, sowie Ernennungen und Absetzungen. Als Lehr- und Erbauungsbuch sind sie darüber hinaus der echte Ausdruck des Geschichtsbewußtseins im äthiopischen Kaiserreich.

Solche Annalen sind uns erhalten für die Zeit von 'Amda Ṣeyōn (1314 bis 1344 n. Chr.) mit vielerlei Unterbrechungen bis zu den ersten Jahren des Kaisers Ḫaila Šellāsē I. Stilistisch und als historische Quelle sind sie von unterschiedlichem Werte; zuweilen überwiegt die legendenhafte Ausschmückung und Übertreibung, zuweilen aber auch liegt uns ein nüchterner, ja oft trockener Bericht der Ereignisse bis in viele Einzelheiten vor. Der Kanzler begleitete den König ständig, bis ins Feldlager (manche von ihnen sind kämpfend auf dem Schlachtfeld gestorben) und war als Augenzeuge der Ereignisse in der Lage, Schilderungen zu geben, die von großer Zuverlässigkeit und historischer Treue zeugen.

Daneben wurde aber auch Geschichte in einem anspruchsloseren Rahmen und für eine andere Leserschaft verfaßt, vor allem in den Klöstern und an den Höfen kleinerer Fürsten. In die Kalendertafeln wurden in eine besondere Spalte (tārīk) in knappster Form die wichtigsten Ereignisse der jeweiligen Jahre eingetragen. Da diese Tafeln auf einem 532-Jahreszyklus zumeist beruhen, kamen so in diesen Spalten Ereignisse der frühen Christenheit, der äthiopischen Frühzeit und des frühen Mittelalters neben solchen aus der Gegenwart des Chronisten zu stehen, ein schönes Beispiel für das zyklische Zeitbewußtsein Äthiopiens[1]. Aus diesen Tafeln heraus wurden die historischen Notizen in einen fortlaufenden Text übergeführt, und hier zumeist mit Berichten aus der Volksüberlieferung in legendenhafter Ausschmückung aufgefüllt. Aus solchen Notizen ist zweifellos auch der erste Teil der hier zu behandelnden »Kurzen Chronik« zusammengesetzt (im folgenden KC)[2].

Daneben bemächtigte sich die Hagiographie wichtiger Abschnitte der äthiopischen Geschichte; mehrere Könige sind ja Heilige der äthiopischen Kirche. Die Heiligenvita (Gadl) hat ganz andere Gesetze und Absichten als die Chronik, und daher wurden die historischen Berichte in ganz anderer Form geboten. Für den großen Kaiser Iyāsū I. (1682-1706 n. Chr.) sind sowohl die Chronik als auch der »Gadl« erhalten, die uns in klarer Weise die unterschiedlichen Absichten der jeweiligen Schreiber vor Augen führen[3].

Innerhalb der halboffiziellen Geschichtsschreibung — über deren falsche oder verzerrte Darstellung die Hofchronisten öfters klagen — nimmt die sogenannte »Kurze Chronik« (besser: »die kurzen Chroniken«) einen besonderen Platz ein. Sie ist eine in vielem von den offiziellen Annalen des Hofes unabhängige Darstellung, die aber ebenfalls aus der Feder eines Mannes stammt, der Zugang zu den wichtigsten Quellen und Informationen über die Zeit von Johannes I. (1667-1682 n. Chr.) bis zum Tode Bakāffās (1730 n. Chr.) hatte. Da uns weiterhin für die letzten Monate der Regierungs-zeit von Iyāsū I. bis zum Regierungsantritt Bakāffās (1721 n. Chr.; d.h. die

---

[1] Zum zyklischen Zeitbewußtsein in Äthiopien vgl. Donald L. Levine: On the conception of space and time in the Amhara world view. in: Atti del convegno internazionale di studi etiopici. Roma, 1959 (1960). S. 223-228, bes. S. 226.

[2] Eine Bearbeitung der Einträge in den Tārīk-Spalten solcher Kalendertafeln und ihre synoptische Zusammenstellung wird von mir z.Zt. vorbereitet.
Bei verschiedenen Rezensionen der KC ist die Abhängigkeit von solchen Tafeln noch deutlich bei der Anführung astronomischer Daten (Mondzyklen etc.) zu sehen. Es handelt sich hier um die Familie von Fassungen, wie sie v.a. durch die Hs. BN, Paris, Nr. 141 (vgl. Perruchon: Études pour l'histoire de l'Éthiopie) und Frankfurt, Ms Or. 41,5 (die kleine Chronik von Qorāṭā) vertreten ist.

[3] Die Chronik veröffentlicht von Guidi, Annales de Iyāsū ... im CSCO. Der »Gadl« veröffentlicht von Conti Rossini in: Rivista degli Studi Orientali. 20. 1941. S. 65-128. Die zugrundegelegte Hs. aus Dabra Berhān in Gondar ist nicht vollständig und nicht sehr korrekt. Es existieren noch weitere Hss. dieses Werks, z.B. Codex Nr. II, 6836 der kgl. Bibliothek in Brüssel und — bisher nicht erkannt — die Hs. Mondon-Vidailhet, Nr. 27 (213), fol. 172-213.

Zeit der Könige Takla Hāymānōt I., Tēwōflōs, Yōsṭōs und Dāwīt III.)
keine offiziellen Annalen erhalten sind — und es ist zweifelhaft, ob solche
geschrieben wurden, in einer Zeit die sich durch innere Unruhen und
Thronstreitigkeiten auszeichnete — gewinnen gerade diese Abschnitte der
KC einen besonderen Wert.

Die KC ist kein einheitlicher Text, es existieren verschiedene Redaktionen
in vielen verschiedenen Hss. Zudem ist sie zumindest für die Zeit vor
Johannes I. eine Kompilation aus verschiedenen früheren Texten (die z.T.
auch außerhalb der KC erhalten sind). Die meisten Handschriften enden mit
dem Tode Bakāffās, und dies muß auch der ursprüngliche Umfang des
Textes gewesen sein. Diese Vermutung wird erhärtet durch die Tatsache, daß
alle Texte, die die Geschichte fortführen (manche bis zu den ersten Jahren
Kaiser Ḥaila Šellāsēs) den Text der KC bis zu König Bakāffā in einer sehr
gekürzten Form bieten. A. Caquot hat daraus und aus der besonderen
Behandlung kirchlicher Streitigkeiten in der KC geschlossen, daß sie kurz
nach dem Tode Bakāffās und in Kreisen des Takla-Hāymānōt-Mönchsordens
entstanden ist[4].

Dieser Text wurde oft kopiert und nach Laune der Kopisten gekürzt, mit
Fortsetzungen versehen, deren einige ihrerseits wieder »kanonische« Geltung
für spätere Abschreiber erlangten, ist doch allgemein das Beharren auf
einmal gefundenen Formulierungen und Bildern, die sich getreu und ohne
Suchen nach Neuem und Originellem durch Jahrhunderte erhalten, ein
charakteristischer Zug der äthiopischen Literatur. So gehören kurze Sätze
zur Einleitung von Abschnitten oder zur Charakterisierung von Herrschern
zum festen Bestand auch noch der knappsten und dürrsten Abkürzung der KC.

Die Erforschung der KC hat mit der Edition der Hs. Paris, BN 142 durch
R. Basset ihren Anfang genommen. Er hat dabei allerdings eine lückenhafte
und recht schlechte Fassung zugrunde gelegt[5].

An die Arbeit von R. Basset anknüpfend haben verschiedene Gelehrte,
darunter I. Guidi, C. Conti Rossini, Bolotov, Turaev und Perruchon und
Pereira in verstreuten Publikationen die Varianten anderer Hss. gegeben,

---

[4] Vgl. A. Caquot: Les chroniques abrégées d'Éthiopie. In: Annales d'Éthiopie. 2. 1956/57.
S. 187-192.
  In einem Vortrag auf dem 6. Internat. Äthiopistenkongreß in Tel Aviv, 1980, habe ich auf
die Indizien im Text der KC hingewiesen, die für die Autorschaft eines bestimmten Mannes,
des Azzāž Takla Hāymānōt, Sohn des Līqē Kefla Māryām sprechen (z.Zt. im Druck). Vgl.
dazu Béguinot, Cronaca, S. 107 und die Biographie des Kefla Māryām, geschrieben von eben
diesem Azzāž Takla Hāymānōt bei J. Bachmann, Äthiopische Lesestücke, Leipzig, 1893.
S. 33-44.
[5] René Basset: Études sur l'histoire d'Éthiopie. In: Journal Asiatique, sér. VIII. tom. 17.
1881. S. 315-434; tom. 18. 1881. S. 285-389. Separatabdruck (wegen Korrekturen vorzuziehen),
Paris, 1882.

Lücken in der Basset'schen Edition aufgefüllt und manches zu Entstehung und Geschichte des Textes beigetragen. Es war bald klar, daß die Arbeit Basset's nur ein Anfang sein konnte, und I. Guidi hatte den Plan gefaßt, eine kritische Ausgabe der KC im CSCO zu veröffentlichen. Seine zahlreichen Artikel und Beiträge zu diesem Thema sind nur als Vorarbeiten zu diesem Vorhaben anzusehen. Als dann der Gedanke wegen der Folgen des 1. Weltkrieges aufgegeben wurde, veröffentlichte Guidi noch seinen wichtigen Aufsatz »Due nuovi manoscritti della cronaca abbreviata«, um bis zu einer zusammenfassenden Bearbeitung der KC den Inhalt wichtiger Hss. bekanntzumachen[6].

C. Foti machte dann 1941 mit eineren weiteren Hs. der KC aus Gondar bekannt und veröffentlichte daraus eine Episode aus der Kirchengeschichte Äthiopiens[7]. A. Caquot[8] faßte 1956 alles bisher Bekannte über Art und Entstehung der verschiedenen Redaktionen zusammen und machte mit dem Inhalt einer Hs., die wegen zahlreicher Ergänzungen als »cronaca interpolata« zu bezeichnen ist, bekannt.

Als Hauptproblem bleibt heute die Klassifizierung aller bisher bekannten Hss. gemäß ihrem wechselnden Umfang und den gegenseitigen Abhängigkeiten, und wie dieser in den einzelnen Fassungen so verschiedene Text in eine kritische Edition gebracht werden kann. Dazu muß vor allem die ursprüngliche Fassung der Chronik geklärt werden, deren Quellen und zuvor schon existierende Chroniken müssen analysiert und die Art ihrer Verwendung in der KC aufgezeigt sowie die Fortsetzungen und interpolierten Versionen geordnet werden.

Von den folgenden beiden kurzén Beiträgen befaßt sich der erste mit einer Chronik, die wohl zur gleichen Zeit wie die KC entstanden ist, und die durchaus dem Kompilator der KC als Quelle vorgelegen haben könnte. Der zweite versucht in der Partituredition eines wichtigen Teiles der Fortsetzung der KC einen Weg zur Untersuchung der verschiedenen Redaktionen und Fassungen der KC und deren Darstellung in einer kritischen Edition zu zeigen.

Die den äthiopischen Texten beigegebenen Übersetzungen sind, oft unter Vernachlässigung des deutschen Ausdrucks, wörtlich gehalten und mit nur wenigen Sacherläuterungen versehen. Auf die Kennzeichnung der zahlreichen Anspielungen und wörtlichen Zitate aus der Bibel wurde verzichtet.

---

[6] Rendiconti della Reale Accademia dei Lincei. ser. 6. vol. 2. 1926. S. 357-421.

[7] La cronaca abbreviata dei re d'Abissinia in un manoscritto di Dabra Berhān di Gondar. In : Rassegna di Studi Etiopici. 1. 1941. S. 87-123.

[8] S. Anm. 4.

1. *Die Geschichte des Königs Yōsṭōs*

Die Handschrift der Frankfurter Stadt- und Universitätsbibliothek Ms. Or. 41 (= Goldschmidt, Nr. 20, Rüppell Nr. 1def), ein von Rüppell zusammengestellter Sammelband mit verschiedenen Werken, enthält neben zwei alten Fragmenten der Šer'ata Mangešt, der Biographie des Kefla Māryām und einer besonderen Version der KC (die sogenannte kleine Chronik von Qorāṭā [Rüppell: Kiratza], die der Hs. BN Paris Nr. 141 nahe steht) eine weitere Chronik. Diese ist geschrieben am 26. Maskarram des Jahres 7228, dem sechsten Regierungsjahre von Iyāsū II. (= 5.10.1735), dessen erste Jahre sie noch schildert. Der Schluß fehlt, der interessierende Kolophon ist somit nicht erhalten. Die Chronik bietet einen hübschen Auszug aus der biblischen Geschichte Israels und dem Kebra Nagašt als ersten Teil, der sich von den sonst in der KC gebotenen dürren Listen der Könige abhebt. Die äthiopische Geschichte beginnt auf Seite 66a; sie ist wohl gedrängter in der Schilderung als die KC, der sie jedoch in vielem ähnelt. Ab König Iyāsū I. beginnt wie in der KC der ausführlichere, annalistische Teil. Obwohl auch hier an Umfang der KC unterlegen, ist er doch von großem Interesse. Der Bericht ist deutlich nicht von der KC abhängig, da er dort nicht genannte und abweichende Einzelheiten bringt.

Im Zusammenhang mit der von mir geäußerten Vermutung, ein Sohn des Līq Kefla Māryām könnte der Autor oder Kompilator der KC sein, ist bemerkenswert, daß die biographische Notiz über Kefla Māryām erst nachträglich in diesen Text eingefügt wurde (Rasur und vier Zeilen engerer Schrift). Da die Abfassung der KC wohl in die gleiche Zeit wie die unseres Textes zu setzen ist, liegt die Vermutung nahe, daß wir es hier mit einer Quelle zur KC oder einer Vorform zu tun haben.

Die im folgenden gebotene Geschichte des Yōsṭōs aus der Frankfurter Chronik wurde gewählt, weil in der Schilderung einer derart umstrittenen (und in dynastischen Kreisen Äthiopiens wohl auch gehaßten) Persönlichkeit deutlich die Tendenzen des Schreibers sichtbar werden. Legt die KC, auch noch in ihren gedrängtesten Fassungen — fast nur noch dürre Königslisten — Wert darauf, Yōsṭōs als Usurpator zu bezeichnen (»nagša ba-ḫail enza ī-yedallewō mangešt«), so unterbleibt diese Charakteristik in dem vorliegenden Bericht. Zugleich wird Yōsṭōs als eifriger Erbauer und Stifter von Kirchen bezeichnet. Die Intrigen während seiner letzten Krankheit, die zur Thronerhebung von Dāwīt III. anstatt eines Sohnes des Yōsṭōs führten, werden nüchtern und ohne die sichtliche Parteinahme der KC für die Anhänger von Dāwīt III. berichtet.

Diese Chronik ist bei allen weiteren Untersuchungen zu den Quellen der KC heranzuziehen und verdiente wohl auch wegen ihres literarischen Wertes eine Ausgabe.

Hs. Frankfurt Ms.Or. 41,1 (früher Goldschmidt, Nr. 20,1).

Seite 95b,8 - 100a,2

በዘመነ ፡ ዮሐንስ ፡ አመ ፡ ፯ ለፓቅሞት ፡ በዕለተ ፡ ረቡዕ ፡ አዕረፈ ፡ አጽ
ራር ፡ ሰገድ ፡ ወተቀብረ ፡ በሀገረ ፡ ጿዳ ። ወበዛቲ ፡ ዕለት ፡ ነግሠ ፡ ዮስጦስ ፡
ዘስመ ፡ መንግሥቱ ፡ ፀሐይ ፡ ሰገድ ። ወበፃዓመተ ፡ መንግሥቱ ፡ ተንሥአ ፡
እምጎንደር ፡ ወሐረ ፡ ጎብ ፡ አያናዝጊ ፡ ወነዓወ ፡ አራዊተ ፡ በቤተ ፡ መሎ ፡ ወ
እምዝ ፡ ተመይጠ ፡ በፍሥሐ ፡ ወቦአ ፡ ጎብ ፡ ጎንደር ፡ ወዳግም ፡ ሐረ ፡ ጎብ ፡
ካልእ ፡ ጴላ ፡ ወነዓወ ፡ አራዊተ ፡ ወቀተለ ፡ ብዙኃ ፡ ወተመይጠ ፡ በፍሥሐ ፡
ወበኃሜተ ፡ ወቦአ ፡ ጎብ ፡ ጎንደር ፡ ወከረመ ። ወበፇዓመት ፡ በዘመነ ፡ ማቴ
ዎስ ፡ አዘዘ ፡ ይሕንፁ ፡ ቤተ ፡ ክርስቲያን ፡ በአቦራ ፡ ወእምዝ ፡ ተንሥአ ፡
እምጎንደር ፡ ወዘመተ ፡ ጎብ ፡ ሻንቅላ ፡ ወቀተለ ፡ ብዙኃ ፡ ወማጎሪከ ፡ ወተ
መይጠ ፡ በዓቢይ ፡ ፍሥሐ ፡ ወቦአ ፡ ውስተ ፡ ጎንደር ። ወበፇዓመት ፡ በዘመነ ፡
ማርቆስ ፡ አዘዘ ፡ ይንሥትዎ ፡ ለቤተ ፡ ክርስቲያን ፡ እንተ ፡ ተፈጸመት ፡ ቀዳ
ሚ ፡ እስመ ፡ ተሐንጸት ፡ በዕቡር ፡ ወካዕበ ፡ አዘዘ ፡ ይሕንጽዋ ፡ በኖራ ። ወእ
ምዝ ፡ ተንሥአ ፡ እምጎንደር ፡ ወሐረ ፡ ጎብ ፡ ጴላ ፡ ወነዓወ ፡ አራዊተ ፡ ወቀተ
ለ ፡ አራዊተ ፡ ብዙኃ ፡ ወተመይጠ ፡ በፍሥሐ ፡ ወቦአ ፡ ጎብ ፡ ጎንደር ፡ ወሃ
ገየ ፡ እንዘ ፡ የሐንጽ ፡ ለቤተ ፡ ክርስቲያን ። ወበፃዓመት ፡ ፈጸመ ፡ ለቤተ ፡ ክ
ርስቲያን ፡ እንተ ፡ ተዓቢ ፡ ወትሜኒ ፡ እምኩሎን ፡ አብያተ ፡ ክርስቲያናት ።
ወእምድኅረዝ ፡ አዘዘ ፡ ይንጽፉ ፡ ዘርቤታተ ፡ በአፍአ ፡ ወበውሥጥ ፡ ወወ
ሀባ ፡ ብዙኃ ፡ አልባሰ ፡ ዘቀጠንት ፡ ዘየኃይድ ፡ አዕይንተ ፡ ወአክሊላተ ፡ ብዙ
ኃ ፡ ዘወርቅ ፡ ወዘብሩር ፡ ወማዕፀንታተ ፡ ዘብሩር ፡ ወመስቀለ ፡ ዘወርቅ ፡
ወዘብሩር ፡ ወሠርዓ ፡ ካህናተ ፡ መዘምራነ ፡ ፯ተወዲተ ፡ እለ ፡ የአምሩ ፡ መዝ
ሙረ ፡ ከመ ፡ ያሬድ ፡ ወትርጓሜ ፡ መጻሕፍት ፡ ከመ ፡ ቄርሎስ ፡ ወወሀቦሙ ፡
ምድረ ፡ እምደ[ም]ብያ ፡ እንተ ፡ ትሴይስ ፡ እምኩሎን ፡ አህጉራት ። ወእ
ምዝ ፡ አዘዘ ፡ ያበእዎ ፡ ወአብእዎ ፡ በዕለተ ፡ ልደታ ፡ ለታቦተ ፡ እግዚእትነ ፡
[ማርያም] [1] ፡ በዓቢይ ፡ ክብር ፤ ንጉሥ ፡ ምስለ ፡ ሠራዊቱ ፡ እንዘ ፡ ይትጎ
ሠይ ፡ ወይትፌሣሕ ፤ ወካህናቲሃኒ ፡ ይዜምሩ ፡ በመዝሙር ። ወእምድኅረዝ ፡
ነበረ ፡ ንጉሥ ፡ ፀሐይ ፡ ሰገድ ፡ እንዘ ፡ ይሔውጹ ፡ በሌሊት ፡ ወበመዓልት ፡
ለቤተ ፡ ክርስቲያን ፡ እስመ ፡ ይፈቅራ ፡ ፈድፋደ ፡ በኩሉ ፡ ልቡ ፡ ወይትሜ
ነይ ፡ በልቡ ፡ ከመ ፡ ይኩን ፡ መቃብሪሁ ፡ ህየ ። ወበፇዓመት ፡ በዘመነ ፡ ሉቃ
ስ ፡ ተንሥአ ፡ እምጎንደር ፡ ወሐረ ፡ ጎብ ፡ ጴላ ፡ ወነዓወ ፡ አራዊተ ፡ ወቀተለ ፡
ብዙኃ ። ወእምዝ ፡ ተመይጠ ፡ በፍሥሐ ፡ ወቦአ ፡ ውስተ ፡ ጎንደር ፡ ወከረመ ፡

---

[1] Rubrizierung nicht ausgeführt.

በጎንደር ፡፡ ወበጅዓመት ፡ በዘመነ ፡ ዮሐንስ ፡ በወርኅ ፡ ኅዳር ፡² አም ፡ ፲ወ፬ ለጥቅምት ፡   መጽአ ፡ ፻ አናብስት ፡ እምጔላ ፡ ወበጽሑ ፡ ኅብ ፡ እንጦንስ ፤ ወሶብ ፡ ሰምዓ ፡ ንጉሥ ፡ ዜና ፡ ምጽአቶሙ ፡ ሐረ ፡ ኅቤሆሙ ፡ ምስለ ፡ ኃያ ላኑሁ ፡ ወፄባሕቲቱ ፡ ተረከበ ፡ ወእምኃያላኑሁ ፡ ፩ዘስሙ ፡ የሻሊቃ ፡ ዘወልድ ፡ ቀርብ ፡ ወአንበሳኒ ፡ ተንሥአ ፡ ወውኅጦ ፡ ለእዱ ፡ ወነሰኮ ፤ ወውእቱኒ ፡ ረገ ዞ ፡ ወሞተ ፡ አንበሳ ፡ ወዘወልድስ ፡ ደወየ ፡ ብዙኅ ፤ ወበዝንቱ ፡ ደዌ ፡ ሞተ ፡ ዘወልድ ፡ ወእምድኅረዝ ፡ በወርኅ ፡ ፕር ፡ አም ፡ ፩ወ፫ለፕር ፡ በዕለተ ፡ ረቡዕ ፡ ሐረ ፡ ንጉሥ ፡ ዮስጦስ ፡ ኅብ ፡ አባ ፡ አንጦንዮስ ፡ እስመ ፡ በዓሉ ፡ ውእቱ ፡ ወበ ህየ ፡ ደወየ ፡ ወተ መይጠ ፡ ወቦአ ፡ ኅብ ፡ ጎንደር ፡ ወበህየ ፡ ደወየ ፡፡ ወእንዘ ፡ ህሎ ፡ በዝንቱ ፡ ደዌ ፡ አም ፡ ፲ ለየካቲት ፡ በዕለተ ፡ እኑድ ፡ ቀተልዎሙ ፡ ለመኳ ንንቲሁ ፡ ትምርቴ ፡ ቢትወደድ ፡ ወጴስጤ ፡ ብላቴን ፡ ጌታ ፡ ወአብዮ ፡ የሻሊቃ ፡ ወእንዚራ ፡ ወካልዓን ፡ ብዙኅን ፡ አግብርቲሁ ፡ ለንጉሥ ፡ እለ ፡ ስምሙ ፡ ውላጅ ፡፡ ዝንቱ ፡ ኩሉ ፡ ገብሩ ፡ ወዓዲ ፡ ነገሩ ፡ በነጋራት ፡ እንዘ ፡ ይብሉ ፡ ዳዊት ፡ ነግሠ ፡ ወልደ ፡ አድያም ፡ ሰገድ ፡ ወዮስጦስ ፡ አዕረፈ ፡፡ ወእምድኅረዝ ፡ ሐሩ ፡ ኅብ ፡ ወኅኒ ፡ ወአውረድዋ ፡ ለዳዊት ፡ ዘስም ፡ መን ግሥቱ ፡ አድባር ፡ ሰገድ ፡፡ ወአም ፡ ፲ ወ ፫ ለየካቲት ፡ በዕለተ ፡ ረቡዕ ፡ አዕ ረፈ ፡ ዮስጦስ ፡ ንጉሥ ፡ ወተቀብረ ፡ ኅብ ፡ ልደታ ፡፡ ወእምዝ ፡ አዘዘ ፡ ዳዊት ፡ ንጉሥ ፡ ከመ ፡ ያምጽእዎሙ ፡ ለሮማውያን ፡ እለ ፡ ሀለው ፡ ውስተ ፡ ሀገረ ፡ አያናዝጊ ፡ ወመጽአ ፡ ወቦኡ ፡ ኅብ ፡ ጎንደር ፡ አም ፡ ፳ ወ፫ ለየካቲት ፡ በቀ ዳሚት ፡ ሰንበት ፡፡ ወአም ፡ ፳ ወ ፭ ለየካቲት ፡ በዕለተ ፡ ሰኑይ ፡ ጸውዖሙ ፡ ንጉሥ ፡ ለእጨኔ ፡ ወለአቡን ፡ ወአንበሮሙ ፡ በየማኑ ፡ ወበጸጋሙ ፡ ወመ ኳንንትኒ ፡ ወኵሎሙ ፡ ካህናት ፡ መጽአ ፡ ወአንበሮሙ ፡ ቅድመ ፡ ገጹ ፡፡ ወዓዲ ፡ ጸውዖሙ ፡ ለሮማውያን ፡ ወቆመ ፡ ቅድም ፡ አንጸሪሁ ፡ ለንጉሥ ፡፡ ወአዘዘ ፡ ለመዝሙሬ ፡ መልአከ ፡ ብርሃናት ፡ ከመ ፡ ይሕትቶሙ ፡ ወቀርብ ፡ ኅቤሆሙ ፡ ወሐተቶሙ ፡ እንዘ ፡ ይብል ፡ አይቴ ፡ ብሔርክሙ ፡ ወምንት ፡ ውእቱ ፡ ሃይማኖትክሙ ፡ ወመኑ ፡ ዘአምጽአክሙ ፡ ወተናገሩ ፡ አሙነ ፡ ከ መ ፡ ሃይማኖቶሙ ፡ ሃይማኖተ ፡ ልዮን ፡ ወሀገሮሙ ፡ ሀገረ ፡ አፍረንጊ ፡፡ ወእ ምድኅረዝ ፡ አዘዘ ፡ ንጉሥ ፡ ይቅትልዎሙ ፡ በውግረተ ፡ ዕብን ፡ ወኵሎሙ ፡ ከመዝ ፡ አዘዙ ፡ ወአም ፡ ፳ ወ፮ ለየካቲት ፡ በዕለተ ፡ ሠሉስ ፡ አዘዘ ፡ ንገሥ ፡ ይውግርዎሙ ፡ ኵሉ ፡ ሰብአ ፡ ከተማ ፤ ወእምዝ ፡ ወሰድዎሙ ፡ ለሮማው ያን ፡ ወአብጽሕዎሙ ፡ ኅብ ፡ ደርምን ፡ ወበህየ ፡ ወገርዎሙ ፡ ወኮነ ፡ ፍሥሐ ፡ ዓቢይ ፡ በቤተ ፡ መንግሥት ፡ ወበኵሉ ፡ [ሀገር ፡፡]

---

[2] aus ጎ verbessert in ፕ!

Übersetzung: Geschichte des Königs Yōsṭōs

Im Jahre des Johannes, am 5. Ṭeqemt, Mittwoch[1], starb (König) Aḍrār Sagad (Tēwōflōs) und wurde in der Stadt Ṣaddā[2] begraben. An diesem Tage wurde Yōsṭōs König, dessen Thronname Ḍaḥay Sagad war[3]. Im ersten Jahre seiner Herrschaft brach er von Gondar auf und ging nach Ayānāzgī[4]; in Bēt Malō[5] ging er auf die Jagd. Dann kehrte er in Freude zurück und kam nach Gondar. Ein zweites Mal ging er in eine Tiefebene, jagte dort Tiere und erlegte viele. Er kehrte in Freude und Zufriedenheit zurück, kam nach Gondar und verbrachte dort die Regenzeit. Im zweiten Jahre, dem Jahre des Matthäus, befahl er, eine Kirche in Abōrā zu bauen[6]. Danach brach er von Gondar auf und zog gegen die Šānqallā zu Felde; er tötete viele und machte Gefangene. In großer Freude zog er zurück und kam nach Gondar. Im dritten Jahre, dem Jahre des Markus, befahl er die Kirche (Ledatā)[7], welche schon früher fertiggestellt worden war, einzureißen, da sie (nur) aus Lehmmauern errichtet war, und befahl (gleichzeitig), sie wieder mit Kalkmörtelmauern aufzubauen. Danach brach er von Gondar auf und ging in die Tiefebene, wo er Wild jagte. Er erlegte viele (Tiere) und kehrte nach Gondar zurück. Dort verbrachte er den Sommer mit dem Bau der Kirche. In einem Jahre vollendete er die Kirche, die größer und schöner war als alle anderen. Dann befahl er, draußen und drinnen Teppiche aus-zubreiten, und schenkte (der Kirche) viele Kleider aus feinem Stoffe, prächtig anzusehen, und viele Kronen aus Gold und Silber, sowie Weihrauchgefäße aus Silber und Kreuze aus Gold und Silber. Er setzte auch 105 Priester als

---

[1] 14.10.1711.

[2] Ṣaddā bzw. Ṭaddā: Ort 13 km südlich von Gondar; vgl. Elementi, S. 238.

[3] Zur Geschichte des Yōsṭōs vgl. Budge, History, Bd. 2. S. 436-440; Béguinot, Cronaca, S. 94-97; Basset, Études, S. 180-183.

[4] Dies ist wohl die vulgäre Form für Aynā Egzī'; vgl. die gleiche Metathese beim Gottes-namen: Ezger; vgl. Guidi, Due nuovi, S. 379, Anm. 1; der Ort liegt in Wolqait; vgl. Basset, Études, Not. 408; Béguinot, Cronaca, S. 108, not. 1.

[5] Bēt Malō: Ort am Takazzē und bei den Šānqellā Bāsō; vgl. Basset, Études, not. 401. Eine anschauliche Beschreibung eines solchen Jagdausflugs in die »Qollā« (Tiefebene) bei E. Rüppell, Reise, Bd. 2, S. 141-172.

[6] Abōrā ist ein Distrikt im Süden von Lasta (vgl. Conti Rossini, Catalogo, S. 19). Dieser kann aber hier nicht gemeint sein, denn es geht aus der Geschichte hervor, daß es sich um eine Örtlichkeit bei Gondar handelt, die zwischen Gondar und Fanṭar liegt (vgl. Annales Iyāsū II, S. 71 / Übers. S. 76). In den Annalen des Bakāffā (S. 305 / Übers. S. 327) wird der Klerus von Abōrā unter den Klerikern der Kirchen Gondars genannt; dabei wird es sich wohl um die von Yōsṭōs erbaute Kirche handeln.

[7] Ledatā: Die Kirche Mariä Geburt, einige Kilometer westlich von Gondar (vgl. Guida, S. 359). Was hier in dürren Worten über die Neuausstattung und Einrichtung einer äthiopischen Kirche gesagt ist, findet eine detaillierte Schilderung in der »Geschichte von Narga«, die Einrichtung einer Kirche durch Iyāsū II. einige Jahrzehnte später (vgl. S. Euringer, Geschichte von Narga. In: ZSem 9. 1935. 281-311; 10. 1936. 105-162).

Psalmensänger ein, die den Psaltergesang beherrschten wie Yārēd und die Auslegung der Schriften wie Kyrillos. Als (Lehens-)land gab er ihnen die besten Plätze in Dambeyā. Danach befahl er, das Tābōt Unserer Herrin Maria hineinzutragen, und so geschah es mit großer Pracht, zur Freude und Zufriedenheit des Königs und seines Hofstaats und unter Psalmengesängen der Priester. Daraufhin verbrachte der König Ḍahay Sagad Tag und Nacht in Betrachtung der Kirche, denn er liebte sie sehr aus ganzem Herzen. Und er beschloß in seinem Herzen, daß hier sein Grab sein sollte.

Im vierten Jahre, dem Jahre des Lukas, brach er von Gondar auf, ging in die Tiefebene und jagte Wild. Er erlegte viel, kehrte in Freude zurück, kam nach Gondar und verbrachte die Regenzeit in Gondar.

Im fünften Jahre, dem Jahre des Johannes, im Monat Ṭeqemt, am 14. Ṭeqemt[8], kamen drei Löwen aus der Tiefebene und gelangten bis (zum Kloster Abbā) Enṭōnes[9]. Als der König von ihrem Kommen hörte, ging er mit seinen Kriegern hinaus, sie zu suchen. Aber nur einer fand sich, und einer der Krieger mit Namen Šālaqā Za-Wald (traute sich) näher. Der Löwe sprang auf, biß ihm die Hand ab und verschlang sie; dieser aber stieß ihn mit dem Speer nieder und der Löwe starb. Za-Wald erkrankte schwer und starb schließlich an dieser Wunde (Krankheit). Später, im Monat Ṭer, am Mittwoch, den 22. Ṭer[10], ging der König Yōsṭos zur (Kirche) Abbā Enṭōnyōs, weil (dieser Tag) dessen Festtag war, und wurde dort krank. Er ging zurück und kam nach Gondar, wo er krank danieder lag. Als er so in diesem kranken Zustande war, tötete man am Sonntag, den dritten Yakkātīt[11], seine Würdenträger, (nämlich) den Beḥtwadad Temertē[12], den Belāttēngēta Qwasṭē[13], den Šālaqā Abyō[14] und Enzīrā, sowie viele andere Diener des Königs, die man ''Wullāǧ''[15] nennt.

All dies tat man und darüber hinaus verkündete man (eine Proklamation) mit der großen Trommel, die besagte: »Dāwīt ist König, der Sohn von

---

[8] 23.10.1715.

[9] Dabra Abbā Enṭōnes/Enṭōnyōs, im Nordosten von Gondar; vgl. Guida, S. 362.

[10] 29.1.1716.

[11] 9.2.1716.

[12] Beḥtwadad = Rās; das höchste Staatsamt, eine Art Premierminister; vgl. Varenbergh, Šer'ata Mangešt, S. 33; Guidi, Šer'ata Mangešt, S. 81 ff.

[13] Belāttēngētā, Vorsteher eines Fürstenhofes oder des Königshofes; vgl. Varenbergh, Šer'ata Mangešt, S. 37; Guidi, Šer'ata Mangešt, S. 81 ff; Guidi, Vocabolario, 314 f.

[14] Šālaqā, Oberst, Führer einer Tausendschaft; vgl. Guidi, Vocabolario, 203.

[15] Wullāǧ, Mischlinge aus Äthiopiern und dunkelhäutigen Sklaven; sie bildeten eigene Truppenkörper (zumeist Gewehrschützen), die wegen Disziplinlosigkeit und Gewalttaten gefürchtet waren. Ein Wullāǧ wird erst in der siebten Generation als Freier angesehen, die einzelnen Generationen haben verschiedene Namen; vgl. Guidi, Vocabolario, 559.

Adyām Sagad (König Iyāsū I.)[16]! Yōsṭōs ist tot!« Dann ging man zum
(Berg) Waḥnī und holte Dāwīt herunter und kam nach Gondar. Am Dienstag,
den 5. Yakkātīt[17] herrschte König Dāwīt, dessen Thronname Adbār Sagad
war. Am Mittwoch den 13. Yakkātīt[18] starb König Yōsṭōs und wurde in
(der Kirche) Ledatā begraben.

Dann befahl König Dāwīt, die Europäer (Römer = Katholiken) zu holen,
die sich in der Stadt Ayānāzgī befanden. Sie kamen am Samstag, den
23. Yakkātīt nach Gondar[19] und am Montag, den 25. Yakkātīt[20] rief der
König den Eçagē[21] und den Abūna und ließ sie zu seiner Rechten und zu
seiner Linken sitzen. Ebenso kamen die Würdenträger und alle Priester und
(der König) hieß sie vor ihm sitzen. Dann rief er auch die Europäer, und
sie erschienen vor dem König. Dieser befahl dem Mal'aka Berhānāt Maz-
mūrē[22], sie zu befragen. Er trat zu ihnen und befragte sie folgendermaßen:
»Wo ist euer Land, was ist euer Glaube und wer hat euch hierhergebracht?«
Sie bestätigten, daß ihr Glaube der Glaube Leos sei (d.h. Anhänger des
Konzils von Chalkedon) und ihr Land Europa. Darauf befahl der König, sie
durch Steinwürfe zu töten, und alle (Anwesenden) entschieden ebenso. Am
Dienstag, den 26. Yakkātīt, befahl der König allen Einwohnern der Haupt-
stadt, (die Europäer) zu steinigen; dann schaffte man sie hinaus, brachte

---

[16] Dāwīt III., regierte von 1716-1721. Zur genauen Bedeutung der Thronnamen liegt noch
keine Untersuchung vor. Die übliche Erklärung ist: »Die (Feinde auf) den Bergen werfen sich
(vor dem König) nieder! Die Sonne wirft sich nieder!« etc.; vgl. Guidi, Storia S. 98, Anm. 2.
Es ist aber noch zu klären, ob hier ein Verbal- oder Nominalsatz vorliegt; dabei muß beachtet
werden, daß als erstes Element auch »Masīḥ« (»Messias«) und ähnliche, positive Begriffe
auftauchen, und daß der weibliche Komplementname (Adbār Mōgasā), den die Königin trägt,
doch wohl ein Nomen als zweites Element aufweist.

[17] 11.2.1716.

[18] 19.2.1716. Diese Chronik berichtet uns nichts von dem erniedrigenden Verhör, dem
Yōsṭōs noch kurz vor seinem Tode unterzogen wird, noch von seiner angeblichen Ermordung
durch Dāwīt III., auf die die KC anspielt.

[19] 29.2.1716. Zu den drei Franziskanermissionaren und dem Prozeß gegen sie vgl. Basset,
Études, not. 409; Guida, S. 358. Die angebliche Sympathie des Yōsṭōs für den Katholizismus
war einer der Hauptvorwürfe gegen ihn, doch darf nicht vergessen werden, daß eine solche
Verdächtigung im politischen Kampf des damaligen Äthiopien üblich war; vgl. die Rebellion
des Tanšē Māmmō, in der durch die gleiche Anschuldigung Iyāsū II. für einige Zeit exkom-
muniziert wurde.

[20] 2.3.1716.

[21] Eçagē, der Abt des Klosters Dabra Lībānōs und das Oberhaupt des äthiopischen
Mönchtums. Vgl. Guidi, Vocabolario, 511; Hammerschmidt, Äthiopien, 119f. Zum Abūna,
dem koptischen Bischof der äthiopischen Kirche, der bis in die Neuzeit stets ein von Alexandria
bestimmter ägyptischer Mönch war, vgl. Hammerschmidt, Äthiopien, S. 116ff.

[22] Mal'aka Berhānāt, Vorsteher der Kirche Dabra Berhān in Gondar.

sie zu Darmen und dort wurden sie gesteinigt[23]. (Darüber) herrschte große Freude im Königspalast und im ganzen Lande.

(Fortsetzung im nächsten Band)

---

[23] 3.3.1716. Die KC gibt einen Tag später an und als Örtlichkeit die *untere* Stadtgrenze von Gondar.

Nun zeigt man die Gräber der drei Gesteinigten in Gondar bei der Kirche Fīt Abbō, an der Straße nach Ṭaddā im Süden (vgl. Monti della Corte, Castelli, S. 92 f; Guida, S. 358).

Darmen ist mir als Ortsname nicht bekannt; doch kommt er als Personenname in der KC vor. Er ist einer der Mörder von König Iyāsū I., die unter König Tēwōflōs hingerichtet werden. Die Frankfurter Chronik berichtet darüber ebenfalls und fügt die in der KC nicht zu findende Notiz hinzu, daß man den Leichnam Darmens und seiner Mittäter vom Addabābāy mit einem Ochsengespann durch Gondar bis nach Čafārī Mēdā geschleift habe (Truppenversammlungsplatz?). Der Chronist wollte wohl sagen, man habe die drei Patres zur selben Stelle geschleppt, an der man die damaligen Hingerichteten habe liegen lassen.

Die Nischen-Fresken im Roten Kloster bei Sohâg

von

Otto F. A. Meinardus

Einleitung

Das Rote Kloster (Dair al-Ahmar), das dem Wüstenheiligen Bishoi aus dem 4./5. Jahrhundert geweiht ist, liegt am Wüstenrand ungefähr 8 km westlich der Bischofsmetropole von Sohâg. Drei Kilometer südlich des Roten Klosters erhebt sich ebenfalls am Wüstenrand das wesentlich bekanntere und auch öfter besuchte und beschriebene Weiße Kloster (Dair al-Abiad). Tatsächlich hat das Rote Kloster seit Jahrhunderten im Schatten des Weißen Klosters existiert, so daß wir über seine Geschichte nur wenige spärliche Angaben besitzen. Archäologen, Kunstwissenschaftler, Koptologen und Architekten haben wiederholt die verschiedensten architektonischen und kunstgeschichtlichen Aspekte des Weißen Klosters beschrieben [1]. Die Literatur über das Rote Kloster ist dagegen äußerst kläglich.

Die ursprüngliche Klosteranlage entstand im 5. Jahrhundert, nachdem die ägyptische Kirche sich auf Grund der Beschlüsse des ökumenischen Konzils von Chalcedon im Jahre 451 von der byzantinischen Reichskirche getrennt hatte. Die in diesem Aufsatz zu beschreibenden Heiligen-Darstellungen gehören dem 7./8. Jahrhundert an. Eine Inschrift im Kloster erwähnt einen

---

[1] Bock, W. de, *Matériaux pour servir à l'archéologie de l'Égypte chrétienne*. St. Petersburg, 1901, 61-67, fig. 54-79. Butler, Alfred, *The Ancient Coptic Churches of Egypt*. Oxford, 1884, I, 351-359. Curzon, R., *Visits to Monasteries in the Levant*. London, 1849, 130-137. Deichmann, F. W., »Zum Altägyptischen in der koptischen Baukunst«, *Mitteilungen des Deutschen Instituts für Ägyptische Altertumskunde in Kairo*, VIII, 1939, 34-37. Denon, V., *Voyage dans la Basse et la Haute Égypte*. Paris, 1802, 120. Evers, H. G. und Romero, R., »Rotes und Weißes Kloster bei Sohag, Probleme der Rekonstruktion«, *Christentum am Nil* (herausgegeben von Klaus Wessel), Recklinghausen, 1964, 175-199. Evetts, B. T. A., *The Churches and Monasteries of Egypt and some neighbouring countries, attributed to Abû Sâlih the Armenian*. Oxford, 1895, 104-106, 235-239. Fergusson, J., *A History of Architecture*. London, 1893, I, 510-511. Gayet, A., *L'Art Copte*. Paris, 1902, 138-152. Lefebvre, G., »Dayr el-Abiad«, in Cabrol and Leclercq, *Dictionnaire d'Archéologie chrétienne*, IV, cols. 459-502. Meinardus, O., *Christian Egypt Ancient and Modern*. Cairo, 1965, 290-294. Monneret de Villard, U., *Les Couvents près de Sohâg*. Milan, 1925. Peers, C. R., »The White Monastery near Sohag«, *Archaeological Journal*, 1904, 131-153. Pococke, R., *A Description of the East*. London, 1743, I, 79-80. Vansleb, J. M., *Nouvelle Relation en forme de Journal d'un voyage fait en Egypte en 1672 et 1673*. Paris, 1677, 372-377.

gewissen Mönch, der im Jahre 1301 der Klostergemeinschaft beitrat[2]. Der armenische Kirchenhistoriker Abû 'l-Makarim (Abû Sâlih) beschrieb zwar in Einzelheiten die Geschichte des Weißen Klosters[3], das Rote Kloster erwähnte er nicht mit einer Silbe. Der islamische Geschichtsschreiber al-Maqrizî (15. Jahrhundert) erwähnte das «Rote Kloster, das auch das Kloster des Abû Bishoî genannt wird, und das nördlich des Weißen Klosters in einer Entfernung von drei Stunden liegt[4]. Es ist ein kleines, aus roten Ziegeln gebautes Gebäude«[5]. Der Dominikanerpater Johann Michael Wansleben besuchte das Kloster im Jahre 1672, und Richard Pococke sah es im Jahr 1737. Von V. Denon, der mit Napoleons Truppen nach Ägypten kam, erfahren wir, daß am Ende des 18. Jahrhunderts das Rote Kloster von den Mameluken verwüstet wurde.

Wir wissen nicht, wann die letzten Mönche das Kloster verlassen haben. Seit mehreren Jahrhunderten dient die Klosterkirche der koptischen Gemeinde, die in dem gleichnamigen Ort wohnt. Die einst so reichhaltigen Wandmalereien in den Apsiden, im Kirchenschiff und in den Nebenräumen sind in einem beklagenswerten Zustand. Sie sind durch Witterungseinflüsse, aber auch durch mutwillige Zerstörung so stark in Mitleidenschaft gezogen, daß sie nur mit großer Mühe noch erkannt und identifiziert werden können. C. C. Walters schreibt dazu: »Of the paintings at this site little now remains«[6]. Diese Erkenntnis hat bestimmt dazu geführt, daß diesen Wandmalereien bisher kaum Beachtung geschenkt wurde. Dennoch sollte die Bedeutung dieser Fresken koptischer Heiliger in den Nischen der Apsiden nicht unterschätzt werden. Sie stellen in der koptischen Kunstgeschichte das Ende einer vielseitig geprägten Malperiode dar, die sich über drei Jahrhunderte, vom 5. bis zum 8. Jahrhundert, erstreckte. Abgesehen von den archaisch-primitiven Malereien in den Grabkapellen von al-Bagawat in der Oase al-Kharga, die aus dem 5. Jahrhundert stammen und zuerst von W. de Bock und später von Ahmad Fakhry eingehend veröffentlicht wurden[7], möchte ich für den kunstgeschichtlichen Rahmen der Heiligen-Darstellungen im Roten Kloster die hieratischen Andachtsbilder aus dem 5. bis 7. Jahrhundert nennen[8]. Es handelt sich hier vornehmlich um die Wandmalereien

---

[2] Meinardus, O., *op. cit.*, 293.

[3] Evetts, B. T. A., *op. cit.*, 235-239.

[4] Offensichtlich hat Maqrizî das Kloster nicht besucht. Man erreicht das Rote Kloster in 40 Minuten vom Weißen Kloster.

[5] Evetts, B. T. A., *op. cit.*, 317.

[6] Walters, C. C., *Monastic Archaeology in Egypt.* Warminster, Wilts., 1974, 310.

[7] Bock, W. de, *op. cit.* Fakhry, A., *The Necropolis of El-Bagawat in Kharga Oasis.* Kairo, 1951.

[8] Ausgeklammert habe ich ebenfalls die historischen Zyklen an den Wänden des Dair Abû Hinnis östlich von Minya und die kürzlich publizierten Malereien in den Kirchen und Klöstern in und bei Esna in Oberägypten.

des oberägyptischen Klosters des hl. Apollon in Bawît aus dem 5. oder
6. Jahrhundert[9] und des Klosters des hl. Jeremias in Saqqara aus dem
7. Jahrhundert[10] und um die wenigen koptischen Tafelbilder, die uns aus
dieser Epoche erhalten sind. Hier wären die Ikone eines Evangelisten (?)
aus dem 5./6. Jahrhundert[11], sowie die beiden bekanntesten koptischen
Ikonen aus dem St. Apollon-Kloster zu erwähnen, von denen die eine im
Louvre zu Paris die Ganzfiguren Christi mit dem hl. Menas zeigt[12], die
zweite heute in Berlin befindliche Ikone die Büste des Bischofs Apa Abraham
von Hermonthis (Ermant) darstellt[13].

Es ist unser Anliegen, die neun noch erkennbaren Darstellungen der
koptischen Heiligen im Roten Kloster in den Rahmen der erwähnten Wandmalereien und Ikonen einzugliedern.

Zur Lage der Nischen-Fresken

In den Nord-, Süd- und Ost-Apsiden der St. Bishoi-Kirche des Roten
Klosters erkennen wir zwei übereinander liegende Zonen, eine untere und

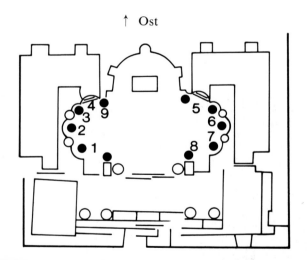

↑ Ost

---

[9] Boreux, Ch., *Salle de Baouît*. Musée du Louvre. Antiquitées égyptiennes, Catalogue-
Guide 1, Paris, 1932, 250. Clédat, J., *Le Monastère et le Necropole de Baouît*. Kairo, 1904-1906,
1909, 1916. Crum, W. E., »Der hl. Apollo und das Kloster von Bawit«, *Zeitschrift für
Ägyptische Sprache*, XL, 1902. Wessel, Klaus, *Koptische Kunst. Die Spätantike in Ägypten*.
Recklinghausen, 1963, 175f. Du Bourguet, *Die Kopten*. Baden-Baden, 1967, 52f. Effenberger, A., *Koptische Kunst*. Leipzig, 1975, 213.
[10] Quibell, J., *Excavations at Saqqara*. Kairo, 1908, Tafel XLIV.
[11] Du Bourguet, *op. cit.*, 131. E. Coche de la Ferté, »Du portrait à l'icone«, *l'Oeil*,
LXXVII, Paris, 1961, 24-31, 78.
[12] Wessel, K., *op. cit.*, 186, Farbtafel XIV.
[13] Effenberger, A., *op. cit.*, 72, Farbtafel III.

eine obere Zone, in die jeweils zwei, drei oder vier von massiven Säulen getrennte Nischen eingelassen sind. Da die Malereien in den Nischen der unteren Zonen in den Nord- und Süd-Apsiden und die Malereien in den Nischen der oberen und unteren Zonen in der Ost-Apsis völlig zerstört sind, können wir uns hier lediglich mit den noch zum Teil erhaltenen Malereien in den oberen Zonen der Nord- und Süd-Apsiden befassen. In die oberen Zonen der Nord- und Süd-Apsiden sind je vier Nischen eingelassen. Der halbkreisförmige obere Teil ist in allen acht Fällen mit einer Muschel verziert. Die äußeren Nischen der oberen Zonen, d.h. die östlichen und westlichen Nischen (Nr. 1, 4, 5 und 8), sind nach innen gewölbt, die inneren Nischen (Nr. 2, 3, 6 und 7) haben flache Rückwände, auf die die Fresken

Abb. 1 Westliche konkave Nische

aufgetragen sind. In allen Fällen ist die obere halbkreisförmige Muschel-
verzierung von den Heiligen-Darstellungen durch einen breiten, schwarz-
weiß gemusterten Streifen getrennt.

Zur Beschreibung der Heiligen-Darstellungen

Die Fresken in den Nischen der oberen Zone der nördlichen Apsis

Nr. 1. In der westlichen konkaven Nische sind deutlich zwei aus verschiedenen Epochen stammende Schichten von Malereien zu erkennen. Das
ursprüngliche Bild stellt das Frontalportrait eines Heiligen mit langem,
weißen, spitzen Bart und mit einer hohen Stirn und kurzem weißen Kopf-

Abb. 2 Nordwestliche Nische

haar dar. An den Schläfen ist das Gesicht leicht eingedrückt. Die großen, offenen Augen, die dunklen Augenbrauen, die breiten Nasenflügel und die abstehenden Ohren sind auffallend. Der Kopf ist umgeben von einem Nimbus. Der dargestellte Heilige hat die Züge eines Mannes zwischen 60 und 70 Jahren. Von dem übermalten Heiligen sind lediglich die Augen, die Ohren, das kurze helle Kopfhaar und der Nimbus erkennbar. Die Augen sind auf den oberen Teil der hohen Stirn des ursprünglichen Bildes gemalt.

Nr. 2. In der nordwestlichen Nische ist ein Heiliger mit einem langen schmalen Gesicht mit einer hohen Stirn und kurzem hellen Kopfhaar dargestellt. Er trägt einen kurzen, spitzen, hellen Bart und einen dünnen, dunklen Schnurrbart. Die Ohren sind fest an die Schläfen gelegt. Die Augenbrauen sind durch zwei dunkle Striche gekennzeichnet. Die lange, gerade Nase unterstreicht das ernste Gesicht. Das Alter dieses Heiligen liegt zwischen 50 und 60 Jahren. In der oberen linken Ecke des Bildes sind die Buchstaben »Aββ« zu lesen. Der Name des Heiligen auf der rechten Seite des Bildes ist unleserlich.

Nr. 3. In der nordöstlichen Nische ist ein Heiliger mit einem schmalen Gesicht mit einer hohen Stirn und kurzem, dunklen Haar dargestellt. Er trägt einen langen, hellen, spitzen Bart, aber keinen Schnurrbart. Seine Ohren sind anliegend. Auffallend ist der breite Mund. Die Augenbrauen sind durch zwei dunkle Striche gekennzeichnet. Sein Haupt ist von einem Nimbus umgeben, in dem drei koptische Buchstaben schwach erkennbar sind. Auf seinem Gewand am oberen linken Arm ist ein verziertes Kreuz gemalt. Auch dieses Nischen-Fresko wurde übermalt. So war der ursprüngliche Bart des Heiligen kurz und rund. Die beiden erhobenen Hände mit je drei Fingern zur Rechten und zur Linken des Portraits sind eindeutig spätere Zusätze. Sie sind unproportional groß und zeugen von einem späteren Primitivismus.

Nr. 4. In der östlichen konkaven Nische ist eine der am besten erhaltenen Heiligen-Darstellungen zu sehen[14]. Der Heilige mit dem langen, schmalen Gesicht und den großen, dunklen Augen trägt einen mittellangen, weißen, spitzen Bart. Seine hohe Stirn ist von vollem, weißen Haar mit einem Mittelscheitel umgeben. Seine Ohren sind abstehend. Sein linker Arm ist erhoben, und die offene Hand mit Daumen und vier Fingern ist gut erkennbar. Das Haupt des Heiligen ist von einem Nimbus umgeben. Der Heilige hat die Züge eines Mannes zwischen 60 und 70 Jahren. In der rechten Ecke des Bildes sieht man die Hand Gottes aus einer halbkreis-

---

[14] *Christentum am Nil*, Recklinghausen, 1964, 188.

Abb. 3 Nordöstliche Nische

förmigen Wolke reichen. Die oberen Balken eines Andreaskreuzes, vor denen der Heilige erscheint, sind zweifellos ein späterer Zusatz. In der oberen linken Ecke des Bildes sind die drei Endbuchstaben» ϵⲁⲥ «zu erkennen (Andreas?).

Die Fresken in den Nischen der oberen Zone der südlichen Apsis

Nr. 5. In der östlichen konkaven Nische ist ein 30-40jähriger Heiliger mit einem kurzen, schwarzen Bart und einem kleinen dunklen Schnurrbart dargestellt. Auffallend sind seine großen, runden Augen, seine halbkreisförmigen Augenbrauen, seine abstehenden Ohren und sein volles, schwarzes

Kopfhaar. Das Haupt des Heiligen ist von einem Nimbus umgeben. In der rechten Ecke des Bildes erkennt man die Hand Gottes, die einen Kranz (Märtyrerkranz) aus einer Wolke dem Heiligen reicht. Über dem Bild ist eine Leiste mit einem zerstörten Text zu sehen. Die folgenden Buchstaben sind erkennbar : ... ⲉⲫⲟ ... ⲁⲡⲁ ⲣ ⲭⲩ ⲛⲛ ...

Abb. 4 Östliche konkave Nische

Abb. 5 Östliche konkave Nische

Nr. 6. In der südöstlichen Nische ist das ursprüngliche Heiligenbild fast völlig zerstört und nur die hohe Stirn mit dem hellen, vollen Kopfhaar noch erkennbar. Auch die spätere Übermalung ist stark in Mitleidenschaft gezogen. Die Übermalung zeigt ein rundes Gesicht mit schablonenhaften, dunklen Augen, und ist mit Hilfe eines Zirkels ausgeführt. Das Gesicht ähnelt den Wandmalereien aus dem 18. Jahrhundert in der Krypta der Paulus-Kiche im Kloster des hl. Paulus (Dair Anbâ Bûlâ) am Roten Meer[15].

---

[15] Meinardus, O., »The XVIIIth Century Wall-Paintings in the Church of St. Paul the Theban, Dair Anbâ Bûlâ«, *Bull. de la Société d'Archéologie Copte*, XIX, 1967-68, 181-197.

Abb. 6 Südöstliche Nische

Nr. 7. In der südwestlichen Nische ist ein alter, weißhaariger Heiliger mit einem langen schmalen Gesicht und einem langen, weißen, runden Bart mit weißem Schnurrbart dargestellt. An den beiden Schläfen ist das Gesicht leicht eingedrückt, die Ohren sind auffällig markiert. Die großen, runden Augen und die kurze Nase geben dem Gesicht einen Ausdruck, der ähnlich dem des Heiligen Nr. 1 ist. Dieses Fresko jedoch ist besser erhalten. In der linken Hand hält er ein Evangelienbuch, von dem der obere Teil erkennbar ist. Das Haupt des Heiligen ist von einem Nimbus umgeben. Das Alter des Heiligen ist zwischen 60 und 70 Jahren anzusetzen. Über dem Portrait ist ein Streifen mit einigen wenigen Buchstaben einer Inschrift erkennbar.

ⲁⲅ...ⲣ ...ⲚⲀⲂ ... (»Barnabas?«). Monneret de Villard glaubte, in diesem Bildnis den hl. Markus erkennen zu können[16].

Abb. 7 Südwestliche Nische

Nr. 8. In der westlichen konkaven Nische ist ein alter, fast kahlköpfiger Heiliger mit drei kleinen, weißen Locken auf seiner hohen Stirn und einem langen, weißen, spitzen Bart dargestellt. Auch hier ist das Gesicht bei den Schläfen leicht eingedrückt. Seine Ohren sind auffällig abstehend. Die Augen und die Nase sind durch einen Bruch im Putz zerstört. Sein Haupt ist von

---

[16] Monneret de Villard, U., *op. cit.*, II, Nr. 217.

Abb. 8 Westliche konkave Nische

einem Nimbus umgeben. Dieser Heilige erscheint als der Senior der Heiligen-gruppe mit einem Alter über 70 Jahren. In der linken oberen Ecke des Bildes erkennt man die Hand Gottes, die aus einer halbkreisförmigen Wolke herausgestreckt ist und auf den Heiligen weist. Von der Inschrift über dem Portrait sind nur wenige Buchstaben erhalten : «ⲱⲛⲁ..ⲕⲑ«. Zur Linken des Portraits sind die Buchstaben »ⲁⲥ..ⲛⲁ« lesbar.

Ein Wand-Fresko

Nr. 9. Über dem Eingang zur alten Klosterbibliothek nördlich des Altar-raumes befindet sich ein gut erhaltenes Fresko, das nach dem Typ den

Nischen-Fresken sehr ähnlich ist und darum hier mit aufgenommen werden
soll. Nach der Inschrift zu beiden Seiten seines Hauptes handelt es sich
um einen Bischof Theophilus[17]. Das lange, schmale Gesicht mit den leicht
eingedrückten Schläfen, die hohe Stirn und das volle Kopfhaar mit einem

Abb. 9 Wand-Fresko über dem Eingang zur alten Bibliothek nördlich des Altarraumes

Mittelscheitel, der mittellange, weiße, spitze Bart und die abstehenden Ohren
erinnern an die Darstellungen der Nischen-Fresken 1 und 7. Die großen,
runden Augen mit den nach oben gezogenen Augenbrauen geben diesem
Bild ein besonderes Gepräge. Das Haupt des Heiligen ist von einem Nimbus
umgeben. In seiner linken Hand hält er ein mit einem kreisförmigen Stein(?)
geschmücktes Evangelienbuch.

Der Rahmen der Nischen-Fresken im Roten Kloster

   Die Mehrzahl der Portraits verraten eine erkennbare stilistische Abhängigkeit von den älteren, oben erwähnten Wandmalereien oder Ikonen.

---

[17] *Ibid.*, Nr. 210.

Dieses ist besonders deutlich bei den Nischen-Fresken Nr. 1, 7, 8 und 9, die der Darstellung auf der Ikone des Bischofs Abraham in vielen Einzelheiten ähneln, so z.B. in den eingedrückten Schläfen, den abstehenden Ohren, dem langen, weißen Spitzbart, der hohen Stirn und dem spärlichen, hellen Kopfhaar. Aus dem Rahmen fällt der Heilige mit dem kurzen schwarzen Bart (Nr. 5), der Ähnlichkeiten mit der Darstellung des jungen Johannes zur Rechten der thronenden Gottesmutter mit Christuskind auf der Apsismalerei aus Bawît aufweist. Der Heilige (Nr. 4) teilt gewisse Züge, so z.B. das lange schmale Gesicht, mit dem Bild des hl. Thaddaeus auf der oben genannten Apsismalerei. Völlig eigenständig dagegen erscheinen die beiden Heiligen Nr. 2 und 3.

Die Identifizierung der Heiligen ist wegen des schlechten Zustandes der Fresken kaum durchführbar. Es ist jedoch durchaus nicht bestimmt, daß es sich um koptische Patriarchen handelt, wie Monneret de Villard annimmt. Bischöfe und Äbte hatten das Privileg, ihr Bildnis in ihrer Gemeinde zu publizieren, weshalb es auch zu den ersten Amtshandlungen eines neu geweihten Bischofs gehörte, sein Bild aufhängen zu lassen. Es ist also sehr gut möglich, daß hier Bischöfe, Äbte und Lokalheilige dargestellt sind.

Die Nischen-Fresken des Roten Klosters gehören eindeutig in die Maltradition der bekannten Wandmalereien von Bawît und Saqqara und der enkaustischen Ikonendarstellungen des Christus mit dem Abt Menas und des Bischofs Abraham. Wie aufgezeichnet, lassen sich mehrere Gemeinsamkeiten im Stil und in der Anlage feststellen, aber dennoch erkennt man Züge einer Weiterentwicklung in das spezifisch Koptische und einer damit verbundenen Distanzierung von dem Provinzialbyzantinischen. Auffallend bei allen Fresken ist die statische, undynamische, feierliche Ausdrucksweise der Gesichter und der Haltung, die den Eindruck eines schematischen und flächenhaften Bildes vermittelt. Von den feinen Schattierungen, die sowohl auf den erwähnten Wandmalereien als auch auf den Ikonen erkennbar sind, ist bei den Nischen-Fresken kaum noch etwas zu sehen. Der einförmige Gesichtsschnitt, besonders bei den Fresken Nr. 1, 7, 8 und 9, und die fast gleichmäßige Anwendung der Verstärkung der Konturen, z.B. bei den Augenpartien, den Kopfhaaren und den Bärten, ist auffallend und unterstreicht die unverkennbare Koptisierung der Darstellungen.

Kunstgeschichtlich sind diese Nischen-Fresken interessant, da sie die Endphase der Verschmelzung von einer provinzialbyzantinischen Kunstrichtung, wie wir sie noch in den Wandmalereien von Bawît finden, mit einem spezifisch koptischen Stil erkennen lassen. So sind diese Fresken einerseits die letzten Ausläufer der Maltradition der fajjumischen Mumienbildnisse, andererseits aber schwingt auch der römisch-konstantinopolitanische Portraitstypus in diesen Heiligenbüsten noch nach. Es ist gerade diese Ver-

schmelzung, die diese Bildnisse so liebenswert erscheinen läßt. Zeitlich gesehen, stehen sie am Ausgang einer bedeutenden ägyptischen Kunstperiode,
die mit dem Ende des 7. und dem Beginn des 8. Jahrhunderts schließt[18].

---

[18] *Ibid.*, 132.

Die »Ikone des Sinai-Klosters« und verwandte Pilgerillustrationen

von

Gustav Kühnel

In einem vor Jahren erschienenen Beitrag hat D. T. Rice den ikonographischen Zusammenhang zwischen zwei Landschaften El Grecos, die den Berg Sinai darstellen (Abb. 1 u. 2), und einer byzantinischen Ikone, die wahrscheinlich um das Jahr 1600 in Saloniki gemalt wurde, hervorgehoben (Abb. 3)[1]. Er äußerste die Meinung, daß sowohl El Greco als auch der Ikonenmaler eine ähnliche, wenn nicht gar gemeinsame Vorlage benutzt hätten[2].

Unlängst hat K. Weitzmann, an diese ältere Problematik anknüpfend, in einer umfassenden Darstellung der »loca-sancta«-Kunst gezeigt, wie eine Sinai-Ikone mit topographischem Charakter (Abb. 4) El Greco inspiriert und ihm als Vorlage für seine Landschaft gedient hat[3].

Die vorliegende Arbeit soll einen anderen Aspekt des Einflusses der Sinai-Ikonen auf die Kunst des Westens aufzeigen, nämlich die Abhängigkeit der Pilger- und Reiseliteratur des Spätmittelalters und der beginnenden Neuzeit von solchen Ikonen. Gleichzeitig wird der Versuch unternommen, die Geschichte der Darstellung des Berges Sinai und des Katharinenklosters zu skizzieren, um auf diese Weise Zeitpunkt und Charakter des Einflusses der Sinai-Ikonen deutlich zu machen.

Die heiligen Stätten haben einige Darstellungen mit sehr spezifischen topographischen Details zur Folge gehabt: jeder »locus sanctus« hat nicht nur einen, sondern mehrere Archetypen hervorgebracht, und jeder hat verschiedene Aspekte in den Mittelpunkt gerückt[4].

---

[1] D. T. Rice, Five Late Byzantine Panels and Greco's Views of Sinai. Burlington Magazine, 89, 1947, S. 94 u. Abb. A, B, C, S. 93. Dieselbe Ansicht wurde erneut von Rice in: Tri sinaiskikh gory, Vizantiia iuzhnye slaviane… Sbornik stateï v chest' V.N. Lazareva. Moskau 1973, S. 172 vertreten.

[2] Rice, Five Late Byzantine Panels… (wie Anm. 1) S. 94; — Ders., Byzantinische Malerei. Die letzte Phase. Frankfurt am Main 1968, S. 191; — R. Byron, D.T. Rice, The Birth of Western Painting. London 1930, S. 195 und Erklärungen zu Taf. 86, 90, 91, 92.

[3] K. Weitzmann, Loca Sancta and the Representational Arts of Palestine, Dumbarton Oaks Papers, 28, 1974, S. 55.

[4] Weitzmann (wie Anm. 3) S. 35, 48.

Abb. 1: El Greco, Berg Sinai. Modena, Pinacoteca, ca. 1562.

Der Sinai insbesondere hat eine Reihe solcher ikonographischen Archetypen angeregt, die biblische Ereignisse und spezifische topographische
Details der heiligen Stätte in sich vereinen [5]. Von den verschiedenen Ikonen-
typen des Sinai interessiert uns derjenige, der neben anderen Details zwei
ikonographische Elemente topographischer Natur wiedergibt, und zwar das

---

[5] Weitzmann (wie Anm. 3) S. 53-54.

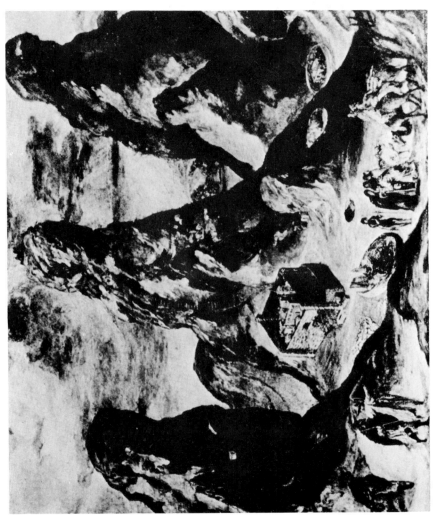

Abb. 2: El Greco, Berg Sinai. Budapest, Nationalmuseum, ca. 1571.

Abb. 3: Katharinenkloster auf dem Berg Sinai. Ikone, W. Blunt Sammlung, spätes 16. Jh.

Abb. 5: Berg Sinai. Ikone, Sinai, Katharinenkloster, 18. Jh.

Abb. 4: Berg Sinai. Ikone, Sinai, Katharinenkloster.

Sinai-Kloster und die heiligen Berge, die den Hintergrund dieser Ikonen bilden[6]. Wir werden diesen Typus die »Ikone des Sinai-Klosters« nennen.

Neben einer Ikone aus der Privatsammlung von W. Blunt[7] (Abb. 3) und einer anderen im Besitz des Sinai-Klosters, die von K. Weitzmann veröffentlicht wurde[8] (Abb. 4), können wir drei weitere Ikonen[9] (Abb. 5, 6, 7) sowie ein Siegel des Klosters aus dem Jahre 1696[10] (Abb. 8) anführen, die alle demselben ikonographischen Typus angehören.

Abbildung 5 und 6 unterscheiden sich deutlich von den anderen hier angeführten Beispielen durch die Weglassung des Katharinenklosters und die Hervorhebung des brennenden Dornbusches, in dessen Mitte die frontale Büste der Mutter Gottes als Orantin mit dem segnenden Jesuskind dargestellt ist. Die Ikone in Abbildung 4 sowie das Sinai-Siegel stellen eine Version dar, die die meisten ikonographischen Details der Sinai-Traditionen in sich vereint und — indem sie sowohl das Katharinenkloster als auch den brennenden Dornbusch enthält — die verschiedenen Versionen miteinander verbindet. Die Ikone auf Abbildung 7 ist diejenige Version, die — zusammen mit der Ikone auf Abbildung 3 — den stärksten Einfluß auf die Pilgerbuchillustrationen ausgeübt hat. Ihr wird deshalb unsere besondere Aufmerksamkeit zuzuwenden sein.

---

[6] Über diese Kompositionsformel und ihre Tradition in der byzantinischen Malerei vgl. Rice, Tri sinaiskikh gory... (wie Anm. 1) S. 174.

[7] Rice, Byzantinische Malerei ... (wie Anm. 1) S. 191 nennt eine weitere Ikone aus dem Vatikan, die, ebenso wie diejenige im Besitz von W. Blunt, mit der Sinaidarstellung El Grecos aus Modena identisch sei, Abb. bei A. Muñoz, I Quadri Bizantini della Pinacoteca Vaticana, Collezione Archeologiche, X, 1928, Nr. 127, Taf. XIX, Nr. 2. Ein anderes Beispiel aus dem 16. Jahrhundert befindet sich in dem Katalog der Ausstellung: Ikonen, München, Haus der Kunst, 1969/70, Nr. 12 u. Abb. Hier wird im Vordergrund der brennende Dornbusch als Teilszene betont. — Es sei noch auf die Darstellung des Sinai-Klosters von Dobrovati bei Jassy in Moldau, Rumänien hingewiesen. Die Wandmalereien von Dobrovati sind 1529 datiert und stellen das älteste uns bekannte Beispiel des Sinai-Klosters dar. Vgl. A. Grabar, Un cycle des »capitales« chrétiennes dans l'art moldave du XVIe siècle, Jahrbuch der österreichischen byzantinischen Gesellschaft, 21, 1972, S. 125ff., Abb. 2. Die drei Berge im Hintergrund fehlen, und im Vordergrund ist die »Paradieses-Leiter« nach Johannes Klimakos dargestellt. Damit weicht diese Darstellung des Sinai-Klosters von den erwähnten Beispielen ab.

[8] Weitzmann (wie Anm. 3) Abb. 54.

[9] Ikone der Abb. 5, veröffentlicht bei A. Champdor, Le Mont Sinai et le Monastère Sainte-Catherine. Paris 1963. Taf. S. 75. Die Ikone ist ins 18. Jahrhundert datiert und hängt jetzt, wie mir der Erzbischof des Sinai-Klosters, Damianos, freundlicherweise mitteilte, in der Kapelle des brennenden Dornbusches. — Ikone aus Abb. 6, publiziert in: Handbuch der Ikonenkunst. Hrsg. vom Slawischen Institut München. Text von B. Rothemund. 2. Aufl., Geislingen 1966, Abb. S. 278. — Ikone aus Abb. 7, vor kurzem auch bei G. Galavaris, A Bread Stamp from Sinai and its Relatives. Jahrbuch der österreichischen byzantinischen Gesellschaft, 27, 1978, Abb. 7. Die Ikone befindet sich jetzt im Narthex der Kirche, wo sie, zusammen mit anderen Ikonen aus der Ikonengalerie, aufgehängt wurde. Ihre Ausmasse sind 39 × 28 cm, und sie wird ins 17.-18. Jahrhundert datiert.

[10] Abb. bei M. H. L. Rabino, Le Monastère de Sainte-Cathérine (Mont-Sinaï). Bulletin de la Société Royale de Géographie d'Égypte, 19, 1937, Taf. XX.

Abb. 6: Gottesmutter von unverbrennbaren Dornbusch. Ikone.

Die Ikone auf Abb. 7 unterscheidet sich von den anderen hier erwähnten
Beispielen durch zwei wesentliche Merkmale : Einerseits ist sie stark deskriptiv
gehalten, wodurch die lehrhaft strenge Grundhaltung, die einer Ikone eigen
ist, in gewisser Weise verblaßt; andererseits werden die Einführung von
Personen, Szenen und topographischen Details, die außerhalb der biblischen
Traditionen stehen — wie z.B. der festliche Empfang des Erzbischofs durch
die Mönche, die verschiedenen Kapellen um das Kloster sowie Mönche und
Pilger, die die heiligen Berge besuchen —, Details also, die ihre Wurzeln in
den Lokaltraditionen und Bräuchen haben, in den Mittelpunkt der Darstellung
gerückt und dadurch sozusagen geheiligt.

Es ist ungewiß, wann dieser Ikonentypus entstand. Wir können aber
annehmen, daß seine Wurzeln auf Moses-Darstellungen zurückgehen, durch

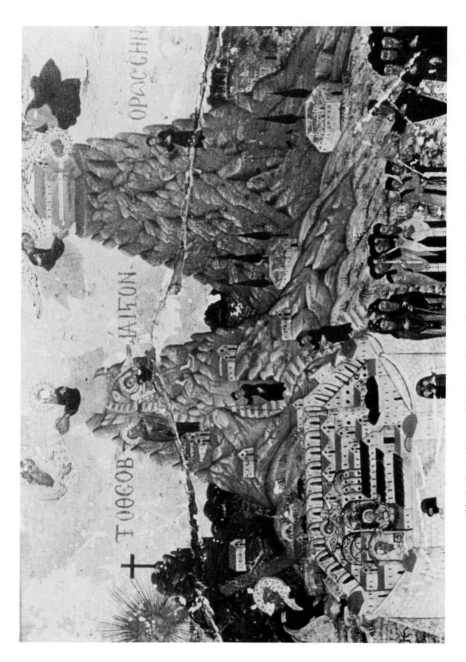

Abb. 7: Sinaigebirge und Katharinenkloster. Ikone, Sinai, Katharinenkloster, 17. Jh.

Anhäufung neuer Details. Ohne dieser wichtigen Frage weiter nachzugehen, darf man aufgrund der heutigen Evidenz wohl behaupten, daß das Sinai-Kloster das bedeutendste Detail ist, das in eine Moses-Darstellung eingeführt wurde.

In unserer Ikone (Abb. 7) nimmt das Kloster zusammen mit der Empfangs-prozession des Erzbischofs den Vordergrund ein. Dadurch werden sowohl die legendäre Szene der Überführung des Leichnams der hl. Katharina durch die Engel, von Alexandrien auf den Gipfel des Berges Sinai, als auch die Moses-Szenen aus dem eigentlichen Blickpunkt herausgerückt. Wenn in manchen Ikonen das Kloster als ein mehr oder weniger unauffälliger Bestand-teil der heiligen Landschaft gezeigt wird (Abb. 3 und 4), dann erscheint es in dieser Ikone so stark hervorgehoben und in allen Details herausgearbeitet, daß es zu einem thematischen Brennpunkt, wenn nicht gar Mittelpunkt der Gesamtdarstellung wird. Dadurch setzt sich diese Version von den anderen Ikonen ab, die den Sinai als »locus sanctus« schildern, und wird zu einer spezifischen Darstellung des Katharinenklosters.

Welche besonderen Merkmale besitzt dieser Ikonentypus, die den Einfluß auf die Pilgerillustrationen erklären könnten? Als erstes sollte man die Komposition erwähnen. Auf der Ikone in Abb. 7 kann man den Vordergrund mit Kloster und Prozession vom Hintergrund unterscheiden, der vom heiligen Gebirge beherrscht wird. Ein anderes, leicht abgeändertes Kompositions-schema begegnet uns in Abb. 3, die durch drei von links nach rechts schräg in die Tiefe verlaufende Berge und das in den Hintergrund gerückte Kloster bestimmt wird. Wie wir sehen werden, sind diese beiden Kompositions-varianten aus den Pilgerillustrationen übernommen worden.

Das zweite hervorzuhebende Merkmal ist der Reichtum an ikonogra-phischen Details, der insbesondere die Ikone auf Abb. 7 charakterisiert. Ikonen wie diese kommen den illustrativen Bedürfnissen der Pilgerliteratur als einer par excellence deskriptiven literarischen Gattung auf ideale Weise entgegen.

Eine der frühesten westlichen Sinai-Darstellungen, die dem Ikonentyp der Abb. 7 ähnelt, erschien 1570 in dem Pilgerbuch des Christoph Fürer von Haimendorf aus Nürnberg[11] (Abb. 9). Die Ähnlichkeit drückt sich vor

---

[11] »... Itinerarium Aegypti, Arabiae, Palaestinae, Syriae aliarumque regionum Orientalium... Norimbergae, 1570. Die Pilgerfahrt wurde 1566 unternommen. Weitere Informationen und Bibliographie: R. Röhricht, Bibliotheca Geographica Palaestinae. Chronologisches Ver-zeichnis der auf die Geographie des Heiligen Landes bezogenen Literatur von 333 bis 1878 und Versuch einer Karthographie. Verbesserte und erweiterte Neuausgabe mit einem Vorwort von D. H. K. Amiran. Jerusalem 1963, S. 200, Nr. 742. — T. Tobler, Bibliographia Geo-graphica Palestinae. Zunächst kritische Übersicht gedruckter und ungedruckter Beschreibungen der Reisen ins Heilige Land. Leipzig 1867, S. 79. — R. Röhricht, M. Meisner, Deutsche (Fortsetzung der Fußnote auf S. 173)

Abb. 8 : Siegel des Katharinenklosters, 1696.

*Abb. 9 : C. von Haimendorf, Sinaigebirge und Katharinenkloster. »... Itinerarium Aegypti,
Arabiae, Palaestinae ...«, 1570.*

allem im Kompositionsschema aus. Die Ikonographie der Pilgerillustration
ist ärmer, es sind nur wenige Details wiedergegeben, die summarisch und
doch treffend die heiligen Stätten charakterisieren. Das Katharinenkloster
erscheint im Vordergrund. Es hat die Form einer rechteckigen Anlage, im
Unterschied zur polygonalen Form des Klosters in der Ikone. Innerhalb der
Mauer erblickt man eine Reihe von Gebäuden, darunter die Basilika
Justinians. Weder die Dornbuschkapelle noch der brennende Dornbusch
sind wiedergegeben — im Gegensatz zu den Ikonen auf Abb. 7 und 3.
Ebenso wie in den meisten westlichen Beispielen, die wir noch sehen werden,
hat der Künstler in dieser Pilgerillustration auf einige wichtige Lokaltraditionen verzichtet, so z.B. auf den Empfang der Gesetzestafeln durch
Moses und die Niederlegung des Leibes der hl. Katharina durch die Engel
auf der Bergspitze[12]. Man beschränkt sich auf die topographische Fixierung
der Sinai-Landschaft und auf die Lokalisierung einiger Kapellen, wie die
Moseskapelle und die Katharinenkapelle auf den Spitzen der beiden heiligen
Berge. Andererseits wird jedoch in fast allen abendländischen Illustrationen,
wie auch in jenen aus dem Pilgerbuch Haimendorfs, die Empfangsprozession
des Erzbischofs durch eine Pilgerkarawane ersetzt, die soeben das Kloster
erreicht. Obwohl dieses Detail in einer Ikone des Sinai-Klosters vorkommt
(Abb. 3), charakterisiert und definiert es am trefflichsten die Identität dieser
Darstellungen als Pilgerillustrationen. Gleichzeitig lassen sich diese Darstellungen deutlich von den als Kult- und Verehrungsobjekten dienenden Sinai-
Ikonen unterscheiden.

Es ist interessant zu bemerken, daß die gleichen Substitutionen in beiden
Sinai-Landschaften El Grecos vorkommen, wobei in der Sinai-Darstellung
des Modena-Triptychons — als reizvolle Ausnahme — die fast unsichtbaren
Silhouetten von zwei schwebenden Engeln auf der Spitze des Dschebel Katerin
auffallen[13]. Dies liefert uns den Hinweis, daß El Greco nicht nur durch
eine Ikone vom Typus der Abb. 3 angeregt wurde, sondern daß er ebenso
die Sinai-Illustrationen in den zeitgenössischen Pilgerbüchern, wie z.B. die-

Pilgerreisen nach dem Heiligen Lande. Berlin 1880, S. 536f. — Abb. bei Z. Vilnay, The
Holy Land in Old Prints and Maps. Jerusalem 1963, Fig. 505, und bei Champdor (wie
Anm. 9) Abb. S. 23.

[12] Eine Ausnahme stellen Waltersweils Illustration (infra, S. 174 und Abb. 10) und diejenige
Fontanas dar (infra, S. 177, Abb. 11).

[13] Es ist schwer, nach dem uns vorliegenden Foto festzustellen, ob auch auf der Spitze des
Dschebel Musa die Silhouette des Moses erscheint. Wir möchten es trotzdem annehmen. Im
Unterschied zum Budapester Bild erhellen Lichtstrahlen, ebenso wie in der Ikone Abb. 7, von
der Spitze des linken Berges (hl. Episteme) aus die Stätte des brennenden Dornbusches im
Innern des Klosters. Diese Details zeigen, daß sich El Greco im Modena-Bild näher an die
Ikonographie der Ikonen hält als im Budapester Bild, wo diese Details ausgelassen sind.

jenige bei Haimendorf oder das Einzelblatt von Fontana (Abb. 11) gekannt haben dürfte[14].

Einige Jahrzehnte später erschien in München der Bericht des Pilgers Bernhard von Waltersweil[15]. Die Sinai-Illustration in seinem Buch (Abb. 10)

Abb. 10: B. von Waltersweil, Sinaigebirge und Katharinenkloster. »Beschreibung einer Reisz ... in das gelobte Land Palästina ...«, 1609.

zeigt am deutlichsten den Einfluß einer Ikone (Abb. 3) auf eine Pilger-illustration. Die Verwandtschaft zeigt sich sowohl im diagonalen Kompositionsschema, das hier nicht so stark in die Tiefe dringt, als auch in der Fülle der ikonographischen Details, die die Ikonen auf den Abb. 3 und 7 charakterisieren.

---

[14] Die Sinai-Landschaft von Modena entstand 1567-1568, die von Budapest zwischen 1571 und 1576. Haimendorfs Pilgerfahrt fand 1566 statt (s. supra, S. 171), und vier Jahre später erschien die Ausgabe mit der hier besprochenen Illustration. Über Fontana s. infra, Anm. 23.

[15] »Beschreibung einer Reisz ... in das gelobte Land Palästina ... auch auff dem Berg Sinai ...«, München 1609. Die Pilgerfahrt wurde 1587 unternommen. Weitere Informationen und Bibliographie: Röhricht, Bibliotheca... (wie Anm. 11), S. 214, Nr. 804. — Tobler, Bibliographie... (wie Anm. 11), S. 85.

Abb. 11: G. B. Fontana, Sanctus Mons Synai. Kupferstich, 1569.

Das rechteckige Kloster ist in einem Tal gelegen, das von hohen Bergen umgeben ist. Seine Mauern bestehen aus regelmäßig gehauenen Steinblöcken. Den Haupteingang umkleidet eine halbrunde Mauer, die in unseren Ikonen und in einer Reihe von Pilgerillustrationen aus dem 17. und 18. Jahrhundert wiederkehrt. »Mons Horeb« und »Mons Sinay« sind durch Inschriften deutlich angezeigt. Links im Vordergrund befindet sich, wie in der Ikone auf Abb. 3, ein dritter Berg ohne inschriftliche Kennzeichnung[16]. An seinem Fuß sieht man eine Beduinengruppe, darunter eine auf dem Boden sitzende weibliche Gestalt, die ein Kind in den Armen hält[17]. Das kompositionelle Gegenstück zu dieser Gruppe bilden in der Ikone auf Abb. 3 einige Baumsilhouetten. Zu den beiden Bergspitzen führen sorgfältig eingezeichnete Wege hinauf. Der Aufstieg zum Horeb besteht aus Treppen. Etwa auf halber Höhe befinden sich zwei steinerne Tore (Nr. 5 und 6 der Legende), wo einst die Pilger die Beichte ablegten, bevor sie weiter hinaufsteigen durften[18]. Besonders klar sind diese Treppen auf der Ikone der Abb. 7 hervorgehoben. Auf der Spitze des Horeb sind zwei Gebäude sichtbar, von denen das eine in der Legende als Kirche St. Salvatoris bezeichnet wird (Nr. 13). Sie steht an der Stelle, wo Moses die Gesetzestafeln empfing. Links auf dem Gipfel befindet sich ein anderes Gebäude mit hohem Turm (Nr. 14). Es wird »ein Türckische Kirchen oder Mosche« angegeben[19]. Zwischen den ersteren Gebäuden wird die Höhle gezeigt, in der Moses vierzig Tage und Nächte gefastet haben soll, bevor er die Gesetzestafeln entgegennahm (Nr. 12). Ganz rechts auf der Bergspitze ist Moses dargestellt, wie er mehr stehend als kniend, mit ausgestreckten Armen von einem halb in den Wolken verborgenen Wesen die Gesetzestafeln erhält. Der Kopf des Propheten weist Hörner auf[20], und sein Mantel flattert stark im Winde. Ein kleines recht-

---

[16] Dieser Berg wird in Stöckleins Illustration (um 1732) (s. infra, S. 198, Abb. 25) »Stralberg« genannt. Auf seiner Spitze steht ein Kreuz, und die Sonnenstrahlen erhellen den brennenden Dornbusch, vgl. Abb. 7. S. 170, auch Anm. 13.

[17] Es ist interessant zu bemerken, daß der Künstler nicht bemüht war, irgendeinen Unterschied der Trachten oder Physiognomie zwischen den Einheimischen und der fremden Pilgerkarawane sichtbar zu machen. Unsere Identifizierung wird durch die Inschrift auf der gleichen Illustration von Slisansky bestätigt (s. infra, S. 181, Abb. 12).

[18] Über die Treppen zum Mosesberg und die Beichtpforte vgl. H. Skrobucha, Sinai. Olten und Lausanne 1959, S. 86; Die Pilgerfahrt des Bruders Felix Faber ins Heilige Land Anno 1483. Nach der ersten deutschen Ausgabe 1556 bearbeitet und neu herausgegeben vom Union Verlag, Berlin S.a., S. 95-96 (über die Beichtpforte).

[19] Die Betstätte wurde vom Emir Abū ʿAlī al-Manṣūr Anuštakin (1101-1106) erbaut. Über die Moscheen des Sinaiklosters und ihre Umgebung aus historischer Sicht vgl. B. Moritz, Beiträge zur Geschichte des Sinaiklosters im Mittelalter nach arabischen Quellen. Abhandlungen der Königl. Preuss. Akademie der Wissenschaften. Phil.-hist. Kl. Nr. 4, S. 49-61, bes. 54-56. Ferner Skrobucha (wie Anm. 18), S. 66-68.

[20] Über Moses' Hörner vgl. R. Mellinkoff, The Horned Moses in Medieval Art and Thought. Berkeley, Los Angeles, London 1970 (California Studies in the History of Art).

eckiges Gebäude auf der Spitze des Sinaiberges bezeichnet die Kapelle der hl. Katharina (Nr. 18). Über der Kapelle schweben zwei Engel mit ausgebreiteten Flügeln, den Leib der hl. Katharina in den Armen haltend.

Diese Details haben, ebenso wie der Punkt im Raum, von dem aus die gesamte Landschaft bildlich fixiert ist, ihre genaue Parallele in der Ikone unserer Abb. 3[21]. In einem einzigen, für das östliche Kultbild jedoch wesentlichen Detail hat der westliche Künstler unsere Ikone nicht weiter verfolgt: Es handelt sich um den brennenden Dornbusch, der in allen bisher aufgeführten Darstellungen vorkommt. Dieser Unterschied zwischen Ikone und Pilgerillustrationen tritt nicht nur in Waltersweils Buch in Erscheinung, sondern ist ein allgemeines Merkmal westlicher Pilgerillustrationen, die den Sinai als »locus sanctus« darstellen[22].

Eine sehr interessante Ausnahme bildet die Sinai-Illustration des Veroneser Baptista Fontana[23], der die östliche Ikonentradition vollständig übernommen hat und daher auch den brennenden Dornbusch darstellt (Abb. 11). Sein Kupferstich erschien 1569 in Venedig[24], also vierzig Jahre früher als die Illustration Waltersweils und ein Jahr nach der ersten Sinai-Darstellung El Grecos, die sich heute in Modena befindet.

Nach dem Brauch der damaligen Zeit waren Darstellungen gewisser heiliger Stätten, wie z.B. des Ölbergs, Jerusalems oder des Sinai, nicht nur als Pilgerillustrationen im Umlauf, sondern erschienen auch als selbständige Blätter. Das ist der Fall mit der Sinai-Landschaft Baptista Fontanas. Die Vorlage des westlichen Künstlers war zweifellos eine Ikone, wie die der Abb. 3, oder eine von entsprechendem Typus. Eine andere, rein hypothetische Möglichkeit wäre, daß der Künstler eine ältere, bis heute unbekannte westliche Sinai-Illustration benutzte, die aber letzten Endes selbst von einer Ikone dieses Typs herzuleiten wäre. So ist die Sinai-Darstellung Fontanas, neben der El Grecos aus Modena, das älteste uns bekannte Beispiel, das

---

[21] Es werden noch folgende Lokaltraditionen festgesetzt: 3) Einsiedlerhöhle, 4) Kapelle der Erscheinung Marias, 7) Zisterne des hl. Elias, 9) Mohammeds Kamelhufspur, 10) Der zerspaltene Stein oder der Stein des Elias, 11) Moses' Höhle, 15) Kloster der vierzig Märtyrer, 16) Platz des hl. Onuphrius, 17) Quelle mit kaltem Wasser, 19) Stein der hl. Katharina mit dem Abdruck ihrer Figur, 20) Moses' Quellwunderfelsen, 21) Kirche der Heiligen Kosmas und Damian, 22) Stätte der zwölf Apostel, 23) Die Stätte, wo Moses das goldene Kalb zerschmolzen hat, 24) Der Platz, an dem die kupferne Schlange stand, 25) Der Platz, wo die Araber Proviant von den Mönchen erhielten.

[22] Über die Darstellung des brennenden Dornbusches im Abendland vgl. E. M. Vetter, Maria im brennenden Dornbusch. Das Münster, X, 1957. S. auch L. Kretzenbacher, Bilder und Legenden. Klagenfurt 1971, S. 93 ff.

[23] Über den Künstler und seine Tätigkeit vgl. G. K. Nagler, Neues allgemeines Künstler-Lexikon, 3. Aufl., Leipzig 1924, Bd. V, S. 70-71.

[24] Das Blatt erschien in Zusammenarbeit mit Bolognino Zaltieri, Kartenstecher, tätig in Venedig um 1566-70. Vgl. L. Bagrow, History of Cartography, Revised and enlarged by R. A. Skelton. London 1964, S. 280; ferner Nagler (wie Anm. 23), S. 155-156.

in evidenter Weise den Einfluß der Ikone des Sinai-Klosters auf westliche Illustrationen dokumentiert.

Da die Sinai-Landschaft El Grecos ein bis mehrere Jahre früher angesetzt wird[25], kann man die Frage stellen, inwieweit sie — und nicht die Ikone des Sinai-Klosters — als Vorlage für die Sinai-Darstellung Fontanas gedient hat. Nach unserer Meinung weist Fontanas Darstellung mehr Gemeinsamkeiten mit der Ikone der Abb. 3 auf als mit der Sinailandschaft El Grecos. So sind zum Beispiel die Gesten und Gebärden der Figuren in der Empfangsszene der Karawane durch die Mönche, die gleiche Wiedergabe der sitzenden Moslemgruppe auf dem Aaronberg und die Gesteinsformen der drei Berge identisch. Neben diesen Details läßt sich ein weiteres hervorheben, das am überzeugendsten die Abhängigkeit Fontanas vom Typus der Ikone des Sinai-Klosters, nicht aber von der Landschaft El Grecos beweist: An der Längsseite der Klostermauer wird im Bild Fontanas ganz deutlich eine Fensteröffnung sichtbar mit einem stehenden Mönch, der anscheinend mit Hilfe eines Eimers Wasser aus einem Brunnen unterhalb des Fensters schöpft. Der abendländische Künstler hat damit ein Detail übernommen, das noch heute »in situ« gesehen werden kann, und das — was wichtiger ist — in den Ikonen der Abb. 3 und 7 sowie in mehreren osteuropäischen Sinai-Illustrationen (Abb. 21-24) ganz deutlich wiedergegeben ist. In beiden Sinailandschaften El Grecos dagegen kommt dieses Detail zwar vor, ist jedoch gar zu flüchtig gestaltet, um als Vorlage für die klare bildliche Formulierung Fontanas gedient haben zu können. Andererseits kann man bei einer exakten Analyse feststellen, daß die deutliche Wiedergabe des Motivs bei Fontana rein mechanischer Natur ist. Im Zuge der Nachahmung hat der westliche Maler den wahren Sinn der Szene aus den Augen verloren.

Unter den verschiedenen Beduinenstämmen, die die Wüste Sinai bevölkern, leben auch die sog. Dschebelijeh. Ihre Ahnen wurden schon im 6. Jahrhundert von Justinian um das Kloster herum angesiedelt, um ihm Dienst und Schutz zu leisten[26]. Die Verpflichtung des Klosters war es, seine Diener — die bald darauf Moslems wurden — mit Lebensmitteln zu versorgen[27]. Auf unserem Bild sind diese Dschebelijeh auf dem Aaronberg gegenüber dem Kloster

---

[25] R. Palluchini, Un polittico del Greco nella R. Galeria Estense di Modena, Bollettino del Ministro della Educazione Nazionale, 1937, S. 389-392, datiert sie 1567 oder 1568. Rice, Byzantinische Malerei... (wie Anm. 1), S. 206, Abb. 165 datiert sie 1562. Die andere Sinai-Landschaft El Grecos, diejenige von Budapest, wird gewöhnlich um 1571 datiert. So M. Legendre, A. Hartmann, Domenico Theotokopoulos, called El Greco. New York 1938, Taf. 14, und unlängst auch K. Weitzmann, Loca Sancta... (wie Anm. 3), S. 55.

[26] Über die Dschebelijeh und ihre wahrscheinlich walachische (rumänische) Herkunft vgl. M. Beza, Urme românești în răsăritul ortodox. Bukarest 1935, S. 4f. — Skrobucha (wie Anm. 18), S. 68.

[27] Skrobucha (wie Anm. 18), S. 68.

dargestellt, sitzend bzw. stehend. Sie erwarten die ihnen zustehenden Lebensmittel, die der Mönch auf unserem Bild aus der Fensteröffnung herabläßt.
Dies ist der eigentliche Sinn der Szene, und spätere Illustrationen bestätigen
diesen Inhalt, obwohl in den erwähnten Beispielen (Abb. 21-24) neben den
Beduinen, die die Lebensmittel in Empfang nehmen, noch weitere auftauchen,
die die Versorgungsquelle mit Waffen bedrohen[28].

In Waltersweils Illustration wird dieses spezifische Detail des Katharinenklosters zwar nicht wiedergegeben, sein Sinn aber mit Hilfe einer begleitenden
Legende erklärt (Nr. 25).

Derartige Legenden begleiten fast ohne Ausnahme alle Pilgerillustrationen.
Durch ihre Vermittlung konnten auch die Gläubigen, die selbst keine Pilgerfahrt ins Heilige Land unternahmen, in Topographie und Eigenart der
heiligen Stätten eingeführt werden. Darin liegt auch der geographisch-karto-
graphische Wert solcher Illustrationen. Andererseits sind die mittelalterlichen
Karten, insbesondere die des Heiligen Landes, wahre Kunstdarstellungen,
die interessante ikonographische Details der biblischen Geographie enthalten.
Die Ikonen dagegen wurden stets als geheiligte Objekte der Verehrung aufgefaßt, und als solche erfüllten sie keine didaktische, sondern eine religiös-
liturgische Funktion, die von vornherein jeden erläuternden Text ausschließt.

Durch die Übernahme der Dornbuschszene unterscheidet sich Fontanas
Darstellung sodann nicht nur von den westlichen Pilgerillustrationen, sondern
auch von den beiden Sinai-Landschaften El Grecos. Der Sinn der Szene hat
den Maler zweifellos beschäftigt. In seinem ersten »Sinai«, dem von Modena
(Abb. 1), kommt deutlich die Auseinandersetzung mit der alten ikono-
graphischen Tradition des Themas zum Ausdruck: Der brennende Dornbusch verschwindet als figurative Szene und wird nur symbolisch angedeutet
durch Lichtstrahlen, die schräg vom Himmel her einfallen und jene Stelle im
Kloster erhellen, wo in den Ikonen der Abb. 3 und 7 die Szene des brennenden
Dornbusches dargestellt ist. Die spätere Sinai-Landschaft, diejenige von
Budapest (Abb. 2), entfernt sich noch deutlicher von der ikonographischen
Tradition der Ikonen und verwandelt sich, mehr als die von Modena, in
eine fast profane Darstellung. El Greco verzichtet hier ganz auf die Lichtstrahlen, die noch in der älteren Darstellung die göttliche Offenbarung
symbolisieren, und läßt die vagen Figuren aus, die im Modena-Bild auf den
Spitzen des Dschebel Musa und des Dschebel Katerin gespensterhaft
erscheinen.

---

[28] Über den Sinn der friedlichen und der revoltierenden Beduinen vgl. Galavaris, A Bread
Stamp... (wie Anm. 9), S. 336 und 339-341. Vgl. auch Skrobucha (wie Anm. 18), S. 68.
Die Szene wird auch in Undique ad Terram Sanctam; cartographic exhibition from the Eran
Laor Collection, Berman Hall, Jerusalem, Jewish National and University Library, October-
November 1976 erwähnt.

Unbeeinflußt von den tiefen Wandlungen bei El Greco hat Baptista Fontana die östliche Tradition unverändert übernommen und seiner Darstellung die Dornbuschszene eingefügt. Genau wie in der Ikone der Abb. 3 plaziert Fontana diese Szene oberhalb der Klostermauer. In einem von glänzenden Strahlen umgebenen Medaillon sind die frontalen Büsten Marias und Christi dargestellt. Am Rande des Strahlenkranzes kann man die geflügelte Engelfigur nach Exodus 3,2 erkennen, die dem die Schafe hütenden Moses im Sprechgestus zugewandt ist. Geblendet von den Flammen der Gotteserscheinung schützt dieser mit der linken Hand seine Augen und deutet mit der Rechten auf den brennenden Dornbusch hin. Neben ihm ist, gemäß dem Bibeltext, die Schafherde seines Schwiegervaters Reguel zu sehen.

Moses als Schafhirte, seine Herde am Horeb hütend, ist auch in Waltersweils Illustration wiedergegeben. Die Szene ist jedoch hier durch Auslassung des brennenden Dornbusches aus ihrem inhaltlichen Zusammenhang gerissen. Sie verliert dadurch den biblischen Sinn und wird ein Genredetail pastoraler Prägung.

Sowohl die Sinai-Illustration in Waltersweils Pilgerbuch als auch diejenige Fontanas sind keine isolierten oder zufälligen Beispiele, in denen der Einfluß der Ikone des Sinai-Klosters in so betonter Weise zum Ausdruck kommt. Ein anderes Beispiel, das mit Waltersweils Illustration in verblüffender Weise übereinstimmt, ist die Sinai-Darstellung aus der Pilgerbeschreibung des Lorenz Slisansky aus dem Jahre 1662 (Abb. 12)[29]. Sie leitet sich nicht unmittelbar aus einer Ikone her, wie diejenige auf Abb. 3, sondern ist eine direkte Nachbildung der Illustration in Waltersweils Buch. Dabei bleiben die wenigen Detailveränderungen, die zwischen den beiden Darstellungen festzustellen sind, ohne jede Bedeutung[30].

Die gleiche Abhängigkeit von einer älteren Vorlage beweist auch die Sinai-Illustration aus der »Description de l'Univers« des Allain Monneson Mallet, die 1683 in Paris erschien (Abb. 13)[31]. Der Einfluß von Fontanas Landschaft ist augenfällig[32]. Mallets Illustration ist im Grunde genommen eine seitenverkehrte Kopie nach Fontana, in der bestimmte Details der Sinai-

---

[29] »Newe Reissbeschreibung naher Jerusalem undt dem H. Lande...«, Wien 1662. Die Pilgerfahrt wurde 1660 unternommen. Vgl. Röhricht, Bibliotheca (wie Anm. 11), S. 268/9, Nr. 118, und Tobler (wie Anm. 11), S. 108.

[30] Die einzige relevante Veränderung für die Entwicklung der Sinai-Illustration ist die Auslassung der figurativen Szenen auf den beiden Bergspitzen.

[31] Die hier abgebildete Illustration erschien in einer deutschen Ausgabe: Beschreibung des ganzen Welt-Kreisses..., Frankfurt a.M., 1684-85.

[32] Einige Details, die bei Fontana und nicht bei Waltersweil vorkommen, kehren bei Mallet wieder. So z.B. die drei Bauwerke »Tanduti«, »Saxam Aquae« und »S. Apostoli«. Ferner der Platz, wo die Beduinen auf ihre Lebensmittel warten und die Art und Weise ihrer Gruppierung; außerdem der Friedhof des Klosters im Vordergrund.

Abb. 12: L. Slisansky, Sinaigebirge und Katharinenkloster. »Newe Reissbeschreibung nacher Jerusalem undt dem Hl. Lande...«, 1662.

Abb. 13: A. M. Mallet, Sinaigebirge und Katharinenkloster. »Beschreibung des ganzen Welt-Kreises ...«, 1684-85.

Traditionen im Nachbildungsprozeß ausgelassen wurden. Von diesen Details
sind die wichtigsten: der brennende Dornbusch, Moses auf dem Gipfel des
Sinai, der Mönch an der Maueröffnung und der Empfang der Karawane
durch die Mönche des Klosters. Solche Imitationen sollten uns nicht überraschen. Die Wurzeln des Phänomens liegen in der Pilgerliteratur, die den
formalen und thematischen Rahmen dieser Illustrationen bildet. Eine ihrer
Hauptcharakteristiken ist die starke Abhängigkeit der verschiedenen Berichte
voneinander. Kein Wunder, daß gerade im Bereich der »loca sancta«, wo
die sich immer gleichbleibende, geheiligte Erscheinungsform eine so große
Rolle spielt, dieses Kennzeichen der Pilgerliteratur Einfluß auf die begleitende
Illustrationskunst ausgeübt hat.

Die verschiedenen Verfasser von Pilgerbüchern sind zur individuellen
Beobachtung wenig geneigt; vielmehr liegt ihr Interesse in der Aufnahme
und Weitergabe bestimmter stereotyper, als kanonisch aufgefaßter Gedanken-
bilder« der heiligen Stätten. Diese mittelalterliche Eigenart ist in der
Renaissance keineswegs verschwunden. Das Phänomen besteht weiter, ob-
gleich abgeschwächt, bis ins Zeitalter der Aufklärung hinein, wo die Pilgerliteratur allmählich in die Reiseliteratur einmündet und einen individuellen
Charakter erhält.

Die Geschichte der Pilgerillustrationen ist in dieser Hinsicht nicht immer
und nicht in allen Epochen mit der Geschichte der Pilgerliteratur identisch.
Der Brauch, Pilgerberichte zu illustrieren, insbesondere mit schematischen
Plänen der Bauwerke an den heiligen Stätten, ist sehr alt. Das erste und
bekannte Beispiel ist die Beschreibung Arculfs um 670[33]. Gegen Ende des
Mittelalters tritt diese Praxis häufiger in Erscheinung, und nach Erfindung
des Buchdrucks ist sie allgemein verbreitet.

Das erste gedruckte, mit Illustrationen versehene Pilgerbuch stammt von
Bernhard von Breidenbach und erschien erstmals 1486 in Mainz[34]. Das

---

[33] Die besten Textausgaben sind: Adamnans De locis sanctis, ed. D. Meehan. Dublin
1958; — Arculf, Eines Pilgers Reise nach dem Heiligen Lande. Aus dem Lateinischen
übersetzt und erklärt von P. Mickley. 2 Bde., Leipzig 1917. Über seine Pläne, besonders den
Jerusalem-Plan, vgl. T. Tobler, Planographie von Jerusalem. Grundrisse der Stadt Jerusalem
und ihrer Umgebung. Gotha 1857; — R. Röhricht, Karten und Pläne zur Palästinakunde
aus dem 7. bis 16. Jahrhundert, Zeitschrift des Deutschen Palästina-Vereins, XIV, 1891, S. 91f.,
Taf. 3; — J. Wilkinson, Jerusalem Pilgrims. Jerusalem 1977. Appendix 4 — Arculf's Plans
of the Holy Places, S. 193-197.
[34] Opusculum sanctarum peregrinationum in montem Syon ad … Christi sepulcrum in
Jerusalem … in montem Synai … per Erhardum Reuwich de Trajecto inferiori impressum.
Mainz 1486. Eine deutsche Ausgabe erschien im selben Jahr, vgl. Breydenbach, Bernhard von,
Die Reise ins Heilige Land … Übertragung und Nachwort von E. Geck. Wiesbaden 1961,
S. 48. Die Pilgerfahrt wurde 1483 unternommen; vgl. Röhricht (wie Anm. 11), S. 132, Nr. 402;
— Tobler (wie Anm. 11), S. 55. Über seine Karte des Hl. Landes vgl. R. Röhricht, Die
Palästinakarte Bernhard von Breitenbachs, ZDPV, 24, 1901, S. 129ff; — H. Fischer,
Geschichte der Kartographie von Palästina, ZDPV, 63, 1940, S. 12f.

große Interesse jener Zeit an Buchillustrationen hatte Breidenbach dazu
bewegt, den Maler Erhard Reuwich auf seine Reise mitzunehmen. Dessen
Aufgabe war es, Skizzen und Zeichnungen nach der Natur anzufertigen,
nach denen später die Illustrationen zu Breidenbachs Pilgerbericht ausge-
arbeitet werden wollten. Trotz der für jene Zeit ungewöhnlichen Arbeits-
methode[35] halten sich Reuwichs Illustrationen stark an die Tradition und
die schon existierenden Vorlagen und sind weniger der unmittelbaren Beobachtung der Natur verpflichtet[36]. Bei alledem übten Reuwichs Illustrationen
einen großen Einfluß sowohl auf zeitgenössische wie auf spätere Illustrationen
aus[37]. Dies ist charakteristisch für die Entwicklung der Pilgerillustrationen
nach Erfindung des Buchdrucks und entspricht durchaus dem Phänomen
gegenseitiger Abhängigkeit zwischen den verschiedenen Berichten in der
Pilgerliteratur. Andererseits kann man sagen, daß die Darstellungen des
Sinai und des Klosters — obwohl rein schematischer Natur — während des
ganzen Mittelalters bis zur Erfindung des Drucks weitaus selbständiger und
voneinander unabhängiger waren als nach der Erfindung des Drucks[38]. Im
Mittelalter hat sich kein dominanter Typus der Sinai-Darstellung heraus-
kristallisiert, so wie es später im 16. Jahrhundert unter Einfluß der
sogenannten Ikone des Sinai-Klosters der Fall war.

Kehren wir zur Gruppe westlicher Illustrationen zurück, die aus diesem
Ikonentypus abzuleiten sind, so muß auch die Sinailandschaft des Jacques
Peeters und G. Bouttats Erwähnung finden (Abb. 14)[39]. Sie erschien wahrscheinlich im Jahre 1692 in Antwerpen. Ihre Bedeutung besteht darin, daß
die Tendenz zur Verweltlichung des Themas, die wir schon bei El Greco
beobachteten, hier nach mehr als einem Jahrhundert von neuem prägnant
in Erscheinung tritt. Das Interesse des Künstlers, den Sinai vorwiegend als
»locus sanctus« darzustellen, verblaßt, und an seine Stelle tritt das land-
schaftliche Element, wie zum Beispiel die phantastische Natur und der

---

[35] Nachwort von E. Geck (wie Anm. 34), S. 47, 50. Über Reuwich und andere Maler als
Pilger in Jerusalem vgl. V. Cramer, Meister der Farbe und des Stiftes als Pilger in Jerusalem,
Das Heilige Land, 84, 1952, S. 5-18.

[36] N. Adler, Reuwichs Illustration zum Pilgerbericht des Mainzer Domdekans Bernhard
von Breidenbach (1483/84). Das Heilige Land, 84, 1952, S. 1-4.

[37] H. Lehmann-Haupt, Die Holzschnitte der Breydenbachischen Pilgerfahrt als Vorbilder
gezeichneter Handschriftenillustration. Gutenberg Jahrbuch, 1929, S. 152ff. Ferner, L. Bär,
Die illustrierten Historienbücher des XV. Jahrhunderts. Strassburg 1903.

[38] Um das angeführte Material klarer zu gestalten, wird die Entwicklung der Sinaidar-
stellungen aus den mittelalterlichen Handschriften und ihr selbständiger Charakter im Exkurs
(infra S. 200ff) separat behandelt.

[39] Bagrow, History of Cartography... (wie Anm. 24) S. 234 und 264; U. Thieme,
F. Becker, Allgemeines Lexikon der bildenden Künstler..., Bd. IV, 1910, S. 476 (Bouttats);
Röhricht (wie Anm. 11) S. 596, Nr. 3489 (Bouttats); Ir. C. Koeman, Atlantes Neerlandici.
Amsterdam 1969, Bd. 3, S. 94 (Peeters).

Abb. 14: J. Peeters - G. Bouttats, Bergh Sinai alias Oreb, ca. 1692.

lebhafte Menschenverkehr zu Fuß und zu Pferde. Die im Bilde festgehaltenen Lokaltraditionen sind im Vergleich zu den bisher angeführten Beispielen auf ein Minimum eingeschränkt, man verzichtet auf alles, was an die Lokaltraditionen der heiligen Katharina erinnern könnte. Demgegenüber wird die oben erwähnte, eintreffende Karawane jetzt zu seinem Hauptmotiv, das die Landschaft belebt. Trotz der Tatsache, daß die Bewegungsrichtung, einschließlich der Gesten und Gebärden der dargestellten Personen, auf das Kloster hinführt, hört letzteres auf, ein thematischer Brennpunkt der Sinailandschaft zu sein. Das neue Interesse konzentriert sich, außer auf das Karawanenmotiv, das hier zum ersten Mal in einer Legende vorkommt, auf den phantastischen Anblick der drei Bergspitzen. Diese bilden nicht mehr, wie bisher, nur ein Bildgerüst, das als Träger einer Reihe von Lokaltraditionen fungiert, sondern gewinnen einen Selbstwert, der die Darstellung des heiligen Ortes in die Wiedergabe einer quasi profanen Landschaft verwandelt.

Wir schließen die Gruppe westlicher Illustrationen, die aus der sog. Ikone des Sinai-Klosters abzuleiten ist, mit einer Sinai-Darstellung, die um 1725 in Amsterdam bei Covens und Mortier erschien (Abb. 15)[40]. Das Kompositionsschema sowie gewisse ikonographische Details des »locus sanctus« lassen wieder die oben beschriebenen Merkmale dieser Gruppe von Illustrationen erkennen. Andererseits wird die heilige Stätte hier, ähnlich wie im vorigen Beispiel, vom Künstler des 18. Jahrhunderts als Vorwand benutzt, um alltägliche Szenen aus dem Leben der Sinai-Pilger bis ins kleinste Detail zu beschreiben. Der Schauplatz ist in die Ebene um das Kloster versetzt, wo sich die gesamte Handlung konzentriert. Eine Menge von Reisenden geht den verschiedensten Beschäftigungen nach: Karawanen kommen und gehen, etliche Reisende ruhen sich aus, andere laden ihr Gepäck ab, wieder andere führen Reparaturen aus oder pflegen die Lasttiere. Zelte werden aufgeschlagen, man bereitet sich an der Maueröffnung darauf vor, ins Kloster hinaufgezogen zu werden, und schließlich wird in der Ferne eine Menschengruppe sichtbar, die unterwegs ist zur Kapelle auf der Spitze des Berges.

Offensichtlich ist der Sinai als »locus sanctus« nicht mehr das Hauptthema dieser Landschaft. So wird die Sinai-Illustration am Ende des 17. Jahrhunderts und Anfang des 18. Jahrhunderts zur Genrelandschaft. Dies ist

---

[40] B a g r o w, History of Carthography... (wie Anm. 24) S. 234 und 264; — K o e m a n (wie Anm. 39) Bd. II, S. 45 ff. Dieselbe Karte erschien einige Jahre später auch bei P. V a n d e r A a : La galérie agréable du monde..., Leyden 1729, Bd. 48, Nr. 8. Die beiden Karten sind von K. D e c k e r signiert. Über den Künstler vgl. T h i e m e - B e c k e r (wie Anm. 39) Bd. 8, S. 520-521.

Abb. 15: K. Decker, Bergh Sinai of Sint Catryn. Kupferstich, ca. 1725.

jedoch gleichzeitig die letzte ikonographische Entwicklungsphase der hier behandelten Gruppe von Sinai-Illustrationen.

*
* *

Parallel zu dieser Gruppe von Illustrationen läßt sich eine Reihe von Darstellungen des Sinai aufweisen, die von der Ikone des Klosters nicht beeinflußt sind. Ihr wesentliches Merkmal ist, im Gegensatz zu der oben besprochenen Gruppe, ihre Originalität.

Der Drang zur Originalität führte zwangsweise zur Schaffung von Phantasielandschaften, in denen die Topographie der heiligen Stätten einer gewissen Willkür unterliegt. Eine Darstellung unterscheidet sich von der anderen, und die Details der heiligen Orte entsprechen nicht im gleichen Maße der Realität wie in den Darstellungen, die von der Ikone des Klosters abhängig sind.

Das früheste Beispiel dieser Art ist die Sinai-Illustration aus der Reisebeschreibung des Arztes und Naturforschers Pierre Belon, die 1554 in Paris erschien (Abb. 16)[41]. Es handelt sich hier um eine schematische Darstellung des heiligen Ortes, in der Geographie und Topographie mit Hilfe von Inschriften erklärt werden. In erster Linie zeichnet sich diese Pilgerillustration nicht durch künstlerischen, sondern durch didaktischen Wert aus. Das angestrebte lehrhafte Ziel erklärt die Sorge des Künstlers, die beiden ikonographischen Elemente, die den hier besprochenen Typus der Sinai-Darstellung definieren, gleich stark hervorzuheben : die heiligen Berge Horeb und Sinai und das Katharinenkloster. Diese ausgeglichene Akzentsetzung wird durch die Komposition erreicht. Sie schließt beide ikonographische Elemente in ein kompaktes Bildgefüge zusammen. Die Komposition erinnert ohne Zweifel an die Darstellung des Sinai auf der Karte des Heiligen Landes des oben erwähnten Malers Reuwich (Abb. 17)[42]. Man sieht, wie sich nach beinahe siebzig Jahren der Einfluß der Breidenbachschen Ausgabe auf eine Reiseillustration auswirkt. Belons Illustration ihrerseits kehrt unverändert in der Pilgerbeschreibung des L. Du Clou wieder, der das Heilige Land 1671 besuchte[43].

---

[41] Les observations de plusieurs singularités et choses mémorables trouvées en Grèce, Asie Judée, Égypte, Arabie..., Paris 1554. Die Reise wurde 1547 unternommen. Vgl. Röhricht (wie Anm. 11) S. 186, Hs. 678 bei Tobler (wie Anm. 11) S. 72; Abb. bei M. Labib, Pélerins et voyageurs au Mont Sinai (Institut Français d'Archéologie orientale du Caire, Bd. 35) Cairo 1961, S. 71 f. und Taf. VI.

[42] S. supra, S. 184.

[43] Itinerarium breve Terrae Sanctae patris fratris Leonardi Du Clou... edidit P. Marcellinus... Florentiae, 1891, Abb. S. 160; vgl. auch Champdor (wie Anm. 9) Abb. S. 45.

Abb. 16: P. Bellon, Le portraict du mont Sinai. »... Les observations de plusieurs singularités ... en Grèce, Asie, Judée, Egypte ...«, 1554.

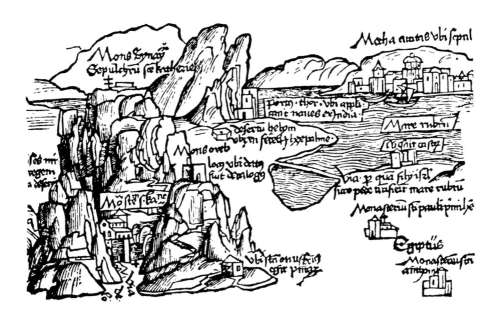

Abb. 17: E. Reuwich, Sinaigebirge (Ausschnitt seiner Palästinakarte). B. von Breidenbach, »Opusculum Sanctarum peregrinationum in montem Syon ...« 1486.

Zwei Jahrzehnte nach Belon erschien in Leipzig die Pilgerbeschreibung
J. Helfferichs (Abb. 18)[44]. Die hier enthaltene Sinai-Illustration ist im
Grunde eher ein Plan des Klosters als eine Darstellung des Sinai als »locus

*Abb. 18: J. Helfferich, Katharinenkloster. »Kurtzer und wahrhafftiger Bericht von der Reise aus
Venedig nach Hierusalem...«, 1577.*

sanctus«. Der Berg Sinai ist ohne jede Aussagekraft wiedergegeben. Er
bildet nur einen neutralen Grund, auf dem keine Lokaltradition wieder-
gegeben ist. Das Kloster links und der Garten rechts beherrschen das Bild.
Innerhalb des Klosters sind die Basilika und die im 12. Jahrhundert erbaute
Moschee[45] dargestellt. Die anderen Gründe des Klosters sind in schematischer
Anordnung eingezeichnet, wie sie in keinem anderen Beispiel wiederkehrt.
Außerhalb des Klosters ist die Stätte des brennenden Dornbusches angegeben,
von einer halbrunden Mauer umgeben.

Die zeitlich nächste Sinai-Illustration dieser Reihe begegnet uns fast
hundert Jahre später in der Pilgerbeschreibung des Franziskaners Jacques

---

[44] »Kurtzer und wahrhafftiger Bericht von der Reise aus Venedig nach Hierusalem...
auff den Berg Sinai..., Leipzig 1577. Die Pilgerfahrt wurde 1565 unternommen. Vgl. Röhricht
(wie Anm. 11) S. 199, Nr. 739; — Tobler (wie Anm. 11) S. 78; Röhricht, Meisner,
Deutsche Pilgerreisen... (wie Anm. 11) S. 538; — Abb. in Vilnay (wie Anm. 11) S. 210,
Nr. 504.
[45] Vgl. supra, Anm. 19.

Florent Goujon (Abb. 19)[46]. Die Illustrationen der heiligen Stätten in seinem Buch sind einerseits Kopien wohlbekannter Darstellungen des Bernardo Amico[47], zum anderen Werke der freien Phantasie. Die Sinai-Darstellung

Abb. 19: J. F. Goujon, Sinaigebirge. »Histoire du Voyage de la Terre Sainte«, 1670.

ist ein freies Werk, in dem die kompositionelle Lösung und die phantastische Erscheinung des Gebirges hervortreten. Im Unterschied zum vorigen Beispiel schrumpft das Kloster zu einem unbedeutenden Detail zusammen, und die Berge werden zum Wesentlichen der Darstellung. Sie sind aus zwei parallelen Ketten gebildet, die die Landschaft der Breite nach durchschneiden und auf der rechten Bildseite in zwei Überhöhungen enden, im Mosesberg und im Horeb. Durch die Ausmaße, ihre Höhe und insbesondere ihre Stellung in der äußeren Ecke des Bildes geht das kompositionelle Gleichgewicht verloren und es entsteht eine Spannung in der Landschaft, die der dramatischen Auffassung des Künstlers vom »locus sanctus« entspricht. Goujons Landschaft ist mehr eine malerische Vision des Sinai als ein Versuch, dessen Topographie und spezifische Details wiederzugeben.

---

[46] »Histoire du Voyage de la Terre Sainte ...«, Lyon 1670. Die Pilgerfahrt wurde 1668 unternommen. Vgl. Röhricht (wie Anm. 11) S. 272, Nr. 1142; — Tobler (wie Anm. 11) S. 111; — Abb. bei Vilnay (wie Anm. 11) S. 211, Nr. 507.

[47] Über Bernardino Amico und seinen Trattato delle Piante et imagini dei Sacri Edificii di Terra Sancta ..., Roma 1609; die engl. Ausgabe: B. Amico, Plans of the Sacred Edificies of the Holy Land. Translated from the Italian by Fr. Theophilus Bellorini and Fr. Eugene Hoade. With preface and notes by Fr. Bellarmino Bagatti. Jerusalem 1953 (Publications of the Studium Biblicum Franciscanum No. 10).

Vom Ende des 17. Jahrhunderts stammt eine Sinai-Darstellung, die wegen ihrer Originalität in die gleiche Gruppe einzuordnen ist. Sie erschien im Pilgerbuch des Otto Friedrich von der Gröben im Jahre 1694 und ist vielleicht das sonderbarste von allen bis jetzt erwähnten Beispielen (Abb. 20)[48]. Im Vordergrund erscheinen die Kamele und Maultiere einer Karawane, die

Abb. 20: Otto Friedrich von der Gröben, Sinai-gebirge und Katharinenkloster. »Orientalische Reise-Beschreibung ...«, 1694.

soeben am Fuße der heiligen Berge ankommen. Das Katharinenkloster wird im Hintergrund vom linken der beiden Gebirge zum Teil verdeckt. Die Tiere tragen an beiden Flanken große Körbe, zwischen denen die zusammen-gekauerten Figuren der Pilger zu erkennen sind. Nach damaliger Gewohnheit, die sich auch in anderen Beispielen verfolgen läßt, ist der Künstler nicht sonderlich an einer exakten Charakterisierung des »locus sanctus« interessiert; vielmehr beschäftigt ihn die bildliche Fixierung eines bestimmten Augenblicks der Pilgerfahrt. In unserem Fall wählte er die letzten Schritte, die die Reisenden bei ihrem Eintreffen am »locus sanctus« zurückzulegen hatten. Dadurch wird

---

[48] »Orientalische Reise-Beschreibung ...«, Marienwerder 1694. Die Pilgerfahrt wurde 1675 unternommen. Vgl. Röhricht (wie Anm. 11) S. 275, Nr. 1166 und Tobler (wie Anm. 11) S. 113; Abb. bei Vilnay (wie Anm. 11) S. 211, Nr. 506.

dem Betrachter die heilige Stätte vor Augen geführt, und zugleich gewinnt
er eine gewisse Vorstellung von den Strapazen einer solchen Pilgerreise, die
vom Autor des Pilgerberichtes selber erfolgreich überstanden wurden.

Auf dem gleichen Bild stellt der Künstler den Weg dar, den die angekom-
menen Pilger zu Fuß gehen müssen, um die Spitze des Mosesberges zu
erreichen. Auf verschiedenen Höhen des Bergpfades sieht man die Silhouetten
von Pilgern mit ihrem Stab. Das Interesse an den vielen Lokaltraditionen
ist fast ganz erloschen. Ohne weiteres läßt sich sagen, daß es sich hier um
ein Schreibtischprodukt handelt, das keine Beziehung mehr zu den Lokaltraditionen hat, denen der Pilger im Sinai begegnete.

*
* *

Die Sinai-Ikone hat nicht nur die Pilgerillustrationen des Westens beeinflußt, sondern auch manche aus Osteuropa. Die Evidenz dafür liefern uns
zwei Darstellungen, die für die Gläubigen der orthodoxen Welt in der
Ostkirche bestimmt waren: die eine ein Holzschnitt von N. Rokos, der 1688

Abb. 21: N. Rokos, Sinaigebirge und Katharinenkloster. Holzschnitt, 1688.

in Lemberg erschien (Abb. 21)[49], die andere ein Kupferstich des Mönchs
Dionysius aus dem Jahre 1736, erschienen auf der Insel Naxos (Abb. 22)[50].
Diese beiden Graphiken waren lange Zeit die einzigen Beispiele, die indirekt
auf die byzantinische Herkunft der Sinai-Darstellungen El Grecos hin-
deuteten[51]. Im Fall der beiden Blätter sind R. Byron und D. T. Rice von
der richtigen Annahme ausgegangen, daß sie aufgrund byzantinischer
Vorlagen entstanden, ohne daß jedoch ein konkretes Vergleichsexemplar
genannt werden konnte[52]. Dieses liefert uns nunmehr die Ikone des Sinai-
Klosters (Abb. 7). Trotz einiger Detailverschiedenheiten, die nicht übersehen
werden können, bildet dieser Ikonentypus zweifellos die Quelle, nach der
derartige Blätter im 17. und 18. Jahrhundert auch im Osten entstanden.
Der Unterschied zwischen den östlichen und westlichen Beispielen besteht
in der ungleichen Bereitschaft, zusätzlich zu den Einzelheiten der Vorlage
weitere Szenen darzustellen, die an die Lokaltraditionen des Sinai gebunden
sind. Im Westen kommt eine stärkere Tendenz zum Ausdruck, der Vorlage
getreu zu folgen, ja sogar im Nachbildungsprozeß bestimmte Details auszu-
lassen. In den östlichen Illustrationen dagegen werden eine Reihe von
Einzelheiten eingeführt, die in der Vorlage nicht erscheinen und deskriptiv
die biblischen Traditionen des Sinai, die Legende der hl. Katharina, die
Topographie des heiligen Ortes und die Geographie des Gebietes wiedergeben.
Vergleicht man den Kupferstich von Naxos (Abb. 22) mit der Ikone in
Abb. 7, so sieht man Moses auf ein und derselben Illustration nicht nur in
zwei Szenen, dem »Empfang der Gesetzestafeln« und dem »brennenden
Dornbusch«, sondern noch in vier weiteren: »Moses hütet die Schafe des
Reguel« (14)[53], die »Zerschlagung der Gesetzestafeln« (20), »Moses' Quell-

[49] R. Byron, Greco: The Epilogue to Byzantine Culture. Burlington Magazine, 70, 1937,
S. 171, Taf. V B; — Byron und Rice, The Birth... (wie Anm. 2) S. 195, Anm. zu Taf. 86
und 71; — Rice, Tri sinaiskikh gory (wie Anm. 1) S. 172, Abb., S. 176; Galavaris (wie
Anm. 9) S. 330f. Hier werden auch andere verwandte Beispiele angeführt.
[50] Byron und Rice, The Birth... (wie Anm. 2) S. 195, Anm. zu Taf. 86, 90, 91, 92; Rice,
Tri sinaiskikh gory ... (wie Anm. 1) S. 176.
[51] Byron und Rice, The Birth... (wie Anm. 2) S. 195.
[52] Die Sinaiikone auf Abb. 3 (Ende des 16. Jhs.) wurde mit den Sinai-Darstellungen El
Grecos zum ersten Mal von Rice, Five late... (wie Anm. 1) S. 94, verglichen. Damit ist zugleich
auch die byzantinische Grundlage der graphischen Sinai-Darstellungen des späten 16. Jhs. und
des 17. Jhs. bewiesen. U.E. besteht aber eine größere Verwandtschaft zwischen dem Ikonentypus
auf Abb. 7 und den beiden im Text erwähnten Blättern als zwischen letzteren und der Ikone
auf Abb. 3.
Die Ikone auf Abb. 7 ist aufgrund mancher Übereinstimmungen mit dem fest datierten
Klostersiegel (Figurenstil und Komposition) eher gegen Ende des 17. Jhs. als im 18. Jh. zu
datieren. Die Ikone wurde zuerst in der Encyclopaedia Judaica, Jerusalem 1971, Bd. 14, Col.
1597-98 und vor kurzem auch in Galavaris (wie Anm. 9) Abb. 7 veröffentlicht, ohne jedoch
eingehender besprochen zu werden.
[53] Die Legende der Darstellung ist ohne Sorgfalt und verwirrend angefertigt. Zahlreiche
Nummern kommen zweimal vor: 4, 5, 7, 12, 14, 16, 17, 18, 20, 26; die Nr. 19 sogar dreimal.

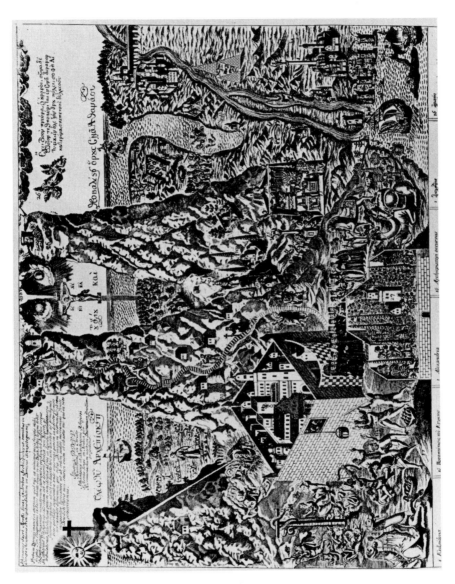

Abb. 22: Dionysius, Sinaigebirge und Katharinenkloster. Kupferstich, 1736.

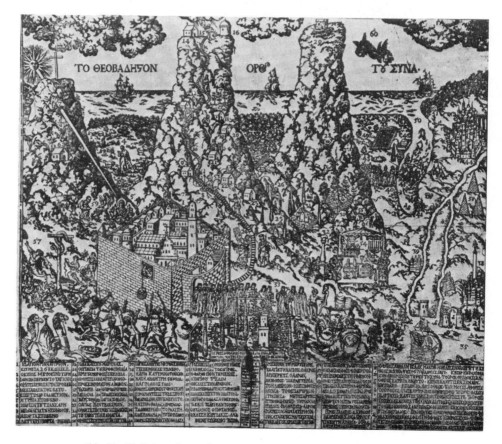

wunder« (21) und der »Durchzug durchs Rote Meer« (7). Von den biblischen Ereignissen, die sich am Sinai zutrugen, wurden die »Eherne Schlange« (18), das »Goldene Kalb« (15) und das »Heilige Zelt« (13) in die Darstellung aufgenommen. Am merkwürdigsten sind jedoch die dem Bilde hinzugefügten geographischen Details: das Rote Meer (7), der Nil mit einem Krokodil (3), das Mittelmeer, Ägypten (6), die Pyramiden (5) und Kairo (10).

Eine interessante ikonographische Neuerung ist gewiß die Einführung des gekreuzigten Christus im Zentrum der Darstellung zwischen Dschebel Musa und Dschebel Katerin. Über dem Kreuz erscheinen auf beiden Seiten Sol und Luna und zwischen ihnen der Name Gottes in hebräischen Buchstaben. Diese neue ikonographische Kombination betont den typologischen Charakter der alttestamentlichen Szenen der Sinai-Karte und ordnet sie gleichzeitig der Zentralidee der christlichen Religion, dem Opfertod des Gottessohnes

Abb. 23: N. Rokos, Sinaigebirge und Katharinenkloster. Holzschnitt, 1694.

zur Erlösung der Menschheit, unter. Dadurch wird das topographische Bild der heiligen Stätte gleichzeitig zu einer ausgesprochenen symbolischen Darstellung.

Diese neue ikonographische Besonderheit begegnet uns in den vorliegenden anderen Blättern nicht. Weder in dem schon erwähnten Holzschnitt aus Lemberg (Abb. 21) noch in dem 1694 vom gleichen Künstler und für den gleichen Auftraggeber gefertigten Holzschnitt (Abb. 23)[54] erscheint es, und auch nicht in einer Lithographie des Hieromonachen Theodosius vom Sinai aus dem Jahre 1778 (Abb. 24)[55]. Zusammen mit dem Kupferstich aus

Abb. 24: Theodosius vom Sinai, Sinaigebirge und Katharinenkloster.
Lithographie, 1778.

---

[54] Galavaris (wie Anm. 9) S. 332, Abb. 3.
[55] Weitzmann (wie Anm. 3) S. 54, Abb. 55; — Skrobucha (wie Anm. 18) Abb. S. 74.

Naxos (1736) des Sinaimönches Dionysius bilden diese Beispiele eine Gruppe
ikonographisch verwandter Darstellungen. Die größte Übereinstimmung
besteht zweifellos zwischen Rokos' Holzschnitt (1694) (Abb. 23) und Dionysius' Kupferstich (Abb. 22). Letzterer hat alle Details der älteren Darstellung übernommen, bis auf die Wiedergabe des Gekreuzigten. Aller Wahrscheinlichkeit nach liegt der Ursprung dieser neuen Bildordnung nicht in
der Ikone des Sinaiklosters, sondern in den graphischen Künsten der östlich-
orthodoxen Welt des frühen 18. Jahrhunderts, wie das Bild des Dionysius
erkennen läßt.

Zum Schluß soll aufgezeigt werden, daß diese neue Ikonographie interes-
santerweise sofort vom Westen übernommen wurde. Den Beweis dafür liefern
uns zwei verwandte Darstellungen: eine Illustration zum Reisebericht des
Jesuiten Claude Sicard [56], die 1729 erschien — also zwei Jahre nach der
Zeichnung des Mönchs Dionysius —, und eine fast identische Darstellung,
die um 1732 in »Mercurius oder der neue Welt-Bote« des Jesuiten Joseph
Stöcklein veröffentlicht wurde (Abb. 25) [57]. Stöcklein, ein zu seiner Zeit
wohlbekannter Autor, übernahm für sein umfassendes Werks nicht nur
Sicards Bericht, sondern gleichzeitig auch die Sinai-Illustration des Ordens-
genossen. Die von Ch. Dietell signierte spiegelverkehrte Darstellung unterscheidet sich von ihrer Vorlage durch ein einziges wichtiges Detail: der dritte
Berg der traditionellen Komposition der »locus-sanctus«-Darstellung ist hier
zum ersten Mal inschriftlich als »Stralberg« neben Dschebel Musa und
Dschebel Katerin identifiziert. Es handelt sich dabei um eine Lokaltradition,
die zu erzählen weiß [58], daß nur einmal im Jahr, nämlich um den 25. März
(Verkündigungsfest), die Sonnenstrahlen von der Spitze dieses Berges aus
die Stätte des unverbrennbaren Dornbusches, Sinnbild der Unbefleckten
Empfängnis Mariens, aufleuchten lassen. Der Berg selbst ist — wie uns die
griechische Lithographie des Theodosios vom Sinai zeigt (Abb. 24) — nach
der hl. Episteme benannt, die zusammen mit ihrem Mann Galaktion die
ersten Sinai-Märtyrer waren [59].

* *
*

---

[56] Labib (wie Anm. 41) S. 101f., Taf. XI; — Galavaris (wie Anm. 9) S. 331, Abb. 4.

[57] Über Stöckleins Persönlichkeit und sein Verhältnis zum Reisebericht Sicards. vgl.
K. von Wurzbach, Biographisches Lexikon des Kaiserthums Oesterreich. Wien 1856-1891,
Bd. 39 (1879) S. 99f.

[58] Mündliche Mitteilung, die ich freundlicherweise Seiner Exzellenz Erzbischof Damianos
verdanke.

[59] Vgl. Skrobucha (wie Anm. 18) S. 25; — Bibliotheca Sanctorum. Rom 1964, Bd. V,
Col. 1356-1359 mit Bibl.

Abb. 25: Ch. Dietell, Abbildung des Hl. Bergs Horeb und seiner Gegend. J. Stöcklein,
»Mercurius oder der neue Welt-Bote«, 1732.

Die Ergebnisse unserer Analyse können folgendermaßen zusammengefaßt
werden: Die ältesten Darstellungen des Sinai erscheinen auf frühmittelalter-
lichen Karten und Plänen, die nicht nur als geographische Arbeiten, sondern
zugleich als echte Kunstwerke aufgefaßt wurden. Aus diesen schematischen
karthographischen Darstellungen entwickeln sich gegen Ende des Mittelalters
die ersten Pilgerillustrationen des Sinai und des Katharinenklosters. Diese
haben ihren ursprünglichen schematisch-karthographischen Charakter bis ins
15. Jahrhundert (Breidenbach) bewahrt. Im 16. Jahrhundert erscheinen zum
ersten Mal Pilgerillustrationen des Sinai-Klosters in Form echter Landschafts-
bilder, in denen topographische Details und spezifische Lokaltraditionen des
Sinai geschildert werden. Für diese Illustrationen hat die Ikone des Sinai-
Klosters als direkte Vorlage gedient. Sie bilden eine homogene Gruppe mit
eigener Tradition, die unter den Pilgerillustrationen des Sinai bis ins 18. Jahrhundert dominiert. Damit hängt auch die Tatsache zusammen, daß die
Anregung zu diesen Darstellungen nicht aus erlebten Pilgerfahrten herrührt;
vielmehr übernahm die Pilgerillustration bis ins kleinste Detail ein in der
Ikone des Sinai-Klosters vorhandenes Bildkonzept. Die ältesten uns bekannten
Ikonen dieser Art stammen aus dem 16. und 17. Jahrhundert.

Die Pilgerillustration übernahm ohne Schwierigkeit Komposition und
Ikonographie der Ikonen, weil beide Gattungen bis zu einem gewissen Grade
ein gemeinsames Ziel verfolgen, nämlich die Fixierung und Wiedergabe
topographischer Details des »locus sanctus«. Der Unterschied besteht in der
Funktion beider Gattungen. Die Ikone ist und bleibt letzten Endes ein
Kultobjekt, während die Pilgerillustration in erster Linie didaktischen
Charakter hat.

Parallel zum vorherrschenden Typ existiert eine begrenzte Anzahl von
Illustrationen, die sowohl untereinander als auch in bezug auf die Ikone
des Sinai-Klosters unabhängig sind. Diesen ausgesprochenen originellen
Darstellungen fehlen jedoch weitgehend die Eigenschaften einer »locus
sanctus«-Darstellung. Sie sind vielmehr imaginäre Landschaften, die den
eigentlichen Details des Sinai als eines »locus sanctus« fremd gegenüberstehen.

EXKURS

*Die Entwicklung der Sinai-Darstellungen aus den mittelalterlichen Karten und
Handschriften* [60]

Die älteste uns bekannte Darstellung des Sinai erscheint in der Tabula
Peutingeriana. Dieses illustrierte Itinerar ist die mittelalterliche Kopie einer

---

[60] Vgl. supra, S. 184 und Anm. 38; Über den Zusammenhang zwischen Pilgerreisen und

römischen Karte, welche die spätantike Welt und ihre Verbindungswege darstellt[61]. Der Berg Sinai ist schematisch in Form einer gezackten Linie wiedergegeben, die die Bergkette mit ihren Höhen andeutet (Abb. 26). Über der Zeichnung stehen die Inschriften »Mons Syna« und »Hic legem acceperunt in monte Syna«. Im Fettdruck ist zu lesen: »Desertum ubi quadraginta annis erraverunt filij Israelis ducente Moyse«.

Abb. 26: Tabula Peutingeriana. Ausschnitt: Mons Syna.

Eine andere frühe Darstellung des Berges Sinai begegnet uns auf der ältesten Weltkarte des Mittelalters, die in einer Handschrift des 8. Jahrhunderts in der Bibliothek zu Albi im Languedoc aufbewahrt wird (Abb. 27)[62]. Der Berg Sinai ist hier in Form eines Dreiecks mit doppelten Seiten und Sockel skizziert. Im Inneren des Dreiecks erscheint aus Platzmangel nur das Wort »Sina«. Diese überaus einfache Skizze bildet den Mittelpunkt eines Gebiets, das als »Deserto Arabia« bezeichnet ist.

mittelalterlicher Kartographie, vgl. C. R. B e a z l e y, Dawn of the Modern Geography. 3 Bde., London, Oxford 1897-1906, Bd. 1, Kap. II-IV, Bd. 2, Kap. III-IV, Bd. 3, Kap. III. Über den kunstgeschichtlichen Aspekt der mittelalterlichen Karten vgl. B a g r o w (wie Anm. 24) S. 215ff., T o b l e r (wie Anm. 33) S. 3 und B e a z l e y a.O., Bd. III, S. 9.

[61] Über die Tabula Peutingeriana vgl. B e a z l e y (wie Anm. 60) Bd. I, S. 377f., bes. 381f.; — J. K. W r i g h t, The Geographical Lore of the Time of the Crusaders. New York 1965, S. 35f.; bes. K. M i l l e r, Itineraria Romana. Stuttgart 1916, S. XII-LIII, Abb. 272; — ders., Die Peutingerische Tafel. Neudruck, Stuttgart 1962, Segment IX, 4-5; — Tabula Peutingeriana, Codex Vindobonensis 324. Faksimile-Ausgabe in Originalformat. Kommentar von E. W e b e r, Graz 1976, S. 19, Segment VIII-4-5. Hier wird die Karte ins 12. oder frühe 13. Jh. datiert.

[62] B a g r o w (wie Anm. 24) S. 43, 45, Abb. 5; — B e a z l e y (wie Anm. 60) Bd. I, S. 385f.,

Abb. 27: Weltkarte von Albi. Ausschnitt: Sina. 8. Jh.

Eine der interessantesten gemalten Weltkarten aus dem Mittelalter ist die sogenannte »Cotton«- oder »Anglo-Saxon«-Karte. Sie stammt aus dem späten 10. Jahrhundert und befindet sich im British Museum[63]. Der Berg Sinai ist

---

[63] Beazley (wie Anm. 59) Bd. II, S. 559 und 608 ff., Abb. S. 560; — J. Lelewel, Géographie du Moyen Age. Atlas. Bruxelles 1850, Taf. VII; — Wright (wie Anm. 61) S. 66, Anm. 113; — Bagrow (wie Anm. 24) S. 45, 47, Abb. XVII.

auch auf dieser Karte rein schematisch dargestellt (Abb. 28). Der Unterschied zum vorigen Beispiel liegt darin, daß die geometrische Grundform nicht mehr ein Dreieck, sondern ein unregelmäßiges Kreissegment mit gezackter Konturlinie ist.

Abb. 28: »Cotton« oder »Anglo-Saxon« Karte. Ausschnitt: Sina. 10. Jh.

Zur monastischen Kartographie des Mittelalters gehört eine Gruppe von Karten, die nach dem spanischen Mönch Beatus benannt ist, der um 776 einen

Kommentar zur Apokalypse verfaßte[64]. Unter den Miniaturen dieser verlorenen Handschrift gab es auch eine Karte, die die Verbreitung des Christentums aufgrund der Missionszentren der zwölf Apostel in der Welt zeigen sollte. Um diese »Divisio Apostolorum« besser zu illustrieren, war jedes Apostelbildnis in der Region eingezeichnet, wo der betreffende Jünger missioniert hatte[65]. Der Berg Sinai nun kommt auf mehreren mittelalterlichen Kopien der Beatuskarte vor: in einer Handschrift, die um die Mitte des 10. Jahrhunderts im Kloster St. Séver in Aquitanien entstand (Abb. 29)[66], und in zwei Handschriften aus dem 12. Jahrhundert, die eine in Turin (Abb. 30)[67], die andere in Altamira (Abb. 31)[68].

In dieser Gruppe von Beatuskarten lassen sich zwei Darstellungsformen des Berges Sinai unterscheiden. Ähnlich wie in den zuvor angeführten Beispielen, sind beide rein schematisch. In der Handschrift aus St. Sever hat der Berg Sinai die Form eines sehr spitzen Zahnes, der aus einer Gruppe kleinerer Berge hervorragt, welche wie die Zacken einer Säge aussehen. In den Handschriften aus Turin und Altamira ist andererseits die Grundform ein Dreieck, dessen Seiten aus wellenartigen Linien bestehen. Dabei läßt sich der Stilunterschied zwischen den beiden letzteren Miniaturen nicht übersehen. Die Miniatur aus Turin hat graphischen Charakter, während die

---

[64] Über die Beatus-Handschriften vgl. W. N e u s s, Die Apokalypse des Hl. Johannes in der altspanischen und altchristlichen Bibel-Illustration. Das Problem der Beatus-Handschriften. (Spanische Forschungen der Görres-Gesellschaft Rh. 2, 2-3) Münster 1931. — Über die Gruppe der Beatus-Karten vgl. W r i g h t (wie Anm. 60) S. 68; — B e a z l e y (wie Anm. 59) Bd. I, S. 387, Bd. II, S. 549ff. und 591ff.; — K. M i l l e r, Mappae Mundi, die ältesten Weltkarten. 6 Bde., Stuttgart 1895-98, Bd. 1, 1895: Die Weltkarte des Beatus; — B a g r o w (wie Anm. 24) S. 43, 45, 47, Taf. XV und XVI.

[65] B e a z l e y (wie Anm. 60) II, S. 551.

[66] Über diese Karte vgl. B e a z l e y (wie Anm. 60) II, S. 553ff. und 591f., Taf. S. 550; — W r i g h t (wie Anm. 60) S. 459, Anm. 38 und S. 69, A. 2. Über die Hs. von St. Séver (Paris, Bibl. Nat. lat. 8878) vgl. W. N e u s s, Sancti Beati a Liebana in Apocalypsin Codex Gerundensis. Totius Codicis similitudinem prelo expressam. Prolegomenis auxerunt J. Marquos Casanoves, C. E. D u b l e r, W. N e u s s. Olten und Lausanne 1962, S. 52, Nr. 10; P. K. K l e i n, Der ältere Beatus-Kodex Vitr. 14-1 der Biblioteca Nacional zu Madrid. Studien zur Beatus-Illustration und zur spanischen Buchmalerei des 10. Jhs., Hildesheim, New York 1976, 2 Bde., Bd. 1, S. 83, Nr. 1.

[67] Die Karte wird von B e a z l e y (wie Anm. 60) II, S. 552f. und 593f., Abb. S. 552 besprochen; — L e l e w e l (wie Anm. 63) I, S. 86, Nr. 50, Taf. IX (Atlas). Über die Hs. aus Turin, Bibl. Naz. (lat. 93) vgl. N e u s s (wie Anm. 66) S. 52, Nr. 13; — K l e i n (wie Anm. 66) S. 85, Nr. 3; — E. K i t z i n g e r, World map and Fortune's wheel: A medieval mosaic floor in Turin. Proceedings of the American Philosophical Society, 117, 5 (1973), S. 343-373, bes. 356ff., nachgedruckt in E. K i t z i n g e r, The Art of Byzantium and the Medieval West: Selected Studies, ed W. E. K l e i n b a u e r. Bloomington/London 1976, S. 339, Abb. 12. Es ist einer der wenigen Fälle, in denen die Ikonographie einer mittelalterlichen Karte kunstgeschichtliche Aufmerksamkeit gewinnt.

[68] Manchester, John Rylands Library. Latin Ms. 8 = (R). Spanisch 12./13. Jh. — N e u s s (wie Anm. 64) S. 50f.; — Ders., Sancti Beati a Liebana... (wie Anm. 66) S. 54, Nr. 18; — K l e i n (wie Anm. 66) I, S. 85, Nr. 4.

Abb. 29: Beatuskarte, St. Sever. Ausschnitt: Berg Sinai. 11. Jh.

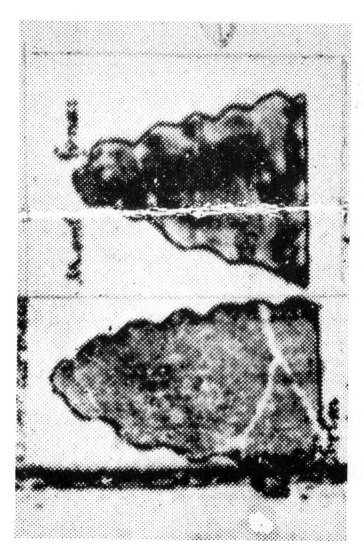

Abb. 30: Beatuskarte, Turin. Ausschnitt: Mont Synai. 12. Jh.

Abb. 31: Beatuskarte, Altamira. Ausschnitt: Mōs Syna. 12. Jh.

von Altamira dekorativ wirkt. Die Oberfläche des Berges ist mosaikartig mit kleinen, unregelmäßigen geometrischen Würfeln besetzt, die eher ornamentalen Wert besitzen, als daß sie das felsige Profil des Berges charakterisieren. Diese originelle Darstellungsweise der Altamira-Miniatur kehrt in keiner anderen Beatushandschrift wieder.

Auf einer Karte aus dem 12. Jahrhundert[69], die für den Pilgerverkehr bestimmt war, erscheint die kreisförmige Anlage Jerusalems und die Umgebung der Stadt zusammen mit einigen weiter entfernten heiligen Stätten. In der südöstlichen Ecke der Zeichnung ist »Mons Synay« dargestellt (Abb. 32). Auch diese Zeichnung ist ganz schematisch: eine horizontale wellenartige Doppellinie gibt den Fuß des Berges an, während mehrere Reihen von übereinanderliegenden, halbkreisartigen Wellenlinien die Berghöhe definieren.

Abb. 32: Terra Sancta et Jerusalem ad usum peregrinorum, Brüssel, Königliche Bibliothek, Hs. 9823-24, fol. 157. Ausschnitt: Mons Synay. 12. Jh.

Auf einer anderen Karte aus dem 12. Jahrhundert[70], die einen beachtlichen Versuch ihrer Zeit darstellt, ein kartographisches Bild des Heiligen Landes und nicht nur eine symbolische Darstellung der biblischen Orte zu geben, ist der Berg Sinai wiederum rein schematisch an der äußersten Grenze einer Gebirgskette eingezeichnet, die sich von Jerusalem bis ans Rote Meer erstreckt

---

[69] »Terra sancta et Jerusalem ad usum peregrinorum«. Brüssel, Königliche Bibliothek (Nr. 9823-24, fol. 157). Vgl. Tobler (wie Anm. 33) S. 3 ff., Taf. II; — Lelewel (wie Anm. 63) Bd. II, Nr. 105 und Anm. 5, Taf. XXXVII (Atlas); — M. de Vogüé, Les Églises de la Terre Sainte. Paris 1860, S. 411; — Vilnay (wie Anm. 11) S. 10 f., Abb. 15.

[70] Vgl. Röhricht (wie Anm. 33) Bd. 18, 1895, S. 177, Taf. V. — Fischer (wie Anm. 34) S. 1 f., hebt im Gegensatz zu Röhricht den fortschrittlichen kartographischen Charakter dieser Karte hervor. Kunstgeschichtlich bleibt sie aber ohne Belang. Verallgemeinernd kann man sagen: Je fortschrittlicher eine mittelalterliche Karte in kartographischer Hinsicht ist, desto unbedeutender ist sie ikonographisch und kunstgeschichtlich.

(Abb. 33). Das Schema ist einfach. Es besteht aus einer horizontalen Grund-
linie, aus der sich einige Spitzen erheben. Die biblische Bedeutung des Berges
Sinai wird durch die Inschrift »Mons Syna qui et Oreb« aus der Anonymität
herausgehoben, wodurch die linear-monotone Zeichnung inhaltlichen Bezug
gewinnt.

*Abb. 33: Karte des Heiligen Landes, Florenz, Biblioteca Laurenziana, Ashburnham Hs. 1882.
Ausschnitt: Mons Syna, qui et Oreb. 12. Jh.*

Einer der wenigen Autoren des Mittelalters, die ihre Pilgerberichte nicht
nur aufgrund älterer Beschreibungen verfaßten, sondern sie durch eigene
Beobachtung ergänzten, war der Dominikanermönch Burchardus vom Berge
Sion. Burchardus besuchte zwischen 1232 und 1283 mehrmals das Heilige
Land und hielt sich längere Zeit am Zionsberg auf. Seine Beschreibung wurde
in zwei Fassungen bekannt: eine frühe, in Briefform gehaltene Version, die
mit einer Karte versehen war, und eine ausführlichere Version, die vom
Autor nach der Heimkehr von seiner letzten Pilgerfahrt verfaßt wurde[71].
Beide stammen aus dem späten 13. Jahrhundert. Burchardus' Werk war im
Laufe des gesamten Mittelalters einer der meistgelesenen Pilgerberichte, und

---

[71] Über Burchardus' Persönlichkeit, seine Pilgerfahrt und seinen Pilgerbericht vgl. B e a z l e y
(wie Anm. 59) III, 1906, S. 382-390; — B a g r o w (wie Anm. 24) S. 235 kennt eine Karte des
Burchardus aus dem Jahre 1283, die zusammen mit dem Pilgerbericht erschienen sein soll.
Dagegen kennt F i s c h e r (wie Anm. 70) S. 6 nur eine geographische Beschreibung des Heiligen
Landes und keine Karte: »Seinen massenhaften topographischen Stoff in Kartenform anschau-
licher zu gestalten, hat Burchard leider unterlassen«. Vgl. auch R ö h r i c h t (wie Anm. 11) S. 56,
Nr. 143 und T o b l e r, (wie Anm. 11) S. 27.

wurde noch im 15. Jahrhundert als der offizielle Pilgerführer für das Heilige
Land gepriesen[72].

In der ältesten gedruckten Ausgabe seiner Beschreibung, die 1475 in
Lübeck im »Rudimentum Noviciorum« erschien[73], befindet sich eine Karte
des Heiligen Landes, auf der der Sinai dargestellt ist (Abb. 34). Sie unterscheidet sich von den bisher aufgeführten Beispielen deutlich dadurch, daß

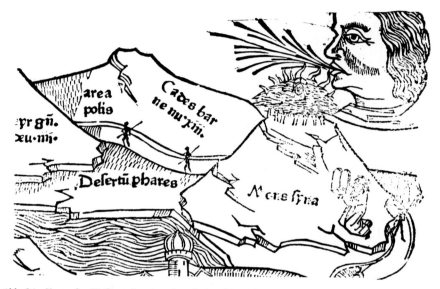

Abb. 34 : Karte des Heiligen Landes. Ausschnitt : Mons Syna. » Rudimentum noviciorum…«, 1475.

sie der schematischen Zeichnung des Berges Sinai (Dreiecksform) zwei
Mosesszenen hinzufügt: den Empfang der Gesetzestafeln und den brennenden
Dornbusch[74]. Es ist sehr unwahrscheinlich, wenn nicht sogar ausgeschlossen,
daß die hier auftretende Kombination der rein schematischen Zeichnung des
Berges Sinai, die der traditionellen Darstellungsart der Berge in mittelalter-
lichen Karten entnommen ist[75], und den Mosesszenen, die auf einigen Karten

---

[72] Vgl. R. Röhricht, Marino Sanuto sen. als Kartograph Palästinas. Zeitschrift des
Deutschen Palästina-Vereins, 21, 1898, S. 96, Anm. 3; — Fischer (wie Anm. 34) S. 6.

[73] Röhricht (wie Anm. 11) S. 58, Bd. 1 und Tobler (wie Anm. 11) S. 27. Es ist interessant
zu bemerken, daß »Rudimentum noviciorum« die erste gedruckte Karte des Heiligen Landes
ist. Vgl. Bagrow (wie Anm. 24) S. 100.

[74] In der Detailaufnahme (Taf. III, 9) sieht man neben dem brennenden Dornbusch einen
der acht Köpfe, die als Sinnbilder der Winde in die Ecken und an den Rand der Karte
gezeichnet sind.

[75] Über die Darstellung der Berge in den mittelalterlichen Karten vgl. O. Benl, Frühere
und spätere Hypothesen über die regelmässige Anordnung der Erdgebirge nach bestimmten
Himmelsrichtungen. Diss. München 1905, und Wright (wie Anm. 61) S. 212 ff. und S. 253.

erst im 15. und 16. Jahrhundert vorkommen, ihr Vorbild in Burchardus'
Karte aus der oben erwähnten Briefversion seines Pilgerberichtes haben
könnte. Mit anderen Worten: die Karte aus dem »Rudimentum Noviciorum«
hängt nicht von der leider verlorenen Karte des Burchardus ab.

Im 14. Jahrhundert wird das Sinai-Bild durch ein wichtiges Detail
bereichert: das Katharinenkloster. Das älteste uns bekannte Beispiel befindet
sich in einem Periplus des östlichen Mittelmeers (Mesopotamien, Syrien und
Ägypten), der wahrscheinlich um 1320 von dem Genueser Kartographen
Petrus Vesconte angefertigt wurde[76]. Diese Seekarte erschien 1321 zusammen
mit vier anderen Karten im »Liber Secretorum Fidelium Crucis« des adligen
Venezianers Marino Sanuto (Il Vecchio)[77].

Der Sinai (Abb. 35) erscheint an der äußersten südlichen Grenze einer
Gebirgskette, die Arabia Tertia, Secunda und Prima von Norden nach
Süden durchschneidet. Auf der Spitze des Berges ist das Katharinenkloster

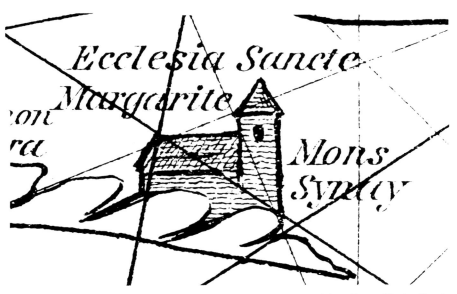

*Abb. 35: P. Vesconte, Periplus des östlichen Mittelmeers. Ausschnitt: Mons Synay. Marino Sanuto,
»Liber secretorum fidelium crucis«, London, British Museum, Hs. 27376, 1320.*

[76] Über Petrus Vesconte als Autor der Karten, die Marino Sanudos Buch begleiten, vgl.
K. Kretschmer, Marino Sanudo der Ältere und die Karte des Petrus Vesconte. Zeitschrift
der Gesellschaft für Erdkunde zu Berlin, 26, 1891, S. 352ff; — Fischer (wie Anm. 34) S. 9;
— Bagrow (wie Anm. 24) S. 277; — Röhricht (wie Anm. 72) S. 89.

[77] Ein Neudruck des Werkes von Marino Sanudo nach Bongars (Gesta Dei per Francos,
Hanoviae, 1611, Bd. II) mit Vorwort und Apparat von J. Prawer: Liber Secretorum Fidelium
Crucis Super Terrae Sanctae Recuperatione et Conservatione. Toronto 1972. Hier sind die fünf
Karten in Farbe wiedergegeben, nach der Hs. im Britischen Museum, Add. 27376.

Abb. 36: Leonardo (Goro) Dati, Segelanweisung. Ausschnitt: Mons Synay.
1422.

dargestellt. Es hat die Form einer Basilika mit Turmfassade und wird
irrtümlich »Ecclesia Sancte Margarite« benannt. Durch seine Stellung und
Größe beherrscht es das gesamte Sinaibild und wird dadurch zum Emblem
des »locus sanctus«.

Abgesehen von einigen für unser Thema weniger interessanten Beispielen,
deren Wichtigkeit jedoch darin besteht, daß sie auch im 14. Jahrhundert

eine gewisse Vielfalt der schematischen Sinai-Bilder dokumentieren[78], kann man sehen, daß der Berg Sinai seit Beginn des 14. Jahrhunderts nicht mehr allein wiedergegeben wird, sondern meistens zusammen mit dem Katharinenkloster, das fast immer auf der Spitze des Berges als Basilika mit Turm dargestellt ist.

Ein typisches Beispiel dieser Art ist die Sinai-Zeichnung aus der Karte des Heiligen Landes, die in dem geographischen Poem »La Sfera« des Leonardo Dati um 1422 erschien (Abb. 36)[79]. Einerseits erinnert das noch relativ einfache kompositionelle Gerüst der Wiedergabe des Berges Sinai an den traditionellen Darstellungsmodus der früheren Beispiele. Andererseits unterscheidet sich die klare, plastischere, mit nervösen Schattenkonturen versehene Darstellung des Berges Sinai deutlich von den schematisch-linearen Darstellungen aus den erwähnten mittelalterlichen Karten.

Ein anderes Beispiel, in dem die heilige Stätte durch das Bergschema und die Basilika der hl. Katharina repräsentiert wird, kommt auf der Weltkarte des Venezianers Andrea Bianco aus dem Jahre 1436 (Abb. 37)[80]. Die Zeichnung kann keinen Anspruch auf künstlerische Qualität erheben; sie spiegelt jedoch — in einem für die Ikonographie zu wenig verwerteten Medium — die kultische Verehrung der hl. Katharina im hohen und späten Mittelalter wieder[81]. Diese verstärkte Verehrung drückt sich nicht zuletzt auch in der Einführung und Hervorhebung der Katharinenkirche als Symbol des »locus sanctus« neben dem Bergschema aus. Die Entwerfer solcher Karten waren seit Petrus Vesconte sicher, daß das neue Symbol von den Betrachtern mühelos verstanden wird.

Einige historische Daten können uns bessere Einsicht vermitteln, weshalb diese neue Ikonographie zum ersten Mal in der Karte des Petrus Vesconte im Jahre 1320 erschien: Wie allgemein bekannt, war das Sinai-Kloster ursprünglich der Gottesmutter gewidmet. Obwohl es schon im 10.-11. Jahrhundert nach der heiligen Katharina umbenannt wurde[82], erwähnt Papst Honorius III. noch in einer Bulle von 1218 den Besitz des »Klosters S. Maria«[83]. Erst

---

[78] Z.B. der Sinai auf der Weltkarte des Benediktinermönchs Ranulf Higden um die Mitte des 14. Jhs. Vgl. Lelewel (wie Anm. 63) Taf. XXV und Bd. II, S. 14, oder eine andere Weltkarte, erschienen in der Chronik von St. Denis (1364-1372). Vgl. Lelewel (wie Anm. 63) Taf. XXVI und Bd. II, S. 15.

[79] Über Leonardi und Gregorio Dati vgl. Bagrow (wie Anm. 24) S. 62, Taf. XXXI; — Beazley (wie Anm. 60) III, 1906, S. 512 und 515-516.

[80] Vgl. Bagrow (wie Anm. 24) S. 232; — Lelewel (wie Anm. 63) II, S. 84f., Nr. 162, Taf. XXXII.

[81] Vgl. K. Künstle, Ikonographie der christlichen Kunst. Bd. II: Ikonographie der Heiligen. Freiburg 1926, S. 369ff.; — Skrobucha (wie Anm. 18) S. 78; — Bibliotheca Sanctorum (wie Anm. 59) III, Col. 954ff.

[82] Weitzmann, Loca Sancta... (wie Anm. 3) S. 54.

[83] Vgl. R. Röhricht, Studien zur mittelalterlichen Geographie und Topographie Syriens.

Abb. 37: Andrea Bianco, Weltkarte. Ausschnitt: Monte Snai. 1436.

hundert Jahre später spricht Papst Johannes XXII. (1316-1334) dann von der »Kirche des Klosters der heiligen Katharina..., zu Ehren dieser Heiligen gegründet«[84]. Das ist aber, wie wir sehen, genau die Entstehungszeit der Karte des Petrus Vesconte.

ZDPV, X, 1887, S. 237 und Anm. 3; — G. Hofmann, Sinai und Rom. Orientalia Christiana, IX, 3, 1927, S. 226 und S. 243; — Skrobucha (wie Anm. 18) S. 75.
[84] Hofmann (wie Anm. 83) S. 229 und S. 252; — Skrobucha (wie Anm. 18) S. 75.

Eine Zeichnung, die sich von allen bisher besprochenen Beispielen deutlich absetzt, wird dem italienischen Pilger Jacopo da Verona zugeschrieben. Seine Skizze stellt das Sinai-Kloster und dessen Umgebung dar (Abb. 38)[85]. Er

Abb. 38: Jacopo da Verona, Skizze des Sinai-Klosters und dessen Umgebung, 1424.

[85] Abb. in: H. F. M. Prescott, Once to Sinai; The Further Pilgrimage of Friar Felix Fabri. London 1957, S. 88; — Skrobucha (wie Anm. 18) S. 70; — Vilnay (wie Anm. 11) S. 208, Nr. 501; — R. Röhricht, Le péleringae du... Jacques de Vérona (1335) publié d'après le ms. de Cheltenham no. 6650, Revue de l'Orient latin III, 1895, S. 235.

besuchte 1335 als Pilger das Hl. Land. Die älteste Handschrift, die den Pilger-
bericht mit der Zeichnung des Sinai enthält, stammt jedoch erst aus dem
Jahre 1424[86]. Das Kloster erscheint im unteren Teil der Skizze und wird zum
Teil von einer Gebirgswand im Vordergrund verdeckt. Eine schematische
Basilika mit Fensterzone und seitlich gelegenem Turm stellt das Kloster dar,
wie uns die Inschrift auf der Gebäudewand belehrt: »Mon(asterium) b(ea)te
Catherine«[87]. Weiter oben, wo nach der Legende Maria den Mönchen er-
schien, steht eine Kapelle (»Capella b(ea)te Marie, ubi app(ar)uit ip(s)a mo(na)-
chis«)[88]. Höher auf dem Horeb befindet sich die Kirche des Propheten Elias
(»Ec(cles)ia S(an)c(t)i Helye«)[89]. Von hier führt ein schmaler Pfad zur
Bergspitze hinauf, wo eine Kapelle die Stelle des Gesetzesempfangs durch
Moses bezeichnet (»Ecclesia Mo(n)s ubi lex Moysi data est«)[90]. Weiter links
auf derselben Bergspitze ist in Seitenansicht die »Musceta saracenorum«
dargestellt[91]. Von der Spitze aus stieg unser Pilger auf der anderen Seite
des Berges hinab[92] und erreichte ein Tal, in dem sich ein fruchtbarer Garten
mit Wasserquelle (»Ortus b(ea)te K(atherine) Fons«) sowie das Kloster der
vierzig Märtyrer (Deyr al-Arbaʿin) befinden[93]. Von hier steigt wieder ein
Zickzackpfad zur Spitze des Berges Katerin auf, wohin die Engel der Lokaltradition nach den Leib der hl. Katharina auf wunderbare Weise gebracht
haben (»Beatum corpus b(ea)te Catharine«)[94].

   Vergleicht man die Skizze des Jacopo da Verona mit der »Ikone des Sinai-
Klosters« und mit jener Gruppe von Pilgerillustrationen, die von dieser Ikone

---

[86] Vgl. die ausgezeichnete Ausgabe mit kritischem Apparat des Ugo Monneret de Villard,
Liber peregrinationis di Jacopo da Verona, 1950, S. XI. Über die Illustrationen des Pilger-
buches, S. XXVII.

[87] Das Kloster ist in Veronas Liber Peregrinationis (wie Anm. 86) S. 72-74 beschrieben.
Die Bibliographie über das Katharinenkloster ist sehr umfangreich. Hier seien die wichtigsten
Werke erwähnt: — V. Beneševič, Monumenta Sinaitica Archaeologica et Palaeographica.
Fasc. I. Leningrad 1925. Mit vollständiger Bibliographie bis 1921; — M.H.L. Rabino, Le
Monastère de Sainte-Cathérine (Mont Sinai). Souvenirs Épigraphiques des Anciens Pèlerins.
Bulletin de la Société Royale de Géographie d'Égypte, Bd. XIX, 1937, S. 21-126; — Ders.,
Le Monastère de Sainte-Catherine du Mont Sinai. Kairo 1938; — M. Labib, Pèlerins et
voyageurs au Mont Sinai. Kairo 1961; — Als Ergebnis der gemeinsamen Expeditionen der
Universitäten von Princeton, Michigan und Alexandria (1958, 1960, 1963, 1965) erschienen bis
jetzt: H.G. Forsyth, K. Weitzmann, I. Ševčenko, The Monastery of Saint Catherine
at Mount Sinai. The Church and Fortress of Justinian. Plates. Ann Arbor 1966; — K. Weitzmann, The Monastery of Saint Catherine at Mount Sinai. The Icons. Vol. 1: From the Sixth
to the Tenth Century. Princeton 1976.

[88] Die damit verbundenen Lokaltraditionen bei Jacopo da Verona (wie Anm. 86) S. 74-75
und Anm. 240.

[89] Jacopo da Verona (wie Anm. 86) S. 75 und Anm. 241.

[90] Jacopo da Verona (wie Anm. 86) S. 75-76 und Anm. 242, 243.

[91] Jacopo da Verona (wie Anm. 86) S. 76 und Anm. 244.

[92] Jacopo da Verona (wie Anm. 86) S. 76.

[93] Jacopo da Verona (wie Anm. 86) S. 76 und Anm. 245

[94] Jacopo da Verona (wie Anm. 86) S. 76-77.

abhängig sind, z.B. mit Waltersweils Illustration (Abb. 10), so lassen sich zwei wichtige Aspekte feststellen: a) die Skizze des Jacopo da Verona ist ein »Gedankenbild«[95], das weitaus weniger Lokaltraditionen aufweist als die Ikone des Sinai-Klosters und die von ihr abhängigen Darstellungen. Dies spricht für das hohe Alter der Zeichnung und deutet gleichzeitig an, daß die Lokaltraditionen — obwohl die Mehrzahl seit langem mündlich und schriftlich festgelegt war[96] — noch nicht zu einer visuellen Gesamtdarstellung ausreifen konnten. b) Trotz ihrer Einfachheit enthält die Skizze des Jacopo da Verona »in nuce« alle kompositionellen Elemente der Ikone des Sinai-Klosters und der von ihr abhängigen Pilgerillustrationen: die drei Berge, die Position des Klosters zwischen dem Berg im Vordergrund und Dschebel Musa in der Mitte und den Dschebel Katerin auf der rechten Seite des Bildes. Gleichzeitig läßt sich erkennen, daß Veronas Zeichnung die diagonale, in die Tiefe dringende Anordnung der drei Berge diagrammatisch wiedergibt. Eben dies ist das Schema, durch das sich die Komposition der Ikone des Sinai-Klosters und die mit ihr verwandten Pilgerillustrationen auszeichnen.

Die kompositionelle Ähnlichkeit zwischen Skizze und Ikone führt uns schließlich zu der schwierigen Frage nach dem Verhältnis zwischen den beiden. Spiegelt diese Skizze eine Komposition wieder, die in der Ikone des Sinai-Klosters bereits vorhanden war und von Verona zur Zeit seiner Pilger- fahrt (1335) gesehen und diagrammatisch nachgezeichnet wurde? Oder ist seine Skizze eine selbständige Zeichnung, entstanden aufgrund der unmittel- baren Eindrücke des Pilgers während der Besichtigung des Klosters und der heiligen Stätten in der Umgebung? Letzteres würde bedeuten, daß diese Zeichnung lange latent blieb und erst viel später, nämlich am Ende des 16. und zu Anfang des 17. Jahrhunderts einen aktiven Einfluß auf die Ikone des Sinai-Klosters auszuüben begann. Das Fehlen von Beispielen, die eine Brücke zwischen dem 14. und dem späten 16. Jahrhundert schlagen könnten, verleiht dieser Möglichkeit wenig Wahrscheinlichkeit. Die gleiche Lücke an Evidenz in der Überlieferung macht das Vorhandensein einer Ikone des Sinai-Klosters, die von Jacopo da Verona 1335 im Kloster gesehen worden sein könnte, problematisch. Und trotzdem kann die kompositionelle Ähn- lichkeit zwischen Ikone und Skizze nicht übersehen werden.

---

[95] Über den Sinn des »Gedankenbildes« vgl. H.R. Hahnloser, Das Gedankenbild im Mittelalter und seine Anfänge in der Spätantike. Accademia Nazionale dei Lincei, Anno 365, Rome 1968, Quaderno No. 105, Atti del Convegno Internazionale sul tema: Tardo Antico e Alto Medievo, S. 255-266; — Ders., Villard de Honnecourt. Graz 1972, S. 179 und 381.

[96] Vgl. dazu die Fülle der Sinaitraditionen, die schon von Egeria am Ende des 4. Jhs. aufgezeichnet sind: Itinerarium Egeriae (Peregrinatio Aetheriae). Hrsg. von O. Prinz. 5. neu- bearbeitete und erweiterte Auflage, Heidelberg 1960, S. 1-8, Kap. I-V; — Skrobucha (wie Anm. 18) S. 176.

Aus dieser kurzen chronologischen Übersicht über die wichtigsten Sinai-
Darstellungen unter den mittelalterlichen Karten und Pilgerhandschriften
läßt sich folgende Schlußfolgerung ziehen:

— Einen dominierenden Typus der Sinai-Darstellung gab es im Mittelalter
  nicht. Im Gegenteil, man trifft eine Vielfalt von Varianten an, deren
  Charakteristikum der hohe Grad an Schematismus ist. Ein gegenseitiges
  Abhängigkeitsverhältnis unter diesen Zeichnungen nach Art der Gruppe
  von Pilgerdarstellungen aus dem 16. bis 18. Jahrhundert, wie sie sich
  um die Ikone des Sinai-Klosters gebildet haben, existiert nicht.

— Vom Standpunkt ihrer Entwicklung aus gesehen, kann man im Mittelalter zwei Gruppen von Sinai-Darstellungen unterscheiden: a) eine Reihe
  rein schematischer Zeichnungen, die nichts anderes sind als konventionelle
  Symbole des Berges Sinai. Diese Zeichnungen haben die biblische Kartographie bis Ende des 18. Jahrhunderts beherrscht. b) Zu Beginn des
  16. Jahrhunderts erscheint zum ersten Mal das Kloster der hl. Katharina
  als Sinnbild des »locus sanctus« und wird von da an ständig das Sinai-
  Bild mitprägen. Der Höhepunkt dieser Darstellung ist zwischen dem
  16. und 18. Jahrhundert erreicht, wo Ikonen und Pilgerillustrationen dem
  Katharinenkloster einen zentralen Platz in der Ikonographie des »locus
  sanctus« einräumen.

KONGRESSBERICHTE

III. Internationales Symposium Syriacum vom 7.-11.9.1980

Goslar, Haus Hessenkopf

Syrologen aus aller Welt trafen sich vom 7. bis 11. September 1980 im »Haus Hessenkopf« bei Goslar zum 3. Internationalen Symposium Syriacum, das von den Syrologen der Universität Göttingen, den Professoren Dr. W. Strothmann und Dr.Dr. G. Wießner, und ihren Mitarbeitern ausgezeichnet vorbereitet und organisiert worden war. Das Symposium Syriacum war erstmals 1972 in Rom, dann 1976 in Chantilly bei Paris abgehalten worden und erfreut sich steigender Beliebtheit bei den Syrologen, so daß auch Teilnehmer aus Amerika und Australien erschienen waren. Das Haus Hessenkopf erwies sich als idealer Tagungsort : in landschaftlich schöner und ruhiger Lage bot es den etwa 70 Teilnehmern Vorträge, Unterkunft und Verpflegung unter einem Dach. Besonders angenehm wurde die Möglichkeit empfunden, in der Diele noch bis spät in die Nacht hinein Gespräche führen zu können, ohne Sorge vor einem vielleicht längeren nächtlichen Heimweg zu einer auswärtigen Unterkunft.

Im Laufe des 7. September trafen die Teilnehmer allmählich ein und versammelten sich um 20.00 Uhr zur Eröffnung im Vortragssaal. Die folgenden Tage waren randvoll ausgefüllt mit insgesamt etwa 40 Referaten, von meist halbstündiger, z.T. aber auch ganzstündiger Dauer. Die Themen können und sollen hier nicht alle aufgeführt werden, zumal die Referate — wie schon die Referate der beiden vorangegangenen Symposien — wieder als eigener Band der Orientalia Christiana Analecta erscheinen sollen.

Den Montag (8.9.) eröffnete S. Brock (Oxford) mit einem Hauptreferat »Greec into Syriac«, sehr wichtigen Prolegomena zu einer Geschichte der syrischen Übersetzungstechnik. Die folgenden Referate befaßten sich u.a. mit syro-palästinensischen Handschriften (A. Desreumaux), der philoxenianisch-harklensischen Bibelübersetzung (B. Aland), zwei syrischen Apostellisten (M. van Esbroeck), Diatessaron und Hebräerevangelium (G. Winkler), Euagrios Pontikos (A. Guillaumont). Der Nachmittag brachte Vorträge über Makarios (W. Strothmann), Johannes den Einsiedler (A. de Halleux), Nestorianisches bei Leontios von Jerusalem (L. Abramowski), eine Liste der sieben Leidenschaften (P. Bettiolo), Fragmente apokrypher Briefe an die Caesaren über die Bekehrung heidnischer Philosophen (N. Zeegers-Vander Vorst) und über die Theologie der syrisch-monophysitischen Anaphora (L. Schlimme).

Nach diesem ebenso interessanten wie anstrengenden Tag hatten sich die
Teilnehmer eine abendliche Wanderung durch die mittelalterliche Kaiserstadt
Goslar unter sachkundiger Führung redlich verdient.

Der Dienstag (9.9.) stand zunächst im Zeichen von Gnosis und Manichäismus : Syrische Elemente in den Schriften von Nag Hammadi (A. Böhlig),
Beziehungen zwischen Christentum und Manichäismus im Syrien des 3. Jahrhunderts (H. J. Drijvers), christliches Paschafest und manichäisches Bemafest
(G. Rouwhorst), behandelte sodann einzelne Fragen bei Aphrahat (R. Murray)
und Ephraem (P. Yousif, J.-N. Martikainen) sowie überraschende Ähnlichkeiten zwischen dem altdeutschen Muspilli und Ephraem dem Syrer
(M. Schmidt). M. Breydy erläuterte eine Methode zum Nachweis der Echtheit syrischer Hymnen, während J. Thekeparampil der Gestalt von Adam
und Christus in der Schatzhöhle und den Sedre der Passionszeit nachging.
Über inneren Aufbau und Gliederung von Texten des Jakob von Sarug und
Narsai sprachen J. Blum und K. McVey. Besondere Aufmerksamkeit fand
der Bericht von M. Philothea aus dem Frauenkloster am Sinai über die
neuen Handschriftenfunde auf dem Sinai, insbesondere die etwa 110 syrischen
Hss, die leider meist fragmentarisch erhalten sind. M. Philothea, eine
Schülerin von Prof. A. Guillaumont, hatte Gelegenheit, diese 110 Hss näher
zu untersuchen. Es fanden sich u.a. neue Blätter zu bisher nur fragmentarisch
erhaltenen syrischen Sinai-Hss, z.B. zu Nr. 19, Nr. 28 und Nr. 38. Ferner
4 Hss mit alttestamentlichen, 5 Hss mit neutestamentlichen Texten, 3 Psal-
terien, 30 Euchologien, Oktoechos, Triodion, Parakletikon, Pentekostarion,
Horologion, Menaia, etwa ein Dutzend Heiletaria. Sodann an die 50 Hss mit
Vätertexten u.a. von Ephraem, Isaak dem Mönche, asketische Anweisungen
von Theodosios, Basileios, Mar Isajas, Euagrios, Babai (Kommentar zur
Hl. Schrift), Šubḥalmaran, ferner Heiligenleben. All diese Hss und Fragmente
sollen dem 5.-10. Jahrhundert angehören. Außerdem sollen gefunden worden
sein etwa : 120 christlich-arabische Hss, 56 armenische (doch wohl meist
georgisch in nusḫuri), 4 georgische (vermutlich in Majuskel), 20 slawische,
4 glagolitische, 2 lateinische, 3 äthiopische (Geʿez), 1 hebräische und etwa
800 griechische Hss. Also sicher ein hochbedeutsamer Fund, der möglichst
bald der wissenschaftlichen Forschung zugänglich gemacht werden sollte.
Am Abend erläuterte L. Leloir die kulturellen Kontakte zwischen der
syrischen, armenischen und georgischen Literatur anhand einer freien armenischen Bearbeitung der syrischen Paulusapokalypse. Den inhaltsreichen Tag
beschloß um 21.00 Uhr W. Hage mit einem Referat über die kulturellen
Kontakte der nestorianischen Kirche in Zentralasien zur Mongolenzeit.

Der Mittwoch (10.9.) brachte Berichte über literarische Einflüsse auf Werke
von Emmanuel bar Šahhare (E. Ten Napel) und Ibn aṭ-Ṭaiyyib (J. C. Sanders),
die anglikanische Mission in Urmia (J. Coakley), kulturelle Kontakte

zwischen christlichen Assyrern und Griechen (H. Gaugey) und zwischen den Thomaschristen und ihrer Umgebung (E. R. Hambye und J. Van der Ploeg). Die Referate des Nachmittags waren den syrisch-iranischen Beziehungen gewidmet (G. Wießner, St. Gero, D. Bundy). Schließlich berichtete Mar Aprem (Indien) über seine syrischen Hss.

Der Donnerstag (11.9.) Vormittag stand im Zeichen der syrisch-arabischen kulturellen Beziehungen und leitete damit schon auf den am Nachmittag beginnenden Kongreß für christlich-arabische Studien über. Behandelt wurden kulturelle Kontakte zwischen den syrischen Kirchen und der arabischen Welt (Samir Kh.), der Einfluß der syrischen Sprache auf die arabische Sprache und Literatur (R. Y. Ebied), Kenntnisse über die syrischen Christen bei den muslimisch-arabischen Schriftstellern (G. Troupeau) und christlich-orientalische Mystik und Sufismus (G. Blum).

Die Beschlußsitzung des Symposiums hatte schon 10.9. abends stattgefunden. Das nächste Symposium Syriacum wird von Professor H. J. Drijvers ausgerichtet werden und soll 1984 in Groningen/Niederlande stattfinden. Die Referate des Symposiums werden in einem eigenen Band der Orientalia Christiana Analecta in Rom publiziert werden. Auf Wunsch des Symposiums übernimmt der »Oriens Christianus« gern die Aufgabe, die Titel neuer Forschungsvorhaben auf dem Gebiet der Syrologie, aber auch des übrigen christlichen Orients, zu veröffentlichen, um Doppelbearbeitungen zu verhindern und Forscher, die auf dem gleichen Sondergebiet arbeiten, aufeinander aufmerksam zu machen.

Julius Aßfalg

I. Internationaler Kongreß für das christliche Arabisch

Goslar, Haus Hessenkopf, 11.-13. September 1980

Den 1. Kongreß für das christliche Arabisch besuchten etwa 45 Teilnehmer, darunter etwa die Hälfte Syrologen, die eben am Symposium Syriacum teilgenommen hatten. Das war wohl der Hauptgrund dafür, die beiden Kongresse unmittelbar hintereinander anzusetzen. Der Kongreß stand unter der temperamentvollen Leitung von P. Samir Khalil SJ, Professor am Päpstlichen Orientalischen Institut, Rom, der am Donnerstag (11.9.) um 16.30 Uhr das Grundsatzreferat über die christlich-arabische Tradition, Forschungsstand und Probleme, hielt. In den bis 21.00 Uhr folgenden Referaten befaßten sich D. Bundy (Löwen) mit einem Kommentar des Nonnos von Nisibis und M. van Esbroeck (Brüssel) mit dem Schicksal einer christlich-arabischen Hs aus dem Jahr 949/50, deren Teile er in verschiedenen Bibliotheken feststellen konnte. Großes Interesse fand das Referat von Professor I. Shahid (Washington) über das Problem einer arabischen Bibel und Liturgie vor der Entstehung des Islam. Am späten Abend sprach noch H. Gaugey (Berlin) über die syrische Herkunft der christlich-arabischen Melchiten.

Der Freitag (12.9.) brachte, nur von den Essenspausen unterbrochen, von 9.00 Uhr bis 21.30 Uhr über ein Dutzend Referate. Der Tag war zunächst vornehmlich Werken christlich-arabischer Apologeten gewidmet : Theodor abu Qurra (I. Dick, Aleppo), Ḥunain ibn Isḥaq (R. Degen, Marburg), Apologeten des ersten abbasidischen Jahrhunderts (S. H. Griffith, Washington), Apologie von al-Kindi (C. Ciaramella und C. Farina, Neapel; G. Tartar, Paris), Stephan ad-Duwaihi (M. Breydy, Köln). A. Sidarouss (Evora) sprach über die Anfänge der christlich-arabischen Studien in Portugal. D. Bundy (Löwen) berichtete über den Stand des »Bulletin d'Arabe chrétien«, das sich unter der Leitung von Samir Khalil und mit D. Bundy als Sekretär zu einem sehr nützlichen Publikationsorgan der christlich-arabischen Studien entwickelt hat. Über das großangelegte Projekt der »Coptic Encyclopaedia« referierte deren Herausgeber Prof. A. S. Atiya (Salt Lake City). J. Habbi (Mosul) gab einen informativen Überblick über die Entwicklung der christlich-arabischen Literatur im Iraq von 1856 an bis auf unsere Zeit. M. Philothea vom Sinai war auch zu diesem Kongreß geblieben und berichtete kurz über die etwa 120 auf dem Sinai neugefundenen christlich-arabischen Hss, konnte aber leider nichts Genaueres sagen, da diese Hss noch nicht näher erforscht sind. Abschließend sprach am Abend I. Dick (Aleppo) über die Rolle der christlichen Araber in der gesamtarabischen Kultur und ihre Aufgabe in der muslimischen Welt.

Die Voll- und Schlußsitzung am Samstag (13.9.) vormittag war den Aufgaben der christlichen Arabistik gewidmet. Die Geschichte der christlichen arabischen Literatur von G. Graf soll ins Arabische übersetzt werden, um den arabischsprechenden Forschern den Zugang zu erleichtern. Ferner beschloß man, eine Neubearbeitung der christlich-arabischen Literaturgeschichte auf der Grundlage des Standardwerkes von Graf in Angriff zu nehmen. Die Vorarbeiten dafür wurden, nach verschiednen Epochen gegliedert, an verschiedene Forscher verteilt. Beim nächsten Kongreß, 1984 in Groningen, soll vorgelegt und diskutiert werden, was bis dahin erarbeitet worden ist. Dieser 2. Kongreß für das christliche Arabisch soll wieder im Anschluß an das nächste Symposium Syriacum Stattfinden, da viele Teilnehmer zugleich auch Syrologen sind. Als Generalthema für den nächsten Kongreß wurde die alte Periode der christlich-arabischen Literatur (Graf, GCAL II) festgelegt, die Periode, mit der auch die Neubearbeitung der GCAL beginnen soll.

Die Veröffentlichung der in Goslar gehaltenen Referate wäre wegen ihres wissenschaftlichen Gehaltes sehr wünschenswert. Der »Oriens Christianus«, der von der Leitung des Kongresses darum gebeten worden war, mußte leider aus Platzmangel und Kostengründen absagen. Dieser 1. Kongreß seiner Art kann als durchaus gelungen gelten. Er hat die Forscher auf diesem Gebiet erstmals in größerer Zahl zusammengeführt, viele Anregungen gegeben, zu weiterer Arbeit und Zusammenarbeit angespornt und die Teilnehmer sich auch menschlich näherkommen lassen.

Julius Aßfalg

PERSONALIA

Dr.theol. P. Hermenegild (Alfons) M. Biedermann, Würzburg, begeht am 15.12.1981 seinen 70. Geburtstag. Geboren in Hausen bei Würzburg, promovierte er 1939 zum Dr.theol., habilitierte sich 1948 an der Universität Würzburg, wurde dort 1949 Privatdozent, 1953 ao. Professor, 1965 o. Professor für Geschichte und Theologie des christlichen Orients. 1977 wurde er auf eigenen Wunsch emeritiert. Neben zahlreichen eigenen Veröffentlichungen gibt er seit 1950 die Reihe »Das östliche Christentum« heraus. Besondere Verdienste erwarb er sich durch die Herausgabe der 1952 von ihm begründeten Zeitschrift »Ostkirchliche Studien«, die sich unter seiner Leitung internationales Ansehen erwarb und zu den wichtigsten Publikationsorganen der Wissenschaft vom christlichen Osten zählt.

Frau Professor Sirarpie Der Nersessian, die bekannte armenische Kunsthistorikerin, vollendete am 5.9.1981 in Paris ihr 85. Lebensjahr.

Professor Dr.theol. Wolfgang Hage, Göttingen, wurde am 30.1.1981 an die Universität Marburg auf die C4-Professur »Kirchengeschichte mit dem Schwerpunkt Ostkirchengeschichte« berufen. Hage wurde am 5.11.1935 in Römhild/Thüringen, geboren, studierte 1955-59 evangelische Theologie in Bonn, Tübingen und Münster, wurde 1962 wiss. Assistent am neugegründeten Lehrstuhl für Ostkirchengeschichte in Marburg bei Prof. P. Kawerau, der schon in Münster Hages Interesse für den christlichen Orient geweckt hatte. Bei den Professoren P. Kawerau, O. Rößler und H. Jakobson erwarb er sich die Kenntnis der Sprachen des christlichen Orients. 1964 promovierte er in Marburg mit der Arbeit »Die syrisch-jakobitische Kirche in frühislamischer Zeit« (Wiesbaden 1966). Im Wintersemester 1970/71 habilitierte er sich dort mit »Untersuchungen zum Leben der Christen Zentralasiens im Mittelalter«. Im Dezember 1972 wurde er in Marburg zum Professor ernannt, 1975 als Wiss. Rat und Professor für »Orientalische (insbesondere syrische) Kirchengeschichte« nach Göttingen berufen, wo er von Juli 1979 bis zum Tage seiner Berufung Dekan der Evangelischen Theologischen Fakultät war.

Professor Solomon Qubaneišvili, Tbilissi, bekannt durch seine Arbeiten zur altgeorgischen Literaturgeschichte und seine große altgeorgische Chrestomathie, begeht am 6.11.1981 seinen 80. Geburtstag.

Professor Kalistrat Salia, Paris, wurde am 28.8.1981 achtzig Jahre alt. Große Verdienste erwarb er sich zusammen mit seiner Gattin Nino um die Kaukasologie durch die Gründung und Herausgabe der Zeitschrift »Bedi Kartlisa — Revue de kartvélologie«, deren 40. Band 1981 mit finanzieller Unterstützung des Centre national de la recherche scientifique erscheinen

konnte. Zu den Mitarbeitern der Zeitschrift zählen Wissenschaftler aus dem
Westen ebenso wie aus Sowjetgeorgien. Salia publizierte darin eine bedeu-
tende Anzahl eigener Artikel. 1980 veröffentlichte er seine ausführliche, mit
einem Preis der Académie Française ausgezeichnete »Histoire de la nation
géorgienne«.

Dr.phil.habil., Dr.theol.h.c., Dr. ès lettres h.c. Bertold Spuler, em. o.ö.
Professor an der Universität Hamburg, hochverdient auch um die Erforschung der Geschichte der orientalischen Kirchen, vollendet am 5.12.1981
sein 70. Lebensjahr und wird aus diesem Anlaß mit einer Festschrift geehrt.

Professor Konstantin Tsereteli, Semitist an der Universität und am
Orientinstitut Tbilissi, beging am 4.2.1981 seinen 60. Geburtstag. Er widmete
sich besonders der Erforschung der von orientalischen Christen gesprochenen
neuaramäischen Dialekte. Die wichtigsten seiner zahlreichen Werke, die z.T.
auch in westliche Sprachen übersetzt wurden, sind verzeichnet bei:
R. Macuch und E. Panoussi Neusyrische Chrestomathie, Wiesbaden 1974.
Sein bisher letztes größeres Werk ist eine Grammatik des Altsyrischen
(Sirijskij jazyk, Moskau 1979).

Lic.theol., Dr.phil. Klaus Wessel, Professor für Frühchristliche und
byzantinische Kunstgeschichte an der Universität München, seit 1967 treuer
Mitarbeiter unserer Zeitschrift, vollendete am 16.4.1981 das 65. Lebensjahr.
Der geborene Berliner wurde 1949 Universitätsdozent an der Ostberliner
Humboldtuniversität, 1952 Professor mit Lehrauftrag an der Universität
Greifswald, 1958 Professor mit vollem Lehrauftrag, und war daneben
1952-1958 Direktor der Frühchristlich-byzantinischen Sammlungen der Staat-
lichen Museen in Berlin. Seit 1960 wirkte er an der Universität München
als apl. Professor (1960), Wissenschaftlicher Rat und Professor (1966) und
zuletzt als Abteilungsvorsteher und Professor (1970). Unter seinen vielen
Veröffentlichungen sind vor allem seinen »Kunst der Kopten« (1963) und
das von ihm begründete und zusammen mit M. Restle herausgegebene
»Reallexikon zur byzantinischen Kunst« (1963 ff) zu nennen.

Julius Aßfalg

TOTENTAFEL

Professor René Draguet, em. Professor an der Katholischen Universität Löwen und langjähriger Herausgeber des Corpus Scriptorum Christianorum Orientalium, verstarb am 23.12.1980 in Heverlee. Am 13.2.1896 in Gosselies/Belgien geboren, begann er seine theologischen Studien in Tournai, wo er am 22.4.1919 zum Priester geweiht wurde. 1924 promovierte er an der Katholischen Universität Löwen mit der Arbeit »Julien de Halicarnasse et sa controverse avec Sévère de Antioche«. 1926 wurde er Lehrbeauftragter, 1927 Professor für Fundamentaltheologie an der Katholischen Universität Löwen. Eine schwere Prüfung bedeutete für ihn der 1942 auf Veranlassung des Heiligen Offiziums erfolgte Ausschluß aus der Theologischen Fakultät und der Entzug der kirchlichen Lehrerlaubnis. Erst 1948 wurde er teilweise, 1965 völlig rehabilitiert. 1948 übernahm er von J.-B. Chabot die Leitung des Corpus Scriptorum Christianorum Orientalium, das unter Draguet einen großen Aufschwung nahm. Zunächst wurden die 1940 beim Einmarsch der Deutschen verbrannten Bände nachgedruckt. Dann erschienen von 1949 bis 1980 über 300 neue Bände des CSCO, neu geschaffen wurden die georgische und armenische Reihe und die Subsidia. Daneben fand Draguet noch Zeit für eigene Studien über das frühe Mönchtum, die Historia Lausiaca, das Asketikon des Abba Isajas und die ursprüngliche Gestalt der Vita S. Antonii. Draguet hatte sich schon 1977 einer Operation unterziehen müssen. 1980 trat das alte Leiden wieder auf, das zu einem neuerlichen Klinikaufenthalt zwang. Als Draguet den Ernst der Lage erkannte, ließ er sich in seine Wohnung zurückbringen, um daheim zu sterben, und erwartete dort gefaßt den Tod. René Draguet war für jeden, der ihn kannte, vorbildlich als Gelehrter, Priester und Mensch. R.i.p.

Julius Aßfalg

BESPRECHUNGEN

Augustin Mouhanna, Les rites de l'initiation dans l'Église maronite (= XPICTIANICMOC I, Pontificium Institutum Orientalium Studiorum, Rom 1978), 275 S. + CXXVII S. Faksimile der Handschriften.

Die Untersuchung erschien als erster Band der neuen Serie XPICTIANICMOC (unter Leitung von J. Mateos), der ein kurzes Leben beschieden war : nur ein weiterer Band (J. Ruis-Camp, *The Authentic Letters of Ignatius the Martyr*) wurde veröffentlicht, der dritte, längst angekündigte Band (G. Winkler, *Das armenische Initiationsrituale*) wird nicht mehr in XPICTIANICMOC, sondern in Orientalia Christiana Analecta 215 erscheinen. Ursprünglich war XPICTIANICMOC als groß angelegte neue Serie konzipiert, die sich das Thema der orientalischen Initiationsriten gestellt hatte, wobei bereits mehrere Wissenschaftler mit der Erschließung der Ursprungsgeschichte der Taufe im christlichen Osten betraut waren.

Mouhannas Beitrag zur Taufe in der maronitischen Kirche verdient allein schon aus dem Grund besondere Beachtung, weil die maronitische Taufe (im Gegensatz zu anderen syrischen Taufformularen) die älteste überlieferte Tauftheologie von Syrien in reiner Form widerspiegelt : Die paulinische Tauftheologie des Römerbriefs (Rm 6) hatte für Syrien bis zum ausgehenden vierten Jahrhundert keinerlei Gewicht, und ist in der maronitischen Auffassung von der Taufe niemals miteinbezogen worden. Jedoch nicht nur dieser Tatbestand macht Mouhannas Untersuchung zu einem der wichtigsten Beiträge für die Geschichte der Tauftheologie in den letzten Jahrzehnten, sondern auch die klare Darstellung des Quellenmaterials sowie die theologische Analyse verdienen besonders hervorgehoben zu werden.

Die Arbeit (als Dissertation unter Leitung von J. Mateos verfaßt) gliedert sich in vier Teile : der Ausgangstext, an den sich die anderen Formulare (unterteilt in Gruppe A und B), sowie der derzeit benutzte Text anschließen. Im dritten Kapitel vergleicht der Autor das Quellenmaterial, um den Befund in einer ausgezeichneten *Étude théologique* zusammenzufassen. Besonders wertvoll ist zudem der Anhang mit den Faksimile einiger syrischer Handschriften, der die Überprüfung der französischen Übersetzung des Syrischen erlaubt.

Die Untersuchung will keine historische und philologische Analyse bieten, sondern zeichnet sich vor allem durch eine sorgfältige Präsentation mehrerer Taufformulare und ein feines Gespür für die Tauftheologie, wie sie im maronitischen Initiationsritus überliefert ist, aus. Es ist erstaunlich, in welchem Ausmaß sich bei den Maroniten die früheste syrische Tauftheologie erhalten hat. Wenn die Armenier die ursprüngliche Transparenz in der *Struktur* des Taufritus am reinsten widerspiegeln, so kann man sagen, daß die Maroniten am klarsten die älteste Auffassung von der Taufe im christlichen Osten reflektieren. Zweifelsohne haben die Armenier und die Maroniten die älteste Schicht der Taufe am reinsten bewahrt. Im maronitischen Taufformular wird auf überwältigende Weise greifbar, wie sehr bei den Syrern die Taufe in der Taufe Jesu im Jordan verankert ist, und *allein von dort* (und nicht vom Leiden und Sterben Jesu!) ihren Ausgangspunkt genommen hat. Nach den Syrern blendet die Taufe Jesu zurück auf den Schöpfungsmorgen : *Jesus erscheint am Jordan als der neue Geist-erfüllte Adam, der den alten Tod-geweihten Adam durch das Einhauchen seines Geistes zurück ins Paradies holt!* Da die syrische Taufe die johannäische Tauftheologie (Jh 3) und Jesu *Beginn* am Jordan zu einer inneren Einheit zusammenfügt, und dabei auf den Anbeginn der Schöpfung zurückverweist, kann man von einer »Genesis-Mystik« bei den Syrern sprechen. Diese »Genesis-Mystik« steht in einem starken Gegensatz zur westlichen Tauftheologie, die in der »Todes-

Mystik« von Rm 6 verwurzelt ist. Somit stehen sich die paulinische und johannäische Auffassung von der Taufe gegenüber, d.h. syrische »Genesis-Mystik« und westliche »Todes-
Mystik«, wie ich in mehreren Veröffentlichungen nachzuweisen versuchte.

Die schöne Arbeit Mouhannas bietet, wie bereits festgestellt wurde, keine historische oder
philologische Untersuchung im strengen Sinn des Wortes, und darin liegt trotz all dem
reichen Quellenmaterial und der feinfühligen theologischen Analyse auch ein wenig ihre
Schwäche : Die verwickelte Geschichte und Bedeutung der prä- und postbaptismalen Salbungen
bleibt ungeklärt (cf. S. 43-44, 122, 197, 211-212, 224-225, 251, 256, 258), ḥātmā ('sigillum')
und rušmā ('signum') werden irrtümlicherweise als Synonyme wiedergegeben (cf. S. 19, 48, 122,
184-185, 197), obwohl das der geschichtlichen Entwicklung widerspricht : rušmā verweist
ursprünglich auf die präbaptismale Salbung, während ḥātmā einst für die Salbung nach der
Taufe verwendet wurde; cf. dazu G. Winkler, »The Original Meaning of the Prebaptismal
Anointing and its Implications. A Study of the Armenian, Syriac and Greek Terminology for
the Oil«, Worship 52 (Jan. 1978), 24-45; »Zur frühchristlichen Tauftradition in Syrien und
Armenien unter Einbezug der Taufe Jesu«, OstkSt 27 (1978), 281-306; »The History of the Syriac
Prebaptismal Anointing in the Light of the Earliest Armenien Sources«, OrChrAn 205 (1978),
317-324; Das armenische Initiationsrituale (cf. supra), und im Anschluß daran auch einige
Veröffentlichungen von S. Brock, »Die Tauf-Ordines der altsyrischen Kirche, insbesondere die
Salbungen der Taufliturgie«, Liturgisches Jahrbuch 28 (1978), 11-18 (engl. in : Studia Liturgica
12 (1977), 177-183); The Holy Spirit in the Syrian Baptismal Tradition (= Syrian Churches
Series 9, Poona 1979); »The Transition to a Postbaptismal Anointing in the Antiochene Rite«,
Festschrift A. H. Couratin (Rom 1981). Im Zusammenhang mit den Salbungen wären auch noch
die Arbeiten von B. Botte, »L'onction postbaptismale dans l'ancien Patriarchat d'Antioche«,
Miscellanea Liturgica in onore di Sua Eminenza il Cardinale Giacomo Lercaro II (Rom 1967),
795-808 und E. C. Ratcliff, »The Old Syrian Baptismal Tradition and its Resettlement Under
the Influence of Jerusalem in the Fourth Century«, Studies in Church History II (1965), 19-37
zu konsultieren. Ferner sind noch folgende Publikationen von S. Brock von Bedeutung :
»Baptismal Themes in the Writings of Jacob of Serugh«, OrChrAn 205 (1978), 325-347;
»Some Early Syriac Baptismal Commentaries«, OrChrP 46 (1980), 20-61; »The Consecration
of the Water in the oldest Manuscripts of the Syrian Orthodox Baptismal Liturgy«, OrChrP
37 (1971), 317-332; »The Epiklesis in the Antiochene Baptismal Ordines«, OrChrAn 197 (1974),
183-218.

Auch die eigentümliche Stellung des Pater Noster vor der Taufe (genauer zwischen der
ersten und zweiten präbaptismalen Salbung) ist bedeutsam. Das Herrengebet folgt normaler-
weise direkt auf den Taufakt : Die Taufe befähigt den Neophyten, das Gebet schlechthin zu
sprechen; jetzt erst kann Gott als Vater angesprochen werden. Die Position des Pater Noster
im maronitischen Taufrituale zwischen den beiden Salbungen vor der Taufe gibt Zeugnis von
der einstmalig zentralen Stellung der Salbung vor der Taufe : Sie bildete in Syrien einstmals
den Höhepunkt des Taufgeschehens; mit dieser Salbung war die Geistausgießung assoziiert,
und das Taufbad war diesem Ritus untergeordnet (cf. z.B. die Salbung in den syrischen
Thomasakten), und somit ist die Salbung nicht dem Taufakt unterstellt, wie der Autor im
Anschluß an Mateos darzulegen versucht.

Obwohl der historisch und philologisch interessierte Liturgiewissenschaftler hier bei Mouhannas Darstellung Einschränkungen machen muß, bleibt doch die Tatsache bestehen, daß der
Autor einen außerordentlich wichtigen Beitrag zum Verständnis der ursprünglichen Tauftheologie geleistet hat, und dieser Untersuchung ein bedeutsamer Platz innerhalb der Veröffentlichungen zur christlichen Initiation eingeräumt werden muß.

Gabriele Winkler

Yaḥyā Naṣrallāh, Legende und Geschichte. Der Fatḥ Madīnat Harar von Yaḥyā Naṣrallāh. Hrsg., übers. u. erkl. von Ewald Wagner (= Abhandlungen für die Kunde des Morgenlandes. Bd. 44,3). Wiesbaden, 1978. Franz Steiner (in Komm.). 155 S.

Der Fatḥ Madīnat Harar — eine fragwürdige arabische Chronik, wie ihn Paret einmal genannt hat (vgl. IV. Congresso Internazionale di Studi Etiopici. Roma, 1972 (1974), tom. 1, S. 421-443) — hat in dem vorliegenden Bande der AKM eine mustergültige Edition und Bearbeitung durch E. Wagner gefunden, der sich schon zuvor in vielen Veröffentlichungen mit der Geschichte des Islam in Äthiopien beschäftigt hat. Wie der Titel schon andeutet, handelt es sich weniger um eine sachliche Chronik, denn um eine Art Stiftungslegende des islamischen Staates von Harar, zwar nicht der erste auf äthiopischem Boden, aber doch einer der wichtigsten, der sich in Namen und Wirkung bis heute erhalten hat.

Zum Inhalt hat der Fatḥ freilich nur die erste Zeit von ca. 1216 bis 1300 n.Chr. Er schildert die Landnahme der von Arabien in Nordsomalia und dem Gebiete von Harar eindringenden Muslime unter der Führung des Scheichs und Heiligen 'Umar ar-Riḍā' Abādīr; die erste Festigung dieses Staates und seiner Einrichtungen, sowie dessen wechselndes Schicksal in den Kämpfen mit verschiedenen Feinden, besonders heidnischen Galla und Portugiesen (als Perser zu deuten; zu den Anachronismen s.u.) unter verschiedenen Oberhäuptern. Als letztes Ereignis wird ein Sieg der Muslime im Jahre 1300 berichtet. In diesen historischen Rahmen, der sich durch Vergleich mit vielen anderen Quellen ermitteln läßt, ist mit vielen Anachronismen die Geschichte verschiedener Stammesheiliger und Episoden aus verschiedenen Jahrhunderten der Geschichte des Islams in Äthiopien gewoben; als jüngstes Ereignis hat hier die Vision vom Kommen der Italiener ihren Platz gefunden.

Die uns vorliegende Fassung des Fatḥ mit ihren bereits angesprochenen zeitlichen Verzerrungen kann natürlich ihre Form erst im 20. Jhdt. gefunden haben. Es wäre interessant, die Fassung des Fatḥ aus dem Jahre 1803 wiederzufinden, die Cerulli gesehen haben will (vgl. E. Cerulli, Lingua e storia di Harar, Roma, 1936, S. 49). Ein Vergleich der beiden Fassungen müßte einen klaren Einblick in das Wesen und Werden solcher Texte erlauben, die, *obwohl* schon früh schriftlich festgehalten, doch nicht tot und versteinert tradiert werden.

Es ist bezeichnend für diese Literaturgattung, daß die vorliegenden Redaktionen in Handschriften aufgrund starker Divergenzen sprachlicher und inhaltlicher Art nicht in eine Edition mit Hilfe eines kritischen Apparates zu bannen sind. Allenfalls wäre hier bei einzelnen Abschnitten an eine Partituredition zu denken. Diese Textnatur bestimmt zwangsläufig die Art der Bearbeitung.

Wagner gibt zunächst eine gedrängte, aber vorzüglich ausgewählte Übersicht über die Geschichte des Islam auf äthiopischen Boden zusammen mit einer nützlichen Aufzählung und Charakteristik der jeweiligen Quellen, vornehmlich der arabischen (S. 1-18.). Hierzu sind zwei Dinge anzumerken: S. 3, Anm. 7: Die »Sīrat al-Ḥabaša« von al-Ḥaimī liegt in der 2. Aufl. Kairo, 1972 vor. Das von Wagner angesprochene Exemplar desselben Werks in der Ḥudābaḫš-Library in Patna ist eine Hs. aus dem Jahre 1095 d.H. = 1683 n.Chr.; die Hs. enthält nach meiner Kollation keine wesentliche Ergänzung zu den bisher bekannten Hss., die den Editionen von Kāmil und Peiser zugrunde liegen. S. 13, Abschnitt 20 wird Ibn Sa'īd al-Maġribī (vgl. EI[2], III, 926) als der älteste muslimische Autor mit Nachrichten über die Walašma'-Dynastie bezeichnet (vgl. a. EI[2], III, 7, s.v. Ḥabaša). Ibn Sa'īd verdankt diesen Ruhm lediglich der nachlässigen Zitierweise des Abū l-Fidā' in dessen »Taqwīm al-Buldān« (S. 160-161); die interessanten Nachrichten über Wifāt usw. finden sich nicht in dem einzigen geographischen Werk des Ibn Sa'īd, dem »Kitāb Ġuġrāfīyā« (1. Iqlīm, 4. Abschnitt), und zwar weder in der Edition dieses Werks, noch in allen mir zur Verfügung stehenden Hss. Was Ibn Sa'īd über die betreffenden Gebiete zu berichten weiß, geht nicht über das von Abū l-Fidā', Taqwīm S. 152-155, aus dem Werk Ibn Saʿīds Zitierte hinaus. Die betreffenden Nachrichten über den islamischen Staat Wifāt in Äthiopien müssen demnach aus einer anderen Quelle stammen.

Es folgt S. 19-26 eine Vorbemerkung zu Text, Übers. usw., in der Wagner die schon zuvor beschriebenen Hss. des Fatḥ auf ihre gegenseitige Abhängigkeit, den Wert ihres Textes und seine Stellung für Edition und Übersetzung untersucht. Die Darstellung des Hss.-Stemmas, so scharfsinnig sie im einzelnen auch begründet ist, ist vielleicht doch zu geradlinig logisch, um der Textgeschichte der einzelnen Redaktionen (bei der auch die mündliche Überlieferung und nicht zuletzt die »freie Phantasie« des Schreibers eine Rolle spielten) gerecht zu werden. Über diesen Einwand hinaus ist die Wertung und Stellung der Hs. C zu V m.E. nicht zwingend begründet. Die auf S. 20-21 in 6 Punkten aufgeführten Argumente sind jeweils auch anders auszulegen. So ist in Punkt 1 der Infinitiv »iʿlān« in dem entsprechenden Satz nicht sinnlos, lediglich fehlerhaftes Arabisch; der Sinn ist klar und es handelt sich in C um eine Glättung des Ausdrucks. Also kann »iʿlān« auch in der gemeinsamen Vorlage von C und V gestanden haben. Das Hauptargument in Punkt 4 für eine Abhängigkeit C von V ist die Verlesung von افيزروا بن عرب in : افيزروا وابن عرب . Dieser Lesefehler kann durchaus geschehen, wenn der betreffende Ausdruck in einer Zeile steht, und nicht wie gerade in V unglücklich am Ende der Zeile. Nebenbei bemerkt ist die Aufspaltung von Afaizarū in zwei Personen (Ibn ʿArab leǧ Yaḥyā) noch in Anm. 15, S. 38 zu finden, wo ein Hinweis auf die Einleitung S. 20, Punkt 6,4 angebracht wäre. Es ist durchaus gerechtfertigt, wenn Wagner, gegen sein eigenes Stemma, den Text der Hs. C zugrundelegt.

S. 27-140 folgen Edition, Übersetzung und Kommentar, jeweils in kleine Kapitelblöcke aufgeteilt, in denen auf den arabischen Text sofort die Übersetzung, Diskussion der Varianten (nur in Übers., nicht im Originaltext) und der Kommentar folgt. Dies ist zweifellos bei der gegebenen Natur der Texte das einzig mögliche Verfahren; die Zersplitterung mancher Sachverhalte und Berichte wird durch das vorzügliche Register (S. 147-155) wieder aufgewogen.

Die Legende als Volksbuch sollte eigentlich in der Volkssprache stehen; doch entspricht es den soziologischen Gegebenheiten des Islams, und besonders des Islams in der Diaspora, daß er sich seine Legende, seine Selbstdarstellung in Arabisch formt, hier allerdings in einem barbarischen Arabisch, das deutlich unter dem sprachlichen Niveau der Texte steht, die E. Cerulli zur Geschichte von Harar bekannt gemacht hat. Nach Parets Urteil sind wohl die Koranzitate die einzigen sprachlich hinlänglich korrekten Passagen. Wagner hat, mit wenigen Ausnahmen (vgl. S. 73, Anm. 55), ganz auf eine Besprechung der sprachlichen Seite des Fatḥ verzichtet. Da hier aber die Substratsprache, das Harari, bekannt ist, wären doch einige Bemerkungen möglich gewesen, denn manches ist nicht einfach schlechtes Arabisch, sondern zeigt regelmäßige Beeinflussung. Nur zwei Punkte seien angeführt, zu denen ein Kenner des Harari sicherlich mehr beitragen könnte :

1) vorweisendes Personalpronomen am Verb und gleichzeitig nominal ausgedrücktes Objekt; z.B. : ... aʿṭāhu l-wilāyati li-š-šaiḫi ... (S. 63, 5); zu der Erscheinung im Harari und in anderen äthiopischen Sprachen vgl. Cerulli, Lingua e storia di Harar, S. 59, § 23 u. S. 155, § 91;

2) auf einen Nebensatz (zumeist mit »lammā« eingeleitet) folgt das Verb des Hauptsatzes mit »wa-« (S. 72, -3; 80, 1. Zeile arab. Text; 94, 1. Zeile arab. Text; und viele weitere Beispiele). Nun gibt es Beispiele solcher Polysyndese öfters in äthiopischen Texten (wa-ama baṣeḥa ... wa-bōʾa ...), doch liegt hier vielleicht eine Einwirkung der nachgestellten Konjunktionen des Harari vor, das »wāw« wäre also noch zum vorhergehenden Satze zu ziehen.

Einige weitere Kleinigkeiten :

S. 54, 1. Zeile arabischer Text: hier ist »maʿa« (مع) mit S. 53, letzte Zeile arabischer Text wohl besser »maʿan« (معًا) zu lesen und demgemäß zu übersetzen: »Jeder einzelne Stamm = alle Stämme erschienen zusammen und wählten ihn (den S. 53 genannten Imām für jeden Stamm) am festgesetzten Tage, und zwar wählte ...«. Anm. 26 wäre zu streichen.

Anm. 27: zu den Nole, deren Nennung ebenfalls ein Anachronismus ist, vgl. die Besprechung des Fath von U. Braukämper in: Erasmus 30 (1979) 60-63, bes. S. 62.

S. 63, vorletzte Zeile arab. Text 1.: ويرزقه.

S. 74, arab. Text 1. Zeile: für den unverständlichen Passus »ba'da 'nqarrat l-quwwa« o.ä. möchte ich als Konjektur setzen: anfazat al-quwwa (für arab. »anfaḏat« bzw. »unfiḏat«; zur Aussprache des arab. »ḏ« als »z« im Harari vgl. Anm. 38) und übersetzen: »Nachdem den Muslimen die Kraft ausgegangen war...«.

Zum Lit.-Verz. S. 141 f sollte bei den Aufsätzen Cerullis auf auf den bequemen Nachdruck dieser verstreuten Arbeiten in E. Cerulli, L'Islam di ieri e di oggi, Roma 1971, verwiesen werden.

Die Arbeit Wagners ist der bewundernswerte und gelungene Versuch, ein Dokument wie den Fath Madīnat Harar mit allen Mitteln der Philologie und historischer Quellen- und Textkritik als Geschichtsquelle zu nutzen und im Vergleich mit anderen zur Verfügung stehenden Quellen den historischen Kern freizulegen.

Es bleibt allerdings die Frage, ob er damit nicht einen wesentlichen Aspekt dieses Textes vernachlässigt hat, den er doch im Titel andeutete: Die Legende, die doch Eigenleben und -wert besitzt und vielleicht die Hauptaussage des Fath darstellt. Dabei wäre die Tatsache, daß solche Texte von den Besitzern ängstlich gehütet und vor Einblick und Zugriff von Fremden geschützt werden, schon ein Hinweis gewesen, daß es sich hier um die Selbstdarstellung einer islamischen Gemeinde, transponiert in eine legendenhafte Geschichte, handelt. Wir haben einen Vergleichspunkt in der christlich-äthiopischen Literatur. Hier sind z.B. von König Iyāsū I. eine Chronik und ein Gadl (= Heiligenvita) erhalten. Es wäre sicherlich verfehlt, wollte man beide Berichte, die zu ziemlich gleicher Zeit entstanden sind, auch in der gleichen Weise behandeln. Sie überschneiden sich sicherlich: Die Chronik muß auch mit den Augen des erbauungssuchenden Gläubigen zu lesen sein, wie eben auch eine Vita historische Elemente enthält, aber man wird ihr nicht gerecht, wenn man die Übertreibungen, Wundertaten usw. nicht im Rahmen einer vergleichenden Legendenstudie sieht. Schon der Name des Harariner Haupttheiligen, Abādīr, der Name eines christlichen Heiligen in Äthiopien (vgl. Cerulli, Lingua e storia di Harar, S. 49; Fath, S. 33) wäre ein Ansatzpunkt zu einer solchen Betrachtung des Fath als Dokument islamischer Hagiographie auf äthiopischem Boden.

Diese abschließende Bemerkung will lediglich als Anregung, nicht als Kritik an der Leistung des Bearbeiters verstanden sein.

Manfred Kropp

Dumbarton Oaks Papers 32; x/336 S., 98 Abb. auf Taf., 3 Abb. im Text; Washington D.C. 1978: Dumbarton Oaks Center for Byzantine Studies, Trustees for Harvard University.

Den Auftakt des 32. Bandes dieses ungemein wichtigen Periodikums der byzantinistischen Forschung in den USA bildet die ausgezeichnet kommentierte Vorlage von »Some Recently Acquired Byzantine Inscriptions at the Istanbul Archaeological Museum« (S. 1-18 mit 34 Abb.). Man kann angesichts dieser Vorlage nur hoffen, daß die in türkischen Museen aufbewahrten, in Bauwerken vermauerten oder sonst erhaltenen Inschriften ähnlich gut publiziert werden können, um einen Überblick über das auf uns gekommene Inschriftenmaterial aus byzantinischer Zeit zur Verfügung zu haben.

Im nächsten Beitrag untersucht E. K. Chrysos »The Title Βασιλεύς in Early Byzantine International Relations« (S. 29-76). Er behandelt dabei die einzelnen Herrschaftsbereiche jeweils für sich, beginnend mit »The Titles of the Great King of Persia«, wobei er gut herausstellt, wie das offizielle Byzanz die griechische Übersetzung von shahanshah (König der Könige) vermeidet. Es folgt der umfangreichere Abschnitt »The Client Kingdoms of the Empire in the East«: Armenien, wo die Titelfrage nur in konstantinischer Zeit akut war, die Königreiche im kaukasischen Bereich (Lazika, Abasgia und Albania), deren Herrschern in nichtoffiziellen Quellen der Basileus-Titel beigelegt wird — was m.E. für den offiziellen Titel-Gebrauch der kaiserlichen Kanzlei nichts aussagt (Chr. ist sich des Unterschiedes zwischen dem Sprachgebrauch der Kanzlei und der meist recht unexakten Terminologie der Historiker durchaus bewußt) —, das bosporanische Königreich und die afrikanischen Königreiche (Äthiopien, Reiche der Blemmyer und Nubaden). Für keines dieser Königtümer ist in offiziellen Quellen der Basileus-Titel nachweisbar. Das Gleiche gilt für »The Roman Satrapies and Phylarchies« (die armenischen und arabischen Klientelstaaten). Ein Exkurs »The Titles of Odenathus of Palmyra« bestätigt, was wohl nicht als neue Erkenntnis gelten kann, daß dieser Stadtherrscher von Palmyra den Kaisertitel weder geführt noch zuerkannt bekommen hat. Chr. untersucht dann »The Kingdoms of the Völkerwanderung« (die germanischen Königreiche und das Königtum Attilas). Zu dem ansonsten keinen Widerspruch herausfordernden Abschnitt muß ein Einwand erhoben werden. Die von Chr. in ihrer Echtheit bestrittene Goldprägung des Frankenkönigs Theudebert I. (S. 53), die A. Suhle zuletzt behandelt hat (Deutsche Münz- und Geldgeschichte von den Anfängen bis zum 15. Jahrhundert[3], München 1964) steht keineswegs mehr allein: Das Römisch-Germanische Museum in Köln hat vor Jahren ein Exemplar erworben, das O. Doppelfeld 1964 veröffentlicht hat (Der teure Theudebert, Museen in Köln, 3. Jg. 1964, S. 274 ff.); die Legende des Avers lautet: DN THEOBERTVS REX, die des Revers VICTORIA AVGGG und als Prägestätte COL(onia). Wenn das auch keine direkte Parallele zu dem Berliner Stück ist, weil die Avers-Legende den Titel PPAVG durch REX ersetzt, so beweist diese Münze doch, daß Theudebert im Unterschied zu den anderen Germanenkönigen seiner Zeit das kaiserliche Vorrecht der Goldprägung mißachtet hat. Soweit ich es aus Autopsie beurteilen kann, ist das Kölner Stück zweifellos echt. Das sollte gegenüber der Fälschungsthese zur Vorsicht mahnen, zumal es weitere Parallelen in Paris und London gibt. Überdies dürfte die Frage schwer zu beantworten sein, warum der Fälscher lediglich ein Exemplar hergestellt haben sollte. Hätte das die Mühe gelohnt? Es ist einfach, ein unbequemes Zeugnis als Fälschung vom Tisch zu wischen, aber die Tatsache, daß Theudebert Goldmünzen prägen ließ, daß er also bewußt ein Privileg des Kaisers in Konstantinopel mißachtete, ist damit nicht aus der Welt geschafft. Auch die Interpretation der Stelle bei Gregor von Tours, die von der Bejubelung Chlodwigs als »consul aut augustus« anläßlich seiner Erhebung zum Ehren-Konsul durch Anastasius (508) berichtet, scheint nicht sehr tiefschürfend und überzeugend. Dagegen ist der abschließende Absatz »State Sovereignity and International Relations« eine sehr dankenswerte Übersicht über diese Problematik bis zu Herakleios hin. Vielleicht sollte man diplomatisch gefaßte Äußerungen germanischer Könige wie des Burgunders Sigismund (S. 61) nicht ganz so als reale Anerkennung der kaiserlichen Souveränität werten. Solche Beteuerungen waren billig und sind nur aus dem Kontext auf ihren realen Aussagegehalt zu prüfen — aber Chr. ist sich durchaus im Klaren, daß die vorgebliche Reichsangehörigkeit die reale Unabhängigkeit dieser Herrscher in keiner Weise beeinträchtigte. Im Ganzen bringt der Artikel zwar wenig wirklich Neues, ist aber eine gute und wertvolle Zusammenfassung unseres Wissens auf diesem Gebiet. Als Anhang werden noch zwei Inschriften ganz überzeugend datiert.

Der nächste Beitrag von D. Obolensky, »A Philorhomaios Anthropos: Metropolitan Cyprian of Kiev and All Russia (1375-1406)« (S. 77-98), gibt eine kurze und klare, quellenmäßig gut abgestützte und mit Feingefühl würdigende Beschreibung des Wirkens dieses aus Bulgarien stammenden und in Moskau residierenden Metropoliten, der als Mönch auf dem Athos begann, im Dienste des Patriarchen von Konstantinopel sich bewährte, in den Streit zwischen Litauen und Moskau um den allrussischen Metropoliten von Kiev geschickt wurde und schließlich in Moskau in den Versuch Vasilijs I. hereingezogen wurde, seine Kirche vom Ökumenischen Patriarchat unabhängig zu machen, was den vielzitierten Brief des Patriarchen Antonios über die Stellung des byzantinischen Kaisers in der Orthodoxie provozierte. Kurz wird auch die Bedeutung Cyprians als Übersetzer ins Kirchenslavische betont. Eine selten gewürdigte Gestalt der orthodoxen Kirchengeschichte wird so der Beachtung eindrücklich empfohlen.

Anschließend handelt B. Baldwin über »Menander Protektor« (S. 99-125), den nüchternen und sich auf gute Quellen stützenden Fortsetzer des Agathias, dessen Werk aber nur in Fragmenten, die spätere Historiker ausschrieben, erhalten ist. Der Schwierigkeit, aus solchen Fragmenten ein Urteil zu bilden, durchaus bewußt, gibt B. eine überzeugende und dankenswerte Charakteristik. In einem sehr kritischen und sehr lesenswerten Aufsatz untersucht danach L. Rydén »The Date of the Life of Andreas Salos« (S. 127-156) und kommt überzeugend zu einer Datierung in die Spätzeit Konstantins VII., womit sich diese Vita als eine fiktive Darstellung ohne eigentlichen Quellenwert erweist. Ähnlichen Erfolg hat die folgende Untersuchung »The Versions of the Vita Niconis« (S. 157-173) von D. F. Sullivan, die die beiden Versionen im Vat. Barb. gr. 583 und im Kutlumus. 210 vergleicht. Dabei verliert die Vita ihren Glanz als »eine der wichtigsten Quellen für die innere Geschichte Griechenlands im 10. Jahrhundert« (H.-G. Beck), denn S. kann ihre recht weitgehende Abhängigkeit von der Vita Lucae (d.h. des Titelheiligen von Hosios Lukas) deutlich machen. Er kann den Vat. Barb. gr. 583 als die ursprünglichere Version herausstellen. Seine Forderung nach einer neuen kritischen Edition kann nur nachdrücklich unterstrichen werden.

Die beiden folgenden Aufsätze behandeln kunstgeschichtliche Themen. J. C. Andersen stellt den »Cod. Vat. gr. 463 and an Eleventh-Century byzantine Painting Center« vor (S. 175-196), wobei er den Cod. Vat. gr. 463, Cod. Vat. gr. 333 (die einzige erhaltene illuminierte Handschrift der Bücher der Könige) und den Cod. Marc. gr. 479 (Pseudo-Oppian) in eine Werkstatt mit mehreren verschiedenen Miniatoren verweisen möchte. Das geht vielleicht noch für die beiden vatikanischen Handschriften an, wenn auch gelegentlich Zweifel auftauchen mögen, aber für den Pseudo-Oppian sind ernsthafte Einwände zu erheben. Zunächst glaube ich nicht an eine Hand für alle die zahllosen Miniaturen dieses Kodex — eine Scheidung der Hände wäre dringend nötig — und überdies scheinen mir die Argumente für die Zugehörigkeit zu den beiden anderen Kodices wenig überzeugend, vor allem übersieht A. m.E., daß im Pseudo-Oppian teilweise die Gesichter mit Lichtfleckchen modelliert sind und sich dadurch deutlich von den vatikanischen Miniaturen abheben.

T. Gouma-Petersen führt ganz ausgezeichnet und vorbildhaft »Christ and the Priest as Ministrant of Christ in a Palaeologan Program of 1303« (S. 197-216) vor. Es handelt sich um den Freskenzyklus der Euthymios-Kapelle an H. Demetrios in Thessalonike, der unter Heranziehung von Fresken vornehmlich der Milutin-Schule als Parallelen aus der hesychastischen Vorstellungswelt gedeutet wird. Überzeugend ist, daß in einem Fresco der hl. Euthymios von himmlischem Feuer umleuchtet dargestellt ist (fig. 26) : »The scene shows that St. Euthymios, while performing the monological prayer, has reached the level of hesychia which allows him direct communion with God. As a result of this communion, he is being transformed by the power of the spirit and as a whole man shares in the divine light« (mit dem Gebet ist der cherubinische Hymnus gemeint, dessen Anfang auf Euthymios' liturgischer Rolle zu lesen ist).

Den Abschluß des Aufsatz-Teiles bildet der umfangreiche Artikel von I. Dujčev »On the Treaty of 927 with the Bulgarians« (S. 217-295). Nach einer eindringlichen Diskussion der bisherigen Aussagen über die im Cod. Vat. gr. 483 überlieferte Rede »Über den Vertrag mit den Bulgaren« kommt er zu dem Schluß, daß Theodoros Daphnopates der Autor sei. Da D.

eine spezielle linguistische Studie zum Verfasserproblem ankündigt, sei hier vorerst nur auf die meisterhafte Auseinandersetzung mit den vorliegenden Meinungen zu diesem Text verwiesen, den D. dankenswerterweise mit englischer Übersetzung und einem kurzen Kommentar ganz abdruckt (die Übersetzung stammt von R. J. H. Jenkins).

Die anschließendes »Notes« bringen zunächst die recht überzeugende Untersuchung von G. P. Majeska »Notes on the Archaeology of St. Sophia at Constantinople : The Green Marble Bands on the Floor«, die er als wichtige liturgische Male für den Einzug des Patriarchen deutet. Dann trägt P. Magdalino zusammen, was wir über die (durchweg nicht erhaltenen) Kirchen von Selymbria (heute Silivri) wissen. H. Maguire gibt anschließend eine gute Rekonstruktion für »The 'Half-Cone' Vault of St. Stephen at Gaza«, durch archäologische Fakten abgesichert. Schließlich publiziert A. Gonosová in »A Study of an Enamel Fragment in the Dumbarton Oaks Collection« ein Emailbildnis des hl. Johannes Chrysostomos, das sie richtig als konstantinopolitanisch in das späte 11. Jahrhundert einordnet.

Klaus Wessel

Marcell Restle, Studien zur frühbyzantinischen Architektur Kappadokiens (Österreichische Akademie der Wissenschaften, Philosophisch-historische Klasse, Denkschriften, 138. Bd. = Veröffentlichungen der Kommission für die Tabula Imperii Byzantini Bd. 3), 1. Bd. : Text, 176 S., 2. Bd. Abbildungen und Pläne, 219 Abb., 55 Pläne; Wien 1979, Verlag der Österreichischen Akademie der Wissenschaften.

M. Restle, im deutschsprachigen Raum mit Vorrang der beste Kenner der Kunst- und Architekturgeschichte Kappadokiens, legt in diesem Werk die Früchte seiner langjährigen Forschungen zur gebauten Architektur (die Höhlenkirchen werden nicht einbezogen) dieser kleinasiatischen Provinz vor, nachdem er zwölf Jahre zuvor bereits ein monumentales Opus zur Wandmalerei Kleinasiens mit dem Schwergewicht auf der der kappadokischen Höhlenkirchen herausgebracht und eine vollständige Übersicht über alle kunstgeschichtlichen Probleme in seinem Artikel »Kappadokien« im Reallexikon zur byzantinischen Kunst gegeben hatte.

Im Textband gibt er, nach den Listen der Abbildungen und Pläne und einem Verzeichnis der abgekürzt zitierten Literatur, zunächst einen nach Bautypen geordneten Katalog, in dem nach dem heutigen Ortsnamen und, soweit identifiziert, dem der byzantinischen Periode sowie ggf. der Bezeichnung oder dem Namen der Kirche auf die Pläne und die Abb. verwiesen wird; dem folgt die Angabe der Lage der Kirche, der wichtigen Literatur und des Erhaltungszustandes. Diesen Vorausangaben folgt jeweils der beschreibende und sich ggf. mit abweichenden Ansichten sorgfältig auseinandersetzende Text. Als Typen werden die folgenden Raumformen behandelt : Einfache Längsraumkirchen (S. 23-27), Längsraumkirchen mit einem Parekklesion (S. 28-33), dreischiffige Basiliken (S. 34-48), kreuzförmige Bauten (S. 49-73), Oktogone (S. 74-82), mittel- und spätbyzantinische Bauten (entgegen dem Titel des Werkes, aber dankenswerterweise wurden die nur fünf Bauten mit aufgenommen, S. 83-85) und römische Gräber (S. 86 f.). Diesem Katalog folgt ein ausführliches Kapitel »Entwurf, Proportionen, Aussteckung und Maßeinheiten« (S. 89-135), in dem mit fast pedantischer Akribie vor allem das Problem der Maßeinheiten untersucht wird mit dem Ergebnis, daß eine Kontinuität der Maßeinheit von der römischen bis zur spätbyzantinischen Zeit einwandfrei festgestellt werden kann — nur drei Bauten bezw. Um- und Anbauten weichen davon ab.

Nicht weniger wichtig ist das Kapitel »Die Bautechnik« (S. 137-152), das die Abschnitte »Mauern« (Emplektontechnik), »Dach und Wölbung«, »Kuppel« (mit wichtigen, in aller Kürze doch überzeugenden und gut fundierten Erkenntnissen, die in sehr vielen Fällen die Existenz einer Kuppel als sicher verneinbar aufzeigen, wo man sie bisher nur zu gerne angenommen hat) und »Putz und Bemalung«. Das kürzere Kapitel »Die Formen« ist gegliedert in »Die Typen und ihre Elemente«, und »Gliederungselemente« (S. 153-166); beide Abschnitte erweisen den Verf. als einen sehr genauen Beobachter und einen guten Kenner auch der Architektur des gesamten christlichen Orientes. Daß das Schlußkapitel »Chronologie« (S. 167-171) so kurz ausfällt, liegt am Material, dem Fehlen von datierenden Bauinschriften und der Kargheit der Anhaltspunkte für eine exaktere Chronologie. Immerhin wird eine Ordnung des Materiales geboten, die als roter Faden, besser : Ariadne-Faden den Gang durch die Entwicklung dieser eigenwilligen Architektur ermöglicht. Ein »Orts- und Denkmälerverzeichnis« schließt den Band ab, zu dem der Tafelband die notwendigen Abb. nach Photographien und die nach eigenen Vermessungen bezw. Berechnungen des Verf.s gezeichneten Grund- und Aufrisse bietet.

Was dem Leser zunächst auffällt, ist die bedauerliche Tatsache, daß sehr viel von dem, was die Forscher anfangs unseres Jahrhunderts noch gesehen, photographiert oder gezeichnet haben, heute ganz oder weitgehend verschwunden ist. So sind z.B. von der Andreaskirche von Diokaisareia (Tilköy) nur noch einige Spolien im Dorfbrunnen verbaut, ist die Konstantins-basilika von Eski Andaval 1976/7 eingestürzt, die Basilika in Kayseri 1965 zerstört; von den kreuzförmigen Bauten wurde die Kirche von Buzluk teilweise abgebaut, die von Çukurkent in Bauernhäusern verbaut, die Vierzig-Märtyrer-Kirche von Skupi 1948/50 ganz abgetragen, die Kirche von Tomarza (wohl 1921) völlig zerstört; von den Oktogonen sind das von Arka und das von Sivasa ebenfalls im Laufe unseres Jahrhunderts völlig verschwunden. Wie rapide der Abbau auch in anderen Gegenden vor sich geht, konnte G. Wießner im Tur Abdin feststellen, wo von einem Jahr auf das nächste bereits verschwunden war, was er untersucht hatte. Steinraub und Gleichgültigkeit gegenüber der andersgläubigen Vergangenheit, wenn nicht manchmal sogar der Wunsch, diese Vergangenheit auszulöschen, tun auch weiterhin eifrig ihr Werk, ungeachtet aller schönen Deklarationen über Schutz der Kulturdenkmäler.

Es ist nicht möglich, hier alle Einzelheiten dieses Werkes darzulegen oder kritisch zu über-prüfen. Herausheben möchte ich nur zwei Dinge, die mich besonders beeindruckt haben. Einmal die souveräne und überzeugende Art, wie der Verf. die vor einigen Jahren wiederauf-getauchten Photographien, die Miss Bell vor dem ersten Weltkrieg von der Kirche von Tomarza gemacht hatte und die S. Hill 1975 veröffentlicht und interpretiert hat (Dumbarton Oaks Papers 29), unter Heranziehung der Angaben von Hans Rott und Miss Bell zu einer neuen und von Hill zu Recht weitgehend abweichenden Rekonstruktion benutzt, die den verschwun-denen Bau uns in überzeugender Weise vor Augen führt. Zum anderen die kurze, aber ebenso einleuchtende Behandlung des Problems der Kuppel, die in Kappadokien, wo sie gesichert ist, als Trompenkuppel auftritt, die der Verf. aus der Bautradition dieser Kunstprovinz herleiten kann. Strzygowskis und anderer Forscher oft recht gequälte Ableitung aus dem sasanidischen Iran wird damit obsolet. Ebenso kann der Verf. deutlich machen, daß das uns nur aus Ekphraseis bekannte Oktogon von Nyssa ziemlich sicher keine Kuppel getragen hat, wie überhaupt die Zahl der Kuppeln sehr reduziert wird, weil oft der Wunsch, und nicht die archäologische Realität zu ihrer Annahme geführt hat.

Druck und Ausstattung der Bände sind einwandfrei. Ihre Vorlage läßt wünschen, daß ähn-liche Corpora frühbyzantinischer Architektur auch für andere, in ihrem Bestand ähnlich gefährdete, Kunstprovinzen erstellt werden. Die Zahl und die Arbeit der sich dem widmenden Forscher läßt hoffen.

Klaus Wessel

The Synodicon Vetus. Text, Translation, and Notes by John **Duffy** and John **Parker**, Dumbarton Oaks, Washington, D.C., 1979 (Corpus Fontium Historiae Byzantinae, vol. XV = Dumbarton Oaks Texts, vol. V), XXXI, 228 S.

Die unter dem Namen »Synodicon Vetus« bekannte kurze Geschichte »aller orthodoxen und häretischen Synoden, die von der Zeit der... Apostel bis zur achten... ökumenischen Synode stattfanden«, lag bisher nur in der Ausgabe und lateinischen Übersetzung des Straßburger Theologen Johannes Pappus (Libellus Synodicus, Argentorati 1601) vor, die auf einer am Ende unvollständigen Handschrift (oder zweien?) beruht; von dort wurde sie in die Sammelwerke von Voel-Justel, Labbe-Cossart, Hardouin, Mansi und Fabricius-Harles übernommen. Die neue Ausgabe enthält den vollständigen Text und kann sich auf fünfzehn (teilweise voneinander abhängige) Handschriften vorwiegend kanonistischen Inhalts stützen, die in zwei Gruppen zerfallen.

Das Synodicon Vetus umfaßt — entgegen dem Titel — über das achte ökumenische Konzil (869/70) hinaus noch die folgenden Jahre und berichtet als letztes Ereignis die Wahl des Patriarchen Stephan I. von Konstantinopel (886 oder 887). Die Herausgeber kommen in einer kurzen Einleitung zu dem Ergebnis, daß das von einem antiphotianischen Verfasser herrührende Werk wenig später entstanden sein dürfte; bei den nicht vollständig feststellbaren Quellen handele es sich vor allem um die Kirchengeschichten von Eusebios, Theodoret und Theodor Anagnostes (d.h. die Epitome daraus) sowie um die Chronographie des Theophanes bzw. die Quellen dieser Werke.

Die Einleitung enthält weiter eine kurze Beschreibung der Handschriften, Angaben über die Erstausgabe, Grundsätze der neuen Edition und eine Bibliographie.

Griechischer Text der Ausgabe und englische Übersetzung nebst Anmerkungen zum Inhalt stehen sich jeweils übersichtlich gegenüber (S. 2-143). In einem ersten Anhang werden vier Scholien der Handschrift Sinait. gr. 482, in einem zweiten (S. 148-196) eine bisher unbekannte, überarbeitete und bis zum Jahre 843 reichende Version des Synodicon Vetus nach zwei weiteren Handschriften herausgegeben (jeweils ohne Übersetzung). Es folgen noch ausführliche Indices (I : Proper Names; II : Terms and Vocabulary).

Das in seiner Art allein dastehende Synodicon Vetus beschränkt sich nicht auf die bekannten Kirchenversammlungen, sondern stellt fast alle in griechischen Quellen vorkommenden Synoden zusammen und charakterisiert sie mit wenigen Zeilen, freilich nicht immer zuverlässig.

Obwohl das Werk auch die Synoden der »Häretiker« umfassen will, kommen die Synoden der orientalischen Kirchen, von denen uns vor allem die der Nestorianer (vgl. J.B. Chabot, Synodicon Orientale, 1902; O. Braun, Das Buch der Synhados, 1900), der Jakobiten (vgl. A. Vööbus, The Synodicon in the West Syrian Tradition, 1975/76) und Armenier (vgl. V. Hakobyan, Kanonagirk Hayoc, Erevan 1964/71) gut bekannt sind, nicht vor. Das war im Hinblick auf die benutzten Quellen auch nicht anders zu erwarten. Aufgenommen sind natürlich die in den betreffenden Gebieten abgehaltenen frühen Kirchenversammlungen und die auch in den orientalischen Rechtssammlungen bekannten Synoden, insbesondere also Ankyra (Nr. 31), Neokaisareia (Nr. 32), Nikaia (Nr. 35), Gangra (Nr. 73), Antiocheia (Nr. 42), Laodikeia (Nr. 102 [?]), Konstantinopel (Nr. 77), Ephesos (Nr. 84) und Chalkedon (Nr. 92). Das Synodicon Vetus, das nun in einer schönen Ausgabe vorliegt, ist deshalb im wesentlichen nur für die Frühzeit des Christlichen Orients von Bedeutung.

                                                                Hubert Kaufhold